Jus Civile

Studi

Monografie

8

La collana Jus Civile.Studi *costituisce lo sviluppo dell'iniziativa avviata nel 2012 con la pubblicazione della rivista telematica Jus civile, fondata dai Professori Rosalba Alessi, Carmelita Camardi, Massimo Confortini, Carlo Granelli e Mario Trimarchi con l'obiettivo di favorire la ricerca scientifica e la sua condivisione su tematiche giusprivatistiche, coniugando l'approfondimento dell'analisi con l'immediatezza dello strumento informatico.*
Jus Civile.Studi *ospita due Sezioni intitolate rispettivamente "Monografie" e "Raccolte e Atti di convegno" e si propone di stimolare e arricchire il dibattito dottrinale nell'attuale fase di complessità giuridica, in cui il policentrismo normativo e la tutela multilivello dei diritti si apprezzano in una dimensione sociale ormai globale e digitale.*
La Collana è guidata da una Direzione composta da professori ordinari provenienti da numerose Università e si avvale di un qualificato Comitato di revisione e del Comitato di redazione della rivista Jus civile.

IUSTITIAM COLIMUS

Mariella Lamicela

Pratiche commerciali scorrette e rimedi

Nuove strategie di *private enforcement* tra restituzioni e risarcimento

Giappichelli

VIA PO, 21 - TEL. 011-81.53.111
http://www.giappichelli.it

ISBN/EAN 979-12-211-0399-1
ISBN/EAN 979-12-211-7981-1 (ebook - pdf)

La pubblicazione dell'opera è stata realizzata grazie al cofinanziamento del Dipartimento di Economia dell'Università Ca' Foscari di Venezia.

G. Giappichelli Editore

MARCHIO STORICO

Questo libro è stato stampato su carta certificata, riciclabile al 100%

Stampa: Stampatre s.r.l. - Torino

Alla mia famiglia, adorabile

Indice

pag.

Capitolo I

Tutele individuali effettive e proporzionate e potenziamento del public enforcement. *Nuove prospettive di intervento integrato a protezione degli interessi del consumatore*

1. Gli indirizzi del legislatore eurounitario nei più recenti provvedimenti di riforma del diritto dei consumatori 1
2. Precisazioni preliminari sull'impostazione dell'indagine: il rilievo dei possibili contorni della situazione giuridica soggettiva esposta alle interferenze derivanti da una pratica commerciale scorretta e l'irriducibilità dei rimedi azionabili a strumenti di tutela già esistenti 10
3. Le opzioni interpretative in campo: interesse soggettivo alla congruità dell'operazione economica promossa dal professionista ed ipotesi di tutela 15
4. L'affidamento del consumatore nei riguardi della proposta di mercato del professionista 26
5. L'interesse del consumatore ad una valutazione consapevole e ponderata di utilità, costi e rischi connessi all'operazione di scambio proposta dal professionista 32
6. Effettività e proporzionalità delle tutele individuali e tecniche rimediali restitutorie: una soluzione possibile? 42

Capitolo II

I rimedi restitutori. Ambito di applicabilità, disciplina, effettività e proporzionalità

1. Il richiamo ai rimedi legali predisposti per contrastare il vizio di conformità di un bene oggetto di vendita al consumatore 61

pag.

2. La dilatazione della nozione di difetto di conformità alla luce della recente giurisprudenza della Corte di Giustizia UE. Critica 73
3. Ancora sulla dilatazione della nozione di difetto di conformità: la valorizzazione delle dichiarazioni pubbliche, comprese quelle della pubblicità e dell'etichettatura, quali fonti di ragionevoli aspettative del consumatore circa qualità e caratteristiche del bene acquistato. Critica 84
4. L'ambito di applicabilità della risoluzione del contratto e della riduzione del prezzo *ex* art. 27, comma 15 *bis*, cod. cons. Esemplificazioni 94
5. Interessi soggettivi del consumatore, entità del pregiudizio subito e funzione normativa dei distinti rimedi evocati dall'art. 27, comma 15 *bis*, cod. cons. 104
6. Difetti di conformità e pregiudizi da pratiche commerciali scorrette: le possibili assonanze riguardo al tipo di impegno richiesto al professionista 115
7. Vizio di conformità e lesione da pratica commerciale scorretta: affinità tra i tipi di problema considerati 122
8. Le ragioni del rilievo normativo riconosciuto ai rimedi della risoluzione del contratto e della riduzione del prezzo 129
9. Il rimedio risolutorio e la mancata menzione dell'invalidità contrattuale 142
10. La disciplina del rimedio risolutorio e le indicazioni normative ricavabili dalla direttiva 2019/771/UE 154
11. Il rimedio della riduzione del prezzo 168

Capitolo III

Interesse soggettivo tutelato e risarcimento del danno. Il problema della quantificazione dell'obbligazione risarcitoria

1. Ambito operativo e disciplina applicabile al rimedio risarcitorio: i dati sinora acquisiti 179
2. I profili problematici ancora da indagare: il grado di complessità dell'interesse soggettivo leso, le funzioni della riduzione del prezzo e del risarcimento del danno, la disciplina dell'obbligazione risarcitoria 190
3. Pratiche commerciali scorrette e interesse individuale pregiudicato 194

pag.

4. I contorni sfuggenti della lesione lamentata. La figura del danno meramente patrimoniale 201
5. La quantificazione del risarcimento del danno meramente patrimoniale e il controverso rinvio alla misura dell'interesse negativo 208
6. Gli equivoci legati alla contrapposizione tra interesse negativo e interesse positivo alla luce del principio dell'integrale risarcimento del danno. La centralità del dato probatorio 215
7. Pratiche commerciali scorrette e quantificazione dell'obbligazione risarcitoria nel caso di conservazione del contratto 226
8. Pratiche commerciali scorrette e quantificazione dell'obbligazione risarcitoria nel caso di risoluzione del contratto 237
9. Pratiche commerciali scorrette e quantificazione del risarcimento per lesione degli interessi del consumatore. Ancora qualche ipotesi particolare 246

Capitolo IV

La lesione individuale da pratica commerciale scorretta: natura e disciplina della responsabilità del professionista

1. Lo statuto giuridico della responsabilità da pratiche commerciali scorrette del professionista. Cenni introduttivi 259
2. Natura della responsabilità precontrattuale da condotta scorretta e disciplina applicabile: i limiti del tradizionale approccio dicotomico al problema 267
3. La disciplina applicabile alla responsabilità da pratica commerciale scorretta, oltre l'approccio dicotomico 275
4. Imputabilità della responsabilità al professionista e relativi oneri probatori 281
5. Il problema della limitazione dell'obbligazione risarcitoria ai danni prevedibili e la prescrizione delle relative pretese 287

Bibliografia 299

Capitolo I

Tutele individuali effettive e proporzionate e potenziamento del public enforcement. *Nuove prospettive di intervento integrato a protezione degli interessi del consumatore*

Sommario: 1. Gli indirizzi del legislatore eurounitario nei più recenti provvedimenti di riforma del diritto dei consumatori. – 2. Precisazioni preliminari sull'impostazione dell'indagine: il rilievo dei possibili contorni della situazione giuridica soggettiva esposta alle interferenze derivanti da una pratica commerciale scorretta e l'irriducibilità dei rimedi azionabili a strumenti di tutela già esistenti. – 3. Le opzioni interpretative in campo: interesse soggettivo alla congruità dell'operazione economica promossa dal professionista ed ipotesi di tutela. – 4. L'affidamento del consumatore nei riguardi della proposta di mercato del professionista. – 5. L'interesse del consumatore ad una valutazione consapevole e ponderata di utilità, costi e rischi connessi all'operazione di scambio proposta dal professionista. – 6. Effettività e proporzionalità delle tutele individuali e tecniche rimediali restitutorie: una soluzione possibile?

1. *Gli indirizzi del legislatore eurounitario nei più recenti provvedimenti di riforma del diritto dei consumatori*

Il processo di riforma dell'apparato normativo eurounitario in materia di diritto dei consumatori sembra essersi di recente decisamente rivitalizzato. Innescato dalla comunicazione della Commissione Juncker su un *New deal* per i consumatori [1] e proseguito dalla

---

[1] Comunicazione della Commissione al Parlamento europeo, al Consiglio e al Comitato economico e sociale europeo, *Un "new deal" europeo*, https://eur-lex.europa.eu/legal-content/IT/TXT/PDF/?uri=CELEX:52018DC0183&from=EN.

Commissione von der Leyen, con proposte di direttive che, in accordo agli obiettivi climatici e di sostenibilità ambientale fissati dal *Green deal*[2], sollecitano un ennesimo aggiornamento sia degli obblighi di informazione precontrattuale, sia del catalogo di pratiche commerciali vietate[3], esso sembra innanzitutto segnalare l'adozione di una strategia d'azione fondata sulla definizione di obiettivi particolari, di cui si intende garantire l'effettività[4]. Per un verso, me-

---

[2] Comunicazione della Commissione al Parlamento europeo, al Consiglio, al Comitato economico e sociale europeo e al Comitato delle Regioni, *Il green deal europeo*, https://eur-lex.europa.eu/resource.html?uri=cellar:b828d165-1c22-11ea-8c1f-01aa75ed71a1.0006.02/DOC_1&format=PDF. Ma si veda anche il Piano d'azione per l'economia circolare, https://eur-lex.europa.eu/resource.html?uri=cellar:9903b325-6388-11ea-b735-01aa75ed71a1.0020.02/DOC_1&format=PDF, e la *Nuova agenda dei consumatori*, https://eur-lex.europa.eu/legal-content/IT/TXT/PDF/?uri=CELEX:52020DC0696&rid=7.

[3] Si allude alla proposta di direttiva del 30 marzo 2022, che modifica la direttiva 29/2005/CE e la direttiva 83/2011/UE, per quanto riguarda la responsabilizzazione dei consumatori per la transizione verde mediante il miglioramento della tutela dalle pratiche sleali e dell'informazione, https://eur-lex.europa.eu/resource.html?uri=cellar:ccf4e0b8-b0cc-11ec-83e1-01aa75ed71a1.0006.02/DOC_1&format=PDF, dalla quale ha tratto origine il testo della direttiva 2024/825/UE di recentissima approvazione, https://eur-lex.europa.eu/legal-content/IT/TXT/PDF/?uri=OJ:L_202400825, e alla direttiva 2161/2019 del 27 novembre 2019, che modifica la direttiva 93/13/CEE del Consiglio e le direttive 98/6/CE, 2005/29/CE e 2011/83/UE del Parlamento europeo e del Consiglio per una migliore applicazione e una modernizzazione delle norme dell'Unione relative alla protezione dei consumatori, https://eur-lex.europa.eu/legal-content/IT/TXT/PDF/?uri=CELEX:32019L2161&from=EL.

[4] Risulta confermato, invece, almeno per il momento, l'abbandono dell'aspirazione ad una codificazione organica del diritto privato europeo. L'ultima traccia dell'impegno profuso in questa direzione è il *Draft Common Frame of Reference*, redatto su incarico della Commissione europea per effettuare una ricognizione dell'*acquis communautaire* relativo alla regolazione dei rapporti a contenuto patrimoniale tra privati e pubblicato nella sua versione definitiva nel 2009. Sul punto, da ultimo cfr. S. MAZZAMUTO, *Progetti di codificazione europea sul contratto*, in *Eur. dir. priv.*, 2020, p. 1105 ss., il quale, seppur consapevole della fase di debolezza politica e marcato ripiegamento particolaristico che attualmente caratterizza l'azione delle istituzioni europee (*Ivi*, p. 1148), auspica comunque la prosecuzione del lavoro accademico di confronto e costruzione di un diritto privato uniforme espressivo di un modello facoltativo di regolazione dei rapporti contrattuali tra privati nel mercato europeo (*Ivi*, p. 1149). Segnalando criticamente la "complessiva inadeguatezza rispetto all'obiettivo dell'armonizzazione «massima» delle legislazioni nazionali" dei contenuti innovativi, in punto di tutela individuale dei consumatori, disposti dalla direttiva 2019/2161/UE nei riguardi della direttiva

diante la fissazione di parametri d'azione ai quali i professionisti sono sollecitati a uniformare in modo sempre più sistematico le proprie condotte [5] e, per altro verso, attraverso la determinazione di pesanti sanzioni amministrative [6], alle quali si aspira ad affiancare

2005/29/CE, stante l'ampia autonomia riconosciuta ai legislatori nazionali nella definizione della loro attuazione, G. DE CRISTOFARO, *«Rimedi» privatistici individuali e pratiche commerciali scorrette. Il recepimento del diritto italiano dell'art. 11*-bis *della direttiva 2005/29/CE. (Comma 15*-bis, *art. 27 c. cons.)*, in *Nuove leggi civ. comm.*, 2/2023, p. 449 e ID., *Diritto italiano ed europeo dei consumi*, Wolters Kluwer-Cedam, 2024, p. 206, imputa tale mancanza degli organi legislativi UE proprio "alle difficoltà e agli ostacoli in cui essi si sono imbattuti nel tentativo di uniformare in modo compiuto ed esaustivo istituti del diritto privato patrimoniale che nei sistemi civilistici nazionali vengono ancor oggi disciplinati e costruiti con contenuti e soluzioni assai divergenti" (*ivi*, rispettivamente pp. 450 e 207).

[5] Si pensi alla definizione sempre più rigorosa dei requisiti utili all'attestazione contrattuale dell'effettivo rispetto di *standard* di sostenibilità e durabilità relativi ai beni e ai servizi forniti, che la direttiva 2024/825/UE dispone, ora indirettamente, integrando l'elenco delle caratteristiche principali del prodotto, riportato dall'art. 6, par. 1, lett. b), direttiva 2005/29/CE, sulle quali la fornitura di informazioni false o comunque ingannevoli nei riguardi del consumatore medio integrerebbe una pratica commerciale scorretta; ora direttamente, disponendo, all'art. 6, par. 2, lett. d) della stessa direttiva, l'ingannevolezza della "formulazione di un'asserzione ambientale relativa a prestazioni ambientali future senza includere impegni chiari, oggettivi, pubblicamente disponibili e verificabili stabiliti in un piano di attuazione dettagliato e realistico che includa obiettivi misurabili e con scadenze precise come pure altri elementi pertinenti necessari per sostenerne l'attuazione". Per non dire delle continue sollecitazioni "conformative" derivanti dalla giurisprudenza eurounitaria nei riguardi dei contenuti informativi che il professionista dovrebbe condividere con il consumatore nella fase di formazione dell'accordo contrattuale al fine di garantire la trasparenza "sostanziale" del regolamento contrattuale unilateralmente predisposto, anche e soprattutto nella sua parte più squisitamente economica. Cfr. Corte Giust., 21 dicembre 2016, C-154/15, C-306/15 e C-307/15, in *Contratti*, 1/2017, con nota di S. PAGLIANTINI, *La non vincolatività (delle clausole abusive) e l'interpretazione autentica della Corte di Giustizia*; Corte Giust., 20 settembre 2017, C-186/16, in *Corr. Giur.*, 6/2018, p. 745 ss., con nota di D. ALESSANDRI, *Dalla Corte di Giustizia un "test" per valutare l'assoggettabilità delle clausole contrattuali al sindacato di abusività*; Corte Giust., 3 marzo 2020, C-125/18, in *Nuova giur. civ. comm.*, 5/2020, p. 1022, con nota di A.M. PANCALLO, *L'applicazione della Direttiva 93/13/CEE ai contratti di mutuo ipotecario a tasso variabile* e, da ultimo, sia consentito rinviare a Corte Giust., 12 gennaio 2023, C-395/21, in *Pactum*, 3/2023, p. 389 ss., con nota di M. LAMICELA, *Estensione della nullità della clausola abusiva all'intero contratto ed effetti restitutori: nuove ambiguità nelle valutazioni della Corte di Giustizia.*

[6] Cfr. direttiva 2019/2161/UE, art. 1, che dispone l'inserimento dell'art. 8 *ter* nella direttiva 93/13/CEE; art. 3, che riscrive l'art. 13 della direttiva 2005/29/CE e art. 4, che ancora una volta riscrive l'art. 24 della direttiva 2011/83/UE.

l'azionamento di un ventaglio quanto più possibile ampio di rimedi individuali [7], contro comportamenti anticoncorrenziali e lesivi dell'interesse dei consumatori a valutare la convenienza e l'effettiva rispondenza ai propri interessi delle operazioni di scambio offerte sul mercato, in modo da poter ponderare con la dovuta attenzione le decisioni di natura commerciale da assumere.

In questo contesto, particolare interesse destano le indicazioni normative fornite ai legislatori nazionali dalla direttiva 2161/2019/UE, che modifica la direttiva 93/13/CEE del Consiglio e le direttive 98/6/CE, 2005/29/CE e 2011/83/UE del Parlamento europeo e del Consiglio per una migliore applicazione e una modernizzazione delle norme dell'Unione relative alla protezione dei consumatori – recepita nel nostro ordinamento, dopo una lunga attesa, dal d.lgs. 7 marzo 2023, n. 26 – e dal testo – approvato in via definitiva il 28 febbraio 2024 e da recepire nel diritto interno entro il 27 settembre 2026 – della direttiva 2024/825/UE che modifica le direttive 2005/29/CE e 2011/83/UE per quanto riguarda la responsabilizzazione dei consumatori per la transizione verde mediante il miglioramento della tutela dalle pratiche sleali e dell'informazione.

Per quanto, infatti, la Commissione europea non manchi di sottolineare il carattere estremamente avanzato delle norme vigenti a protezione dei consumatori sul territorio dell'Unione Europea [8], essa riconosce altresì un persistente *deficit* di effettività e in particolare una scarsa propensione dei consumatori all'azionamento degli strumenti giuridici disponibili per la tutela individuale dei

[7] In questa prospettiva, alla responsabilità del produttore per danni da prodotti difettosi (artt. 114 ss. cod. cons.), alla nullità di protezione delle clausole abusive (art. 36 cod. cons.), al diritto di recesso dai contratti conclusi dal consumatore a distanza o fuori dai locali commerciali (art. 52 cod. cons.), alla gerarchia di rimedi azionabili dal consumatore acquirente di un bene con difetti di conformità al contratto (artt. 135 *bis* ss. cod. cons.), si aggiungono oggi gli strumenti di tutela effettivi e proporzionati che la direttiva 2019/2161/UE ha richiesto ai legislatori nazionali di definire, nell'ambito della disciplina delle pratiche commerciali scorrette, affinché il consumatore se ne possa avvalere per tutelare i propri interessi, ove lesi proprio dall'adozione da parte del professionista di una pratica commerciale scorretta (art. 11 *bis*, direttiva 2005/29/CE).

[8] Cfr. Comunicazione della Commissione al Parlamento europeo, al Consiglio e al Comitato economico e sociale europeo, *Un "new deal" europeo*"; *considerando* nn. 3 e 5, direttiva 2161/2019/UE.

loro interessi [9]. A fronte di ciò, essa denuncia l'incessante propensione delle imprese ad esercitare pratiche commerciali scorrette, da ultimo alimentate dalle nuove "opportunità" offerte dal vorticoso sviluppo del commercio *online* di prodotti digitali e non digitali [10], ma anche da un troppo disinvolto *marketing* delle qualità *green* dei beni commercializzati [11], al quale non corrisponde alcuna trasparenza circa gli *standard* di sostenibilità e durabilità osservati [12].

Il legislatore eurounitario mostra in proposito di voler adottare una strategia di contrasto integrata [13], che si avvalga non più solo del tradizionale presidio rappresentato dall'attività di regolazione delle relazioni concorrenziali sul mercato – svolta dalle istituzioni nazionali investite di volta in volta di tale compito – ma anche di un più chiaro ventaglio di azioni giudiziarie e rimedi extragiudiziari a disposizione dei singoli consumatori [14]. Da un lato, dunque, si defini-

---

[9] Cfr. C. Granelli, *Pratiche commerciali scorrette: alla vigilia del recepimento della direttiva 2019/2161/UE*, in *Contratti*, 5/2021, p. 495; Id., (voce) *Pratiche commerciali scorrette: le tutele*, in *Contratto*, *Enc. dir.*, I tematici, Giuffrè, 2021, p. 835 ss.

[10] Si vedano a riguardo le nuove tipologie di pratiche ingannevoli inserite con l'aggiunta nella direttiva 29/2005/CE, all'art. 7, par. 4, della lett. f), del par. 4 *bis* e del par. 6 e con l'aggiunta (direttiva 2161/2019/UE, art. 3, par. 7) di una serie di ipotesi di pratiche da considerarsi in ogni caso sleali nell'allegato 1 alla direttiva 29/2005/CE.

[11] Cfr. F. Bertelli, *I* green claims *tra diritti del consumatore e tutela della concorrenza*, in *Contr. e Impr.*, 1/2021, p. 286 ss.

[12] Cfr. Relazione introduttiva alla proposta di direttiva del 30 marzo 2022.

[13] A proposito della strategia adottata dal legislatore eurounitario nella promozione dell'effettività della tutela degli interessi dei consumatori, secondo F. Cafaggi, *Tutela amministrativa, tutela giurisdizionale e principio di effettività*, in P. Iamiceli (a cura di), *Effettività delle tutele e diritto europeo. Un percorso di ricerca per e con la formazione giudiziaria*, Un. Trento, 2020, p. 61 ss., la preferenza accordata dal diritto europeo alla logica del rimedio, piuttosto che a quella del diritto soggettivo e della sua azionabilità in giudizio, ha favorito l'abbattimento degli steccati tradizionali tra tutela giurisdizionale e tutela amministrativa e il conseguente funzionamento integrato di questa e quella, sicché attualmente "il piano rimediale è caratterizzato da una significativa accentuazione della componente punitiva, un tempo riferita alle sole sanzioni, grazie al sempre più frequente riferimento alla gravità della violazione quale parametro per la definizione del contenuto del rimedio. Per converso il piano sanzionatorio si arricchisce di strumenti privi della caratteristica punitiva/afflittiva diretti a valorizzare piuttosto la componente preventiva e ripristinatoria". *Ivi*, p. 66.

[14] Sebbene in questa sede non sia oggetto di analisi, un doveroso cenno è do-

scono una serie di parametri quantitativi e comportamentali cui condizionare la determinazione dell'ammontare della sanzione [15], nel caso sia accertata da parte dell'Autorità amministrativa o giudiziaria competente, o di entrambe, la violazione dei contenuti normativi disposti dalle direttive 93/13/CEE, 2005/29/CE o 2011/83/UE. Dall'altro, con specifico riferimento alle pratiche commerciali scorrette, a

---

vuto anche all'adozione della direttiva 2020/1828/UE relativa alle azioni rappresentative a tutela degli interessi collettivi dei consumatori e che abroga la direttiva 2009/22/CE, con la quale, ai sensi del *considerando* n. 5, si intende "*migliorare l'azione di deterrenza contro le pratiche illecite e ridurre il danno per i consumatori in un mercato sempre più globalizzato e digitalizzato*", attraverso l'inclusione, tra i meccanismi procedurali per la protezione degli interessi collettivi dei consumatori, di "*provvedimenti inibitori così come provvedimenti risarcitori*". Di recente il governo ha dato attuazione anche a questa direttiva con il d.lgs. 10 marzo 2023, n. 28. Tra i primi commenti, cfr. G. De Cristofaro, *Azioni "rappresentative" e tutela degli interessi collettivi dei consumatori*, in *Nuove leggi civ. comm.*, 4/2022, p. 1010 ss., ora anche in Id., *Diritto italiano ed europeo dei consumatori*, cit., p. 484 ss., il quale, pur riservandosi di manifestare "un giudizio compiuto" solo al termine del processo di recepimento della direttiva nei vari Stati membri, non mancava di sottolineare la difficoltà del lavoro che il legislatore avrebbe dovuto svolgere, considerata l'ambigua e lacunosa formulazione delle disposizioni e dei suoi *considerando* (*ivi*, p. 1013). Esprime delusione per il carattere estremamente parziale dell'armonizzazione normativa perseguita e per i "contorni incerti, ambigui e lacunosi" della disciplina proposta anche E. Minervini, *L'azione inibitoria nella direttiva 2020/1828/UE*, in *Nuove leggi civ. comm.*, 5/2022, p. 1377 ss. Con specifico riferimento al rapporto tra strumenti di tutela degli interessi del singolo consumatore, oggetto di attenzione in questa sede, e procedure di tutela degli interessi collettivi dei consumatori, E. Camilleri, *La direttiva 2020/1828/UE sulle azioni rappresentative e il "sistema delle prove". La promozione dell'interesse pubblico attraverso la tutela degli interessi collettivi dei consumatori: verso quale modello di enforcement?*, in *Nuove leggi civ. comm.*, 4/2022, p. 1052 ss., osserva che "gli interessi collettivi (...) si collocano esattamente al punto di congiunzione tra la dimensione dei conflitti del mercato, presidiati (...) dalle *Authorities*, e quella dei conflitti interni ad esso, da risolvere per via giudiziale o di ADR; di più, è attraverso la loro specola che è dato cogliere distorsioni/violazioni che dalla prima si riverberano sulla seconda".

[15] La direttiva 2019/2161/UE, rispettivamente all'art. 1, art. 3, par. 6 e art. 4, par. 13, condiziona il calcolo della sanzione applicabile da parte dell'autorità amministrativa o/e giudiziaria, all'esito dell'accertamento di una violazione del diritto europeo a tutela dei consumatori, ad una serie di valutazioni della condotta del professionista, quali ad esempio, per un verso, la gravità, la durata e la reiterazione della violazione, e, per altro verso, la predisposizione di eventuali azioni rivolte ad attenuare o rimediare al danno subito dai consumatori.

fronte di un cospicuo intensificarsi della loro tipizzazione [16], si introduce una prima, seppur timida, enumerazione dei possibili meccanismi di tutela da disporre nei diritti interni per consentire ai consumatori un più facile ed efficace accesso alla protezione dei loro interessi [17].

Il nuovo approccio alla protezione degli interessi dei consumatori appena delineato riguarda interventi modificativi e/o integrativi di provvedimenti che si applicano e si applicheranno "trasversalmente", proponendosi come il nuovo diritto generale dei consumatori, cioè come una "rete di sicurezza" giuridica, utile a mantenere "un livello elevato di tutela dei consumatori in tutti i settori, completando le normative settoriali dell'Unione e colmando le eventuali lacune" [18]. Il quadro dei meccanismi di applicazione e garanzia della loro effettività rimarrà, dunque, per espressa previsione del legislatore eurounitario [19], quello da ultimo aggiornato proprio grazie alla direttiva 2019/2161/UE.

Ebbene, in questo contesto, l'adozione da parte del governo del

---

[16] Si vedano le integrazioni all'allegato I della direttiva 2005/29/CE disposte sia dalla direttiva 2019/2161/UE, con riguardo alla contrattazione *online*, sia dalla direttiva 2024/825/UE, con riguardo all'asserita sostenibilità ambientale e sociale dei prodotti e dei servizi offerti sul mercato.

[17] La maggiore attenzione del legislatore eurounitario nei riguardi di meccanismi di tutela degli interessi individuali dei consumatori, azionabili contemporaneamente all'attivazione, sul piano amministrativo, di procedure di *public enforcement* del diritto a tutela del consumatore non sembra, però, legittimare una rilettura funzionale dei rimedi messi a disposizione del singolo in chiave sanzionatoria. Sul punto, cfr. G. De Cristofaro, *«Rimedi» privatistici individuali e pratiche commerciali scorrette. Il recepimento del diritto italiano dell'art. 11-*bis *della direttiva 2005/29/CE. (Comma 15-*bis*, art. 27 c. cons.)*, cit., p. 452, Id., *Diritto italiano ed europeo dei consumatori*, cit., pp. 209-210, il quale, all'opposto, rileva che "tali rimedi sono invero posti esclusivamente a presidio di *interessi patrimoniali individuali* dei consumatori, e sono direttamente ed esclusivamente funzionali ad assicurare il pieno soddisfacimento di siffatti interessi e a porre rimedio alla loro lesione, venendo in considerazione l'effetto dissuasivo/deterrente/sanzionatorio soltanto come conseguenza indiretta e riflessa (e meramente eventuale) del loro efficace e diffuso esperimento".

[18] Cfr. Proposta di direttiva del 30 marzo 2022, Relazione introduttiva, p. 5. Il *considerando* n. 39 della direttiva 2024/825/UE dispone ora che "*Le direttive 2005/29/CE e 2011/83/UE dovrebbero continuare a fungere da «rete di sicurezza» a garanzia del mantenimento di un livello elevato di tutela dei consumatori in tutti i settori, venendo a integrare il diritto dell'Unione settoriale e specifico per prodotto che prevale in caso di conflitto*".

[19] Cfr. Proposta di direttiva del 30 marzo 2022, Relazione introduttiva, p. 4.

d.lgs. 7 marzo 2023, n. 26, mediante il quale il nostro ordinamento attua le indicazioni normative contenute nella direttiva 2019/2161/UE, sollecita la prosecuzione della riflessione scientifica, invero già da tempo avviata e mai sopita[20], in merito agli strumenti e alle tecniche normative di attuazione del nuovo equilibrio tra *public* e *private enforcement*, al quale il legislatore europeo mostra di voler ispirare la futura attività di regolazione della concorrenza e degli interessi economici che a vario titolo animano il mercato. Il confronto teorico è destinato inevitabilmente a riprendere vigore, ancor di più, in considerazione della scelta del nostro legislatore di adottare in blocco i rimedi che, ai sensi dell'art. 11 *bis* della direttiva 2005/29/CE, potrebbero essere previsti a favore del singolo consumatore che abbia subito gli effetti pregiudizievoli di una pratica commerciale scorretta, senza fornire alcuna indicazione circa il ri-

---

[20] Cfr. C. GRANELLI, *Pratiche commerciali scorrette: le tutele individuali nel disegno di legge delega di riforma del codice civile*, in *Contratti*, 5/2019, p. 493 ss.; ID., *Pratiche commerciali scorrette: alla vigilia del recepimento della direttiva 2019/2161/UE*, cit., p. 493 ss.; G. DE CRISTOFARO, *Rimedi privatistici "individuali" dei consumatori e pratiche commerciali scorrette: l'art. 11-bis direttiva 2005/29/CE e la perdurante (e aggravata) frammentazione dei diritti nazionali dei paesi UE*, in *Jus civile*, 2/2022, p. 269 ss.; S. PAGLIANTINI, *I rimedi non risarcitori: esatto adempimento, riduzione del prezzo e risoluzione del contratto*, in *Jus civile*, 2/2022, p. 304 ss.; M.R. MAUGERI, *Invalidità del contratto stipulato a seguito di pratica commerciale sleale?*, in *Jus civile*, 2/2022, p. 316 ss.; L. GUFFANTI PESENTI, *Pratiche commerciali scorrette e rimedi nuovi. La difficile trasposizione dell'art. 3 co. 1, n. 5) direttiva 2019/2161/UE*, in *Eur. dir. priv.*, 4/2021, p. 635 ss.; C. DALIA, *Sanzioni e rimedi individuali "effettivi" per il consumatore in caso di pratiche commerciali scorrette: le novità introdotte dalla direttiva 2161/2019/UE*, in *Riv. dir. ind.*, 6/2020, p. 331 ss.; I. SPEZIALE, *La direttiva 2019/2161/UE tra protezione dei consumatori e promozione della competitività sul mercato unico*, in *Corr. Giur.*, 4/2020, p. 441 ss. Più in generale, sul tema cfr., A. FACHECHI, *Pratiche commerciali scorrette e rimedi negoziali*, ESI, 2012, p. 31 ss.; T. FEBBRAJO, *Il private enforcement del divieto di pratiche commerciali scorrette*, ESI, 2018, p. 118 ss.; L. GUFFANTI PESENTI, *Scorrettezza delle pratiche commerciali e rapporti di consumo*, Jovene, 2020, p. 191 ss. Più risalenti ma decisivi nell'impostazione del dibattito all'indomani del recepimento della direttiva 2005/29/CE, i contributi raccolti in E. MINERVINI, L. ROSSI CARLEO (a cura di), *Le pratiche commerciali sleali: direttiva comunitaria e ordinamento italiano*, Giuffrè, 2007; A. GENOVESE (a cura di), *I decreti legislativi sulle pratiche commerciali scorrette: attuazione e impatto sistematico della direttiva 2005/29/CE*, Cedam, 2008; G. DE CRISTOFARO, *Pratiche commerciali scorrette e codice del consumo: il recepimento della direttiva 2005/29/CE nel diritto italiano*, Giappichelli, 2008.

spettivo ambito di applicabilità e la relativa disciplina[21]. La formulazione dell'art. 27, comma 15 *bis*, cod. cons.[22], infatti, riproponendo la mera enumerazione delle tecniche di tutela menzionate anche dal legislatore eurounitario, affida per intero agli interpreti il compito di suggerire possibili chiavi di lettura dell'intervento modificativo del codice del consumo, idonee a garantirne un'interpretazione conforme al diritto eurounitario[23]. L'indagine che qui si in-

---

[21] La profonda insoddisfazione per l'operato delle istituzioni italiane non riguarda solo il ritardo accumulato nell'attuazione della direttiva, ma anche il sostanziale tradimento del mandato ricevuto dal legislatore europeo, specificamente riferito alla definizione di strumenti di tutela individuale, effettivi e proporzionati, oltre che sistematicamente coerenti, contro gli effetti lesivi di pratiche commerciali scorrette. Come criticamente segnalato da C. GRANELLI, *Pratiche commerciali scorrette: alla vigilia del recepimento della dir 2019/2161/UE*, cit., p. 499; ID., *L'art. 11-bis della direttiva 2005/29/CE: ratio, problemi interpretativi e margini di discrezionalità concessi agli stati membri ai fini del recepimento*, in *Jus civile*, 2/2022, p. 256 ss., già l'art. 4 della l. 4 agosto 2022, n. 127, "Delega al Governo per il recepimento delle direttive europee e l'attuazione di altri atti normativi dell'Unione Europea – Legge di delegazione europea 2021", nello stabilire i principi e i criteri direttivi per il recepimento della direttiva 2019/2161/UE, non conteneva alcuna reale indicazione in proposito. Con riguardo all'art. 27, comma 15 *bis*, cod. cons., che oggi recepisce le indicazioni normative disposte dall'art. 11 *bis* della direttiva 2005/29/CE, G. DE CRISTOFARO, *«Rimedi» privatistici individuali e pratiche commerciali scorrette. Il recepimento del diritto italiano dell'art. 11-*bis *della direttiva 2005/29/CE. (Comma 15-*bis*, art. 27 c. cons.)*, cit., p. 468, ID., *Diritto italiano ed europeo dei consumatori*, cit., p. 228, osserva che "il nostro legislatore difficilmente avrebbe potuto assolvere in modo peggiore il delicato compito cui era chiamato dalla necessità di dare attuazione all'art. 11-*bis* direttiva 2005/29/CE". Da ultimo, dello stesso tenore le considerazioni critiche di A. PURPURA, Private enforcement *delle pratiche commerciali scorrette: il nuovo comma 15-bis dell'art. 27 c. cons.*, in *Eur. dir. priv.*, 4/2023, p. 815 e ss.

[22] Il comma 15 *bis*, che integrerà l'art. 27 del d.lgs. n. 206/2005, infatti, recita "*I consumatori lesi da pratiche commerciali sleali possono altresì adire il giudice ordinario al fine di ottenere rimedi proporzionati ed effettivi, compresi il risarcimento del danno subito e, ove applicabile, la riduzione del prezzo o la risoluzione del contratto, tenuto conto, se del caso, della gravità e della natura della pratica commerciale sleale, del danno subito e di altre circostanze pertinenti. Sono fatti salvi ulteriori rimedi a disposizione dei consumatori*".

[23] Per quanto l'art. 11 *bis* della direttiva 2005/29/CE riconosca agli Stati membri la mera facoltà di "stabilire le condizioni per l'applicazione e gli effetti di tali rimedi", riferendosi al risarcimento del danno e, se pertinenti, alla risoluzione e alla riduzione del prezzo, è evidente che la mancata definizione di quelle condizioni da parte del legislatore italiano rischi di compromettere l'effettiva realizzazione dell'obiettivo prescritto, consistente nell'assicurazione dell'accesso a rime-

tende intraprendere si propone l'obiettivo di fornire un contributo in tal senso.

2. *Precisazioni preliminari sull'impostazione dell'indagine: il rilievo dei possibili contorni della situazione giuridica soggettiva esposta alle interferenze derivanti da una pratica commerciale scorretta e l'irriducibilità dei rimedi azionabili a strumenti di tutela già esistenti*

Allo scopo di assicurare ai consumatori vittime di pratiche commerciali sleali l'accessibilità a rimedi proporzionati ed effettivi, la direttiva 2019/2161/UE dispone l'inserimento dell'art. 11 *bis*, rubricato "Rimedi", nella direttiva 2005/29/CE. Esso indica, sulla base di una formulazione che pare rivelare un'intenzione meramente esemplificativa [24], tra gli strumenti utili allo scopo il risarcimento del

---

di proporzionati ed effettivi nei riguardi del consumatore i cui interessi siano stati lesi da una pratica commerciale sleale. Non è affatto da escludere, dunque, che, ove la riflessione teorica e giurisprudenziale non provveda ad elaborare soluzioni applicative della disciplina interna dei contratti utili a compensare in via interpretativa la sostanziale inerzia normativa del legislatore, non appena se ne presenterà l'occasione, sarà la Corte di Giustizia dell'Unione Europea, in virtù del principio dell'interpretazione conforme al diritto eurounitario del diritto nazionale di ogni Stato membro, a suggerire ai giudici nazionali le leve della normativa interna da azionare perché l'obiettivo prescritto dalla direttiva 2019/2161/UE sia effettivamente raggiunto. In proposito, cfr. Corte Giust., 13 gennaio 2022, C-282/19, ove i giudici di Lussemburgo chiariscono che "il principio dell'interpretazione conforme richiede che i giudici nazionali facciano tutto quanto compete loro, prendendo in considerazione il diritto interno nella sua interezza e applicando i metodi di interpretazione riconosciuti da quest'ultimo, al fine di garantire la piena efficacia della direttiva di cui trattasi e pervenire a una soluzione conforme allo scopo perseguito da quest'ultima". Nello stesso senso, tra le tante cfr. Corte Giust., 14 maggio 2020, C-615/18 e Corte Giust., 19 settembre 2019, C-143/18, nella quale, a proposito dell'applicazione delle indicazioni normative presenti in una direttiva a tutela dei consumatori, si precisa che, al fine di pervenire ad una soluzione disciplinare conforme ad una disposizione del diritto eurounitario, il giudice nazionale deve, se del caso, discostarsi da una giurisprudenza nazionale consolidata, "qualora questa si fondi su un'interpretazione del diritto nazionale incompatibile con la disposizione medesima".

[24] Cfr. C. DALIA, *Sanzioni e rimedi individuali "effettivi" per il consumatore in caso di pratiche commerciali scorrette: le novità introdotte dalla direttiva 2161/2019/UE*, cit., p. 355. Si sofferma sul punto anche G. DE CRISTOFARO, *«Ri-*

danno e, "se pertinenti", la riduzione del prezzo o la risoluzione del contratto [25].

Disponendo la salvezza di "ulteriori rimedi a disposizione del consumatore", l'art. 27, comma 15 *bis*, cod. cons. conferma il carattere esemplificativo del rinvio espresso ai rimedi del risarcimento del danno e alla riduzione del prezzo o alla risoluzione del contratto. Va rilevato, altresì, che, sostituendo la formulazione dell'inciso "se pertinenti", riportato dall'art. 11 *bis*, direttiva 2005/29/CE, con "ove applicabile", esso introduce una variazione lessicale che, oltre a richiedere la preliminare verifica dell'idoneità funzionale di tali

---

*medi» privatistici individuali e pratiche commerciali scorrette. Il recepimento del diritto italiano dell'art. 11-*bis *della direttiva 2005/29/CE. (Comma 15-*bis*, art. 27 c. cons.)*, cit., p. 460, Id., *Diritto italiano ed europeo dei consumatori*, cit., p. 219, il quale, in modo condivisibile, precisa che, sebbene la direttiva non escluda la possibile adozione di strumenti rimediali diversi da quelli espressamente richiamati dall'art. 11 *bis* della direttiva 2005/29/CE, la loro concreta esperibilità dovrà comunque essere fondata sull'esistenza di "una previsione inserita *ad hoc* nella legislazione nazionale, in mancanza della quale deve escludersi che a tale esito possa pervenirsi in via interpretativa". In particolare, la precisazione riguarda rimedi tipici del diritto speciale, come la nullità di protezione o la conversione legale del contratto a titolo oneroso in gratuito, tecnica di contrasto dei pregiudizi prodotti dalle pratiche commerciali scorrette, quest'ultima, adottata dal legislatore belga. Non invece, in forza dell'art. 3, par. 2 della direttiva 2005/29/CE, eventuali meccanismi di tutela applicabili in forza del diritto generale dei contratti interno (*Ivi*, p. 451).

[25] La menzione di un apparato rimediale analogo a quello disposto dalla direttiva 2019/771/UE, relativa a determinati aspetti dei contratti di vendita di beni, che modifica il Regolamento (UE) 2017/2394 e la direttiva 2009/22/CE, e che abroga la direttiva 1999/44/CE, è presente già nel *considerando* n. 16, il quale prevede la necessità di lasciare liberi gli Stati membri di disporre il diritto ad altri rimedi "come la sostituzione o la riparazione" al fine di garantire l'eliminazione totale degli effetti della pratica commerciale scorretta. Sul rapporto tra la disciplina dei rimedi a difetti di conformità del bene venduto al consumatore e la disciplina dei rimedi individuali a lesioni da pratiche commerciali scorrette si tornerà *infra*, cap. II. Tra coloro i quali escludono qualsiasi relazione tra le due discipline, cfr. L. Guffanti Pesenti, *Pratiche commerciali scorrette e rimedi nuovi. La difficile trasposizione dell'art. 3 co. 1, n. 5) direttiva 2019/2161/UE*, cit., p. 655, la quale ritiene che "la menzione (…) della risoluzione del contratto e della riduzione del prezzo, nonostante l'assonanza, non sembra (…) avere un legame diretto con l'istituto della garanzia per difetto di conformità di cui agli artt. 128 ss. c. cons. e non comporta perciò la trasponibilità, nella materia delle pratiche commerciali scorrette, dell'intera serie di rimedi dalla medesima previsti a favore del consumatore".

rimedi, sembra condizionare la legittimità del loro azionamento ad un più pregnante controllo sistematico[26], al fine di garantire una tutela proporzionata ed effettiva degli interessi individuali lesi da una pratica commerciale scorretta. L'indagine circa i presupposti di applicabilità della riduzione del prezzo o della risoluzione del contratto, dunque, è senz'altro compito primario dell'interprete. Al suo assolvimento si proverà in questa sede a dare un contributo, non prima però di aver affrontato la questione preliminare della natura delle interferenze patite dai consumatori a seguito di una pratica commerciale sleale[27].

Non può in altri termini omettersi di accertare se l'obiettivo perseguito in sede europea sia quello di attribuire rilevanza giuridica ad interessi soggettivi cui finora il nostro ordinamento non ha ritenuto necessario, né tantomeno coerente dal punto di vista sistematico, riservare una specifica tutela. O se, invece, l'invito rivolto ai legislatori nazionali di predisporre un apparato rimediale più adeguato a contrastare gli effetti di pratiche commerciali sleali sulla soddisfazione degli interessi del singolo consumatore comporti la richiesta di assicurare condizioni utili affinché costui, malgrado le asimmetrie informative connaturate agli odierni rapporti contrattuali di massa[28], abbia l'opportunità di adottare "decisioni di natura com-

---

[26] In senso analogo, cfr. G. DE CRISTOFARO, *«Rimedi» privatistici individuali e pratiche commerciali scorrette. Il recepimento del diritto italiano dell'art. 11-*bis *della direttiva 2005/29/CE. (Comma 15-*bis*, art. 27 c. cons.)*, cit., p. 485, ID., *Diritto italiano ed europeo dei consumatori*, cit., p. 246.

[27] A questo scopo, riveste senz'altro grande importanza l'attenta disamina delle soluzioni legislative individuate in passato nei diversi ordinamenti degli Stati membri, al fine di dare attuazione alla direttiva 2005/29/CE, sulla quale cfr. G. DE CRISTOFARO, *Le conseguenze privatistiche della violazione del divieto di pratiche commerciali sleali: analisi comparata delle soluzioni accolte nei diritti nazionali dei Paesi UE*, in *Rass. dir. civ.*, 3/2010, p. 880 ss., nonché l'aggiornamento di tale indagine, alla luce degli interventi legislativi di recepimento delle indicazioni normative disposte dalla direttiva 2019/2161/UE, riportato in G. DE CRISTOFARO, *Rimedi privatistici "individuali" dei consumatori e pratiche commerciali scorrette: l'art. 11-bis direttiva 2005/29/CE e la perdurante (e aggravata) frammentazione dei diritti nazionali dei paesi UE*, cit., p. 271 ss. e ora ID., *Diritto italiano ed europeo dei consumatori*, cit., p. 259 ss.

[28] Cfr. A. JANNARELLI, *La disciplina dell'atto e dell'attività: i contratti tra imprese e tra imprese e consumatori*, in N. LIPARI (a cura di), *Trattato di diritto privato europeo*, Cedam, 2003, III, p. 22 ss.

merciale" comunque consapevoli e ponderate[29]. Solo dopo aver elaborato una risposta a tali interrogativi, dunque, si ritiene possibile procedere all'individuazione del meccanismo di tutela più adeguato nei riguardi dell'interesse soggettivo del consumatore leso, valutando in quest'ambito se attribuire primaria importanza – in vista dell'effettiva soddisfazione dell'interesse concretamente tutelato – al rimedio risarcitorio o, invece, se riconoscere maggiore efficacia alla valorizzazione di una serie più articolata di rimedi.

A quest'ultimo proposito, giova sin d'ora un'ulteriore precisazione. In questa sede non si intende sostenere la tesi secondo la quale l'indicazione da parte dell'art. 11 *bis* della direttiva 2005/29/CE di una serie di strumenti di protezione del consumatore dai condizionamenti di una pratica commerciale scorretta, serva essenzialmente a richiamare meccanismi di tutela già esistenti, suggerendo l'idoneità della loro applicazione al contestuale contrasto di pratiche commerciali scorrette[30]. In quest'ottica, si potrebbe osservare che il legislatore, grazie alle continue sollecitazioni del diritto europeo, avrebbe nel tempo predisposto e disciplinato nel codice civile e/o nel codice del consumo una molteplicità di rimedi che il consumatore potrebbe efficacemente azionare, in particolare, tutte le volte in cui la pratica scorretta cui reagire interferisca con la formazione della volontà contrattuale del consumatore o incida sulla predisposizione unilaterale del regolamento contrattuale o ancora riguardi la presentazione del bene o del servizio oggetto dello scambio. Se è vero, infatti, che, ove il contratto sia stato concluso a distanza o fuori dai locali commerciali del professionista, l'art. 52 cod. cons. riconosce al consumatore un periodo di quattordici giorni per eser-

---

[29] Cfr. art. 18, lett. m), cod. cons., che definisce l'espressione «decisione di natura commerciale» come "la decisione presa da un consumatore relativa a se acquistare o meno un prodotto, in che modo farlo e a quali condizioni, se pagare integralmente o parzialmente, se tenere un prodotto o disfarsene o se esercitare un diritto contrattuale in relazione al prodotto; tale decisione può portare il consumatore a compiere un'azione o all'astenersi dal compierla".

[30] Ci si riferisce ad una tesi che, prima dell'adozione della direttiva 2019/2161/UE e in assenza di specifiche previsioni normative in materia di *private enforcement* del divieto di pratiche commerciali scorrette, è stata già autorevolmente sostenuta da M.R. MAUGERI, *Pratiche commerciali scorrette e disciplina generale dei contratti*, in A. GENOVESE, *op. cit.*, pp. 284-286; ma si veda anche A. FACHECHI, *op. cit.*, p. 104 ss.

citare il diritto di recesso senza dover fornire motivazioni, o che l'art. 36 del cod. cons. dispone la nullità di protezione della clausola di un contratto tra professionista e consumatore di cui sia stata accertata la vessatorietà o, infine, che lo stesso codice del consumo, in seguito al recente recepimento delle direttive 2019/770/UE e 2019/771/UE, rispettivamente agli artt. 135 *octiesdecies* ss. e 135 *bis* ss., disciplina i rimedi a disposizione del consumatore acquirente di un contenuto digitale, di un servizio digitale o di un bene mobile, con o senza elementi digitali, che presentino difetti di conformità a quanto contrattualmente divisato, è vero anche che, invocando rimedi proporzionati ed effettivi a lesioni che si definiscono genericamente derivanti da pratiche commerciali scorrette, non pare che il legislatore abbia voluto semplicemente valorizzare l'esistente.

Ferma restando, dunque, la validità del riferimento a siffatti strumenti di tutela, tutte le volte in cui la pratica commerciale scorretta produca un pregiudizio già specificamente preso in considerazione dal diritto eurounitario mediante la predisposizione di meccanismi *ad hoc* di reazione, così come la validità del rinvio alla disciplina codicistica dell'annullabilità del contratto per dolo o per violenza [31], in questa sede si intende piuttosto indagare quali possano essere i meccanismi rimediali cui allude la direttiva 2019/2161/UE, ove il singolo consumatore subisca effetti pregiudizievoli prodotti da pratiche commerciali scorrette che non siano agevolmente assimilabili alle ipotesi di alterazione del processo di formazione di un accordo contrattuale già affrontate, ora dalla disciplina generale del contratto, ora dalla disciplina speciale dei contratti del consumatore.

In proposito, a titolo meramente esemplificativo, si considerino le nuove ipotesi di pratiche commerciali in ogni caso ingannevoli, descritte dall'art. 3, comma 7, direttiva 2019/2161/UE e introdotte nell'elenco allegato alla direttiva 2005/29/CE ai punti 11 *bis* [32], 23

---

[31] Cfr. M.R. MAUGERI, *Invalidità del contratto stipulato a seguito di pratica commerciale sleale?*, cit., p. 316.

[32] Il punto 11 *bis* dell'allegato alla direttiva 2005/29/CE recita: "*Fornire risultati di ricerca in risposta a una ricerca online del consumatore senza che sia chiaramente indicato ogni eventuale annuncio pubblicitario a pagamento o pagamento specifico per ottenere una classificazione migliore dei prodotti all'interno di tali risultati*".

bis[33] e 23 *ter*[34]. In relazione a tali ipotesi di pratiche commerciali scorrette e a molte altre, può rilevarsi che non sempre sia agevole riconoscere nella condotta del professionista gli estremi di un'ipotesi di dolo *ex* art. 1439 o anche solo *ex* art. 1440 c.c. o, ancora e in alternativa, la ricorrenza di un'ipotesi di frustrazione della libertà negoziale del consumatore già specificamente presa in considerazione dal diritto eurounitario. E può anche aggiungersi che sarebbe alquanto riduttivo interpretare la richiesta di individuare rimedi proporzionati ed effettivi all'eventualità di una lesione degli interessi del consumatore richiamando il più ampio spettro operativo di strumenti di tutela *passe-partout*, quale potrebbe essere il recesso *ex* art. 52 cod. cons., nel caso di un contratto perfezionato a distanza o fuori dai locali commerciali.

3. *Le opzioni interpretative in campo: interesse soggettivo alla congruità dell'operazione economica promossa dal professionista ed ipotesi di tutela*

Il percorso d'indagine che si intende intraprendere a proposito dei rimedi da mettere a disposizione del singolo consumatore leso da una pratica commerciale scorretta può essere avviato verificando i contorni dell'interesse soggettivo preso in considerazione dal diritto eurounitario nel sollecitare l'adozione di strumenti di tutela effettivi e proporzionati. Dalla sua conformazione, infatti, si potrebbero trarre primi importanti indizi sui meccanismi di protezione da prediligere per offrire rimedi adeguati alle lesioni di cui ci si occupa. Ci si può interrogare, in primo luogo, se l'interesse soggettivo nei riguardi del quale l'art. 11 *bis* della direttiva 2005/29/CE ri-

---

[33] Il punto 23 *bis* dell'allegato alla direttiva 2005/29/CE recita: "*Rivendere ai consumatori biglietti per eventi, se il professionista ha acquistato tali biglietti utilizzando strumenti automatizzati per eludere qualsiasi limite imposto riguardo al numero di biglietti che una persona può acquistare o qualsiasi altra norma applicabile all'acquisto di biglietti*".

[34] Il punto 23 *ter* dell'allegato alla direttiva 2005/29/CE recita: "*Indicare che le recensioni di un prodotto sono inviate da consumatori che hanno effettivamente utilizzato o acquistato il prodotto senza adottare misure ragionevoli e proporzionate per verificare che le recensioni provengano da tali consumatori*".

chiede agli ordinamenti nazionali di riservare attenzione sia quello, sempre molto controverso nei sistemi giuridici fondati sul principio della libertà di iniziativa economica e sulla parità formale dei contraenti [35], volto al perseguimento di una oggettiva congruità dell'operazione economica proposta dal professionista al consumatore/contraente debole.

La congruità cui si allude dovrebbe presentare una connotazione eminentemente soggettiva e normalmente dovrebbe potersi dire integrata ogni volta che il consumatore abbia avuto l'opportunità di ponderare in modo libero e consapevole l'assetto di interessi, vantaggi e rischi entro il quale andrebbe realizzata l'operazione economica proposta dalla controparte [36]. Tuttavia, la congenita asimmetria delle relazioni di mercato tra consumatori e professionisti [37] ha contribuito non poco ad accrescere l'ambiguità del significato di

---

[35] Ricorda che il nostro sistema giuridico ordina le relazioni sociali "secondo una razionalità essenzialmente procedurale: quella per cui la razionalità del comando normativo non sta nel suo *contenuto* bensì nella *forma* (consensuale) che esso impone alle relazioni individuali, sicché è razionale e quindi "giusto", tutto ciò e solo ciò che sia stato liberamente voluto" M. BARCELLONA, *Responsabilità extracontrattuale e vizi della volontà contrattuale*, in www.judicium.it, 2011, p. 10. Sul punto anche, da ultimo, G. D'AMICO, (voce) *Giustizia contrattuale*, in *Contratto*, *Enc. dir.*, I tematici, Giuffrè, 2021, pp. 588-589.

[36] Riferendosi alla scorrettezza della pratica commerciale posta in essere dal professionista come alla causa della determinazione di un regolamento contrattuale "sperequato", perché siglato sulla base di informazioni false o di omissioni di notizie "rilevanti ai fini della determinazione economica del consumatore", sembra attribuisca tale significato alla nozione di congruità contrattuale A. FACHECHI, *Pratiche commerciali scorrette e rimedi negoziali*, cit., p. 130 ss., salvo poi lasciar trasparire il favore per una differente connotazione della stessa nozione ove, ragionando sui rimedi applicabili al fine di riportare in equilibrio il contratto sperequato che il consumatore intenda comunque mantenere in vita, sostiene che "l'obiettivo è quello di realizzare una giustizia sostanziale, nel rispetto di quella logica proporzionale che induce a revocare in dubbio le vecchie convinzioni sull'intangibilità del regolamento negoziale e del dogma del volere" (*Ivi*, p. 141).

[37] Sulla debolezza contrattuale del consumatore quale base per la costruzione di un modello normativo di contratto distinto da quello di diritto comune (il modello del contratto asimmetrico), cfr. A.M. BENEDETTI, (voce) *Contratto asimmetrico*, in *Enc. dir.*, Annali, V, Giuffrè, 2012, pp. 374-375; V. ROPPO, Behavioural Law and Economics, *regolazione del mercato e sistema dei contratti*, in *Riv. dir. priv.*, 2/2013, p. 167 ss. Sul punto si veda anche G. D'AMICO, (voce) *Giustizia contrattuale*, cit., p. 592 ss.

tale espressione[38], spesso confusa con l'aspirazione ad un equilibrio contrattuale oggettivamente "giusto"[39]. La soddisfazione dell'interesse alla congruità del contratto, d'altra parte, viene sempre più spesso connessa, in via interpretativa, alla previsione di una molteplicità di strumenti normativi – basti qui ricordare per tutti la nullità di protezione delle clausole abusive nei contratti del consumatore – volti a porre rimedio all'effetto riflesso dello squilibrio contrattuale[40].

---

[38] Cfr. P. GALLO, *I vizi del consenso*, in E. GABRIELLI (a cura di), *I contratti in generale*, I, *Tratt. dei Contratti Rescigno, Gabrielli*, Utet, 2006, p. 464, ID., *Il contratto*, Giappichelli, 2017, p. 678, secondo il quale "In termini del tutto generali la congruità dei valori scambiati non è considerata un requisito di validità della causa. Il discorso però è completamente diverso nel caso in cui lo squilibrio tra le prestazioni non è frutto di una precisa e consapevole volontà in questo senso, ma è esclusivamente dovuto ad errore o più in generale a vizio del consenso della parte che ha accettato lo scambio a condizioni inique. Nei casi di questo genere giustizia vuole che la parte che ha acconsentito allo scambio a condizioni inique possa liberarsi del vincolo contrattuale". Altra Dottrina, indicando la buona fede quale chiara espressione del principio - di derivazione comunitaria - di proporzionalità, ne valorizza anche le potenzialità normative di strumento di attuazione, nella disciplina dei rapporti tra privati, dei valori tutelati e riconosciuti dalla Costituzione, sicché "non è sufficiente che il contratto venga stipulato in assenza di vizi formali, essendo altresì necessario che produca un risultato giusto, conforme al giudizio di buona fede". Cfr. G. VILLANACCI, *Autonomia privata e buona fede nella complessa relazione evolutiva con la normativa consumeristica*, in *Contr. e Impr.*, 4-5/2013, p. 930.

[39] Con parole in termini generali assolutamente condivisibili e che trovano riscontro nel pensiero di molti autori contemporanei, ricorda che "l'autonomia negoziale, contrattuale, non è un dogma, né un preconcetto o un valore in sé. (...) Essa si configura secondo i dati normativi desumibili dall'ordinamento, nella sua unitarietà e nella sua completezza, secondo i principi e le regole. Essa si colloca tra libertà e giustizia contrattuale", P. PERLINGIERI, *Equilibrio normativo e principio di proporzionalità nei contratti*, in *Rass. dir. civ.*, 2/2001, pp. 334-335.

[40] Cfr. G. VILLANACCI, *op. cit.*, p. 934 e ss. Con specifico riferimento al fenomeno della predisposizione di clausole abusive, ad avvalorare l'idea che la legislazione a tutela del consumatore sia rivolta alla realizzazione di un riequilibrio in senso sostanziale dello scambio perseguito, concorre in alcuni casi, almeno indirettamente, anche la più recente giurisprudenza eurounitaria. Si allude in particolare all'orientamento, sovente praticato dalla Corte di Giustizia dell'Unione Europea, che condiziona il raggiungimento dell'effettività della tutela del consumatore alla carica deterrente, nei riguardi del professionista, delle soluzioni disciplinari suggerite. Cfr. Corte Giust., 14 giugno 2012, C-618/10, in *Contratti*, 1/2013, p. 16 ss. con nota di A. D'ADDA, *Giurisprudenza comunitaria e "massimo effetto utile per il consumatore": nullità (parziale) necessaria della clausola abusiva e*

Sebbene allora da più parti si ribadisca la preponderante funzionalità dell'insieme delle previsioni normative a tutela del consumatore alla correzione dei fallimenti del mercato [41], non mancano i casi in cui il loro richiamo serva a legittimare una ricostruzione della mancata congruità all'insegna di una giustizia contrattuale assiologicamente connotata, dai contorni invero alquanto sfuggenti [42], es-

---

integrazione del contratto, p. 22 ss.; Corte Giust., 30 aprile 2014, C-26/13, con nota di A. D'ADDA, *Il giudice nazionale può rideterminare il contenuto della clausola abusiva essenziale applicando una disposizione di diritto nazionale di natura suppletiva*, in www.dirittocivilecontemporaneo.com, 1/2014 e S. PAGLIANTINI, *L'equilibrio soggettivo dello scambio (e l'integrazione) tra Corte di Giustizia, Corte costituzionale ed ABF: "il mondo di ieri" o un* trompe l'oeil *concettuale?*, in *Contratti*, 10/2014, p. 854 ss.; Corte Giust., 3 ottobre 2019, C-260/18 e Corte Giust., 5 giugno 2019, C-38/17, in *Foro it.*, 1/2020, c. 22 ss., con note di A. PALMIERI, *Il ruolo trainante della Corte di giustizia nella messa in opera della disciplina sulle clausole abusive. Spunti dal caso Dziubak e dintorni*; A. IULIANI, *La trasparenza consumeristica nell'interpretazione della Corte di giustizia e della dottrina*; G. SALVI, *I limiti al potere normativo nazionale in materia di abusività della clausola relativa al rischio di cambio*; Corte Giust., 29 aprile 2021, C-19/20, in *Foro it.*, 5/2021, c. 294 ss., con nota di S. PAGLIANTINI, *Il post-vessatorietà come una «Baustelle im Dunkeln»?* In molte delle decisioni citate, infatti, si propone un'interpretazione del diritto contrattuale di matrice eurounitaria relativo a condotte contrarie a buona fede del professionista dalla quale sembra possibile ricavare, in chiave deterrente, la sostanziale legittimazione di interventi eteronomi di riequilibrio dello scambio contrattuale. A ciò si aggiunga una spiccata propensione della stessa Corte ad affidare alle preferenze soggettive del consumatore il destino del contratto privato di clausole essenziali per la sua sopravvivenza, a volte persino nei casi in cui sia oggettivamente possibile l'etero-integrazione legale del regolamento contrattuale. Sul punto, cfr. S. PAGLIANTINI, *L'effettività della tutela consumeristica in stile rococò: massimo e minimo di deterrenza rimediale tra una Corte di Giustizia epigona di Dedalo e delle sez. un. 19597/20 sotto scacco di un rinvio pregiudiziale*, in *Foro it.*, 10/2021, c. 275 ss. Di una legislazione "paternalistica" a protezione del consumatore, parte debole del contratto, finalizzata, in questa prospettiva, ad assicurare "dall'alto" l'equilibrio contrattuale dell'assetto finale degli interessi attribuibili alle parti scrive criticamente M. BARELA, *La consapevolezza del consumatore nella costruzione giuridica del mercato (rileggendo la pagina di Tullio Ascarelli)*, in *Riv. dir. ind.*, 3/2019, p. 186.

[41] Riconduce puntualmente la natura "originale e composita" delle nuove regole che riguardano i contratti del consumatore al «rapporto simbiotico» tra contratto e mercato, equiparando tali due dimensioni alle "due facce della medesima medaglia" ancora A.M. BENEDETTI, *op. cit.*, p. 375. In senso analogo, cfr. G. D'AMICO, (voce) *Giustizia contrattuale*, cit., p. 595.

[42] Con riferimento ai casi in cui "il pregiudizio consiste nella conclusione di un contratto (desiderato ma) fortemente sperequato", cfr. A. FACHECHI, *Pratiche com-*

senzialmente rivolta a rappresentare *ex post* l'ipotetico regolamento di interessi che il consumatore avrebbe voluto legittimamente realizzare in assenza della condotta del professionista fonte della compromissione della sua libertà negoziale. Ebbene, è proprio all'ipotesi che la direttiva 2019/2161/UE intenda valorizzare tale accezione dell'interesse del consumatore che si vuole innanzitutto dedicare attenzione.

Una testimonianza della rilevanza dell'interesse alla congruità dell'operazione economica dedotta in contratto, potrebbe ricavarsi dal riconoscimento del diritto fondamentale del consumatore "alla correttezza, alla trasparenza ed all'equità nei rapporti contrattuali", sancito dall'art. 2, comma 2, lett. e), cod. cons. La sua valorizzazione solleciterebbe l'attivazione di meccanismi normativi rivolti a garantire, anche in chiave rimediale, l'integrità del processo di formazione delle decisioni di natura commerciale del consumatore. Con specifico riferimento al tema che ci riguarda, l'interesse alla congruità contrattuale potrebbe essere messo a repentaglio da una pratica commerciale del professionista che, in quanto orientata in primo luogo a modificare a suo vantaggio l'assetto concorrenziale nel settore economico nel quale egli opera, si sia a tal punto distaccata dai principi di correttezza e buona fede informatori della diligenza professionale, di cui all'art. 20, comma 2, cod. cons., da rendere

---

merciali scorrette e (apparente) gap normativo: il "sistema" dei rimedi negoziali, in *Studium Iuris*, 2/2015, p. 186, la quale, al fine di ripristinare l'equilibrio del rapporto compromesso da una pratica commerciale scorretta suggerisce l'adozione di una serie di rimedi, tra i quali, non ultimi, "interventi di ortopedia negoziale da parte del giudice", improntati ai "criteri dell'equità, della proporzionalità e della ragionevolezza" (*Ivi*, p. 187), ma anche interventi "non più sulla struttura del rapporto obbligatorio ma, in via (non necessariamente) alternativa, sui suoi effetti economici." Poiché, "abbandonata l'idea della perfetta equivalenza tra contratto valido e contratto giusto, il pregiudizio economico del *deceptus* può essere risanato mediante il rimedio risarcitorio" (*Ivi*, p. 188). Più in generale, tendono ad attribuire una valenza assiologica alla giustizia contrattuale realizzabile attraverso il perseguimento della congruità contrattuale M. PENNASILICO, *Metodo e valori nell'interpretazione dei contratti. Per un'ermeneutica contrattuale rinnovata*, ESI, 2011, p. 398 ss.; ID., «Ménage à trois*: la correzione giudiziale dei contratti*, in F. VOLPE (a cura di), *Correzione e integrazione del contratto*, Zanichelli, 2016, p. 44 ss.; S. POLIDORI, *Discipline della nullità e interessi protetti*, ESI, 2001, p. 208 ss.; R. LANZILLLO, *Regole di mercato e congruità dello scambio contrattuale*, in *Contr. e Impr.*, 1985, p. 310 ss.; R. ROLLI, *Le attuai prospettive di «oggettivazione dello scambio»: verso la rilevanza della «congruità dello scambio contrattuale»?*, in *Contr. e Impr.*, 2001, p. 611 ss.

plausibile un'apprezzabile alterazione del comportamento economico – e più specificamente della decisione di concludere un contratto – del consumatore. La legittimità riconosciuta all'aspettativa di uno scambio equilibrato, in quanto fondato sulla trasparenza informativa e sulla cura dell'interesse altrui da parte del professionista, richiederebbe, allora, sul versante rimediale, la predisposizione di meccanismi di ripristino dell'equilibrio contrattuale, mancato a causa della scorrettezza della condotta tenuta dalla controparte nella fase di maturazione della decisione commerciale del consumatore.

In questo quadro, indicazioni utili alla ricerca di adeguati strumenti di tutela dell'interesse soggettivo inciso potrebbero derivare dall'opinione dottrinaria che auspica una reinterpretazione della disciplina dei vizi del consenso, idonea ad estenderne l'applicabilità anche ad ipotesi di alterazione del processo di formazione della volontà contrattuale non riconducibili ai vizi del consenso espressamente formalizzate dal codice civile[43]. In particolare, l'indirizzo interpretativo menzionato potrebbe essere richiamato al fine di superare il denunciato *deficit* di effettività della tutela del consumato-

[43] Cfr. R. SACCO, G. DE NOVA, *Il contratto*, in *Tratt. Dir. Civ.*, diretto da R. Sacco, I, Utet, 2004, p. 618 ss., ove, precisato che compito dell'interprete è "ordinare, confrontare, individuare i principi, formularli, imporre il rispetto con ampio ricorso all'analogia, strutturare un corpo semplice e organico di norme", si individua nell'art. 1337 c.c. la regola che "nella sua formulazione elastica (...) consente di reprime l'abuso o l'approfittamento di qualsiasi processo formativo distorto della volontà contrattuale" (*Ivi*, p. 620), precisandosi che, "nella sostanza, il contratto affetto da un vizio innominato è annullabile" (*Ivi*, p. 621). In senso analogo, si afferma che, sul modello dell'art. 1440 c.c., la norma in materia di responsabilità precontrattuale potrebbe svolgere un ruolo assai pregnante: quello di aprire alla «correzione» – ottenuta attraverso lo strumento risarcitorio – dei risultati economici pregiudizievoli di un regolamento di interessi, pur validamente stipulato, ma che, in ragione di un contegno sleale e scorretto di una delle parti, si rivela in qualche misura «squilibrato» e comunque lesivo all'interesse dell'altra". Cfr. M. MANTOVANI, *«Vizi incompleti» del contratto e rimedio risarcitorio*, Giappichelli, 1995, pp. 24-25. Ancora, cfr. G. PERLINGIERI, *Regole e comportamenti nella formazione del contratto. Una rilettura dell'art. 1337 codice civile*, ESI, 2003, p. 59 ss.; I. FEDERICI, *Dolo incidente e regole di correttezza*, ESI, 2010, p. 154 ss.; P. GALLO, *Il contratto*, cit., p. 676 ss. Si interroga però in termini condivisibilmente problematici sull'ammissibilità che i contenuti normativi disposti dal legislatore eurounitario attraverso la direttiva 2005/29/CE possano legittimare una rilettura dei presupposti applicativi dell'annullamento per dolo e violenza, dettati dalla disciplina generale del codice civile, C. CAMARDI, *Pratiche commerciali scorrette e invalidità*, in *Obbl. e contr.*, 6/2010, pp. 415-416.

re attraverso una sorta di generale ricalibratura funzionale di strumenti rimediali originariamente concepiti per contrastare patologie contrattuali e danni invero non sempre assimilabili a quelli che una pratica commerciale sleale può provocare. Sicché, al fine di rendere effettivo il riconoscimento del diritto fondamentale sancito dall'art. 2, comma 2, lett. e), cod. cons.[44], potrebbe ipotizzarsi che la reazione individuale del consumatore agli effetti distorsivi delle sue decisioni di natura commerciale, prodotti dalla pratica commerciale scorretta in fase di conclusione del contratto, non sia più limitata all'impugnazione del relativo atto per ricorrenza di dolo (art. 1439 c.c.) o violenza (art. 1434 c.c.) della controparte[45]. Potrebbe contemplarsi anche un'impugnativa rivolta a chiedere l'annullamento del contratto, allegando il più elastico richiamo alla violazione del dovere di buona fede *ex* art. 1337 c.c. quale causa della lamentata alterazione del processo di formazione della volontà negoziale.

---

[44] Il riconoscimento di tale diritto si collega d'altronde a quello, pure espressamente ricordato dall'art. 2, comma 2, lett. *c* bis), cod. cons., relativo "*all'esercizio delle pratiche commerciali secondo principi di buona fede, correttezza e lealtà*", il quale trova a sua volta conferma nell'art. 39 cod. cons., ai sensi del quale "*le attività commerciali sono improntate al rispetto dei principi di buona fede, di correttezza e di lealtà, valutati anche alla stregua delle esigenze di protezione delle categorie di consumatori*".

[45] Non pare invece che l'errore-vizio possa verosimilmente essere invocato, al fine di ottenere l'annullamento di un contratto concluso in seguito al condizionamento prodotto sulla scelta negoziale del consumatore dalla pratica commerciale scorretta, in quanto, mentre le ipotesi di ingannevolezza *ex* art. 21 cod. cons. o di aggressività *ex* art. 24 cod. cons. di una pratica commerciale possono essere rappresentate rispettivamente nei termini del dolo e della violenza, seppure con qualche inevitabile adeguamento del significato normativo attribuibile a tali due ultime fattispecie codicistiche, non lo stesso sembra possa dirsi con riferimento alla fattispecie dell'errore. Ciò, sia perché il processo di maturazione dell'errore, in quanto esente dal contributo attivo della controparte, che per di più normalmente non intrattiene un contatto personale con il consumatore, potrebbe rendere poco agevole la prova della riconoscibilità – cfr. P. BARCELLONA, (voce) *Errore*, in *Enc. dir.*, XV, Giuffrè, 1966, p. 247 ss. – sia perché il rispetto dei requisiti dell'essenzialità *ex* art. 1429 c.c. risulterebbe piuttosto "distonico" rispetto alla qualità dei condizionamenti che il consumatore può subire in seguito ad una pratica commerciale scorretta. Un margine di applicabilità della disciplina dell'errore potrebbe residuare solo escludendo la riconducibilità del c.d. dolo colposo alla fattispecie di cui all'art. 1439 c.c. e considerando invece l'induzione colposa in errore, purché fonte di errore essenziale *ex* art. 1429 c.c., quale presupposto di riconoscibilità *ex* art. 1431 c.c. In questo senso, cfr. L. GUFFANTI PESENTI, *Scorrettezza delle pratiche commerciali e rapporto di consumo*, cit., p. 230, nota 104.

Ovvero, più in sintonia con la formulazione dell'art. 11 *bis* direttiva 2019/2161/UE, potrebbe ipotizzarsi una pretesa al risarcimento del danno patito in seguito alla lesione del legittimo interesse del consumatore alla presentazione dell'affare, oggetto del futuro possibile accordo, "in base a criteri di serietà, correttezza e lealtà"[46], e ciò anche nel caso in cui il relativo contratto sia stato comunque validamente concluso, sulla scia di quanto già espressamente previsto dall'art. 1440 c.c. in relazione all'ipotesi del dolo incidente[47].

Ebbene, alla luce di tali considerazioni, appare doveroso dare subito conto di alcune condivisibili riserve che l'approccio interpretativo richiamato potrebbe suscitare[48].

Un primo rilievo riguarda la soglia oltre la quale una condotta commerciale cesserebbe di essere espressione della libertà di iniziativa economica del professionista per assumere i tratti della pra-

---

[46] Cfr. M. MANTOVANI, *op. cit.*, p. 153.

[47] Contro l'obiezione che in tali casi il risarcimento del danno finirebbe per assolvere una funzione «correttiva» del regolamento contrattuale, si è affermato che "più correttamente dovrebbe parlarsi, con riguardo a talune fattispecie di *culpa in contrahendo*, in presenza di un contratto validamente concluso, di funzione «compensativa» della responsabilità precontrattuale, attuata attraverso la via di un risarcimento per equivalente". Cfr. M. MANTOVANI, *op. cit.*, p. 161. Tale «correzione/compensazione» non riguarderebbe "il contenuto del regolamento contrattuale – vale a dire l'assetto di interessi stabilito dalla *lex contractus*", bensì inciderebbe "unicamente sul profilo economico-monetario dell'affare" (*Ivi*, p. 160), affermandosi però successivamente, con qualche ambiguità, che "ciò che lamenta la parte delusa è, in sostanza, un assetto di interessi (sotto il profilo giuridico economico) difforme da quello che sarebbe risultato se la controparte avesse agito lealmente" (*Ivi*, p. 186).

[48] Le riserve cui si accennerà, tuttavia, non hanno ostacolato la manifestazione di un crescente favore, sia in dottrina che in giurisprudenza, nei riguardi dell'orientamento interpretativo rivolto a cogliere, nell'attuale conformazione dell'ordinamento privatistico, spunti utili alla definizione di nuove ipotesi di vizi del consenso, riconoscibili in virtù dell'iniquità dell'assetto normativo dello scambio concordato, a sua volta generata dall'approfittamento dello squilibrio di potere contrattuale tra le parti. Cfr. C. SCOGNAMIGLIO, (voce) *Vizi del consenso*, in *Contratto, Enc. dir.*, I tematici, Giuffrè, 2021, p. 1197; A. GENTILI, V. CINTIO, *I nuovi vizi del consenso*, in *Contr. e Impr.*, 1/2018, p. 157 ss. Questi ultimi, nell'ambito di siffatta nuova categoria di vizi, evidenziano peraltro la singolarità di ipotesi in cui, per quanto l'alterazione nel processo di formazione della volontà assuma, alla luce delle categorie codicistiche, più i tratti del vizio incidente che non quelli del vizio determinante, la disciplina speciale dei contratti del consumatore disponga il rimedio caducatorio piuttosto che quello risarcitorio (*Ivi*, p. 163).

tica commerciale scorretta [49]. È evidente infatti che, se il parametro del comportamento leale e trasparente, desunto da una preliminare selezione di dinamiche concorrenziali virtuose e tarato sulla normale attenzione e avvedutezza del consumatore medio [50], può ben ispi-

---

[49] Osserva in particolare la mancata indicazione "di un criterio di selezione cui affidare la decisione in ordine alla rilevanza o meno, sia pure ai soli fini risarcitori, dell'alterazione della libertà negoziale che sia stata posta in essere", considerando a tal fine il riferimento all'entità del pregiudizio inferto "sotto un profilo, arbitrario, posto che l'entità del danno potrebbe semmai incidere sul *quantum* dell'obbligazione risarcitoria (…) e, sotto altro profilo, tale da introdurre un meccanismo di controllo generale circa il contenuto delle convenzioni private, difficilmente giustificabile nel sistema", C. SCOGNAMIGLIO, (voce) *Vizi del consenso*, in *Contratto*, cit., p. 1199. Il dibattito sullo statuto giuridico dell'autonomia privata, sulle limitazioni alla sua espressione previste dall'ordinamento giuridico e sulla legittimità della descrizione della clausola generale di buona fede quale fonte di specifica limitazione/integrazione della libertà contrattuale è troppo vasto e articolato per poter essere dignitosamente sintetizzato in poche righe. Solo con riferimento all'ultimo dei profili menzionati si vedano, tra i protagonisti di quel dibattito nella seconda metà del secolo scorso, in particolare S. RODOTÀ, *Le fonti di integrazione del contratto*, Giuffrè, 1969, p. 175 ss.; P. BARCELLONA, *Intervento statale e autonomia privata nella disciplina dei rapporti economici*, Giuffrè, 1969, p. 227 ss. Nell'ambito del diverso contesto rappresentato dall'intervento statale nei processi economici, con prevalenti finalità solidaristiche e redistributive, controverso era soprattutto il primato del giudice o della legge nel governo dei meccanismi di integrazione eteronoma del contratto, senza che, tuttavia, all'invocazione dell'azionamento del meccanismo di eterointegrazione di volta in volta prediletto corrispondesse l'auspicio di un superamento incontrollato della regola dell'autonomia privata nella definizione dell'equilibrio economico dello scambio. Per una puntuale ricostruzione del dibattito sullo statuto giuridico dell'autonomia privata, cfr. E. NAVARRETTA, *L'evoluzione dell'autonomia contrattuale fra ideologie e principi*, in *Quaderni fiorentini*, 1/2014, p. 589 ss.

[50] Definisce il consumatore medio come il consumatore "normalmente informato e ragionevolmente attento e avveduto" il *considerando* n. 18 della direttiva 2005/29/CE. Sul punto, cfr. M. LIBERTINI, *Clausola generale e disposizioni particolari nella disciplina delle pratiche commerciali scorrette*, in *Contr. e Impr.*, 1/2009, p. 105 ss.; L. ROSSI CARLEO, *Consumatore, consumatore medio, investitore e cliente: frazionamento e sintesi, nella disciplina delle pratiche commerciali scorrette*, in *Eur. dir. priv.*, 3/2010, p. 708; C. CAMARDI, *La protezione dei consumatori tra diritto civile e regolazione del mercato. A proposito dei recenti interventi sul codice del consumo*, in *Jus civile*, 6/2013, p. 316-317. Considera "la scelta di fare riferimento esclusivamente ad un parametro di valutazione «astratto» e «tipico» come quello del consumatore medio (…) nella sua assolutezza inadeguata, sia rispetto alla multiforme varietà delle pratiche commerciali, sia rispetto alla possibile varietà dei contesti nell'ambito dei quali potrebbe rendersi necessario valutare la correttezza di una pratica commerciale" G. DE CRISTOFARO, *Pra-*

rare la valutazione dell'Autorità di regolazione della concorrenza e del mercato nei riguardi di una data pratica commerciale, più incerto potrebbe essere l'esito della valutazione giudiziale ove la presunta scorrettezza della pratica adottata dal professionista riguardi il singolo consumatore, al quale spetterebbe provare, per un verso, la scorrettezza della pratica e, per altro verso, la riconducibilità del danno patito alla condotta del professionista.

Inoltre, in vista della "compensazione", per via risarcitoria, degli effetti pregiudizievoli di una pratica commerciale scorretta, anche la ricostruzione di quelli che avrebbero dovuto essere – e non sono stati – i termini dello scambio potrebbe essere connotata da più di un'incertezza. La mancata conformazione della condotta del professionista al parametro della correttezza e della buona fede, alla stregua della diligenza a lui richiesta [51], infatti, non può che "increspare" la linearità di quella ricostruzione, considerate, da un lato, le molteplici gradazioni che, al di là della fattispecie tipica del dolo, il comportamento contrario al suddetto parametro potrebbe assumere e, dall'altro, il carattere non sempre facilmente determinabile del

---

tiche commerciali scorrette e codice del consumo: il recepimento della direttiva 2005/29/CE nel diritto italiano, cit., p. 170. Si sofferma sul problema dell'esatta configurazione normativa della figura del consumatore, osservando che, malgrado il diffuso richiamo all'autoresponsabilità anche nei suoi riguardi, la Corte di Giustizia difficilmente riterrebbe corretta un'applicazione del diritto europeo dei contratti che, nel caso del riscontro di uno scarso livello di attenzione del consumatore, si risolva nella tolleranza di condotte professionali scorrette, S. PAGLIANTINI, *In memoriam del consumatore medio*, in *Eur. dir. priv.*, 1/2021, p. 12.

[51] Sulla diligenza dovuta dal professionista nell'intrattenere relazioni di mercato con il consumatore si tornerà più avanti (*infra*, nota 70). Qui basti anticipare che la menzione di tale parametro di condotta è stata variamente interpretata, ora sminuendone il rilievo normativo a causa del suo improprio richiamo accanto alle clausole generali di buona fede e correttezza – cfr. M. LIBERTINI, *Clausola generale e disposizioni particolari nella disciplina delle pratiche commerciali scorrette*, cit., p. 90 ss.; G. DE CRISTOFARO, *La nozione generale di pratica commerciale «scorretta»*, in G. DE CRISTOFARO (a cura di), *Pratiche commerciali scorrette e codice del consumo*, cit., p. 150 ss. – ora, al contrario, considerando proprio il collegamento tra la diligenza e il dovere di buona fede indicativo della volontà normativa di irrigidire i parametri cui commisurare la responsabilità del professionista, oltre il criterio della colpa. Cfr. F. PIRAINO, *Diligenza, buona fede e ragionevolezza nelle pratiche commerciali scorrette. Ipotesi sulla ragionevolezza nel diritto privato*, in *Eur. dir. priv.*, 4/2010, p. 1153 ss.; L. GUFFANTI PESENTI, *Scorrettezza delle pratiche commerciali e rapporti di consumo*, cit., p. 148 ss.

valore, per equivalente monetario, del relativo pregiudizio [52]. A ciò si aggiunga che la notevole vischiosità della distinzione tra lesioni ascrivibili alla scorrettezza della condotta precontrattuale da reintegrare e utilità attese dall'adempimento contrattuale che, nell'ipotesi di persistente efficacia del contratto, si dovrebbero comunque conseguire, inevitabilmente complica il calcolo della compensazione dovuta. Sicché quest'ultima potrebbe finire per assumere i tratti di un intervento indirettamente conformativo dell'equilibrio contrattuale dello scambio o, in diversa prospettiva, potrebbe prestarsi ad assolvere, dietro la facciata rimediale, una vera e propria funzione punitiva [53].

---

[52] Non a caso, seppure diverse pronunce giurisprudenziali declamino il rinvio ad orientamenti interpretativi favorevoli ad ammettere la legittimità di nuove ipotesi atipiche di vizi del consenso – tra le quali, grande eco ha suscitato a suo tempo Cass. 17 settembre 2013, n. 21255 – al fine di legittimare la risarcibilità dei danni procurati dalla conclusione di un contratto valido ma sconveniente, autorevole Dottrina ha osservato che un esame più approfondito di tali decisioni dimostri ancora la mancanza di "ipotesi applicative che vadano effettivamente oltre le fattispecie già contemplate dal legislatore", idonee a "coonestare" l'esistenza a riguardo di una "figura «generale»" o di un «principio». Cfr. G. D'AMICO, *Responsabilità precontrattuale anche in caso di contratto valido?*, in *GiustiziaCivile.com*, 2014, p. 9.

[53] Conferme in tal senso potrebbero essere tratte, ancora una volta, dalla più recente giurisprudenza della Corte di Giustizia dell'Unione Europea. Si allude a due recenti decisioni che, affrontando il problema degli effetti restitutori associabili all'estensione della nullità di singole clausole abusive all'intero contratto, privilegiano un approccio interpretativo che valorizzi l'efficacia deterrente del diritto europeo e, per questa via, ammetta la legittimità di soluzioni applicative chiaramente penalizzanti per il professionista, sebbene né il riequilibrio della relazione economica tra le parti, né tantomeno il perseguimento di effetti sanzionatori appartengano agli obiettivi ispiratori della nullità di protezione di clausole abusive nell'ambito di un contratto tra professionista e consumatore. Cfr. Corte Giust., 12 gennaio 2023, C-395/21, cit. e Corte Giust., 15 giugno 2023, C-520/21 in *Banca Dati One Legale*. Nel primo caso, pur attribuendosi al diritto nazionale il compito di stabilire lo specifico trattamento da riservare alle restituzioni dovute in seguito alla caducazione del contratto, si riconosce la potenziale conformità al diritto eurounitario, con funzione deterrente nei riguardi del professionista che abbia già eseguito la propria prestazione contrattuale, di effetti restitutori sperequati a favore del consumatore. Nel secondo caso, l'interrogativo del giudice del rinvio riguarda l'ammissibilità che, stante la nullità di un contratto di credito determinata dalla caducazione di singole clausole abusive, le parti richiedano, oltre alla restituzione del valore equivalente alle rispettive prestazioni pecuniarie, ulteriori restituzioni, comprendenti "la remunerazione, il risarcimento, il rimborso delle

4. *L'affidamento del consumatore nei riguardi della proposta di mercato del professionista*

In prospettiva parzialmente diversa, l'interesse soggettivo che l'art. 11 *bis* della direttiva 2005/29/CE chiede di salvaguardare potrebbe invece essere individuato nell'affidamento che il consumatore abbia maturato circa la portata dell'utilità ricavabile dall'operazione economica di volta in volta proposta dal professionista sul mercato [54], attraverso azioni, omissioni, condotte o dichiarazioni,

---

spese o l'indicizzazione delle prestazioni, a causa dell'utilizzo del denaro senza giusta causa per un determinato periodo". La decisione della Corte prevede, non solo che "il consumatore ha il diritto di chiedere all'istituto di credito una compensazione eccedente il rimborso delle rate mensili versate e delle spese pagate a titolo dell'esecuzione di tale contratto (...) purché gli obiettivi della direttiva 93/13 e il principio di proporzionalità siano rispettati" (punto 74); ma anche che analoghe pretese restitutorie non possano essere vantate dal professionista, poiché, all'opposto di quanto rilevato nei riguardi del consumatore, un loro riconoscimento comprometterebbe la realizzazione degli obiettivi perseguiti dalla direttiva 93/13. Sul punto, che si ritiene decisivo in relazione alla definizione della funzione normativa attribuibile al rimedio risarcitorio azionabile dal singolo consumatore leso da una pratica commerciale scorretta, si tornerà *infra*, cap. III.

[54] In questo caso, cioè, si ipotizza di valorizzare la centralità notoriamente attribuita all'affidamento dalle riflessioni elaborate nel corso del tempo intorno alla materia della responsabilità precontrattuale. Cfr. L. MENGONI, *La natura della responsabilità precontrattuale,* in *Riv. dir. comm.*, 1956, p. 360 ss., ora in L. MENGONI, *Scritti. Obbligazioni e negozio*, II, Giuffrè, 2011, p. 267 ss.; F. BENATTI, *La responsabilità precontrattuale*, Giuffrè, 1963, p. 19 ss.; C. CASTRONOVO, *Responsabilità civile – Tra contratto e torto. L'obbligazione senza prestazione*, Giuffrè, 2018, p. 545 ss.; ID., *Vaga culpa in contrahendo: invalidità, responsabilità e la ricerca della chance perduta*, in *Eur. dir. priv.*, 2011, p. 16 ss.; A. ALBANESE, *Responsabilità precontrattuale*, in *Le parole del diritto – Scritti in onore di Carlo Castronovo*, III, Jovene, 2018, p. 1699 ss.; G. GRISI, *L'obbligo precontrattuale di informazione*, Jovene, 1990, p. 64 ss.; F. PIRAINO, *La natura contrattuale della responsabilità precontrattuale (ipotesi sull'immunità)*, in *Contratti*, 1/2017, p. 55 ss. e ID., *La responsabilità precontrattuale e la struttura del rapporto prenegoziale*, in *Persona e mercato*, 2/2017, p. 125 ss., ove tuttavia l'Autore propone di sostituire il dato dell'affidamento soggettivo con la condizione oggettiva di prossimità intenzionale che si crea tra le parti nella fase del contatto sociale precontrattuale, quale ragione giustificatrice del dovere di buona fede disposto dal legislatore, in considerazione dell'innalzamento dell'esposizione al rischio delle rispettive sfere giuridiche soggettive che proprio l'instaurazione di quella relazione determina. Diversamente, reputa l'affidamento maturato tra le parti nella fase della relazione precontrattuale alla stregua di una situazione giuridica soggettiva suscettibile di subire un danno ingiusto, risarcibile in via extracontrattuale, E. NA-

comunicazioni commerciali, ivi compresa la pubblicità e la commercializzazione del prodotto [55]. Accertata l'esistenza dei presupposti di un affidamento responsabile da parte del consumatore [56], l'attenzione dovrebbe concentrarsi allora non tanto sulla antigiuridicità della perdita lamentata [57], indipendentemente dalla circostan-

---

VARRETTA, *L'ingiustizia del danno e i problemi di confine tra responsabilità contrattuale e extracontrattuale*, in *Diritto Civile*, diretto da N. Lipari, P. Rescigno, IV, Giuffrè, 2009, p. 250. Per un'approfondita ricostruzione sul punto, si rinvia anche a cfr. A.M. GAROFALO, *Il ruolo dell'affidamento nella responsabilità precontrattuale*, in *Teoria e storia del diritto privato*, 2018, p. 3 ss.

[55] È in questi termini che l'art. 18, lett. d), cod. cons. definisce la nozione di pratica commerciale.

[56] In considerazione delle inevitabili incertezze connesse alla determinazione del momento a partire dal quale l'affidamento nella controparte si emancipi dalla condizione del mero stato d'animo soggettivo, per divenire un dato oggettivamente dimostrabile, un'attenta Dottrina ha sottolineato la necessità, indipendentemente dal ruolo rivestito dalle parti nel mercato, di distinguere la fase delle trattative, prevalentemente caratterizzate dallo scambio di informazioni utili alla valutazione dell'opportunità di giungere alla conclusione del contratto, che, in virtù del dovere di buona fede, dovrebbe essere presidiata da precisi obblighi di informazione, dalla fase che più specificamente attiene alla formazione del regolamento contrattuale, ove invece sarebbe appropriato valutare le condotte delle parti alla stregua del legittimo affidamento oggettivamente maturato nella lealtà e correttezza reciproca. Cfr. G. GRISI, *L'obbligo precontrattuale di informazione*, cit., p. 67 ss.

[57] L'attenzione riposta sull'antigiuridicità della lesione emerge con maggiore evidenza in quella dottrina che riflette sulla "mediazione tra responsabilità e edificazione della fattispecie contrattuale (che) è splendidamente scolpita dall'art. 1337 c.c. it." – cfr. R. SACCO, *op. cit.*, pp. 623-624 – rilevando che "ove l'art. 1440 non esistesse, il contraente responsabile di un dolo incidentale dovrebbe risarcire il danno perché ha violato l'obbligo di buona fede di cui all'art. 1337 c.c. E ove anche l'art. 1337 non esistesse, il contraente di cui parliamo dovrebbe risarcire il danno, perché il danno cagionato con l'inganno è ingiusto, e il danno ingiusto reclama le ben note conseguenze descritte dall'art. 2043 c.c." (*Ivi*, p. 625). Più ambigua, a riguardo, la posizione di altra dottrina, che, per un verso individua ripetutamente nell'"interesse alla libertà negoziale" l'oggetto tutelato dall'art. 1337 c.c. – cfr. M. MANTOVANI, *op. cit.*, p. 149 e p. 181 – e, per altro verso, indica quello stesso articolo quale fonte di un rapporto obbligatorio *ex lege*, senza chiarire però come si possa legittimamente ipotizzare l'esistenza di un rapporto obbligatorio, seppure sul modello tedesco del «*gesetzliches Schuldverhältnis ohne primäre Leistungspflicht*», fondandolo sulla tutela dell'interesse, invero tanto ampio quanto generico, alla libertà negoziale (*Ivi*, p. 154 ss.). Non a caso, l'autore al quale correttamente la stessa dottrina attribuisce l'individuazione dell'interesse tutelato dall'art. 1337 c.c. nella libertà negoziale si schiera tra i sostenitori della natura extracontrattuale della responsabilità derivante dalla violazione del dovere

za che essa sia stata o meno accompagnata dalla conclusione di un contratto, quanto sulla verifica dei contenuti della condotta obbligatoria oggetto dell'affidamento del consumatore, dovuta dal professionista alla stregua del dovere di buona fede [58].

Qualora risulti provato che il sacrificio delle ragioni del consumatore sia dipeso dal mancato assolvimento da parte del professionista del dovere che l'art. 1337 c.c. prescrive in relazione alle interazioni che possono precedere la conclusione di un contratto, dunque, il rimedio azionabile sarebbe pur sempre quello risarcitorio, ma esso rappresenterebbe la reazione giuridica al mancato rispetto di un'obbligazione di protezione e non invece la sanzione della violazione del generico dovere di astensione dall'interferire nell'altrui sfera giuridica, che fonda la responsabilità extracontrattuale [59].

A supporto di tale distinta rappresentazione dell'interesse soggettivo che sarebbe oggetto di attenzione da parte dell'art. 11 *bis*, direttiva 2005/29/CE, potrebbe ancora una volta richiamarsi un ben noto orientamento interpretativo. In questo caso, infatti, l'instaurazione della relazione sociale finalizzata alla realizzazione dell'operazione commerciale promossa sul mercato dal professionista,

---

di buona fede precontrattuale. Cfr. M.C. BIANCA, *Il contratto*, in *Diritto civile*, III, Giuffrè, 2000, p. 157 ss. In senso analogo, cfr. G. PATTI, S. PATTI, *Responsabilità precontrattuale e contratti standard*, in *Comm. cod. civ. Schlesinger*, Giuffrè, 1993, p. 45 ss.

[58] Cfr. da L. GUFFANTI PESENTI, *Scorrettezza delle pratiche commerciali e rapporti di consumo*, cit., p. 201 ss.

[59] Sebbene in passato l'orientamento interpretativo di gran lunga prevalente in giurisprudenza ritenesse la responsabilità precontrattuale un'ipotesi di responsabilità extracontrattuale, in tempi più recenti l'orientamento opposto è affermato in una molteplicità di pronunce. Cfr., Cass. 22 gennaio 1999, n. 589, in *Corr. Giur.*, 4/1999, p. 441 ss., con nota di A. DI MAJO, *L'obbligo senza prestazione approda in cassazione*; Cass., Sez. Un., 26 giugno 2007, n. 14712, in *Corr. Giur.*, 12/2007, p. 1706, con nota di A. DI MAJO, *Contratto e torto: la responsabilità per il pagamento di assegni non trasferibili*; Cass. 21 novembre 2011, n. 24438, commentata da C. SCOGNAMIGLIO, *Tutela dell'affidamento, violazione dell'obbligo di buona fede e natura della responsabilità precontrattuale*, in *Resp. civ. prev.*, 6/2012, p. 1949 ss.; Cass. 12 luglio 2016, n. 14188, cit., annotata da F. PIRAINO, *La natura contrattuale della responsabilità precontrattuale (ipotesi sull'immunità)*, p. 35 ss. La stessa decisione è commentata da A. ALBANESE, *La lunga marcia della responsabilità precontrattuale:* dalla culpa in contrahendo *alla violazione di obblighi di protezione*, in *Eur. dir. priv.*, 3/2017, p. 1129 ss.

darebbe vita a carico di costui ad un'obbligazione di protezione [60], a sua volta riconducibile al modello dell'obbligazione senza prestazione, così denominata perché essa non avrebbe ad oggetto una prestazione determinata [61], né avrebbe come fonte il contratto, bensì un fatto idoneo a generarla *ex* art. 1173 c.c. ovvero un contatto sociale qualificato [62], comunque idoneo al sorgere di un correlativo interesse creditorio e ad attribuire di conseguenza natura contrattuale alla responsabilità accertata in seguito alla sua mancata soddisfazione [63].

---

[60] Secondo L. GUFFANTI PESENTI, *Scorrettezza delle pratiche commerciali e rapporti di consumo*, cit., p. 202, "quella stessa buona fede che nella direttiva [2005/29/CE] è modello astratto di comportamento non potrà che riandare alla sua originaria funzione di fonte di obblighi: sia in forza delle norme generali di cui al codice civile (artt. 1175, 1337, 1375), sia di quelle particolari poste dal diritto europeo con specifico riguardo alla materia del consumo". Sulla nozione di "obbligo di protezione", da ultimo, cfr. C. CASTRONOVO, *Il diritto italiano delle obbligazioni dal codice civile del 1942 a oggi. Profili di un'evoluzione*, in *Eur. dir. priv.*, 3/2021, p. 614 ss.; ID., (voce) *L'obbligo di protezione,* in *Enc. giur. Treccani*, XXIV, Roma, 1991. In senso analogo, cfr. F. PIRAINO, *La natura contrattuale della responsabilità precontrattuale (ipotesi sull'immunità)*, cit., p. 47 ss.; A. ALBANESE, *op. cit.*, p. 1706 ss.

[61] Cfr. C. CASTRONOVO, *Responsabilità civile*, cit., p. 521 ss.

[62] Come pure riconosciuto da L. GUFFANTI PESENTI, *Scorrettezza delle pratiche commerciali e rapporti di consumo,* cit., p. 155, giova sottolineare sin d'ora, tuttavia, l'impersonalità del rapporto al quale si allude nella maggioranza dei casi in cui siano ipotizzabili lesioni degli interessi di singoli consumatori in seguito all'esercizio di una condotta scorretta da parte del professionista. Tale dato, per un verso, rende inevitabile che al problema delle pratiche commerciali scorrette sia riservato un trattamento normativo di matrice pubblicistica e, per altro verso, quale che sia la natura contrattuale o extracontrattuale che si voglia assegnare all'eventuale responsabilità nell'ambito della relazione individuale, addossa al consumatore un onere probatorio, che potrebbe assumere una consistenza non indifferente, circa la contrarietà della condotta del professionista al dovere di buona fede nell'ambito dello specifico rapporto.

[63] Cfr. L. MENGONI, *op. cit.*, p. 279. In dottrina l'opinione della natura contrattuale della responsabilità precontrattuale è largamente condivisa. Oltre agli autori già citati nelle note precedenti, cfr. F. BENATTI, *op. cit.*, p. 126 ss.; R. SCOGNAMIGLIO, *Responsabilità contrattuale ed extracontrattuale*, in *Noviss. Dig. it.*, XV, 1968, p. 675; L. ROVELLI, *La responsabilità precontrattuale*, in *Tratt. Dir. Priv.*, diretto da M. Bessone, XII, t. II, Utet, 2000, p. 347 ss. Per i fautori della natura extracontrattuale di tale ipotesi di responsabilità, *supra*, nota 57. Ritiene, invece, che la diversa qualificazione della natura della responsabilità precontrattuale "non sembra avere incidenza decisiva nella soluzione dei problemi di *trattamento* di

La buona fede, in questo caso, dismetterebbe i panni del criterio universale di gestione delle interazioni sociali per assumere quelli dell'obbligo di condotta, di cui tuttavia, se appare chiaro il fondamento, individuabile nell'esistenza di una relazione qualificata fonte di affidamento, appaiono meno chiari i contorni, dipendendo la loro definizione da uno stato soggettivo, l'altrui affidamento, di cui invero appare arduo stabilire fino in fondo l'esatta misura [64].

D'altra parte, la stessa riserva già mossa nei riguardi dell'orientamento interpretativo richiamato nel precedente paragrafo, quella cioè relativa al criterio al quale i teorici dei "vizi incompleti", attraverso la determinazione di un'obbligazione risarcitoria, affiderebbero la misurazione dell'auspicata "«correzione» del risultato economico del regolamento di interessi, pregiudicato dal contegno sleale e scorretto del *partner*" [65], potrebbe essere estesa anche all'approccio teorico che vedrebbe gravare sul professionista un'obbligazione senza prestazione nei riguardi del consumatore al quale si è proposto di concludere un affare.

Si allude alla problematica della quantificazione dell'obbligazione risarcitoria derivante dall'accertamento di una condotta del professionista contraria a quella dovuta in virtù dell'obbligo di protezione che lo vincola. La sua definizione, infatti, sarebbe tutt'altro che agevole, corrispondendo la misura della perdita procurata, non

---

tale fattispecie di responsabilità", G. D'AMICO, *La responsabilità precontrattuale*, in *Tratt. del Contratto*, diretto da V. Roppo, V, t. II, Giuffrè, 2006, p. 1115. Da ultimo, considera inappagante la logica rigidamente dicotomica che domina il confronto sulla natura della responsabilità precontrattuale C. CAMARDI, *Note critiche sull'approccio dicotomico alla «natura» della responsabilità precontrattuale e sulle cosiddette «terre di nessuno»*, in *Per i cento anni dalla nascita di Renato Scognamiglio*, Jovene, 2022, p. 257, ipotizzando che "le regole da applicare alla responsabilità precontrattuale potrebbero individuarsi in relazione ai principi (...) preposti allo svolgimento delle trattative, indipendentemente dal pregiudiziale richiamo di una o dell'altra «natura» o di una o di un'altra categoria". Sul punto si tornerà *infra*, cap. IV.

[64] Esprime un'opinione fortemente critica nei riguardi dell'orientamento che fonda il dovere di buona fede *ex* art. 1337 c.c. sull'esistenza di un contatto sociale qualificato, fonte di affidamento tra le parti impegnate nella trattativa precontrattuale, considerandolo causa di un'incontrollabile dilatazione della sfera della responsabilità contrattuale, A. ZACCARIA, *La "teoria" del "contatto sociale"*, in *Studium Iuris*, 5/2018, p. 592 ss.

[65] Cfr. M. MANTOVANI, *op. cit.*, p. 186.

tanto alla apprezzabilità per equivalente monetario dell'inadempimento di una prestazione patrimoniale determinata o determinabile, quanto piuttosto alla compromissione delle aspettative, di indefinita consistenza patrimoniale, connesse all'affidamento nell'altrui correttezza [66]. Ricorrerebbe in altri termini un'ipotesi di danno meramente patrimoniale, la cui peculiarità risiederebbe proprio nella circostanza di rappresentare un valore patrimonialmente apprezzabile solo *ex post*, non sussistendo un'autonoma prestazione cui commisurarne *ex ante* il valore ipotetico. La misura del danno equivarrebbe, allora, al valore della perdita subita in relazione alla piena soddisfazione dell'interesse creditorio, i cui contorni, tuttavia, sarebbero inevitabilmente irriducibili allo specifico perimetro dell'oggetto della prestazione attesa, a maggior ragione nel caso in cui intorno all'obbligazione senza prestazione di cui si tratta non si sia ancora perfezionato alcun diritto, come accade in occasione di un mero contatto sociale, eventualmente prodromico di un successivo accordo contrattuale [67].

---

[66] Cfr. A. Di Majo, *Il problema del danno al patrimonio*, in *Riv. crit. dir. priv.*, 1984, p. 322 ss.

[67] In ragione dell'attribuzione di una struttura complessa all'obbligazione, si è affermato che la responsabilità da inadempimento di un rapporto obbligatorio "ha una referenza più ampia di quella dell'obbligo di prestazione" ovvero reagisce anche alla frustrazione delle legittime aspettative del creditore circa la correttezza della condotta, *ex fide bona*, del debitore e dei terzi che concorrono alla realizzazione dell'interesse sul quale il rapporto si fonda. Cfr. C. Castronovo, *Responsabilità civile*, cit., p. 309; C. Scognamiglio, *Il danno al patrimonio tra contratto e torto*, in *Resp. civ. prev.*, 6/2007, p. 1253 ss.; S. Mazzamuto, *Spunti in tema di danno ingiusto e di danno meramente patrimoniale*, in *Eur. dir. priv.*, 2/2008, p. 370 ss.; Id., *La responsabilità contrattuale in senso debole*, in *Eur. dir. priv.*, 1/2011, p. 123 ss., ove l'Autore riconduce alla categoria della responsabilità contrattuale "in senso debole" sia la responsabilità derivante dalla violazione di obblighi di protezione, ricorrente in relazione alla frustrazione di "istanze di salvaguardia del patrimonio e della persona dell'altra parte del rapporto obbligatorio" (*Ivi*, pp. 136-137), pur sempre qualificabili come interessi finali alla stregua dell'interesse del creditore all'adempimento di una prestazione; sia la responsabilità connessa alla perdita di *chance*, alla quale corrisponderebbe invece un pregiudizio che, atteggiandosi a "mancato incremento patrimoniale soltanto possibile (...), andrebbe correttamente qualificato come perdita di una ragionevole aspettativa patrimoniale (...) per approdare ad una riconcettualizzazione della *chance* come criterio di quantificazione del lucro cessante" (*Ivi*, p. 129). In diversa prospettiva, cfr. M. Maggiolo, *Il risarcimento della pura perdita patrimoniale*,

5. *L'interesse del consumatore ad una valutazione consapevole e ponderata di utilità, costi e rischi connessi all'operazione di scambio proposta dal professionista*

Si potrebbe infine accogliere una terza possibile chiave di lettura del problema relativo all'individuazione dell'interesse soggettivo del consumatore, oggetto di rinnovata attenzione da parte del legislatore eurounitario. Potrebbe, cioè, non trattarsi dell'interesse alla congruità del contratto che, ove deluso dagli effetti di una pratica commerciale scorretta, legittimerebbe la pretesa di una conformazione *ex post* del regolamento di interessi in chiave compensativa di quanto diversamente si sarebbe potuto ottenere. Né si tratterebbe della pretesa del singolo consumatore di fidarsi e affidarsi ad informazioni e suggestioni che notoriamente, prima di essere diffuse, sono oggetto di selezione e accurata analisi al fine legittimo di catturare l'attenzione e impressionare quanto più possibile positivamente la massa indistinta dei destinatari dell'offerta commerciale cui si riferiscono [68].

Giuffrè, 2003, p. 169 ss., il quale, argomentando che "se non sussiste una prestazione dedotta in obbligazione e la pretesa obbligazione abbia ad oggetto il solo dovere secondario di risarcimento, un rischio di danno specificamente determinato dall'esistenza di un rapporto obbligatorio è insussistente" (*Ivi*, pp. 178-179), ascrive all'area dell'illecito extracontrattuale e non a quella della responsabilità contrattuale la rilevanza giuridica del danno meramente patrimoniale prodotto dalla violazione della buona fede e dei doveri di protezione della sfera giuridica altrui, che da essa discendono. Non riconosce alla categoria del danno meramente economico effettiva consistenza E. NAVARRETTA, *L'ingiustizia del danno e i problemi di confine tra responsabilità contrattuale e extracontrattuale*, cit., p. 252.

[68] Non può omettersi di ricordare infatti che "è, in linea di principio, consentito alle imprese rivolgersi ai consumatori con messaggi *suggestivi*, cioè di contenuto non verificabile, che si pongono dichiaratamente sul terreno dell'opinabilità, del gusto, delle scelte culturali, ecc.". Cfr. M. LIBERTINI, *Clausola generale e disposizioni particolari nella disciplina delle pratiche commerciali scorrette*, cit., p. 99 e, più ampiamente, ID., *La pubblicità commerciale*, in C. CASTRONOVO, S. MAZZAMUTO (a cura di), *Manuale di diritto privato europeo*, Giuffrè, 2007, p. 461 ss. In proposito, d'altronde, si osserva puntualmente che "la vera questione non è tanto la tutela microeconomica del singolo consumatore come contraente, ma la presenza di professionisti che pongono in essere sforzi sistematici e capillari per approfittare dei limiti cognitivi dei consumatori". Cfr. E. CATERINA, *Psicologia della decisione e tutela del consumatore*, in *Analisi giuridica dell'economia*, 1/2012, p. 82. In quest'ambito, si sofferma in particolare sul fenomeno della pubblicità mirata, realizzabile attraverso un'attività di massiccia e costante rac-

L'elemento distintivo dell'interesse individuale di cui si discorre potrebbe piuttosto essere ricercato nell'assicurazione di *standard* oggettivi di comportamento da parte del professionista, il rispetto dei quali consentirebbe al consumatore di contare sull'esistenza delle condizioni per scegliere liberamente sul mercato l'operazione economica che ritenga più coerente alle proprie necessità e alle proprie possibilità, in modo consapevole e ponderato [69]. Il dovere di buona fede del professionista rimarrebbe certamente il fondamento normativo della correlativa pretesa del consumatore, come del resto testimoniato dalla definizione della diligenza professionale disposta dall'art. 18, lett. h), cod. cons. [70], ma il significato normativo di det-

---

colta e rielaborazione di dati personali, in virtù della quale "la capacità di fare scelte adeguatamente informate alla luce delle proprie preferenze può essere erosa dall'utilizzo strategico o incontrollato dei profili e delle informazioni personali", F. GALLI, *La pubblicità mirata al tempo dell'intelligenza artificiale: quali regole a tutela dei consumatori?*, in *Contr. e Impr.*, 3/2022, p. 923 ss.

[69] Cfr. M. LIBERTINI, *Clausola generale e disposizioni particolari nella disciplina delle pratiche commerciali scorrette*, cit., p. 98 ss.

[70] Considerato che, ai sensi dell'art. 18, lett. h), cod. cons. la diligenza professionale equivale al "*normale grado della specifica competenza ed attenzione che ragionevolmente i consumatori attendono da un professionista nei loro confronti rispetto ai principi generali di correttezza e buona fede nel settore di attività del professionista*", si osserva, per un verso, che "quella di «diligenza professionale» è (…) nozione specificamente propria della disciplina delle pratiche commerciali scorrette, una nozione dotata di piena autonomia rispetto alla nozione civilistica di diligenza" e, per altro verso, che la concretizzazione delle «ragionevoli aspettative» nutrite dai consumatori nei riguardi delle condotte del professionista "deve a rigore avvenire attraverso l'utilizzazione di un unico parametro", da individuarsi proprio nei principi generali di correttezza e di buona fede. Cfr. G. DE CRISTOFARO, *La nozione generale di pratica commerciale «scorretta»*, in G. DE CRISTOFARO (a cura di), *Pratiche commerciali scorrette e codice del consumo*, cit., pp. 150-151, il quale prosegue precisando che "si tratta con tutta evidenza – come inequivocabilmente dimostra l'utilizzazione dell'aggettivo «generali» – di principi che affondano le proprie radici nella «correttezza» e nella «buona fede» (in senso oggettivo) di cui agli artt. 1175, 1337, e 1375 c.c. (*Ivi*, p. 152). Secondo M. LIBERTINI, *Clausola generale e disposizioni particolari nella disciplina delle pratiche commerciali scorrette*, cit., p. 90 ss., il riferimento disposto dall'art. 2, lett. h), direttiva 2005/29/CE alla diligenza sarebbe, da un lato, improprio, poiché indicativo di un parametro di colpevolezza eventualmente applicabile solo nell'accertamento della responsabilità del singolo professionista, dall'altro inessenziale, in quanto il mancato rispetto della diligenza professionale non sarebbe sufficiente al riconoscimento della scorrettezza della pratica. A tal fine, sarebbe comunque rilevante il riferimento, nell'ambito della definizione della diligenza professionale *ex* art. 2, lett. h), direttiva 2005/29/CE, ma soprattutto *ex* art. 18, lett. h), cod.

ta pretesa ne sarebbe connotato in modo diverso rispetto a quanto

---

cons., al principio generale di buona fede, cui dovrebbe tuttavia attribuirsi "portata normativa autonoma" (*Ivi*, p. 91): esso, avvalorato nella disposizione nazionale dal richiamo congiunto alla correttezza, sarebbe espressivo delle "regole oggettive esterne, che impongono alle imprese, (...) doveri di informazione e di protezione, funzionali al rispetto della libertà di scelta del consumatore, e ciò a prescindere da qualsiasi consuetudine o pratica corrente" (*Ivi*, p. 96). Preso atto della rilevanza che entrambi gli autori citati attribuiscono comunque al richiamo della buona fede, nonché all'inevitabile riflesso che tale parametro di valutazione della condotta del professionista proietta anche sulla singola relazione tra professionista e consumatore, sembra che la differenza tra gli approcci interpretativi proposti riguardi soprattutto la portata normativa del rinvio alla buona fede ai fini dell'accertamento della scorrettezza di una pratica commerciale. Per il primo Autore citato la clausola generale della buona fede opererebbe "come una norma di chiusura dotata di una funzione sussidiaria e come tale (...) verosimilmente destinata a rivestire un ruolo marginale" – cfr. G. DE CRISTOFARO, *op. ult. cit.*, p. 141 – mentre per il secondo Autore citato, essa avrebbe una funzione qualificatoria primaria, non rappresentando le categorie intermedie dell'ingannevolezza e dell'aggressività e le singole ipotesi di pratiche comunque vietate, tipizzate nelle c.d. liste nere, altrettante norme speciali rispetto ad una norma di portata generale, ma essendo di quest'ultima mere esemplificazioni. Cfr. M. LIBERTINI, *op. ult. cit.*, p. 85, il quale chiarisce che "In ultima analisi, il dilemma interpretativo in materia di PCS si concentra sulla preferibilità o meno di un'interpretazione strettamente letterale delle disposizioni che prevedono singole ipotesi di PCS («liste nere»), nonché delle disposizioni intermedie, a fronte della possibilità di un'interpretazione teleologica delle stesse, alla luce della clausola generale". Si ricorda, infine che, secondo l'orientamento consolidato della nostra giurisprudenza amministrativa, "al fine di qualificare una pratica commerciale come scorretta è sufficiente dimostrare la sua potenzialità lesiva per le scelte che i consumatori devono poter porre in essere, al di fuori da condizionamenti decettivi". Da ultimo, cfr. T.A.R., 8 marzo 2019, n. 3095; Cons. Stato, 19 settembre 2017, n. 4378, in linea con l'orientamento espresso da Corte Giust., 16 aprile 2015, C-388/13, in *Banca Dati De Jure*. Secondo un diverso approccio, più incline a considerare la funzione normativa del parametro della diligenza oltre che dal punto di vista della regolazione della concorrenza e del mercato, anche dal punto di vista della relazione individuale tra professionista e consumatore, "con la commistione di diligenza e buona fede, la disciplina delle pratiche commerciali scorrette ha fatto propria una nozione di diligenza professionale rinnovata rispetto a quella tradizionale (...) perché contraddistinta non soltanto dalla necessità di attenersi alle conoscenze scientifiche tecniche e tecnologiche e alle correlate procedure, ma anche dall'imposizione di specifiche regole di condotta e di un generale precetto di azione in vista della salvaguardia dell'interesse del consumatore al compimento di processi cognitivi e decisionali consapevoli e all'esercizio della piena libertà negoziale". Cfr. F. PIRAINO, *Diligenza, buona fede e ragionevolezza nelle pratiche commerciali scorrette. Ipotesi sulla ragionevolezza nel diritto privato*, cit., pp. 1161-1162. In senso analogo, cfr. L. GUFFANTI PESENTI, *Scorrettezza delle pratiche commerciali e rapporti di consumo*, cit., p. 148 ss.

ipotizzabile aderendo alle rappresentazioni dell'interesse soggettivo del consumatore descritte nei precedenti paragrafi.

L'introduzione di un espresso richiamo alla previsione di rimedi effettivi e proporzionati a tutela degli interessi del singolo consumatore, infatti, consentendo di ripensare la rigida distinzione tra i contenuti e le modalità delle procedure di *public enforcement* e i contenuti e le modalità di tutela degli interessi del singolo consumatore dagli effetti pregiudizievoli di pratiche commerciali scorrette [71], potrebbe rendere pure plausibile un rinvio al parametro della buona fede finalizzato a definire in modo sempre più accurato e prevedibile, sulla scorta di un indirizzo legislativo marcatamente casistico [72], i contorni delle pratiche commerciali che il professioni-

---

[71] Proprio tale distinzione ispira invece la riflessione di L. GUFFANTI PESENTI, *Scorrettezza delle pratiche commerciali e rapporti di consumo*, cit., p. 37 ss., la quale correttamente osserva che, con la direttiva 2005/29/CE, "al legislatore europeo non interessa (...) introdurre nuovi diritti in capo al consumatore e correlativi nuovi obblighi a carico del professionista, ma soltanto indirizzare le condotte di quest'ultimo, anche a prescindere dal rapporto che esso eventualmente intrattenga con il primo nell'ottica di una tutela generale preventiva degli interessi dell'intera categoria dei consumatori, al fine di garantire il mercato concorrenziale". Nello stesso senso, per tutti, cfr. G. DE CRISTOFARO, *Pratiche commerciali scorrette e codice del consumo: il recepimento della direttiva 2005/29/CE nel diritto italiano*, cit., p. 143 ss.

[72] In proposito si considerino le disposizioni dell'art. 3 della direttiva 2019/2161/UE, in particolare quelle finalizzate a integrare gli artt. 3, 6 e 7 della direttiva 2005/29/CE e quelle che ne modificano l'allegato 1. Il primo gruppo di disposizioni sollecitano gli Stati membri ad indicare nuovi *standard* comportamentali dovuti dai professionisti che offrono la vendita di beni e servizi fuori dai locali commerciali, considerano ingannevole le attività di marketing di prodotti venduti in diversi Stati di cui si sostenga l'identità, malgrado la diversità di caratteristiche e composizione, e richiedono la fornitura di adeguate informazioni circa i parametri che determinano il posizionamento delle diverse offerte di un prodotto ricercato on line dal consumatore. Il secondo gruppo di disposizioni introduce invece altrettante nuove ipotesi di pratiche commerciali da considerarsi in ogni caso ingannevoli. La direttiva 2024/825/UE presenta un'impostazione di contenuti ancora più netta, nel senso della predeterminazione giuridica dei parametri ai quali di volta in volta commisurare la correttezza delle comunicazioni commerciali del professionista circa le caratteristiche e le qualità del prodotto offerto. Si rinvia, in particolare, tra i tanti, alla lettura dei *considerando* n. 4, sull'assicurazione dell'equità e della credibilità delle asserzioni ambientali, n. 6, sul raffronto dei prodotti in base alle rispettive caratteristiche ambientali o sociali o agli aspetti della relativa circolarità, o n. 16 e seguenti, relativi alle condotte integranti pratiche commerciali scorrette con riferimento alla durabilità del prodotto, sia che esse siano connesse

sta sarebbe legittimato ad esercitare. Mentre, per altro verso, la reazione rimediale alla violazione dei canoni di condotta così imposti al professionista, oltre che richiamare gli effetti tipici dell'accertamento di una responsabilità soggettiva [73], potrebbe anche assu-

---

alla programmazione della sua obsolescenza, sia che esse attengano invece alle informazioni da seguire al fine di favorire il buon funzionamento nel tempo del prodotto. Seppure nei termini di una "specularità tra pratiche commerciali scorrette e violazione di obblighi di protezione", riconosce d'altronde, con specifico riferimento ad una serie di obblighi di informazione disposti dalla direttiva 2011/83/UE, la tendenza del legislatore eurounitario a tipizzare le condotte dovute dal professionista, anche L. GUFFANTI PESENTI, *Scorrettezza delle pratiche commerciali e rapporti di consumo*, cit., p. 203 ss. Degno di nota, d'altra parte, è pure il frequente rinvio, nell'ambito del modello disciplinare adottato dalla direttiva 2024/825/UE, ad attività di verifica e monitoraggio periodica da parte di esperti terzi del rispetto effettivo dei tempi e dei modi delle condotte suggerite. Cfr. le modifiche introdotte alla direttiva 2005/29/UE, dagli artt. 2, lett. r), e 6, par. 2, lett. d). Tale dato segnala l'introduzione di un meccanismo giuridico di costante rendicontazione e verifica delle condotte dei professionisti nella regolazione del fenomeno delle pratiche commerciali scorrette, denominato *accountability* e già noto nel nostro ordinamento nell'ambito della disciplina del trattamento e della circolazione dei dati personali. Si veda in particolare l'art. 24 del Regolamento generale sulla protezione dei dati (GDPR – Regolamento UE 2016/679 del Parlamento europeo e del Consiglio del 27 aprile 2016), in virtù del quale "*il titolare del trattamento mette in atto misure tecniche e organizzative adeguate per garantire, ed essere in grado di dimostrare, che il trattamento è effettuato conformemente al presente regolamento*". Sul punto, cfr. F. GALLI, *La pubblicità mirata al tempo dell'intelligenza artificiale: quali regole a tutela dei consumatori?*, cit., p. 951 ss. Muove in modo ancora più accentuato in questa direzione la proposta di direttiva sulle asserzioni ambientali (COM/2023/166), approvata in prima lettura il 12 marzo 2024 dal Parlamento Europeo. Cfr. https://eur-lex.europa.eu/legal-content/IT/TXT/PDF/?uri=CELEX:52023PC0166.

[73] La previsione di una obbligazione risarcitoria rappresenterebbe comunque l'esito di una procedura di accertamento della responsabilità in capo al professionista, poco importa in questa prospettiva se di natura contrattuale o extracontrattuale, che, sul piano della relazione individuale b2c, si prospetterebbe tutt'altro che agevole. In primo luogo, a causa dell'impersonalità di tale relazione e della conseguente difficoltà ad individuare la controparte del consumatore vittima della condotta scorretta, cui imputare, a seconda della prospettiva teorica adottata, ora la violazione dell'obbligo di protezione, generato *ex lege* dal dovere di buona fede che presiede alle condotte dovute nella fase precontrattuale, ora una responsabilità conseguente alla commissione di un illecito di natura extracontrattuale. In secondo luogo, a causa della complessità dell'onere probatorio, comunque gravante sul consumatore, con riguardo sia all'imputabilità della responsabilità a causa della condotta fonte di pregiudizio, sia al nesso di causalità tra la condotta contestata e la lesione subita; senza contare le già segnalate difficoltà connesse alla

mere connotati prossimi agli effetti giuridici di una garanzia [74].

---

quantificazione dell'eventuale obbligazione risarcitoria, sulle quali si tornerà più avanti nel cap. III, par. 4 ss.

[74] Evocando lo strumento giuridico della garanzia, si intende fare riferimento ad un rimedio che, sia dal punto vista funzionale, sia dal punto vista operativo, ricalchi quello della garanzia per vizi della cosa oggetto di una compravendita *ex* art. 1490 c.c. o della garanzia di conformità del bene al contratto di vendita, che della prima rappresenta l'evoluzione nell'ambito del diritto dei contratti conclusi tra un professionista e un consumatore (art. 129 ss. cod. cons.). Il tema della natura e della funzione giuridica dell'istituto della garanzia, come è noto, è da tempo oggetto di ampio dibattito, sul quale cfr. M. FRAGALI, (voce) *Garanzia*, in *Enc. dir.*, XVIII, Giuffrè, 1969, p. 449 ss.; L. CABELLA PISU, *Garanzia e responsabilità nelle vendite commerciali*, Giuffrè, 1983, p. 60 ss.; G. TUCCI, (voce) *Garanzia*, in *Dig. disc. priv. sez. civ.*, VIII, Utet, 1992, p. 581 ss.; Da ultimo, cfr. L. REGAZZONI, *La garanzia nel diritto dei contratti*, Giuffrè, 2022, p. 27 ss. Secondo un primo orientamento interpretativo, nella vendita la garanzia sarebbe un effetto del contratto, funzionale ad assicurare al compratore il conseguimento di un certo risultato, ovvero a far ricadere sul venditore il rischio del suo mancato conseguimento, essendo impossibile la deducibilità di tale risultato in obbligazione. Essa, dunque, piuttosto che come oggetto di un'obbligazione di natura risarcitoria, si caratterizzerebbe come "surrogato dell'azione di adempimento". Cfr. L. MENGONI, *Profili di una revisione della teoria sulla garanzia per i vizi nella vendita*, in *Riv. dir. comm.*, I, 1953, oggi in L. MENGONI, *Scritti II – Obbligazioni e negozio*, Giuffrè, 2011, pp. 402-403. In senso analogo, cfr. D. RUBINO, *La compravendita*, Giuffrè, 1962, p. 505 ss. Richiamando le origini romanistiche dell'istituto, rimarca l'autonomia degli effetti restitutori, ritenuti ora come allora tipici della garanzia, dagli effetti risarcitori, che pure possono collegarsi al suo azionamento alla stregua dell'*actio empti*, C. CASTRONOVO, *Problema e sistema nel danno da prodotti*, Giuffrè, 1979, p. 418 ss. Per un diverso approccio alla questione, cfr. M.C. BIANCA, *La vendita e la permuta*, Utet, 1993, p. 708 ss., e più oltre, pp. 895-896, secondo il quale, "l'integrità e la bontà della cosa attengono alla «promessa» dell'alienante, cioè al suo impegno contrattuale", la cui violazione "si traduce in termini di obbligazione inadempiuta". Da ultimo, in giurisprudenza, cfr. Cass., Sez. Un., 3 maggio 2019, n. 11748, in *Contratti*, 4/2019, p. 373 ss. con nota di T. DALLA MASSARA, *L'onere della prova dei vizi del bene venduto al vaglio delle sezioni Unite: resistenza e resilienza del modello della garanzia*; in *Giur. it.*, 7/2019, p. 1527 ss., con nota di R. CALVO, *Luci e ombre nella cornice del congedo dalla garanzia edilizia*, il quale, in contrasto con il primo orientamento sopra riportato, considera la garanzia come un'ipotesi particolare di responsabilità, derivante dalla violazione di una "promessa di conformità" espressa nel contratto (*Ivi*, p. 1536). Sul punto, invece, in senso adesivo all'orientamento che riconosce nella garanzia uno specifico effetto del contratto di vendita, si vedano da ultimo anche F. PIRAINO, *La garanzia nella vendita: durata e fatti costitutivi delle azioni edilizie*, in *Riv. trim. dir. proc. civ.*, 3/2020, p. 1117 ss.; A. IULIANI, *Note minime in tema di garanzia per i vizi nella vendita*, in *Eur. dir. priv.*, 2/2020, p. 671 ss. Pur riconoscendo che, ove si tratti di "obbligazione di conformità" o

In particolare, facendo leva proprio sul riferimento ai rimedi della riduzione del prezzo e della risoluzione, "se pertinenti" [75], di cui all'art. 11 *bis*, direttiva 2005/29/CE, potrebbe ritenersi che, al verificarsi di una pratica commerciale della controparte "*contraria alla diligenza professionale e (...) idonea a falsare il comportamento economico, in relazione al prodotto, del consumatore medio che essa raggiunge o al quale è diretta*" (art. 20, comma 2, cod. cons.), il singolo consumatore, che consideri inciso il suo interesse a scegliere in modo libero e consapevole lo specifico rapporto tra vantaggi, svantaggi e rischi entro il quale realizzare l'operazione economica dedotta in contratto, non solo potrebbe avvalersi del risarcimento del danno, ma, a seconda delle priorità di volta in volta perseguite, potrebbe anche decidere di azionare esclusivamente uno dei due rimedi sopra richiamati, al fine di ottenere, indipendentemente dall'attivazione di una procedura di accertamento della responsabilità del professionista e contando su effetti restitutori certi, il ripristino della situazione patrimoniale nella quale si sarebbe trovato ove la condotta scorretta non si fosse verificata. La proposta interpretativa è rivolta innanzitutto alla considerazione delle ipotesi di pratiche commerciali scorrette che precedono, condizionandola, la conclusione del contratto tra professionista e consumatore. Ove ricorra, ad esempio, l'ipotesi prevista dall'art. 23, comma 1, lett. a),

---

specific performance, come nell'ambito del diritto dei consumatori di matrice europea, "il modello di tradizione romanistica della garanzia che espone alla responsabilità a prescindere dall'esistenza di un debito a monte (...) trova sempre più ridotti campi di applicazione", ritiene che "almeno in Italia, non si può dire che le cose stiano in questo modo" T. DALLA MASSARA, *op. cit.*, pp. 383-384. A riguardo si vedano anche S. MAZZAMUTO, *Equivoci e concettualismi nel diritto europeo dei contratti: Il dibattito sulla vendita dei beni di consumo*, in *Eur. dir. priv.*, 4/2004, p. 1051 ss.; G. DE CRISTOFARO, *L'interruzione del termine prescrizionale del diritto del compratore «alla garanzia per vizi»*, in *Riv. dir. civ.*, 4/2020, p. 903 ss.

[75] Con tale inciso il legislatore eurounitario sembra voler subordinare l'operatività della riduzione del prezzo e della risoluzione del contratto alla verifica della loro capacità di garantire una tutela effettiva e proporzionata dell'interesse individuale leso. Diversa invece – come si vedrà *infra*, cap. II – potrebbe essere la qualità dell'accertamento preliminare al quale il legislatore nazionale subordina la possibile operatività dei rimedi della risoluzione del contratto e della riduzione del prezzo. Il riferimento, nell'ambito dell'art. 27, comma 15 *bis*, cod. cons., alla condizione della loro applicabilità, infatti, sembra evocare un controllo di natura più propriamente sistematica.

cod. cons., relativa all'affermazione non veritiera del professionista di essere firmatario di un codice di condotta, potrebbe darsi che il consumatore, divenuto consapevole del condizionamento esercitato dalla pratica scorretta sulla decisione commerciale assunta, sia più interessato a riportare il rapporto di corrispettività tra le prestazioni concordate all'equilibrio che sarebbe stato raggiunto in assenza degli effetti della pratica scorretta, che non a rinunciare del tutto alla realizzazione dell'operazione economica dedotta in contratto, attraverso l'azionamento di un rimedio caducatorio, eventualmente rappresentato dal recesso di pentimento *ex* art. 52 cod. cons. o dall'annullabilità per vizio del consenso. In tutti questi casi, il ricorso allo strumento di tutela della riduzione del prezzo consentirebbe senz'altro la soddisfazione dell'interesse del consumatore, oltre a rivelarsi più agevolmente azionabile di una pretesa risarcitoria. Al contrario, nelle ipotesi in cui il consumatore voglia ottenere la liberazione dal vincolo contrattuale, ma non sia possibile esercitare il diritto di recesso perché i relativi termini siano già scaduti o perché il rapporto contrattuale non sia stato instaurato a distanza o fuori dai locali commerciali del professionista, la richiesta stragiudiziale di risoluzione del contratto potrebbe soddisfare in modo efficace e proporzionato l'interesse del consumatore, consentendogli certamente di pretendere la restituzione di quanto già prestato a favore del professionista, senza bisogno di ulteriori allegazioni, che l'eventuale pretesa di un risarcimento del danno, ma anche la richiesta di annullamento del contratto, invece, imporrebbe.

In questo contesto, all'interrogativo circa la disciplina applicabile alla risoluzione del contratto o alla riduzione del prezzo come altrettanti meccanismi di tutela dell'interesse del consumatore pregiudicato da una pratica commerciale scorretta, si potrebbe rispondere saggiando l'ammissibilità di un rinvio alle norme volte a definire le modalità operative dei rimedi non satisfattori attraverso i quali si manifesta la garanzia legale per difetti di conformità dovuta dal venditore di beni di consumo.

La proposta sconta senz'altro l'assenza, nella disciplina delle pratiche commerciali scorrette disposta dalla direttiva 2005/29/CE, di riferimenti testuali dai quali trarre spunti a favore di una rappresentazione della reazione giuridica predisposta nei riguardi della violazione del divieto sancito dall'art. 20 cod. cons. nei termini della garanzia di un rischio, piuttosto che di una responsabilità per l'infrazione commessa. In proposito, tuttavia, l'approvazione della direttiva 2024/825/UE, evocando in più punti l'opportunità che il professionista garantisca la conformità delle proprie condotte a precisi requisiti di trasparenza, credibilità [76], introduce alcuni rilevanti segnali di mutamento nello scenario normativo. Inoltre, qualche altro dato potrebbe legittimare una simile ipotesi ricostruttiva [77]. Il più rilevante è già stato menzionato e attiene alla marcata oggettivazione, indotta dal rinvio alla correttezza e alla buona fede, degli *standard* di comportamento richiesti al professionista che intrattenga una relazione commerciale con il consumatore.

Alla stregua di tali parametri, l'istituzione di controllo dalla quale dipende il *public enforcement* del divieto deve procedere alla verifica dei connotati delle pratiche commerciali adottate dal professionista con finalità squisitamente regolatorie, senza che assuma alcun rilievo l'accertamento di un'effettiva corrispondenza tra la pratica adottata e la produzione di pregiudizi a singoli consumatori [78]; non a caso, d'altronde, la scorrettezza della condotta è commisurata al parametro astratto del consumatore medio ovvero, ancora una volta, ad un modello di operatore economico che eserciti la sua presenza sul mercato sulla base di uno *standard* medio di conoscenze e di attenzione nella gestione dei propri interessi. Non sembra del tutto fuori luogo, però, che il tipo di reazione giuridica da riservare alla violazione del divieto di pratiche commerciali scorrette, nell'ambito delle interazioni commerciali individuali tra professionista e consumatore, sia indagato muovendo proprio dalla considerazione del rilievo eminentemente regolatorio storicamente rivestito dalla disciplina delle pratiche commerciali scorrette. Vero è che, le competenze assegnate nel nostro ordinamento all'AGCM sono finalizzate all'accertamento, salvo prova contraria a propria discolpa fornita dal professionista, della responsabilità di quest'ultimo, seguito dalla comminazione di sanzioni pecuniarie. Ma è ve-

---

[76] Cfr. *considerando* nn. 4, 6, 7, 28, direttiva 2024/825/UE.

[77] Di un rinnovato interesse legislativo e scientifico nei riguardi dello strumento giuridico della garanzia, soprattutto in relazione al fenomeno della contrattazione asimmetrica, scrive L. REGAZZONI, *La garanzia nel diritto dei contratti*, cit., p. 3 ss. e p. 112 ss.

[78] Cfr. V. D'ANTONIO, G. SCIANCALEPORE, *Le pratiche commerciali*, in P. STANZIONE, A. MUSIO (a cura di), *La tutela del consumatore*, in *Tratt. Dir. Priv.*, diretto da M. Bessone, XXX, Giappichelli, 2009, p. 200.

ro anche che, per un verso, la qualità della prova contraria rimane connotata in senso decisamente oggettivo, e che, per altro verso, nell'ambito della procedura di accertamento, l'art. 27, comma 7 cod. cons. riconosce al professionista la facoltà di assumere impegni per porre fine all'infrazione, riservando all'Autorità il potere di valutare i contenuti di detti impegni, rendendoli eventualmente obbligatori per il professionista, in questo caso, senza procedere all'accertamento dell'infrazione.

Ebbene, si tratta di circostanze dalle quali pare legittimo dedurre una decisa propensione legislativa a favore di una forma di "responsabilizzazione preventiva" del professionista non troppo distante dal modello della garanzia inteso come impegno a rispondere del verificarsi di un certo rischio nell'ambito di una relazione contrattuale, indipendentemente dalla previsione a riguardo di un criterio di imputazione cui assegnare il compito di ricondurre gli effetti pregiudizievoli prodotti dal fatto oggetto del rischio al soggetto chiamato a risponderne [79].

Assumendo la prospettiva del diritto interno, d'altra parte, non pare che la disputa teorica circa la natura giuridica della garanzia possa rappresentare un serio ostacolo ad indagare la praticabilità dell'ipotesi esposta. Non solo, infatti, la rappresentazione dell'istituto della garanzia alla stregua di uno strumento giuridico del tutto estraneo e contrapposto a quello della responsabilità non è universalmente condivisa in dottrina [80] ma, anche considerando la garanzia alla stregua di un effetto legale o contrattuale sottoposto ad una *conditio iuris*, non è detto che la sua funzionalità debba necessariamente essere limitata ai soli casi in cui il raggiungimento di un ri-

---

[79] Cfr. L. REGAZZONI, *La garanzia nel diritto dei contratti*, cit., p. 70 ss. L'Autore puntualizza in particolare che "necessaria (…) è la precisazione per cui gli effetti giuridici che sorgono a vantaggio del garantito devono essere tali da mitigare o al massimo neutralizzare le conseguenze negative dell'evento: si tratta (…) della generalizzazione ad ogni fattispecie di garanzia del principio indennitario (…), funzionale ad impedire che il verificarsi dell'evento possa divenire per il garantito un'occasione di arricchimento" (*Ivi*, p. 71).

[80] Con particolare riferimento alla garanzia della vendita di beni di consumo, per tutti cfr. A. DI MAJO, *Garanzia e inadempimento nella vendita di beni di consumo*, in *Eur. dir. priv.*, 1/2002, p. 5 ss.; R. ALESSI, *L'attuazione della direttiva sulla vendita dei beni di consumo nel diritto italiano*, in *Eur. dir. priv.*, 3/2004, p. 743 ss.; G. AMADIO, *Proprietà e consegna nella vendita di beni di consumo*, in *Riv. dir. civ.*, 1/2004, p. 140 ss.

sultato non si presti logicamente a divenire oggetto di un'obbligazione. Piuttosto, andrebbe verificata la possibilità di ricavare dal riferimento alla correttezza e alla buona fede, quali parametri di determinazione in senso rigorosamente oggettivo della diligenza professionale, quella forma particolarmente intensa di "responsabilizzazione preventiva" del professionista di cui si è appena detto e che, ove disattesa autorizzi, alla stregua del verificarsi di una *conditio iuris* nell'ambito della relazione individuale tra professionista e consumatore, l'azionamento della riduzione del prezzo o della risoluzione del contratto, indipendentemente dall'imputazione a carico del professionista di una responsabilità, contrattuale o extracontrattuale che sia.

Del resto, anche dal punto di vista dell'interesse soggettivo di cui si potrebbe lamentare la compromissione, non pare manchino affinità rispetto all'interesse che anima il consumatore nella veste di acquirente di un bene affetto da difetti di conformità al contratto. Come si proverà a dimostrare, infatti, mentre la parte acquirente di un bene di consumo con difetti di conformità vede frustrato il proprio interesse a realizzare il particolare valore d'uso del bene, il singolo consumatore leso da una pratica commerciale scorretta, subendo la compromissione del proprio interesse a manifestare una volontà negoziale libera, consapevole e adeguatamente ponderata, vedrebbe frustrata, proprio a causa della condotta del professionista, non la realizzazione di una specifica utilità – qui starebbe la differenza più quantitativa che non qualitativa – ma la realizzazione del complesso di utilità perseguito mediante la conclusione del contratto.

6. *Effettività e proporzionalità delle tutele individuali e tecniche rimediali restitutorie: una soluzione possibile?*

Alla luce delle considerazioni finora svolte, la strada imboccata dal legislatore eurounitario per realizzare un nuovo equilibrio tra regolazione della concorrenza e del mercato e tutela delle esigenze del singolo consumatore potrebbe non coincidere con l'esclusiva valorizzazione del dispositivo della responsabilità. Soprattutto in casi in cui è verosimile che l'entità del danno subito corrisponda alla misura di correlative pretese restitutorie, infatti, la ricerca di strumenti di protezione rispondenti all'imperativo dell'effettività potrebbe condurre a preferire il ricorso ad un rimedio facilmente azionabile [81], con una ragionevole certezza del risultato, alle inevitabili complessità delle procedure giudiziali o extragiudiziali di accertamento della specifica imputabilità della responsabilità, del nesso di causalità tra fatto e lesione e dell'esatta consistenza patrimoniale del danno procurato.

L'obiezione secondo la quale [82], per questa via, la riduzione del prezzo finirebbe per divenire un inutile duplicato dello strumento risarcitorio potrebbe in realtà essere facilmente neutralizzata, per un verso ribaltandola nel suo opposto e, per altro verso, evidenziando – come più avanti si proverà a fare – i vantaggi temporali e procedurali nel conseguimento del risultato rimediale atteso.

D'altra parte, non è detto che alla realizzazione dell'obiettivo della deterrenza nei riguardi di condotte negoziali scorrette da parte dei professionisti [83], perseguito dalla direttiva 2019/2161/UE me-

---

[81] Cfr. G. VETTORI, *Effettività tra legge e diritto*, Giuffrè, 2020, p. 12, secondo il quale il "test di effettività" si configura come uno strumento essenziale al servizio dell'interpretazione, la quale, a fronte di norme che, "a causa della complessità del fatto", spesso appaiono di difficile attuazione, se non "obsolete o riduttive", ove la protezione di un interesse soggettivo giuridicamente rilevante risulti insoddisfacente, potrà ricondurla "ad uno standard costituzionale interno o comunitario", proprio grazie al richiamo dell'effettività. ID., *Il diritto ad un rimedio effettivo nel diritto privato europeo*, in *Riv. dir. civ.* 3/2017, p. 666 ss.; ID., *L'attuazione del principio di effettività. Chi e come*, in *Riv. trim. dir. proc. civ.*, 4/2018, p. 939 ss.; M. LIBERTINI, *Le nuove declinazioni del principio di effettività*, in G. GRISI (a cura di), *Processo e tecniche di attuazione dei diritti*, Jovene, 2019, p. 21 ss.; Ma sul principio di effettività si vedano anche F. CAFAGGI, *Tutela amministrativa, tutela giurisdizionale e principio di effettività*, in P. IAMICELI, *op. cit.*, p. 51 ss.; E. NAVARRETTA, *Costituzione, Europa e diritto privato. Effettività e Drittwirkung ripensando la complessità giuridica*, Giappichelli, 2017, p. 3 ss.

[82] Cfr. G. DE CRISTOFARO, *«Rimedi» privatistici individuali e pratiche commerciali scorrette. Il recepimento del diritto italiano dell'art. 11-*bis *della direttiva 2005/29/CE. (Comma 15-*bis*, art. 27 c. cons.)*, cit., p. 489; ID., *Diritto italiano ed europeo dei consumatori*, cit., p. 251.

[83] Un'analoga funzione è assolta anche dalla disciplina della risarcibilità del danno da illeciti antitrust disposta dalla direttiva 2014/104/UE e recepita nel nostro ordinamento dal d.lgs. 19 gennaio 2017, n. 3. Cfr. Corte Giust. UE, 20 settembre 2001, C-453/99, p. 27; Corte Giust. UE, 14 marzo 2019, C-724/17, p. 44; Corte Giust. UE, 6 ottobre 2021, C-882/19, pp. 36-37. Per un'analisi delle norme di recepimento della direttiva 104/2014/UE, cfr. E. CORAPI, *Il risarcimento del danno antitrust. La direttiva n. 104/2014 UE e la sua attuazione. Modelli a con-*

diante il prioritario inasprimento delle sanzioni adottabili nell'ambito del *public enforcement*, debba necessariamente corrispondere l'azionabilità di meccanismi di *private enforcement*, volti più a favorire un incremento incontrollato del tasso di litigiosità fuori e dentro le aule dei tribunali [84] – cui l'esclusiva valorizzazione del rime-

---

fronto, Jovene, 2017, p. 28 ss.; A. MONTANARI, *Il danno antitrust*, Wolters Kluwer, 2019, p. 171 ss.; C. SCOGNAMIGLIO, *Danno antitrust, scopo della norma violata e funzioni della responsabilità civile*, in *Quest. giust.*, 2018 https://www.questionegiustizia.it/rivista/articolo/danno-antitrust-scopo-della-norma-violata-e-funzioni-della-responsabilita-civile_523.php.

[84] Denunciando l'anacronismo di un approccio che analizzi i bisogni e gli interessi dei singoli separatamente dalle istanze regolatorie che connotano le attuali dinamiche di mercato, F. DENOZZA, *Principle vs. Policy: spunti sui contratti a valle e sulla nullità virtuale "regolatoria"*, in *Nuova giur. civ. comm.*, 3/2022, pp. 673-674, evidenzia come il superamento di un modello regolatorio focalizzato su comandi e controlli, a favore dell'affermazione di "una regolazione basata su incentivi", fa sì che "l'adempimento degli obblighi posti a carico degli agenti, non è più integralmente garantito da costosi controlli pubblici preventivi, ma è, in parte rilevante, affidato all'attivo controllo da parte dei privati danneggiati dal non soddisfacente adempimento degli obblighi in questione". Seppure con maggiore indulgenza nei riguardi della prospettiva di un ragguardevole incremento del contenzioso giudiziale, T. FEBBRAJO, *Il private enforcement del divieto di pratiche commerciali scorrette*, cit., p. 123, sostiene che "l'ordinamento ottimale è quello che prevede l'agire combinato di *private* e di *public enforcement.* In particolar modo, l'iniziativa dei privati appare imprescindibile per garantire che un sistema sanzionatorio soddisfi i requisiti di proporzionalità e di dissuasività". Di notevole interesse appaiono a riguardo gli argomenti da ultimo sviluppati da Cass., Sez. Un., 30 dicembre 2021, n. 41994, ove, al fine di accreditare la tesi della nullità parziale, nei contratti a valle di un'intesa anticoncorrenziale, delle clausole espressive dei contenuti oggetto della medesima intesa, si afferma che "l'interesse protetto dalla normativa antitrust è principalmente quello del mercato in senso oggettivo, e non soltanto l'interesse individuale del singolo contraente pregiudicato, con la conseguente inidoneità di un rimedio risarcitorio che protegga, nei singoli casi, solo quest'ultimo, ed esclusivamente se ha subito un danno in concreto". Commentando questa decisione, si soffermano sul rapporto e la possibile complementarietà tra il rimedio della nullità totale o parziale di contratti a valle di un illecito antitrust e il rimedio risarcitorio, eventualmente azionabili dal terzo A. MONTANARI, *Sulla tutela privata antitrust dopo le Sezioni unite n. 41994/2021*, in *Nuova giur. civ. comm.*, 3/2022, p. 682 ss.; C. SCOGNAMIGLIO, *I contratti di fideiussione a valle di intese in violazione della disciplina antitrust: il problema dei rimedi*, in *Nuova giur. civ. comm.*, 3/2022, p. 694 ss. A riguardo si veda anche M. LIBERTINI, *Gli effetti delle intese restrittive della concorrenza sui c.d. contratti "a valle". Un commento sullo stato della giurisprudenza in Italia*, in *Nuova giur. civ. comm.*, 2/2020, p. 378 ss.

dio risarcitorio potrebbe condurre [85] – che non a promuovere una complessiva razionalizzazione delle dinamiche sottese alle diverse relazioni tra attori del mercato.

La precisazione, riportata dallo stesso art. 11 *bis*, secondo la quale "gli Stati membri possono stabilire le condizioni per l'applicazione e gli effetti di tali rimedi", potrebbe considerarsi indicativa in tal senso, ove interpretata come un invito alla rimodulazione normativa dei meccanismi rimediali che, tra quelli esistenti nei diversi ordinamenti nazionali, si mostrino, almeno potenzialmente, più efficaci ed agevoli da azionare nel contrasto degli ostacoli generati da pratiche scorrette alla formazione libera e ponderata delle opinioni economiche e delle decisioni commerciali del consumatore [86].

---

[85] Può essere utile ricordare nuovamente che nella strategia regolatoria perseguita dal legislatore eurounitario si inserisce anche la rinnovata disciplina delle azioni rappresentative a tutela degli interessi collettivi dei consumatori, disposta dalla direttiva 2020/1828/UE e recepita dal d.lgs. 10 marzo 2023, n. 28. Tale disciplina, aggiungendosi e non sostituendosi agli strumenti di tutela degli interessi individuali dei consumatori, non solo non sembra attribuire alcuna posizione di preminenza al rimedio risarcitorio, ma, in modo significativo, esclude anche che dalla sua applicazione derivi l'imposizione di "*risarcimenti a carattere punitivo*". Seppure essa sia chiaramente orientata alla predisposizione di procedimenti inibitori e risarcitori che consentano il superamento degli ostacoli "*cui devono far fronte i consumatori in azioni individuali*" rivolte ad ottenere il rispetto da parte dei professionisti del diritto dell'Unione (*considerando* n. 9), infatti, al *considerando* n. 42 si legge che l'intervento dei legislatori nazionali in materia "*dovrebbe prevedere un meccanismo procedurale che non pregiudichi le norme che stabiliscono diritti sostanziali dei consumatori a rimedi contrattuali ed extracontrattuali nei casi in cui i loro interessi siano stati lesi da una violazione, come il diritto al risarcimento dei danni, alla risoluzione del contratto, al rimborso, alla sostituzione, alla riparazione o alla riduzione del prezzo, a seconda di quanto opportuno e previsto dal diritto dell'Unione o nazionale*". Lo stesso *considerando* si conclude con la precisazione, già presente al *considerando* n. 10, che "*la presente direttiva non dovrebbe consentire l'imposizione di risarcimenti a carattere punitivo nei confronti del professionista che ha commesso la violazione, a norma del diritto nazionale*".

[86] Sul punto, cfr. G. PERLINGIERI, *L'inesistenza della distinzione tra regole di comportamento e di validità nel diritto italo-europeo*, ESI, 2013, p. 55, il quale, sviluppando una più ampia riflessione sulla diversa caratura dell'incidenza di volta in volta esercitata da una condotta sull'idoneità della fattispecie contrattuale a produrre effetti giuridicamente rilevanti, contesta che la reazione dell'ordinamento all'accertamento degli effetti pregiudizievoli di una pratica commerciale scorretta sulla conclusione di un contratto possa essere rappresentata da un solo rimedio, identificato ora nella nullità, ora nell'annullabilità, ora infine nell'obbli-

Si potrebbe cioè ritenere che, allo stesso modo in cui il diritto europeo sulle clausole vessatorie o sul diritto di recesso dai contratti conclusi fuori dai locali commerciali o a distanza ha favorito in passato l'articolazione disciplinare rispettivamente dell'istituto della nullità parziale e del diritto di recesso [87], promuovendo l'accostamento di norme speciali a quelle applicabili alla generalità dei rapporti contrattuali, così adesso strumenti giuridici quali, tra gli altri, il diritto al risarcimento del danno, ma anche il diritto alla riduzione del prezzo o alla risoluzione del contratto, possano essere sottoposti, in via interpretativa, ad un riadattamento funzionale che ne valorizzi l'idoneità a garantire una tutela effettiva e proporzionata degli interessi individuali del consumatore leso da una pratica commerciale scorretta [88]. Si potrebbe così meglio rispondere alle pecu-

---

gazione risarcitoria. "Simili esiti, infatti, opereranno alternativamente a seconda della diversa incidenza del comportamento scorretto sul regolamento di interessi e rilevante sarà anche la valutazione della loro capacità a soddisfare o a ripristinare il bene della vita compromesso".

[87] A proposito dell'evoluzione disciplinare impressa all'istituto dell'invalidità dal diritto europeo dei contratti del consumatore, cfr. G. PASSAGNOLI, *Nullità speciali*, Giuffrè, 1995, p. 29 ss.; A. GENTILI, *Nullità annullabilità inefficacia (nella prospettiva del diritto europeo)*, in *Contratti*, 2/2003, p. 200 ss.; ID., *La «nullità di protezione»*, in *Eur. dir. priv.*, 1/2011, p. 77 ss.; V. SCALISI, *Nullità e inefficacia nel sistema europeo dei contratti*, in *Eur. dir. priv.*, 3/2001, p. 489 ss.; ID., *Invalidità e inefficacia. Modalità assiologiche della negozialità*, in *Riv. dir. civ.*, 2/2003, p. 201 ss.; ID., *Autonomia privata e regole di validità: le nullità conformative*, in V. SCALISI, *il contratto in trasformazione. Invalidità e inefficacia nella transizione al diritto europeo*, Giuffrè, 2011, p. 377 ss. Da ultimo, cfr. M. GIROLAMI, (voce) *Nullità di protezione*, in *Contratto*, cit., p. 701 ss. Quanto alla conformazione del diritto di recesso alla stregua di un diritto di pentimento, idoneo a consentire al consumatore di recuperare la fase di valutazione dell'opportunità dell'operazione di scambio, neutralizzata dall'effetto "sorpresa" dell'offerta commerciale preliminare alla conclusione del contratto, cfr. G. GABRIELLI, F. PADOVINI, (voce) *Recesso*, in *Enc. dir.*, XXXIX, Giuffrè, 1998, p. 38; C. PILIA, *Accordo debole e diritto di recesso*, Giuffrè, 2008, p. 25 ss.; C. CONFORTINI, *Il recesso di pentimento*, in *Corr. Giur.*, 1/2014, p. 19 ss.; S. PAGLIANTINI, *L'ibridazione del nuovo recesso di pentimento*, in *Riv. dir. civ.*, 2/2015, p. 275 ss.; C. CONFORTINI, *A proposito del ius poenitendi del consumatore e della sua discussa natura*, in *Eur. dir. priv.*, 4/2017, p. 1343 ss.

[88] Per quanto la formulazione dell'art. 11 *bis* avrebbe consigliato, in fase di recepimento, un intervento legislativo di razionalizzazione normativa in questa direzione, si è già visto che il d.lgs. 7 marzo 2023, n. 26, disponendo l'inserimento del comma 15 *bis* all'art. 27 del d.lgs. n. 206/2005, si è limitato ad un generico riferimento all'applicabilità dei rimedi della riduzione del prezzo e della risolu-

liarità caratterizzanti di volta in volta le lesioni procurate al consumatore vittima di una pratica commerciale scorretta, distinguendole altresì con maggiore nettezza da quelle derivanti dalle patologie prese in considerazione dal nostro legislatore in relazione alla formazione del consenso negoziale o all'esecuzione di un rapporto obbligatorio [89].

Invero, rispetto alle interazioni di mercato di matrice prevalentemente personale, prese in considerazione dai redattori del codice civile, differente è il contesto economico-sociale nel quale le pratiche commerciali scorrette si diffondono [90], così come spesso diffe-

---

zione del contratto. Pertanto, la proposta di una lettura esplicativa del significato di tale disposizione, si offre come contributo all'elaborazione di un orientamento interpretativo che consenta esiti applicativi del diritto interno coerenti all'imperativo dell'interpretazione conforme al diritto eurounitario, ripetutamente richiamato dalla Corte di Giustizia UE nelle sue decisioni – alcune delle quali ricordate *supra*, nota 23 – sul quale cfr. G. BENACCHIO, *Diritto privato dell'Unione europea*, Wolters Kluwer, 2016, p. 104 ss.

[89] Non pare infatti del tutto appagante il semplice richiamo all'uopo dell'attività di integrazione analogica delle regole "dello ius comune sull'errore, sul dolo, sulla violenza e sulla follia" o il richiamo alla "regola d'insieme" riportata dall'art. 1337 c.c., come pure invocato da R. SACCO, G. DE NOVA, *Il contratto*, cit., p. 619.

[90] L'evidente impersonalità dei rapporti contrattuali di massa, che tipicamente connota il contesto economico sociale nel quale le pratiche commerciali scorrette si diffondono, è oggi ulteriormente esasperata dall'irrilevanza delle dimensioni di spazio e di tempo della contrattazione *on line*. Cfr. N. IRTI, *Scambi senza accordo*, in *Riv. trim. dir. proc. civ.*, 2/1998, p. 347 ss.; L. ROSSI CARLEO, *Dalla comunicazione commerciale alle pratiche commerciali sleali*, in E. MINERVINI, L. ROSSI CARLEO (a cura di), *Le pratiche commerciali sleali*, cit., pp. 12-13, ove si legge che, nel contesto preso in considerazione, "la parola si materializza nello scritto e nei simboli e si unisce al «prodotto» o accompagna il «servizio». (...) L'uso di Internet procura una più intensa commistione fra promozione e informazione, e sembra rendere assai meno precise e rigorose le fasi dell'«invito all'acquisto», dando al consumatore la sensazione di essere un soggetto attivo e lontano dalla massa attraverso il passaggio da «*broadcasting*» a «*narrowcasting*»". A ciò si aggiunga che l'imperativo della concorrenza induce il singolo operatore economico ad elaborare le proprie pratiche commerciali anche e soprattutto in considerazione del modo in cui i propri *competitors* si propongono sul mercato, predisponendo un'offerta economica che, in quanto rivolta alla massa dei consumatori, fa comunque aggio sul dato della strutturale asimmetria informativa di tale tipo di pubblico. A riguardo, da ultimo cfr. AGCM, provvedimento n. 30355 del 25 ottobre 2022, punti n. 77 ss. Sicché, la regolazione del fenomeno inevitabilmente richiede il perseguimento di finalità specifiche, solo occasionalmente assimilabili a

rente è la cifra del condizionamento esercitato sulla formazione del consenso e il momento della loro incidenza, che non sempre coincide con quello immediatamente precedente la conclusione di un contratto [91].

In particolare, seppure sia innegabile che in alcune circostanze la condotta del professionista possa ben integrare i presupposti del dolo o della violenza, causando alterazioni della volontà del consumatore assimilabili ai vizi del consenso – si pensi rispettivamente ad una presentazione del prodotto o del servizio idonea ad indurre in errore il singolo consumatore circa "il prezzo o il modo in cui questo è calcolato o l'esistenza di uno specifico vantaggio quanto al prezzo" (art. 21, comma 1, lett. d), cod. cons.) o all'ipotesi di una minaccia verbale o allo "sfruttamento da parte del professionista di qualsivoglia evento tragico o circostanza specifica di gravità tale da alterare la capacità di valutazione del consumatore, al fine di in-

---

quelle che ispirano la disciplina dei vizi del consenso o i nobili intenti dei teorici degli obblighi di protezione. Esse, per un verso, esprimono l'aspirazione alla realizzazione di obiettivi etici – la tutela degli attori di mercato più vulnerabili – attraverso l'implementazione della normativa *antitrust*, tendendo per altro verso a conformare i singoli rapporti contrattuali o precontrattuali tra professionista e consumatore allo *standard* oggettivo di correttezza e lealtà, che dovrebbe presiedere allo sviluppo di tutte le dinamiche connesse alla concorrenza economica. Tra gli innumerevoli contributi sul tema, oltre a quelli già citati, cfr. R. CALVO, *Le pratiche commerciali «ingannevoli»*, L. DI NELLA, *Le pratiche commerciali «aggressive»*, entrambi in G. DE CRISTOFARO (a cura di), *Pratiche commerciali scorrette e codice del consumo*, cit., rispettivamente p. 177 ss. e p. 289 ss.; L. DI NELLA, *Il sistema delle tutele e dei rimedi nella disciplina delle pratiche commerciali scorrette*, in *Studi in onore di Giorgio Cian*, I, Cedam, 2010, p. 836 ss.; A. ALBANESE, *Contratto mercato responsabilità*, Giuffrè, 2008, p. 144 ss.; E. LABELLA, *Pratiche commerciali scorrette e autonomia privata*, Giappichelli, 2018, p. 21 ss.; L. GUFFANTI PESENTI, *Scorrettezza delle pratiche commerciali e rapporti di consumo*, cit., p. 65 ss.

[91] Come è noto, spesso la «decisione di natura commerciale» del consumatore è frutto, più che di un'opinione razionalmente maturata sulla qualità e la convenienza del prodotto o del servizio, di un desiderio/bisogno creato ad arte dai messaggi pubblicitari e successivamente alimentato da ripetuti messaggi di sollecitazione alla conclusione del contratto, in modo da indurre il consumatore alla manifestazione di una volontà negoziale apparentemente libera e consapevole ma di fatto fortemente condizionata da informazioni e suggestioni ingannevoli o modalità particolarmente invasive di approccio al consumatore perpetrate nel tempo da parte del professionista, in assenza delle quali la stessa decisione commerciale avrebbe potuto anche non essere stata presa.

fluenzarne la decisione relativa al prodotto" (art. 25, lett. b) e c), cod. cons.) – lo scetticismo circa l'idoneità della disciplina dei vizi del consenso alla garanzia di una tutela realmente efficace degli interessi individuali del consumatore è largamente condiviso [92].

Basti, a questo proposito, richiamare l'attenzione sulla circostanza che il dolo sia rappresentato dall'art. 1439 c.c. come fonte di un vizio nell'ambito di un rapporto personale tra due contraenti impegnati nella stipulazione di un contratto in condizioni di parità formale [93]. La sporadica utilità del rinvio al dolo, al fine di qualificare in senso giuridico la scorrettezza della pratica adottata dal professionista, risulta peraltro confermata sia dal condizionamento della ricorrenza del vizio alla prova del requisito, invero piuttosto restrittivo, dell'intenzionalità dell'inganno, sia dall'esclusione della reticenza dalle ipotesi idonee ad integrare la condotta dolosa, se non ove si provi la sua specifica finalizzazione ad ingannare la controparte [94]. All'opposto, l'art. 21 cod. cons. attribuisce rilevanza in-

---

[92] Cfr. C. TENELLA SILLANI, *Pratiche commerciali sleali e tutela del consumatore*, in *Obbl. e contr.*, 10/2009, p. 780, secondo la quale "la disciplina dei vizi della volontà, pur facilmente evocabile in materia di pratiche commerciali sleali, non appare idonea ad offrire un'ampia tutela del singolo consumatore, dal momento che risponde a logiche sistematiche differenti da quelle che guidano le nuove regole". Sul punto, si vedano anche C. GRANELLI, *Le "pratiche commerciali scorrette" tra imprese e consumatori: l'attuazione della direttiva 2005/29/CE modifica il codice del consumo*, in *Obbl. e contr.*, 10/2007, p. 776 ss.; M.R. MAUGERI, *Pratiche commerciali scorrette e disciplina generale dei contratti*, cit., p. 282 ss.; C. CAMARDI, *Pratiche commerciali scorrette e invalidità*, *cit.*, p. 414 ss.; E. LABELLA, *Pratiche commerciali scorrette e rimedi civilistici*, in *Contr. e Impr.*, 3/2013, p. 719 ss.; ID., *Pratiche commerciali scorrette e autonomia privata*, cit., p. 125 ss. L'indirizzo interpretativo di cui si è riferito non pare d'altra parte contraddetto dalla ricorrenza di specifiche ipotesi in occasione delle quali l'annullabilità del contratto concluso in seguito all'esercizio di una pratica commerciale scorretta si configuri come un meccanismo adeguato di tutela dell'interesse del singolo consumatore all'adozione di una decisione di natura commerciale libera e consapevole. Da ultimo cfr. Corte Giust., 2 febbraio 2023, C-208/21.

[93] Cfr. C.A. FUNAIOLI, (voce) *Dolo*, in *Enc. dir.*, XIII, Giuffrè, 1964, p. 738 ss.; A. TRABUCCHI, (voce) *Dolo*, in *Noviss. Dig. it.*, VI, Utet, 1960, 150 ss.; A. GENTILI, (voce) *Dolo*, in *Enc. giur. Treccani*, Roma, 1989, 1 ss.; M. FRANZONI, *Un vizio del consenso: il dolo*, in *Studi in onore di Pietro Rescigno,* III.2, *Diritto Privato*, Giuffrè, 1998, 315 ss.

[94] *Ex multis*, cfr. Cass. 11 aprile 2022, n. 11605; Cass. 20 aprile 2006, n. 9253, Cass. 15 marzo 2005, n. 5549; Cass. 11 ottobre 1994, n. 8295, decisioni tutte

discriminata all'idoneità della pratica ad indurre in errore il consumatore medio, a prescindere dal grado di recettività di cui il professionista si sia avvalso[95]; mentre l'art. 22 cod. cons. qualifica come pratiche commerciali ingannevoli le omissioni di tutte quelle informazioni di cui si debba ritenere il consumatore abbia bisogno, al fine di prendere una decisione consapevole di natura commerciale, riconoscendo, ai sensi del secondo comma dello stesso articolo, anche nella presentazione "oscura, incomprensibile, ambigua o intempestiva" di tali informazioni la matrice ingannevole della pratica commerciale adottata.

Quanto alla fattispecie della violenza, secondo l'art. 1435 c.c., questa sarebbe connotata dalla ricorrenza di una minaccia idonea ad impressionare una persona sensata, al punto da farle temere per sé o i suoi beni un male ingiusto e notevole. Diversamente, l'aggressività di una pratica commerciale, ai sensi dell'art. 24 cod. cons., parrebbe evidenziare più l'invasività e l'arroganza della condotta del professionista, fonte di una pressione che il consumatore aspirerebbe a far cessare proprio mediante l'adozione della decisione commerciale aggressivamente promossa dal professionista, che non l'idoneità della condotta a suscitare il timore di un male evitabile solo attraverso l'accettazione dell'operazione contrattuale proposta[96].

---

consultabili in *Banca Dati De Jure*. Sul punto, in dottrina C. COLOMBO, *Il dolo nei contratti: idoneità del mezzo fraudolento e rilevanza della condotta del* deceptus, in *Riv. dir. comm.*, 1993, I, p. 347 ss.; M. DE POLI, *I mezzi dell'attività ingannatoria e la reticenza da Alberto Trabucchi alla stagione della «trasparenza contrattuale»*, in *Riv. dir. civ.*, 5/2011, p. 647 ss.

[95] Il dato dell'induzione, da un lato, risulta del tutto compatibile con la correttezza formale dell'informazione fornita dal professionista – cfr. E. CATERINA, *op. cit.*, p. 70 e ss. – dall'altro, consente di escludere o di considerare del tutto marginale la possibilità che l'effetto della pratica commerciale scorretta coincida con l'errore vizio, disciplinato dagli artt. 1428 ss. Sul punto, si vedano le considerazioni sviluppate *supra*, nota 45.

[96] Per un'esposizione ben più analitica e puntuale a riguardo, cfr. L. GUFFANTI PESENTI, *Scorrettezza delle pratiche commerciali e rapporto di consumo*, cit., p. 226 ss. Segnala che "la nozione di aggressività e di indebito condizionamento è stata riconsiderata alla luce della possibilità delle imprese di influenzare i consumatori sfruttando informazioni personali, possibilmente sensibili, o utilizzando strategicamente le interfaccia adattive", F. GALLI, *La pubblicità mirata al tempo dell'intelligenza artificiale: quali regole a tutela dei consumatori?*, cit., p. 945. In diversa prospettiva, ritiene che "La pratica scorretta è in definitiva sempre un

Infine, una delle ragioni dell'evidente disaffezione dei consumatori alla tutela giudiziale dei loro interessi contro gli effetti di pratiche commerciali scorrette potrebbe essere individuata, oltre che nella macchinosità e nei costi delle relative azioni, proprio nell'incerta idoneità degli strumenti giuridici offerti dall'ordinamento alla tutela degli interessi soggettivi effettivamente incisi. Ciò anche perché sovente non pare che il pregiudizio lamentato dal consumatore riguardi tanto la perdita di opportunità o risorse patrimonialmente apprezzabili, subita a causa di una manipolazione della propria volontà e di una conseguente decisione commerciale che, in assenza degli effetti della pratica commerciale scorretta esercitata dal professionista, non sarebbe stata adottata. Piuttosto, se investito dagli effetti pregiudizievoli di una pratica commerciale scorretta, l'obiettivo principale del singolo consumatore potrebbe più banalmente risiedere nel ripristino delle condizioni patrimoniali nelle quali si sarebbe trovato qualora la conclusione del contratto con il professionista non fosse stata condizionata dagli effetti distorsivi derivati dalla pratica commerciale scorretta. Obiettivo che, a seconda della consistenza di siffatti effetti distorsivi, potrebbe essere realizzato efficacemente ora mediante la riduzione del prezzo, ora mediante la risoluzione del contratto, accompagnata dalla restituzione di quanto ingiustificatamente già corrisposto dal consumatore.

La legittimità di una contestuale domanda risarcitoria non è senz'altro da escludere, ma l'azionamento dei meccanismi rimediali appena indicati potrebbe risultare preferibile, in quanto spesso esso potrebbe comportare il conseguimento di risultati analoghi, richiedendo tuttavia al consumatore un minor tempo e un impegno probatorio inferiore rispetto a quello necessario all'accertamento della

---

(odioso) abuso da parte di chi si trova in una posizione strutturale di potere (economico) fatta valere contro la libertà contrattuale del consumatore e a suo danno, e in quest'ottica non c'è ragione per non ammettere l'annullabilità del contratto, con l'invocazione della corrispondente disciplina, in modo ben più ampio di quanto risulti ammissibile in base alle norme del codice civile", N. Zorzi Galgano, *Sulla invalidità del contratto a valle di una pratica commerciale scorretta*, in *Contr. e Impr.*, 4-5/2011, p. 952. In senso analogo, cfr. M. Nuzzo, *Pratiche commerciali sleali ed effetti sul contratto: nullità di protezione o annullabilità per vizi del consenso?*, in E. Minervini, L. Rossi Carleo (a cura di), *Le pratiche commerciali sleali*, cit., p. 235 ss.; R. Calvo, *Le pratiche commerciali «ingannevoli»*, cit., p. 218; A. Gentili, *Pratiche sleali e tutele legali: dal modello economico alla disciplina giuridica*, in *Riv. dir. priv.*, 3/2010, p. 60 ss.

responsabilità personale del professionista. Giova anche rammentare, a riguardo, che la relazione nella quale il consumatore può trovarsi coinvolto, oltre a presentarsi spesso in termini squisitamente impersonali, nella stragrande maggioranza dei casi è intrattenuta con operatori commerciali oggettivamente estranei all'adozione originaria della pratica scorretta, seppure essi siano comunque partecipi dei vantaggi concorrenziali generati dal suo esercizio, in quanto appartenenti alla medesima filiera economica che, in un dato settore di mercato, quella pratica intende favorire. Tanto sarebbe allora sufficiente a legittimare, secondo la logica che informa lo strumento giuridico della garanzia, anche nei confronti di tali interlocutori negoziali una richiesta di riduzione del prezzo o di risoluzione del contratto da parte del consumatore leso dalla pratica commerciale scorretta; mentre renderebbe alquanto improbabile il successo di una pretesa risarcitoria contro i medesimi interlocutori [97].

Le considerazioni appena svolte potrebbero rappresentare altrettanti argomenti a sostegno di un indirizzo interpretativo volto ad individuare meccanismi di tutela "reintegratoria" della perdita lamentata che, da un lato, prescindano dall'accertamento della responsabilità del professionista, accostandosi al modello della garanzia azionabile al verificarsi del rischio garantito, e dall'altro, limitino la pretesa del consumatore alla misura oggettivamente quantificabile del vantaggio ingiustificato conseguito dal professionista in virtù della

---

[97] Anche da questo punto di vista, la lettura della direttiva 2024/825/UE consente di rinvenire importanti conferme. La formulazione di alcuni *considerando*, in particolare, mostra un chiaro favore per l'estensione operativa, dal professionista "produttore" del bene o del servizio al professionista "venditore" del medesimo prodotto, del meccanismo di "responsabilizzazione preventiva" che si ritiene sia stato sollecitato dai recenti interventi di aggiornamento e integrazione del diritto eurounitario relativo al divieto di pratiche commerciali scorrette. Cfr. *considerando* nn. 19, 20, e 24 della direttiva 2024/825/UE, ove si manifesta l'opportunità che gli Stati membri adottino, rispettivamente, il divieto di comunicazioni commerciali volte ad incentivare la vendita di prodotti dotati di elementi idonei a limitare la durata della funzionalità del prodotto, il divieto di false comunicazioni sulla durabilità di un bene in termini di tempo o intensità d'uso in condizioni d'uso normali e infine il divieto di omettere l'informazione circa il deterioramento della funzionalità di un bene quando si utilizzano materiali di consumo, pezzi di ricambio o accessori non originali, in prima battuta nei riguardi dei produttori degli stessi beni, senza tuttavia esimere dallo stesso divieto i venditori, ogni qualvolta si dimostri l'esistenza di pertinenti informazioni fornite dal produttore del bene o di dichiarazioni formulate in merito da un'Autorità nazionale competente.

pratica commerciale scorretta, in modo analogo a quanto avviene quando, con finalità invero più restitutorie che reintegratorie [98], l'acquirente di un bene che si presenti viziato chieda la risoluzione del contratto o la riduzione del prezzo corrisposto [99]. Di tal che la per-

---

[98] Secondo la migliore dottrina, la funzione reintegratoria assolta dal risarcimento del danno risponderebbe all'esigenza di reagire alla compromissione o alla distruzione del bene oggetto di un interesse soggettivo giuridicamente rilevante e a tutte le conseguenze lesive che il diritto ammette siano riconducibili all'illecita interferenza nella sfera giuridica altrui, mentre la funzione restitutoria, assolta dagli istituti della ripetizione dell'indebito e dell'arricchimento senza causa, risponderebbe alla diversa esigenza di compensare l'effetto circolatorio di una risorsa oggetto di un diritto altrui, ove esso sia prodotto in assenza di una giustificazione giuridicamente plausibile. Cfr. A. Di Majo, *La tutela civile dei diritti*, Giuffrè, 2001, p. 301 ss.; P. Barcellona, C. Camardi, *Le istituzioni del diritto privato contemporaneo*, Jovene, 2002, p. 403; P. Sirena, *La restituzione dell'arricchimento e il risarcimento del danno*, in *Riv. dir. civ.*, 1/2009, p. 65 ss.

[99] In questa prospettiva, naturalmente, diventa centrale il problema, che si affronterà *infra*, cap. II, par. 11 e cap. III, parr. 7 e 8, della determinazione del criterio di quantificazione della riduzione del prezzo dovuta. Sul punto, cfr. F. Oliviero, *La riduzione del prezzo nel contratto di compravendita*, Jovene, 2015, p. 135 ss. Sarebbe essenziale che tale calcolo avvenisse al netto dell'utilità comunque ricavata o ricavabile dal consumatore grazie all'esecuzione del contratto pendente. Sembra d'altra parte questo il significato attribuibile a quanto oggi disposto rispettivamente dall'art. 15 della direttiva 2019/771/UE e dall'art. 135 *quater* cod. cons., ai sensi dei quali "*la riduzione del prezzo è proporzionale alla diminuzione di valore del bene ricevuto dal consumatore rispetto al valore che avrebbe avuto se fosse stato conforme*". Non può che condividersi a riguardo l'opinione secondo la quale siffatta quantificazione non possa avvenire sulla base della logica reintegratoria tipica del rimedio risarcitorio, perché si opererebbe in tal modo un'indebita sovrapposizione di due rimedi funzionalmente differenti che, come nel caso della disciplina della garanzia nella vendita, possono coesistere, ma non smarrire il senso della loro distinzione. Cfr. F. Oliviero, *op. cit.*, p. 84 ss. La loro confusione, d'altra parte, finirebbe per dare copertura a rischi estranei a quelli oggetto di garanzia. Per un inquadramento in tal senso della *quanti minoris*, cfr. D. Rubino, *op. cit.*, p. 636; M.C. Bianca, *La vendita e la permuta*, cit., p. 953 ss. Per le ragioni appena esposte, dunque, non pare si possa accogliere l'opinione di quanti, riflettendo sulla misura del risarcimento del danno che si ritiene possa essere richiesto in luogo dell'annullamento del contratto per errore o per violazione dolosa di obblighi di informazione, sostengono che il criterio da adottare debba essere lo stesso che presiede al calcolo della riduzione del prezzo, il quale si fonderebbe sulla differenza tra il prezzo pagato e "un nuovo prezzo teorico calcolato in funzione del rapporto tra valore reale e valore ipotetico del bene". Cfr. G. Afferni, *La responsabilità precontrattuale per violazione di obblighi di informazione*, in *Inadempimento e Rimedi*, I, *Tratt. Resp. Contratt.*, diretto da G. Visintini, Cedam, 2009, p. 766 ss.; Id., *Il quantum del danno nella responsabilità precontrattuale*,

sistente efficacia del vincolo contrattuale non sarebbe necessariamente pregiudicata e si scongiurerebbe, d'altra parte, l'avveramento del rischio opposto a quello di cui si lamentano le conseguenze pregiudizievoli [100]. Si allude all'opportunità, traslata per l'occasione sul consumatore, di lucrare vantaggi ingiustificati *ex post*, dall'azionamento di meccanismi di tutela risarcitoria rispetto a lesioni, per di più di incerta consistenza, connesse alla conclusione di un contratto comunque produttivo di effetti utili per la parte che tali lesioni lamenti.

È sufficiente scorrere l'elenco dei più recenti provvedimenti dell'AGCM in materia di pratiche commerciali scorrette per individuare una serie di casi in cui un simile percorso rimediale potrebbe essere efficacemente praticato, a tutela degli interessi del singolo consumatore. Volendo brevemente esemplificare, può farsi riferimento a due casi in particolare [101]. Il primo riguarda la contestazione ad un'azienda, che opera in numerosi paesi come *marketplace* per la compravendita *online* di abbigliamento e accessori di seconda mano, di pratiche commerciali scorrette consistenti: *a) nella dif-*

Giappichelli, 2008, p. 206 ss. L'equivoco di fondo sembra risiedere, in questo caso, nell'idea che la riduzione del prezzo possa essere quantificata facendo riferimento a valori ipotetici che si sarebbero potuti assegnare al bene ove si fossero ricevute informazioni corrette, quando, proprio per la diversa funzione assolta da tale rimedio rispetto a quello risarcitorio, la riduzione dovuta potrà solo adeguare il rapporto di corrispettività divisato in origine dalle parti al valore reale delle prestazioni oggetto dello scambio, non potendo al contrario determinare, a vantaggio della parte vittima dell'inganno, alcun guadagno ulteriore fondato su valori oggettivi che ipoteticamente si sarebbero potuti realizzare in assenza dell'inganno.

[100] Proprio il rischio del verificarsi di una situazione di doppio vantaggio per la parte che, da un lato, richieda la reintegrazione delle perdite patite in seguito all'alterazione del processo di formazione della sua volontà contrattuale e, dall'altro, pretenda che il contratto così concluso rimanga efficace, induce autorevole dottrina ad affermare il carattere rigorosamente eccezionale dell'ipotesi disciplinata dall'art. 1440 c.c., all'infuori della quale "un risarcimento che scaccia l'annullamento è un rimedio *extra ordinem:* segnatamente un mezzo che persegue obliquamente una (discutibile) finalità di giustizia contrattuale". Cfr. S. PAGLIANTINI, *Tutela per equivalente di un contratto annullabile e principio di effettività: appunti per uno studio*, in *Nuove leggi civ. comm.*, 3/2014, p. 660. In senso analogo, cfr. L. ROVELLI, *La responsabilità precontrattuale*, cit., p. 336.

[101] Cfr. AGCM, provv. n. 30355 del 25 ottobre 2022 (Vinted – Problematiche varie su vendite on line); AGCM, provv. n. 30421 del 13 dicembre 2022 (Unieuro/Monclick vendite on line-problemi vari).

fusione di claim pubblicitari che veicolano il concetto di «gratuità» della compravendita (...), laddove è invece prevista la corresponsione di una commissione da parte del soggetto acquirente; b) nell'indicazione sulla Piattaforma del prezzo del prodotto richiesto dal venditore, senza contestuale e adeguata informazione sui costi relativi alla commissione per la Protezione acquisti e alle spese di spedizione, omettendo di esplicitare in modo chiaro le possibili opzioni alternative (vale a dire, acquisto sulla Piattaforma con commissione per la Protezione Acquisti oppure negoziazione privata con il venditore (...) al di fuori della Piattaforma e senza commissioni.

Nel secondo caso, tra le pratiche commerciali oggetto di indagine e sanzione, alcune – riguardanti la fase precontrattuale di promozione di prodotti *online* da parte delle aziende interessate e il momento della conclusione del contratto di acquisto – sono considerate ingannevoli per le seguenti ragioni: *i) omessa/ingannevole indicazione sulla disponibilità dei prodotti, in quanto i beni prospettati come disponibili non risultavano fisicamente presenti nei magazzini delle società. (...); ii) le modalità scorrette di gestione del processo di vendita online, con specifico riguardo all'immediato addebito di pagamento e/o blocco del plafond, (...) prima del perfezionamento del contratto (...); iii) l'omessa/ingannevole prospettazione dei tempi di consegna dei prodotti acquistati online.*

Trattandosi in entrambi i casi di compravendite *online*, il singolo consumatore che, a causa degli effetti delle pratiche commerciali descritte, non intendesse rimanere vincolato ai relativi contratti, potrebbe certamente azionare il diritto di recesso disposto dall'art. 52 cod. cons. Tuttavia, se il consumatore dovesse prendere coscienza di aver subito uno o più di quegli effetti pregiudizievoli, dopo soli quattordici giorni dal conseguimento del possesso fisico dei beni acquistati, a costui sarebbe preclusa la possibilità di esercitare validamente il diritto di ripensamento. Più in generale, nel caso in cui la pratica commerciale divenga oggetto di indagine da parte dell'AGCM, la previsione del diritto di recesso da contratti conclusi a distanza o fuori dai locali commerciali non pare prestarsi adeguatamente alla tutela dell'interesse soggettivo eventualmente inciso, poiché la fisiologica lunghezza degli accertamenti necessari al riconoscimento da parte dell'Autorità Antitrust della ricorrenza di una pratica commerciale scorretta in molti casi impedirebbe al consumatore, che abbia appreso di essere stato svantaggiato solo dalle risultanze dell'indagine, di recedere validamente dal contratto, soprattutto in assenza delle condizioni stabilite dall'art. 53 cod. cons. per la dilatazione dei termini utile all'esercizio del relativo diritto.

Nell'uno e nell'altro caso, viceversa, potrebbe risultare appropriato l'azionamento di tecniche di tutela volte ad assicurare, ora il ripristino del sinallagma contrattuale ingannevolmente prospettato, mediante una riduzione del prezzo proporzionata alla misura del vantaggio ingiustificatamente conseguito dal professionista – che nel primo caso potrebbe corrispondere agli importi della commissione per la *Protezione acquisti* e delle spese di spedizione e, nel secondo caso potrebbe corrispondere al valore attribuibile per equivalente monetario alla (mancata) neutralizzazione del rischio inerente i tempi di consegna del bene – ora il diritto allo scioglimento del vincolo contrattuale, sul modello del rimedio redibitorio, ove l'interesse preminente del consumatore sia rivolto ad ottenere la cancellazione dello scambio e la restituzione di quanto ingiustificatamente corrisposto [102].

Da ultimo, può anche volgersi lo sguardo alla vicenda giudiziaria – decisa dal Tribunale di Venezia con una sentenza di recente emendata dalla Corte d'Appello [103] – riguardante gli effetti pregiu-

---

[102] Si consideri che è ampiamente condiviso l'orientamento interpretativo che reputa il contrasto del fenomeno delle pratiche commerciali scorrette, a favore del corretto funzionamento della concorrenza e del mercato, indipendente dall'accertamento della negligenza del professionista. Cfr. Corte Giust., 16 aprile 2015, C-388/13, punto n. 48; T.A.R., 8 marzo 2019, n. 3095; Cons. Stato, 19 settembre 2017, n. 4378. Ciò sembra avvalorare ulteriormente l'indirizzo interpretativo formulato nel testo, secondo il quale, ove si manifestino semplici pretese restitutorie, la riduzione del prezzo o, se del caso, la risoluzione del contratto potrebbero proporsi come strumenti idonei ad una tutela effettiva e proporzionata degli interessi ascrivibili al singolo consumatore, rimanendo al contrario una tutela di tipo risarcitorio condizionata alla prova – sul piano individuale di certo possibile ma altrettanto certamente non agevole – dell'imputabilità della responsabilità al professionista autore della pratica commerciale scorretta, del nesso causale tra la pratica illecita e la produzione del danno e dell'entità della lesione subita, ove eccedente la misura di alternative pretese restitutorie.

[103] Quanto alla sentenza di primo grado, cfr. Trib. Venezia, 7 luglio 2021 che si è pronunciato in relazione all'azione di classe promossa dall'associazione Altroconsumo, ai sensi della disciplina disposta dall'allora vigente art. 140 *bis* cod. cons., contro Volkswagen AG e Volkswagen IG. La sentenza è commentata da P. SANTORO, *Dieselgate italiano: (e)mission impossible. Il Tribunale di Venezia accoglie la class action e, in sintonia con i Tribunali di Avellino e Genova, ricono-*

dizievoli subiti dagli acquirenti di autoveicoli Volkswagen in seguito alla pratica commerciale scorretta generatrice del c.d. "Dieselgate". Data la modalità di calcolo e l'entità della somma fissata dal Tribunale di Venezia per rimediare ai pregiudizi contestati dall'associazione Altroconsumo [104], infatti, ove al risarcimento fosse

---

sce il risarcimento dei danni da illecito antitrust e da pratiche commerciali scorrette, in *Danno e resp.*, 2/2022, p. 243 ss.; F. RUGGIERO, *Class action, pratiche commerciali scorrette e danni non patrimoniali: la recente pronuncia del Tribunale di Venezia*, in *Nuova giur. civ. comm.*, 6/2021, p. 1345 ss. Quanto invece alla sentenza di secondo grado, cfr. App. Venezia, 16 novembre 2023, n. 2260, in *Nuova giur. civ. comm.*, 1/2024, p. 11 ss., con nota di B. DE SANTIS, *La scomparsa del danno patrimoniale nel* Dieselgate. *La Corte d'Appello di Venezia e l'esito infelice della* class action *italiana*. Nella stessa rivista, riflette sui contenuti della decisione C. SCOGNAMIGLIO, *Il risarcimento del danno e la sua prova nell'azione di classe (a proposito del c.d.* Dieselgate*)*, p. 169 ss. Più in generale sul tema, cfr. I. GARACI, *Il dieselgate. Riflessioni sul private e public enforcement nella disciplina delle pratiche commerciali scorrette*, in *Riv. dir. ind.*, 2/2018, p. 61 ss.; E. RAJNERI, *Illeciti lucrativi, efficacia dissuasiva dei rimedi e responsabilità sociale d'impresa. Riflessioni a margine del dieselgate*, in *Riv. crit. dir. priv.*, 3/2017, p. 397 ss.

[104] La condotta contestata alle convenute e qualificata dal giudice di primo grado alla stregua di una pratica commerciale ingannevole, in conformità a quanto già statuito in sede di *public enforcement* dall'AGCM con il provvedimento n. 26137 del 4 agosto 2016, era consistita nell'installazione, su una determinata tipologia di autoveicoli, di un dispositivo in grado di ridurre sensibilmente le emissioni inquinanti di NOx in occasione delle verifiche di laboratorio necessarie all'omologazione dell'autoveicolo, in modo da avvalorare la particolare sostenibilità ambientale delle prestazioni di tale tipologia di autoveicoli. Il Tribunale di Venezia ha giudicato la pratica senz'altro ingannevole, ai sensi dell'art. 23, comma 1, lett. d), nonché comunque ingannevole ai sensi degli artt. 21, comma 1, lett. b), 21, comma 2, lett. b) e 22 cod. cons., oltre che contraria allo *standard* di diligenza professionale dovuta *ex* art. 20, comma 2, cod. cons., di cui i consumatori si sarebbero attesi il rispetto, in virtù della "ragionevole aspettativa di trovarsi di fronte ad un produttore che ponesse la tutela dell'ambiente tra i suoi primari obiettivi". Pertanto, si è ritenuto di riconoscere a carico della casa automobilistica convenuta una responsabilità extracontrattuale ed una conseguente obbligazione risarcitoria, nella misura dell'interesse negativo, corrispondente alla "pura perdita patrimoniale" subita dai consumatori in forza della lesione della loro libertà contrattuale, prodotta dalle false informazioni ricevute. Tuttavia, considerato che il danno risarcibile è stato individuato "nel maggior aggravio economico, parametrato al maggior prezzo dei veicoli omologati Euro5, sostenuto per l'acquisto di un veicolo formalmente Euro5, ma di fatto di classe inferiore" e considerato che il criterio adottato per la sua quantificazione sia consistito nella definizione in via equitativa – *ex* art. 140 *bis*, comma 12, cod. cons. – della percentuale di incidenza della lesione sul prezzo medio corrisposto per l'acquisto degli autoveicoli oggetto

stato possibile preferire l'applicazione di un meccanismo di tutela di natura restitutoria come la riduzione del prezzo, sarebbero probabilmente venute meno le ragioni sulle quali il giudice di secondo grado ha fondato l'accoglimento di alcuni motivi del ricorso di Volkswagen AG e Volkswagen IG, negando il diritto al risarcimento del danno patrimoniale precedentemente riconosciuto ai consumatori aderenti all'azione di classe [105].

La riflessione sinora condotta è stata finalizzata a saggiare la sostenibilità di una tesi che, invero, dal punto di vista operativo risulta ancora interamente da indagare: quella per cui le indicazioni disciplinari provenienti dal più recente diritto eurounitario in materia di pratiche commerciali scorrette sarebbero indirizzate innanzitutto, con specifico riferimento alle relazioni economiche tra professionisti e consumatori, alla rimodulazione normativa di alcuni rimedi. Il diritto eurounitario solleciterebbe, cioè, l'evoluzione delle discipline nazionali dei rapporti contrattuali, conclusi in violazione del divieto di pratiche commerciali sleali, in una direzione che non si esaurisca nella contestazione della responsabilità del professionista nei riguardi del singolo consumatore.

Se proporzionato ed effettivo, il risarcimento del danno andrebbe certamente annoverato tra i possibili rimedi individuali cui il con-

---

della pratica commerciale scorretta, pare possibile rilevare una sostanziale corrispondenza tra il rimedio azionato e quello – al tempo della decisione non ancora in vigore – rappresentato dalla riduzione del prezzo, inteso quale reazione alla lesione dell'interesse soggettivo "all'autodeterminazione in campo contrattuale" integrata dalla condotta di Volkswagen – valutata alla stregua di una pratica commerciale ingannevole – piuttosto che come effetto dell'accertamento della responsabilità del professionista per mancata conformità al contratto del bene venduto, secondo la richiesta dei soggetti convenuti.

[105] La Corte d'Appello di Venezia ha negato l'esistenza di prove sufficienti a dimostrare l'entità del danno patrimoniale subito, richiamando, tra l'altro, la disponibilità dell'azienda produttrice ad intervenire sugli autoveicoli per ripristinarne la conformità agli *standard* previsti dal certificato di omologazione in materia di emissioni. In particolare, tale dato è stato considerato determinante al fine di ritenere non dovuto, *ex* art. 1227, comma 2, c.c., il risarcimento del danno a favore di quanti non si fossero colpevolmente avvalsi dell'opportunità offerta. Un argomento, quest'ultimo, piuttosto contraddittorio in relazione all'obiettivo perseguito di attestare l'indimostrabilità del danno subito, ma che appare singolarmente convergente rispetto alla tesi – qui sostenuta – della maggiore idoneità, in vista della soddisfazione dell'interesse leso nel caso trattato, del ricorso a rimedi di natura ripristinatoria, piuttosto che di natura risarcitoria. Sul punto, si veda più diffusamente *infra*, cap. II, parr. 2 e 3 e cap. III, par. 9.

sumatore dovrebbe avere accesso. E però, la valorizzazione del solo rimedio risarcitorio potrebbe finire per mancare, tanto quanto l'imperdonabile insipienza del legislatore delegato all'attuazione del diritto eurounitario, l'obiettivo di garantire al singolo consumatore il pieno accesso a tutte le tecniche che di volta in volta risultino le più proporzionate ed effettive nella tutela, contro una pratica commerciale scorretta, del suo interesse a manifestare una volontà negoziale libera, consapevole e adeguatamente ponderata. Sicché, nell'ambito di una strategia d'azione che miri ad una crescente integrazione funzionale tra l'attività sanzionatoria di pratiche commerciali scorrette, affidata alle istituzioni pubbliche preposte alla regolazione del mercato, e il potenziato azionamento di rimedi individuali a tutela degli interessi del consumatore – in sede di giurisdizione ordinaria ma anche e soprattutto in sede stragiudiziale [106] – appare opportuno procedere ad una rilettura del diritto interno dei contratti che tenga conto, in modo ampio e articolato, delle indicazioni disciplinari provenienti dal legislatore eurounitario [107]. Ci si propone, cioè, di individuare in via interpretativa i presupposti e i modi perché l'interesse del consumatore inciso da una pratica commerciale scorretta possa di volta in volta ricevere la tutela più adeguata, evidenziando la molteplicità dei profili di cui la lesione si può comporre e il riflesso di tale articolazione sulla predisposizione di una tutela individuale effettiva e proporzionata. La quale, dunque, potrebbe essere indirizzata, ora alla soddisfazione del prioritario interesse al ripristino, mediante effetti essenzialmente restitutori, dell'equilibrio contrattuale divisato dalle parti, nella misura dell'alterazione provocata dal ricorso del professionista ad una pra-

[106] Cfr. C. Granelli, *Pratiche commerciali scorrette: alla vigilia del recepimento della dir 2019/2161/UE*, cit., p. 503, il quale ritiene che, nel perseguimento di una maggiore effettività della tutela degli interessi dei consumatori vittime di pratiche commerciali scorrette, potrebbe essere utile promuovere l'operatività del sistema di risoluzione alternativo delle controversie, soprattutto con riguardo a controversie che, per il modico valore dell'oggetto del contendere, diversamente il singolo consumatore faticherebbe ad avviare innanzi alla giurisdizione ordinaria.

[107] Tale obiettivo sarebbe perseguibile, secondo autorevole Dottrina, azionando il *surplus* regolativo, connesso alla contrapposizione tra fattispecie e *ratio*, tipico delle norme che compongono il sistema giuridico ed elevando per questa via il paradigma analogico "a paradigma generale dell'interpretazione". Cfr. M. Barcellona, *Norme e prassi giuridiche. Giurisprudenze usurpative e interpretazione funzionale*, Mucchi Ed., 2022, p. 50 ss.

tica commerciale scorretta; ora ad una risposta disciplinare che assicuri innanzitutto l'attribuzione di una compensazione, per equivalente monetario, della sfera giuridica del consumatore, nella misura della sua compromissione ad opera di una pratica commerciale scorretta; ora, infine, ad un'applicazione combinata di rimedi restitutori e rimedi risarcitori, senza per questo oltrepassare il limite della loro proporzionalità al valore delle lesioni lamentate.

D'altronde, l'art. 11 *bis* della direttiva 2005/29/CE riconosce agli Stati membri la facoltà di definire "*le condizioni per l'applicazione e gli effetti*" dei rimedi adottati, compresi il risarcimento del danno, e, se pertinenti, la riduzione del prezzo e la risoluzione. Data l'inerzia del legislatore, dunque, tocca all'interprete fornire a riguardo un contributo per rendere il diritto interno quanto più possibile coerente alle nuove sollecitazioni provenienti dal legislatore eurounitario in materia di *private enforcement* del divieto di pratiche commerciali scorrette. Con particolare attenzione alla circostanza che oggi – in seguito all'approvazione in via definitiva della direttiva 2024/825/UE – i connotati che consentono di considerare scorretta una pratica commerciale risultano sempre più definiti anche con riferimento alla diffusa esigenza di sostenibilità ambientale e sociale della miriade di prodotti che costantemente si offrono sul mercato alle esigenze di consumo.

Capitolo II

I rimedi restitutori. Ambito di applicabilità, disciplina, effettività e proporzionalità

Sommario: 1. Il richiamo ai rimedi legali predisposti per contrastare il vizio di conformità di un bene oggetto di vendita al consumatore. – 2. La dilatazione della nozione di difetto di conformità alla luce della recente giurisprudenza della Corte di Giustizia UE. Critica. – 3. Ancora sulla dilatazione della nozione di difetto di conformità: la valorizzazione delle dichiarazioni pubbliche, comprese quelle della pubblicità e dell'etichettatura, quali fonti di ragionevoli aspettative del consumatore circa qualità e caratteristiche del bene acquistato. Critica. – 4. L'ambito di applicabilità della risoluzione del contratto e della riduzione del prezzo *ex* art. 27, comma 15 *bis*, cod. cons. Esemplificazioni. – 5. Interessi soggettivi del consumatore, entità del pregiudizio subito e funzione normativa dei distinti rimedi evocati dall'art. 27, comma 15 *bis*, cod. cons. – 6. Difetti di conformità e pregiudizi da pratiche commerciali scorrette: le possibili assonanze riguardo al tipo di impegno richiesto al professionista. – 7. Vizio di conformità e lesione da pratica commerciale scorretta: affinità tra i tipi di problema considerati. – 8. Le ragioni del rilievo normativo riconosciuto ai rimedi della risoluzione del contratto e della riduzione del prezzo. – 9. Il rimedio risolutorio e la mancata menzione dell'invalidità contrattuale. – 10. La disciplina del rimedio risolutorio e le indicazioni normative ricavabili dalla direttiva 2019/771/UE. – 11. Il rimedio della riduzione del prezzo.

1. *Il richiamo ai rimedi legali predisposti per contrastare il vizio di conformità di un bene oggetto di vendita al consumatore*

I rimedi proporzionati ed effettivi cui il consumatore leso da una pratica commerciale scorretta deve poter accedere comprendono senz'altro, ai sensi dell'art. 11 *bis* della direttiva 2005/29/CE, il risarcimento del danno e, "*se pertinenti*", la riduzione del prezzo e la risoluzione del contratto. L'art. 27, comma 15 *bis*, cod. cons. riprende a riguardo l'indicazione proveniente dal legislatore eurounitario, modificando unicamente la formulazione della condizione alla quale subordinare l'operatività degli ultimi due rimedi con un "*ove applicabili*". L'indagine sui meccanismi di *private enforcement* così predisposti a tutela del consumatore, dunque, richiede, non solo la profilazione della loro specifica funzionalità e l'individuazione della disciplina pertinente, ma anche, con riguardo a riduzione del prezzo e risoluzione del contratto, la preliminare soluzione del problema relativo al loro ambito di applicabilità. Proprio l'urgenza di formulare in proposito risposte utili ad un più attendibile raffronto funzionale tra i diversi meccanismi di tutela in campo giustifica la scelta di dedicare a quei rimedi la prima parte dell'analisi che si intende condurre. Muovendo in questa direzione, d'altra parte, si proverà a dimostrare come, entro il perimetro dei casi in cui possono legittimamente operare, essi possano sovente rivelarsi funzionalmente persino più efficaci del rimedio del risarcimento del danno nella tutela effettiva e proporzionata degli interessi del consumatore.

Il riferimento alla riduzione del prezzo e alla risoluzione disposto dall'art. 11 *bis* della direttiva 2005/29/CE richiama l'apparato rimediale originariamente predisposto dalla direttiva 1999/44/CE su taluni aspetti della vendita e delle garanzie dei beni di consumo, di recente confermato con modifiche dalla direttiva 2019/771/UE relativa a determinati aspetti dei contratti di vendita di beni, che modifica il Regolamento (UE) 2017/2394 e la direttiva 2009/22/CE, e che abroga la direttiva 1999/44/CE [1]. Esso è anticipato in forma ancora

---

[1] Riflettono sulle novità introdotte dalla direttiva 2019/771/UE alla disciplina dei vizi di *conformità* di beni mobili oggetto di vendita ai consumatori, G. ALPA, *Aspetti della nuova disciplina delle vendite nell'Unione europea*, in *Contr. e Impr.*, 3/2019, p. 825 ss.; A. BARENGHI, *Osservazioni sulla nuova disciplina delle garanzie nella vendita di beni di consumo*, in *Contr. e Impr.*, 2/2020, p. 806 ss.; F. BERTELLI, *L'armonizzazione massima della direttiva 2019/771/UE e le sorti del principio di maggior tutela del consumatore*, in *Eur. dir. priv.*, 4/2019, p. 953 ss.; M. FACCIOLI, *La nuova disciplina europea della vendita di beni ai consumatori (direttiva (UE) 2019/771): prospettive di attuazione delle disposizioni sui termini*, in *Nuove leggi civ. comm.*, 1/2020, p. 250 ss.; S. PAGLIANTINI, *op. cit.*, p. 217 ss.; G. PERFETTI, *Il divieto di arrecare "notevoli inconvenienti" al consumatore in sede di ripristino della conformità al contratto del bene di consumo difet-*

più esplicita dal *considerando* n. 16 della direttiva 2019/2161/UE, il quale, dopo aver invocato a favore dei consumatori "*un quadro ben preciso per i rimedi individuali*" – in quanto esso "*faciliterebbe l'esecuzione a livello privato*" – nel riportare alcune esemplificazioni, prima fa riferimento alla riduzione del prezzo o alla risoluzione del contratto, aggiungendo anche in questa sede l'inciso "*se pertinenti*"; poi, diversamente dal testo dell'art. 11 *bis*, menziona pure i rimedi della riparazione e della sostituzione che, come è noto, nell'articolazione degli strumenti di tutela dell'interesse del consumatore all'acquisto di beni privi di vizi di conformità, si propongono come rimedi da azionare in via prioritaria.

Ebbene, ad una prima lettura, questo rinvio produce un effetto piuttosto spiazzante. Ciò, non solo perché, come si osserva puntualmente, il riferimento agli "arnesi" dell'apparato rimediale, previsto in relazione ad ipotesi di beni connotati da vizi di conformità, stride con la distanza che, ad una prima osservazione, corre tra i fenomeni giuridici ai quali tali meccanismi di tutela normalmente reagiscono e quelli ai quali invece dovrebbero reagire nel caso in cui essi fossero adottati per contrastare gli effetti di pratiche commerciali sleali [2]. Ma anche perché invero la riflessione interna, condotta in ordine alle tecniche più efficaci per contrastare tali effetti pregiudizievoli nei riguardi del singolo consumatore, a torto o a ragione, si è concentrata finora su un istituto affatto distinto, quello dell'invalidità, tutt'al più articolandosi in un'opinione più favorevole all'azionamento della nullità [3], preferibilmente secondo lo schema

---

toso, in *Studium Iuris*, 4/2020, p. 430 ss.; G. DE CRISTOFARO (a cura di), *La nuova disciplina della vendita mobiliare nel codice del consumo*, Giappichelli, 2022, p. 65 ss.; A. LUMINOSO, *La nuova disciplina delle garanzie nella vendita al consumatore. (Una prima lettura del d.lgs. n. 170/2021)*, in *Eur. dir. priv.*, 3/2022, p. 483 ss.; A. MANIACI, *I rapporti tra autonomia privata e disciplina italiana della vendita di beni di consumo dopo il recepimento della direttiva n. 2019/771*, in *Eur. dir. priv.*, 2/2022, p. 237 ss.

[2] Cfr. L. GUFFANTI PESENTI, *Pratiche commerciali scorrette e rimedi nuovi*, cit., p. 653 ss.

[3] Un'iniziale adesione alla tesi della nullità del contratto per sua "irrazionalità" è ascrivibile a A. GENTILI, *Codice del consumo ed esprit de géométrie*, in *Contratti*, 2/2006, p. 171, poi tornato sul punto per sostenere la piena legittimità del ricorso all'annullabilità disposta dal codice civile per vizi del consenso, in presenza di una pratica commerciale scorretta idonea a compromettere l'utilità della scelta del consumatore. Cfr. A. GENTILI, *Pratiche sleali e tutele legali: dal*

operativo della nullità di protezione [4], ed un'altra invece, presto divenuta maggioritaria, più incline ad optare per l'annullabilità [5].

---

modello economico alla disciplina giuridica, cit., p. 61 ss. Ritiene che "la nullità dei contratti in discussione possa desumersi proprio sulla base della concezione sottesa alla normativa in materia di pratiche commerciali scorrette e del bene tutelato", L. DI NELLA, *Le pratiche commerciali «aggressive»*, cit., p. 375; ID., *Il sistema delle tutele e dei rimedi nella disciplina delle pratiche commerciali scorrette*, cit., p. 876. Pur ritenendo "meno distonico" il ricorso allo strumento della annullabilità del contratto concluso in seguito ai condizionamenti prodotti da una pratica commerciale scorretta, M.R. MAUGERI, *Pratiche commerciali scorrette e disciplina generale dei contratti*, cit., p. 272 ss. osserva che il richiamo alla tradizionale distinzione tra norme di comportamento e norme di validità non consenta di escludere in termini assoluti la ricorrenza della nullità di un contratto che sia stato perfezionato in seguito alla violazione di decisivi obblighi di informazione, ritenendo tale opinione confortata anche da un'attenta analisi di Cass., Sez. Un., 19 dicembre 2007, nn. 26724 e 26725. Le note decisioni "gemelle" sono leggibili in *Foro it.*, 3/2008, I, p. 784, con nota di E. SCODITTI, *La violazione delle regole di comportamento dell'intermediario finanziario e le sezioni unite*; in *Corr. Giur.*, 2/2008, p. 223 ss., con nota di V. MARICONDA, *L'insegnamento delle Sezioni Unite sulla rilevanza della distinzione tra norme di comportamento e norme di validità*; in *Contratti*, 3/2008, p. 221, ss., con nota di V. SANGIOVANNI, *Inosservanza delle norme di comportamento: la Cassazione esclude la nullità*; in *Nuova giur. civ. comm.*, I, 2008, p. 432 ss., con nota di U. SALANITRO, *Violazione della disciplina dell'intermediazione e conseguenze civilistiche:* ratio decidendi *e* obiter dicta *delle sezioni unite*; in *Obbl. e contr.*, 2/2008, p. 106 ss., con nota di G. VETTORI, *Regole di validità e di responsabilità di fronte alle sezioni unite.*

[4] Cfr. L. DI NELLA, *Il sistema delle tutele e dei rimedi nella disciplina delle pratiche commerciali scorrette*, cit., p. 877.

[5] Tra coloro che ritengono più congruo il ricorso alla disciplina dell'annullabilità, N. ZORZI GALGANO, *Sulla invalidità del contratto a valle di una pratica commerciale scorretta*, cit., p. 952 ss.; M. NUZZO, *Pratiche commerciali sleali ed effetti sul contratto: nullità di protezione o annullabilità per vizi del consenso?*, cit., p. 235 ss.; R. CALVO, *Le pratiche commerciali «ingannevoli»*, cit., p. 218 ss.; E. LABELLA, *Pratiche commerciali scorrette e autonomia privata*, cit., p. 124 ss. Va d'altra parte ricordato, a questo proposito, che il disegno di legge delega di riforma del codice civile (2019) – cfr. Atti parlamentari XVIII legislatura, Senato della Repubblica DDL n. 1151 – all'art. 1, lett. g) investe il governo del compito di "disciplinare i casi in cui pratiche *negoziali* ingannevoli, aggressive o comunque scorrette (...) determinano l'invalidità del contratto concluso" (corsivo aggiunto). Una condivisibile analisi critica del disegno di legge è sviluppata da C. GRANELLI, *Pratiche commerciali scorrette: le tutele individuali nel disegno di legge delega di riforma del codice civile*, cit., p. 493 ss., ove in particolare, e a tacer d'altro, si osserva che "evidente – e clamorosa – appare la distanza tra, da un lato, l'*impostazione minimalista ed anelastica* che caratterizza il DDL (...) e, dall'altro, il *quadro complesso, articolato e coordinato di rimedi* proposto a livello di

È sufficiente un esame più attento, tuttavia, per notare che il richiamo alla risoluzione del contratto e alla riduzione del prezzo, quali meccanismi giuridici di tutela del consumatore, è presente in diversi ambiti del diritto dei consumatori eurounitario, ritrovandosi da ultimo, anche nel *considerando* n. 37 della direttiva 2020/1828/UE – oltre che al successivo art. 9 – tra i benefici di cui dovrebbero godere i consumatori grazie alla promozione di un'azione rappresentativa che abbia avuto come esito l'adozione di un provvedimento risarcitorio a carico del professionista [6]. La loro espressa descrizione, in quella sede, quali effetti rimediali di un provvedimento risarcitorio, secondo la definizione che di quest'ultimo offre l'art. 3, n. 10 della direttiva 2020/1828/UE, sembra addirittura rivelare una

---

normativa europea" (*Ivi*, p. 499). Sul punto, si rinvia anche a L. GUFFANTI PESENTI, *Pratiche commerciali scorrette e invalidità del contratto nel d.d.l. delega n. 1151 2019*, in *Jus*, 1/2020, p. 157 ss. La prioritaria funzionalità alla regolazione del mercato e della concorrenza della normativa sulle pratiche commerciali sleali è il principale argomento utilizzato da quanti evidenziano l'estrema difficoltà di indicare un rimedio unico, azionabile tutte le volte che il singolo consumatore si sia vincolato in seguito agli effetti di una pratica commerciale sleale, indipendentemente dai contorni specifici del caso concreto. Cfr. C. CAMARDI, *Pratiche commerciali scorrette e invalidità*, cit., p. 413; G. DE CRISTOFARO, *L'attuazione della direttiva 2005/29/CE nell'ordinamento italiano: profili generali*, in G. DE CRISTOFARO (a cura di), *Pratiche commerciali scorrette e codice del consumo*, cit., p. 91 ss.; C. GRANELLI, *Le "pratiche commerciali scorrette" tra imprese e consumatori: l'attuazione della direttiva 2005/29/CE modifica il codice del consumo*, cit., p. 782 ss.; U. SALANITRO, *Gli obblighi precontrattuali di informazione: le regole e i rimedi nel progetto Acquis*, in *Eur. dir. priv.*, 1/2009, p. 75; G. GRISI, *Rapporto di consumo e pratiche commerciali*, in *Eur. dir. priv.*, 1/2013, p. 9 ss.; C. TENELLA SILLANI, *op. cit.*, 777 ss.

[6] Allo stesso modo, l'art. 140 *ter*, lett. h), cod. cons., introdotto dal d.lgs. 10 marzo 2023, n. 28, in attuazione della direttiva 2020/1828/UE, indica la riduzione del prezzo e la risoluzione del contratto, insieme alla riparazione, alla sostituzione, o al rimborso del prezzo pagato, quali rimedi al pregiudizio subito, di cui il consumatore possa godere ove l'azione rappresentativa abbia avuto ad oggetto l'adozione di un provvedimento che in questa sede è definito "compensativo". Desume dalla formulazione della disposizione citata "una sorta di annacquamento del concetto di danno", C. SCOGNAMIGLIO, *Il risarcimento del danno e la sua prova nell'azione di classe (a proposito del c.d.* Dieselgate), cit., p. 174. Sia la risoluzione che la riduzione del prezzo sono altresì menzionati dall'art. 13, par. 6 della direttiva 2015/2302/UE (art. 42, comma 5, d.lgs. 23 maggio 2011, n. 79, codice del turismo) come altrettanti rimedi esperibili dall'acquirente di un pacchetto turistico la cui esecuzione non sia stata conforme al contratto, in assenza dell'adozione di rimedi utili ad ovviare al difetto di conformità da parte dell'organizzatore.

sostanziale equiparazione, in punto di efficacia, al più tipico rimedio del risarcimento del danno. Nella prospettiva normativa del legislatore eurounitario, in altri termini, gli effetti restitutori che l'azionamento, ora della risoluzione del contratto, ora della riduzione del prezzo produce, sarebbe idoneo a procurare una compensazione della lesione degli interessi individuali del consumatore tanto adeguata quanto quella che solitamente si ritiene ricavabile unicamente mediante l'esercizio del diritto al risarcimento del danno.

Guardando, allora, alla menzione della risoluzione e della riduzione del prezzo tra i possibili rimedi agli effetti pregiudizievoli di una pratica commerciale scorretta dalla diversa prospettiva del legislatore eurounitario, alla lesione subita dal singolo consumatore sembra lecito assegnare un significato ben più ampio e articolato di quello che si ritiene espresso dalla nozione di danno risarcibile e che tradizionalmente denota un'interferenza idonea a compromettere o impedire del tutto la fruibilità di risorse altrimenti ascrivibili, con ragionevole certezza e in via più o meno esclusiva, alla sfera giuridica del soggetto leso [7]. Di riflesso, spostando l'attenzione dal-

---

[7] Anche nel nostro ordinamento, d'altronde, la lesione di un interesse giuridicamente rilevante non è ritenuto requisito in sé sufficiente alla ricorrenza di un danno risarcibile, tant'è che alla sua ricorrenza è possibile reagire attivando rimedi differenti, quali rimedi di natura inibitoria o restitutoria. Cfr. C. SALVI, *La responsabilità civile*, Giuffrè, 2005, p. 48. Con specifico riferimento alla distinzione tra fatti illeciti e fatti leciti dannosi, autorevole Dottrina ricorda altresì che "il danno in senso giuridico non si esaurisce nel danno antigiuridico", il quale si riconosce "per la speciale natura della reazione che si svolge contro di esso", in quanto "Il diritto può tutelare un interesse umano in due modi: o attribuendogli la prevalenza di fronte a un interesse opposto, oppure subordinandolo a un opposto interesse ma contemporaneamente stabilendo conseguenze atte a compensare il suo sacrificio. Attraverso la seconda maniera, la tutela [dal danno che non sia *contra ius*] è raggiunta indirettamente". Cfr. A. DE CUPIS, (voce) *Danno (dir. vig.)*, in *Enc. dir.*, XI, Giuffrè, 1962, pp. 624-625. Nel caso della lesione procurata dalla violazione del divieto di pratiche commerciali scorrette disposto dall'art. 20 cod. cons., tuttavia, la stessa formulazione legale del divieto induce ad escludere la ricorrenza di un'interferenza dannosa ma lecita nella sfera giuridica del consumatore. Ciò, tuttavia, non impedisce di ricondurre la rappresentazione del danno di cui si parla a quella che, sul presupposto della varietà dei profili lesivi di una stessa situazione giuridica, distingue tra "perdita della titolarità [di un diritto] e distruzione o danneggiamento del bene oggetto della situazione giuridica medesima" che "non sono trattate allo stesso modo nel nostro ordinamento", in quanto la prima integrerebbe una lesione sotto il profilo del potere di disposizione e implicherebbe effetti restitutori, laddove, alla seconda ipotesi di pregiudizio corrispon-

la lesione lamentata all'interesse inciso, di quest'ultimo potrebbe anche offrirsi una rappresentazione sfaccettata, che ne consenta la soddisfazione mediante una pluralità di strumenti rimediali, di volta in volta azionabili, ora in via alternativa ora in via cumulativa, in base al profilo dell'interesse compromesso che il consumatore preferisca prioritariamente tutelare. Sicché, mentre la richiesta di riduzione del prezzo potrebbe essere sorretta dall'esigenza di conservare l'efficacia del contratto, senza però rinunciare alla pretesa di ottenere la restituzione di quanto, a causa della pratica commerciale scorretta, si è ingiustificatamente corrisposto a favore della controparte, la richiesta – inevitabilmente alternativa – di risoluzione del contratto, con le annesse pretese restitutorie, rifletterebbe la volontà di liberarsi da un vincolo rivelatosi, per via degli effetti della pratica commerciale scorretta, per nulla rispondente al tipo di operazione economica che si era ritenuto di realizzare mediante la conclusione del contratto. Nell'uno e nell'altro caso il rimedio azionato sarebbe comunque indirizzato a tutelare l'integrità dell'interesse alla manifestazione di una volontà negoziale libera, consapevole e adeguatamente ponderata; la lesione lamentata, però, si esaurirebbe nell'indebita sottrazione da parte del professionista scorretto di risorse e/o vantaggi altrimenti ascrivibili alla controparte. Viceversa, la scelta – sempre esperibile – di ricorrere allo strumento risarcitorio, in via alternativa o in via cumulativa, potrebbe rivelarsi più pertinente in presenza della più consistente aspirazione del consumatore alla reintegrazione per equivalente monetario di lesioni ulteriori, procurate dalla pratica commerciale scorretta alle sue disponibilità patrimoniali, presenti e future.

Si intende proseguire proprio in quest'ottica l'indagine sull'ambito di applicabilità, sulla funzione e sulla disciplina dei diversi rimedi individuali predisposti al fine di contrastare i pregiudizi procurati da una pratica commerciale scorretta, cioè verificando l'effettività della tutela di volta in volta apprestata nei riguardi delle diverse sfaccettature dell'interesse soggettivo compromesso, così come la proporzionalità degli effetti di volta in volta prodotti dall'operare delle tutele alle finalità di contrasto del fenomeno delle pratiche commerciali scorrette perseguite dal diritto eurounitario.

---

derebbe una reazione di tipo risarcitorio. Cfr. A. NICOLUSSI, *Lesione del potere di disposizione e arricchimento*, Giuffrè, 1998, p. 600 ss.

D'altronde, la scelta del legislatore interno di riproporre nel testo dell'art. 27, comma 15 *bis*, cod. cons. la stessa sequenza di rimedi disposta dall'art. 11 *bis* della direttiva 2005/29/CE, rende ineludibile l'esigenza di definire una ricostruzione sistematicamente plausibile di siffatto assetto rimediale, malgrado l'oggettiva diversità funzionale e sistematica che nella tradizione del nostro ordinamento civilistico contraddistingue gli istituti del risarcimento del danno, della risoluzione del contratto e della riduzione del prezzo.

Non mancano, come già accennato, posizioni fortemente critiche nei riguardi dell'ipotesi di un possibile legame tra gli istituti di cui si tratta e la disciplina dei rimedi esperibili in presenza di difetti di conformità del bene venduto al consumatore [8]. Si ricorda, in questo senso, che la garanzia di conformità, lungi dall'essere oggetto di un obbligo che grava in capo al venditore in seguito al mancato rispetto di un impegno assunto nei riguardi della controparte, è rappresentabile, secondo l'insegnamento di autorevole dottrina elaborato a proposito della natura delle azioni edilizie disposte dalla disciplina della vendita, come un effetto del contratto [9], frutto dell'assunzione da parte del venditore di un rischio attinente al modo d'essere del bene oggetto dello scambio, nella forma della garanzia di un "effetto sostitutivo del diritto all'adempimento" [10], indipendentemente dalla condotta tenuta dallo stesso venditore [11]. Anche dal

---

[8] L. GUFFANTI PESENTI, *Pratiche commerciali scorrette e rimedi nuovi*, cit., pp. 654-655.

[9] Cfr. L. MENGONI, *Profili di una revisione della teoria sulla garanzia per i vizi nella vendita*, cit., p. 391.

[10] Cfr. L. MENGONI, *op. ult. cit.*, p. 401.

[11] La ricostruzione dell'istituto della garanzia per vizi proposta da L. Mengoni e confermata da ultimo da Cass., Sez. Un., 3 maggio 2019, n. 11748, sulla quale vedi *supra*, cap. I, nota 74, è accolta, con specifico riferimento alla garanzia di conformità di matrice europea, anche da S. MAZZAMUTO, *Equivoci e concettualismi nel diritto europeo dei contratti: Il dibattito sulla vendita dei beni di consumo*, cit., p. 1061 ss.; A. NICOLUSSI, *Diritto europeo della vendita e categorie dogmatiche*, in *Eur. dir. priv.*, 3/2003, p. 525 ss., F. PIRAINO, *La violazione della vendita di beni al consumatore per difetto di conformità: i presupposti della c.d. responsabilità del venditore e la distribuzione degli oneri probatori*, in G. DE CRISTOFARO (a cura di), *La nuova disciplina della vendita mobiliare nel codice del consumo*, Giappichelli, 2022, p. 143 ss. e, almeno parzialmente, da A. LUMINOSO, *Il sistema dei rimedi: la riparazione e la sostituzione del bene difettoso e il diritto di regresso del venditore*, in *L'attuazione della direttiva 99/44/CE in Italia e*

punto di vista temporale, si osserva, la garanzia di conformità opera, diversamente da quanto potrebbe accadere nei riguardi degli effetti pregiudizievoli di pratiche commerciali scorrette, in un momento successivo alla conclusione del contratto e, ove azionata, essa tenderebbe più alla conservazione del contratto che non alla sua caducazione, mentre quest'ultima sarebbe spesso l'obiettivo primario del consumatore vincolato ad un contratto stipulato in seguito al condizionamento esercitato da una pratica commerciale scorretta [12].

---

in Europa – Atti del convegno internazionale dedicato alla memoria di A. Trabucchi, Cedam, 2002, p. 45 ss. Sostengono invece che, nel definire i rimedi legali alla difformità al contratto dei beni oggetto di vendita al consumatore, la disciplina di matrice europea attinga alla categoria giuridica della responsabilità da inadempimento del venditore, A. DI MAJO, *Garanzia e inadempimento nella vendita di beni di consumo*, cit., p. 5 ss.; R. ALESSI, *L'attuazione della direttiva sulla vendita dei beni di consumo nel diritto italiano*, cit., p. 753, ove si afferma che "la comune *causa di consumo* giustifica la configurabilità, all'interno di tutti i rapporti considerati, di un'obbligazione di risultato, qual è quella di «consegnare beni conformi al contratto» e al contempo di tecniche di tutela prioritariamente rivolte ad assicurarne l'esatto adempimento". Ritiene che, alla luce della disciplina di matrice europea, l'obbligazione di conformità acquisti legittimità in quanto, mentre lo schema della vendita codicistico si concentra sul trasferimento del diritto su una cosa finita, come tale non modificabile, lo schema presupposto dalla novella si concentra sulla consegna di un bene conforme, G. AMADIO, *Proprietà e consegna nella vendita di beni di consumo*, cit., p. 140 ss. Come anticipato, assume una posizione intermedia, ritenendo che contro i vizi preesistenti al momento traslativo sia logicamente azionabile solo una garanzia, mentre contro i vizi "insorti successivamente al passaggio della proprietà (...) potrà aversi una ordinaria responsabilità per inadempimento di un'obbligazione a carico del venditore", che però potrebbe coincidere con una obbligazione di custodia e non invece con una «obbligazione di conformità del bene» o di «consegnare beni conformi al contratto», A. LUMINOSO, *Il sistema dei rimedi: la riparazione e la sostituzione del bene difettoso e il diritto di regresso del venditore*, cit., p. 57.

[12] Chi tende a scartare l'ipotesi di un'assonanza funzionale tra i rimedi della risoluzione del contratto e della riduzione del prezzo, azionabili rispettivamente nel caso di effetti pregiudizievoli subiti dal consumatore a causa di una pratica commerciale scorretta e nel caso di difformità dal contratto del bene di consumo acquistato, sottolinea come "le pratiche commerciali possono riguardare anche comportamenti tenuti dal professionista nel corso dell'esecuzione del contratto e addirittura successivamente all'esaurimento della sua efficacia, rispetto ai quali ragionare di riparazione e sostituzione non avrebbe senso. In questi casi, peraltro, la stessa risoluzione del contratto, o la riduzione del prezzo, rischiano di rivelarsi del tutto inutili per il consumatore, che sarà più propenso ad avvalersi della tutela risarcitoria". Cfr. L. GUFFANTI PESENTI, *op. ult. cit.*, p. 651. Una simile considerazione, invero, sembra avvalorare la condivisibile opinione secondo la quale la

L'idea di un rinvio distratto e piuttosto infelice alla riduzione del prezzo e alla risoluzione del contratto, tuttavia, continua a non appagare del tutto. Convince poco in particolare l'idea di ridurre l'ambito di operatività della risoluzione del contratto e della riduzione del prezzo all'eventualità che la vendita di beni affetti da vizi di conformità al consumatore sia indotta da una pratica commerciale scorretta, adottata, con riguardo alla presentazione e/o alla promozione dei beni offerti sul mercato, dal produttore o da altri soggetti terzi rispetto al venditore [13]. Convince poco poiché equivarrebbe in sostanza a negare alla risoluzione del contratto e alla riduzione del

varietà delle forme e dei modi in cui una pratica commerciale scorretta può manifestarsi rende inevitabile prendere in considerazione una pluralità di rimedi proporzionati ed effettivi a tutela degli interessi del consumatore. Viceversa, essa non sembra sufficiente ad escludere in termini assoluti che, ove la condotta scorretta del professionista sia stata determinante nella fase di maturazione della decisione di natura commerciale del consumatore, proprio l'azionamento dei rimedi previsti nel caso dell'acquisto di un bene non conforme, in particolare la riduzione del prezzo o la risoluzione, possa efficacemente realizzare la soddisfazione degli interessi soggettivi di cui si lamenti la frustrazione. Sul punto concorda G. De Cristofaro, *«Rimedi» privatistici individuali e pratiche commerciali scorrette. Il recepimento del diritto italiano dell'art. 11-*bis *della direttiva 2005/29/CE. (Comma 15-*bis*, art. 27 c. cons.)*, cit., p. 491, ora anche in Id., *Diritto italiano ed europeo dei consumatori*, Cedam, 2024, p. 254, il quale osserva che "proprio l'esigenza di assicurare la piena effettività di tutti i rimedi messi a disposizione dei consumatori pregiudicati da pratiche commerciali scorrette sembra imporre di ammettere che i rimedi della risoluzione del contratto e della riduzione del prezzo siano entrambi esperibili anche a fronte di pratiche commerciali scorrette poste in essere anteriormente allo scambio dei consensi costitutivi del rapporto contrattuale".

[13] In questo senso, cfr. E. Camilleri, *Qualità pubblicizzate e affidamento del consumatore. Spunti per il caso* Dieselgate*?*, in *Nuova giur. civ. comm.*, 5/2016, p. 707 ss. Dopo aver ipotizzato una simile eventualità, L. Guffanti Pesenti, *op. ult. cit.*, p. 654, correttamente ne esclude la fondatezza, richiamando la previsione oggi disposta dall'art. 129, comma 3, lett. d), cod. cons., in virtù della quale il venditore sarebbe responsabile anche dei difetti di conformità riconducibili a difformità del bene rispetto a dichiarazioni pubbliche di natura pubblicitaria o contenute nell'etichettatura, sebbene formulate da terzi. Secondo l'Autrice, dunque, la disposizione citata, indicando un ulteriore contesto nel quale potrebbe essere rilevata la ricorrenza di un difetto di conformità, vanificherebbe il tentativo di assimilare la promozione pubblicitaria o la descrizione delle caratteristiche di un bene o di un servizio nella relativa etichettatura, in termini difformi dalla sua connotazione reale, ad una pratica commerciale, ai cui esiti pregiudizievoli per il consumatore si possa reagire azionando una delle modalità operative della garanzia disposta dagli artt. 135 *bis* ss., cod. cons. nei riguardi di difetti di conformità.

prezzo un'autonoma funzionalità nei riguardi della compromissione di interessi individuali del consumatore prodotta da una pratica commerciale scorretta, limitandone l'applicabilità ai casi in cui la specifica pratica commerciale subita sia all'origine della vendita di un bene con difetti di conformità. Al contrario, ritenendosi che la disciplina delle pratiche commerciali scorrette assolva una funzione di chiusura e di potenziamento trasversale del sistema normativo di protezione del consumatore, appare indispensabile che essa sia dotata di un autonomo apparato di tutele, queste ultime aggiungendosi, se del caso affiancandole, a quelle previste in ipotesi in cui la scorrettezza del professionista si manifesti in forme già specificamente normate dal diritto eurounitario [14]. Tutt'al più, dunque, il riconoscimento dell'esercizio di una pratica commerciale scorretta all'origine dello scambio di un bene affetto da un difetto di conformità dovrebbe rilevare sul distinto piano della responsabilità del professionista autore di quella pratica, giustificando la maturazione del diritto al risarcimento del danno da parte di quanti ne abbiano subito conseguenze pregiudizievoli. Tra costoro – più avanti si tornerà sul punto, trattando più direttamente della responsabilità del professionista [15] – potrebbe rientrare senz'altro il consumatore, legittimato a chiedere di essere reintegrato dei pregiudizi eventualmente subiti, in aggiunta all'azionamento di uno dei rimedi disposti dall'art. 135 *bis* cod. cons. in presenza di difetti di conformità [16].

---

[14] Come si legge nella sezione intitolata "Coerenza con le altre normative dell'Unione" della relazione introduttiva alla proposta di direttiva, che modifica le direttive 2005/29/CE e 2011/83/UE per quanto riguarda la responsabilizzazione dei consumatori per la transizione verde mediante il miglioramento della tutela dalle pratiche commerciali sleali e dell'informazione, "l'interazione tra diversi strumenti del diritto dell'Unione è disciplinato dal principio della *lex specialis*, in base al quale le direttive generali sulla tutela dei consumatori si applicano ogniqualvolta i pertinenti aspetti delle operazioni fra imprese e consumatori non siano disciplinati da disposizioni più specifiche del diritto UE". Ma già il *considerando* n. 10 della direttiva 2005/29/CE prevede che "la presente direttiva si applica soltanto qualora non esistano norme di diritto comunitario specifiche che disciplinino aspetti specifici delle pratiche commerciali sleali, come gli obblighi di informazione e le regole sulle modalità di presentazione delle informazioni al consumatore. (...) La presente direttiva completa l'*acquis* comunitario applicabile alle pratiche commerciali lesive degli interessi economici dei consumatori".

[15] *Infra*, cap. III, par. 9.

[16] In questa prospettiva, desta interesse una recente decisione di legittimità, cfr. Cass. 14 ottobre 2021, n. 28037, in *Banca Dati One Legale*, pronunciata in rela-

Ma non è da escludere che vi rientri anche il venditore, ove costui, dopo essere stato chiamato dal consumatore a rimediare al difetto di conformità, agendo in regresso *ex* art. 134 cod. cons., invochi anche il risarcimento dei danni che potrebbero essergli stati procurati dalla pratica commerciale scorretta [17], sempre che la sua estraneità alla genesi e agli effetti della stessa pratica risulti adeguatamente provata [18].

---

zione ad una delle tante controversie che hanno visto contrapposti il produttore e i distributori nazionali di autovetture Volkswagen a singoli consumatori acquirenti di modelli la cui omologazione si è rivelata non corrispondente alle effettive prestazioni del veicolo, con particolare riferimento al meccanismo di emissione di ossido di azoto. Malgrado la Cassazione abbia in quell'occasione rigettato il ricorso contro la decisione dei giudici del Tribunale di Genova, negando di fatto il diritto al risarcimento del danno preteso in via extracontrattuale dal consumatore, dalle motivazioni emerge che la ragione dirimente non sia stata tanto la mancata ricorrenza di potenziali argomenti a sostegno della pretesa risarcitoria del consumatore, quanto l'erroneo impianto dei motivi del ricorso. La suprema Corte afferma, infatti, che "accertato il fatto che l'informazione relativa al contenuto delle emissioni inquinanti era inesatta – circostanza pacifica – il Tribunale avrebbe dovuto (...) verificare se l'appellante fosse titolare di un interesse giuridicamente rilevante, come tale meritevole di protezione risarcitoria", menzionando subito dopo a titolo esemplificativo l'interesse al "legittimo e ragionevole affidamento maturato (...) in ragione della particolare qualità professionale del soggetto che aveva fornito i dati relativi alle emissioni inquinanti", la violazione del divieto di pratiche commerciali scorrette *ex* art. 20 cod. cons. e la violazione della buona fede *ex* art. 1337 c.c. Riferendosi alla medesima sentenza, scorge aperture all'astratta ammissibilità del riconoscimento del risarcimento del danno a favore del consumatore vittima della pratica commerciale scorretta imputata, nella specie, a Volkswagen Group Italia S.p.A. anche S. VANINI, *Violazione di norme pubblicistiche di tutela ambientale da parte del produttore e difetto di conformità al contratto del bene consegnato al consumatore: la corte di giustizia UE e il caso «dieselgate» (Corte Giust. ue 14 luglio 2022, in causa c-145/20, Porsche Inter auto e Volkswagen)*, in *Riv. dir. civ.*, 1/2023, p. 191, nota 65.

[17] Si ricorda, in particolare, che l'art. 19, comma 1, cod. cons., estende l'applicazione del divieto di pratiche commerciali scorrette alle microimprese ovvero, ai sensi dell'art. 18, lett. d *bis*), cod. cons., alle "entità, società o associazioni che, a prescindere dalla forma giuridica, esercitano un'attività economica, anche a titolo individuale o familiare, occupando meno di dieci persone e realizzando un fatturato annuo oppure un totale di bilancio annuo non superiore a due milioni di euro".

[18] Il venditore potrebbe lamentare eventuali pregiudizi arrecati alla sua attività professionale dalla pratica commerciale consistente nella diffusione, da parte del produttore, del suo agente o rappresentante, di informazioni fuorvianti sulle reali qualità di un bene, mediante dichiarazioni pubbliche, contenute nella pubblicità o nell'etichettatura del prodotto, indicate dall'art. 129, comma 3, lett. d), cod. cons.

Si conferma, allora, la necessità di un supplemento di indagine sulle ragioni per cui il legislatore abbia ritenuto opportuno menzionare, tra i tanti, proprio quei rimedi, mostrando per di più consapevolezza della circostanza che solo in taluni casi, li si potrà considerare applicabili.

Centrale, in questa prospettiva, appare l'indagine proprio sul senso di quell'inciso – "*se applicabili*" – cui l'art. 27, comma 15 *bis*, cod. cons., sulla falsariga dell'art. 11 *bis*, direttiva 2005/29/CE, subordina l'applicazione dei rimedi della risoluzione del contratto o della riduzione del prezzo, posto che, invece, la mancata associazione di quella condizionalità alla menzione del risarcimento del danno esclude qualsivoglia riserva all'applicabilità di tale ultimo meccanismo di tutela degli interessi del consumatore, ove costui lamenti una lesione da pratiche commerciali scorrette.

Prima di procedere in tal senso, però, alcuni recenti orientamenti interpretativi, maturati con l'obiettivo di estendere il significato da assegnare alla nozione di difetto di conformità, richiedono innanzitutto di individuare e distinguere più chiaramente i presupposti della ricorrenza di un difetto di conformità da quelli utili al riconoscimento di una pratica commerciale scorretta.

2. *La dilatazione della nozione di difetto di conformità alla luce della recente giurisprudenza della Corte di Giustizia UE. Critica*

L'indagine volta a chiarire quale sia lo specifico perimetro applicativo dei rimedi individuali azionabili contro effetti pregiudizie-

---

come parametro di conformità del bene. Andrebbero però fornite prove convincenti circa la sua totale estraneità, non solo all'ideazione, ma anche agli effetti fuorvianti di tali dichiarazioni. Riconosce l'estrema difficoltà, per il venditore, di avvalersi delle "scriminanti" previste a suo favore dall'art. 130 cod. cons. M. GIROLAMI, *La conformità del bene al contratto di vendita: criteri "soggettivi" e criteri "oggettivi"*, in G. DE CRISTOFARO, *La nuova disciplina della vendita mobiliare*, cit., p. 87, secondo la quale "è difficile ipotizzare che nell'era digitale il venditore possa dare prova di non aver potuto conoscere le dichiarazioni in questione; così come che il consumatore non ne sia stato influenzato nella singola determinazione negoziale". Non stupisce dunque che una simile estraneità sia stata invocata, senza alcun successo, dalla difesa di Volkswagen GI, nell'ambito del procedimento sul c.d. *Dieselgate* svoltosi, in primo grado innanzi al Tribunale di Venezia e, in secondo grado, innanzi alla Corte d'Appello della stessa sede.

voli procurati da pratiche commerciali scorrette non può ignorare, in particolare, le conclusioni cui la Corte di Giustizia dell'Unione Europea è pervenuta in alcune sue recenti pronunce in merito al significato dei criteri disposti dal diritto eurounitario per accertare la conformità dei beni al contratto [19]. Le decisioni alle quali ci si riferisce sono state sollecitate da altrettanti rinvii di giudici nazionali, impegnati nella soluzione di controversie ancora una volta relative alla vendita di autovetture dotate di impianti di ricircolo delle emissioni di gas inquinanti rivelatisi sostanzialmente inidonei a garantire le prestazioni ecologiche che pure i certificati di omologazione avrebbero dovuto attestare. In tutte le cause considerate si è ritenuto integrata la violazione dell'art. 3, punto 10, Regolamento (CE) n. 715/2007 del Parlamento europeo e del Consiglio del 20 giugno 2007, relativo all'omologazione dei veicoli a motore riguardo alle emissioni dai veicoli passeggeri e commerciali leggeri, ricavandosi in uno dei tre casi (C-145/20) da tale accertamento la legittimazione dei consumatori interessati a contestare la presenza nei beni acquistati di un difetto di conformità. Pur essendo comunque omologati ed essendo di conseguenza utilizzabili su strada, infatti, la Corte ha considerato la violazione della citata disposizione regolamentare causa dell'assenza nel bene acquistato dal consumatore delle qualità abituali di beni dello stesso tipo che, in virtù dell'art. 2, par. 2, lett. d) della direttiva 1999/44/CE, costui avrebbe potuto ragionevolmente aspettarsi [20]. Il richiamo della previsione normativa ap-

---

[19] Cfr. Corte Giust., 14 luglio 2022, C-128/20 – C-134/20 – C-145/20, in *Banca dati De Jure*. Per un commento alle decisioni, cfr. E. TUCCARI, *La CGUE ritorna sul "Dieselgate" e disegna una disciplina sempre più "sostenibile" del settore* automotive, in *Giur. it.*, 5/2023, p. 1012 ss.

[20] La difformità, nella specie, era provocata dalla presenza nei veicoli dei ricorrenti di impianti finalizzati al ricircolo delle emissioni di gas inquinanti che, richiedendo la ricorrenza di condizioni termiche particolari al fine di assicurare un corretto funzionamento, dovevano considerarsi alla stregua di impianti di manipolazione vietati in virtù del Regolamento (CE) n. 715/2007, art. 5, par. 2. Dopo aver ricordato l'obbligo di omologazione disposto dal diritto eurounitario a carico dei produttori di veicoli del tipo acquistato dal consumatore e il contestuale obbligo, "ai fini dell'immatricolazione e della vendita o della messa in circolazione del veicolo" – cfr. Corte Giust., 14 luglio 2022, C-145/20, punto 53 – si afferma che "Quando acquista un veicolo appartenente alla serie di un tipo di veicolo omologato e, pertanto, corredato da un certificato di conformità, un consumatore può ragionevolmente attendersi che il Regolamento n. 715/2007 e, in particolare, l'arti-

pena citata consente, dunque, una dilatazione della nozione di difetto di conformità al contratto, fino a ricomprendere nel suo ambito di operatività anche l'aggiramento, nella produzione e nella messa in circolazione del bene, di un requisito legale ritenuto idoneo a far maturare nel consumatore una legittima aspettativa circa qualità e caratteristiche del bene acquistato [21]. È proprio questo il dato che, ai fini della presente indagine, non può essere ignorato. Tanto più che, in precedenza, l'offerta sul mercato di veicoli caratterizzati da analoghi impianti di manipolazione dei sistemi di ricircolo delle emissioni di gas inquinanti è stata ripetutamente qualificata, sia dall'AGCM che dalla giurisprudenza di merito nazionale, alla stregua di una pratica commerciale scorretta [22]. L'osservato ampliamento

colo 5 sia rispettato per quanto riguarda tale veicolo, e ciò anche in assenza di clausole contrattuali specifiche" (punto 54). In modo ancora più chiaro, d'altronde, Corte Giust., 21 marzo 2023, C-100/21, ha chiarito, con riguardo ad un'analoga ipotesi di violazione del Regolamento 715/2007, art. 5, par. 2, che la disposizione è finalizzata a tutelare "oltre agli interessi generali, gli interessi particolari del singolo acquirente di un veicolo a motore nei confronti del costruttore di quest'ultimo qualora tale veicolo sia munito di un impianto di manipolazione vietato, ai sensi di quest'ultima disposizione". In quest'ultimo caso, tuttavia, la Corte non si è sbilanciata sull'eventuale corrispondenza dell'interesse soggettivo violato a quello presupposto dalla disciplina dei difetti di conformità ai beni di consumo.

[21] Il requisito legale sarebbe nella specie rappresentato dalla necessaria dotazione di un impianto di ricircolo di emissioni di gas inquinanti, idoneo a garantire il rispetto degli *standard* ecocompatibili di emissioni stabiliti dal diritto eurounitario. L'art. 1 del Regolamento (CE), n. 715/2007 dispone in proposito che: "1. *Il presente regolamento fissa i requisiti tecnici comuni per l'omologazione di veicoli a motore e parti di ricambio, come i dispositivi di ricambio e controllo dell'inquinamento, riguardo alle loro emissioni.* 2. *Il presente regolamento fissa, inoltre, norme sulla conformità in servizio, la durata dei dispositivi di controllo dell'inquinamento, i sistemi diagnostici di bordo (OBD), la misurazione del consumo di carburante e l'accessibilità delle informazioni per la riparazione e la manutenzione del veicolo*". Sebbene formalmente il requisito risulti rispettato, le effettive prestazioni dell'impianto risultano di fatto falsate dall'installazione di un meccanismo di manipolazione vietato, come già ricordato, ai sensi dell'art. 5, par. 2, Regolamento (CE), n. 715/2007. Il vizio di conformità, pertanto, non è oggettivamente riscontrabile, essendo piuttosto ricavato, sul piano fattuale, da una condotta scorretta.

[22] Si vedano, oltre a AGCM, 4 agosto 2016, provv. n. 26137, *Volkswagen-Emissioni inquinanti autoveicoli diesel*, ove la condotta dell'azienda produttrice di autoveicoli è qualificata come pratica commerciale scorretta ai sensi degli artt. 20, comma 2, e dell'art. 23, lett. d), cod. cons., Trib. Avellino, 10 dicembre 2020, in *Foronews*, 4 marzo 2021, con nota di F. BERTELLI, *Dieselgate e tutela risarci-*

dell'ambito di operatività della disciplina dei difetti di conformità e dei relativi rimedi, infatti, potrebbe comportare la sottrazione di margini applicativi ai meccanismi di tutela individuale dai pregiudizi che possano scaturire dall'esercizio di pratiche commerciali scorrette.

Di certo, il nuovo indirizzo interpretativo è stato salutato con soddisfazione, da quanti già prima della pubblicazione delle decisioni citate, avevano sottolineato l'opportunità che, per questa via, si sarebbe offerta di ampliare il novero di interessi soggettivi oggetto di tutela nell'ambito del sistema normativo dei rimedi ai difetti di conformità [23]: dalla tradizionale garanzia della piena funzionalità allo scopo di consumo del bene venduto, all'ambito più squisitamente soggettivo dell'attenzione "assiologica" del consumatore alla sostenibilità sociale e ambientale dei materiali utilizzati e dei processi di produzione relativi al bene acquistato [24].

Non va sottovalutato, tuttavia, che il momento in cui l'inedito orientamento giurisprudenziale si è manifestato era ancora caratte-

---

toria del consumatore; la decisione più volte citata del Trib. Venezia, 7 luglio 2021, in *Danno e resp.*, 2/2022, p. 239 ss., con nota di P. SANTORO, *Dieselgate italiano: (e)mission impossibile. Il Tribunale di Venezia accoglie la* class action *e, in sintonia con i Tribunali di Avellino e Genova, riconosce il risarcimento dei danni da illecito antitrust e da pratiche commerciali scorrette*; Trib. Genova, 5 ottobre 2021, in www.sicurauto.it. Considerano invece l'effetto prodotto dal dispositivo di manipolazione delle emissioni di gas inquinanti alla stregua di un difetto di conformità, App. Bari, 4 febbraio 2021, n. 222; Trib. Trieste, 7 ottobre 2022, entrambe in *Banca Dati ONE Legale.*

[23] Cfr. D. IMBRUGLIA, *Mercato unico sostenibile e diritto dei consumatori*, in *Persona e mercato*, 3/2021, p. 505. L'autore, tuttavia, sembra più interessato all'indubbio potenziamento delle tutele a favore del consumatore, ricavabile dal rinvio alla disciplina dei difetti di conformità anche con riferimento alle pratiche del c.d. *greenwashing*, che non a distinguere tra l'ambito di applicabilità di queste ultime e l'ambito di applicabilità delle tutele che l'art. 11 *bis* della direttiva 2005/29/CE invita gli Stati membri ad adottare per assicurare una protezione effettiva e proporzionata ai singoli consumatori lesi da una pratica commerciale scorretta. Mostra apprezzamento per l'indirizzo interpretativo adottato dalla Corte di Giustizia con le decisioni del 14 luglio 2022, osservando che, attraverso il rinvio alle pratiche commerciali scorrette al fine di qualificare il comportamento del professionista/produttore, "il principio della sostenibilità viene reso effettivo ben al di sotto delle sue possibilità" C. CAMARDI, *Diritto civile e nuovi valori costituzionali*, in *Jus civile*, 3/2023, p. 564.

[24] Si interroga sul rilievo giuridico di atti di consumo che definisce "assiologici", A. QUARTA, *Per una teoria dei rimedi nel consumo etico. La non conformità sociale dei beni tra vendita e produzione*, in *Contr. e Impr.*, 2/2021, p. 523 ss.

rizzato da un quadro di grande incertezza circa gli strumenti di *private enforcement* a disposizione del consumatore intenzionato a reagire agli effetti pregiudizievoli procurati da una pratica commerciale scorretta[25]. L'espressa richiesta del legislatore eurounitario agli Stati membri di predisporre misure effettive e proporzionate di tutela degli interessi dei consumatori lesi da pratiche commerciali scorrette potrebbe allora stimolare un diverso modo di guardare all'indirizzo adottato dalla Corte di Giustizia nelle citate decisioni. Occorre, cioè, verificare se, alla luce dell'art. 11 *bis* della direttiva 2005/29/CE e, nel nostro ordinamento, dell'art. 27, comma 15 *bis*, cod. cons., sia ipotizzabile che, in futuro, si proceda ad una più chiara e distinta caratterizzazione funzionale delle discipline, rispettivamente, dei difetti di conformità e delle pratiche commerciali scorrette.

L'esigenza appena manifestata non nasce tanto dalla preoccupazione circa la persistente utilità di un'indagine volta a definire l'ambito di applicabilità dei rimedi a violazioni del divieto di pratiche commerciali scorrette. La riqualificazione di alcune fattispecie concrete, in precedenza ritenute integranti pratiche commerciali scorrette, come altrettante ipotesi di difetti di conformità, infatti, non sminuisce l'ineludibile necessità di comprendere quando e come, oltre al risarcimento del danno, possano operare i meccanismi di tutela degli interessi del singolo consumatore evocati dal comma 15 *bis* in relazione a pregiudizi procurati da una pratica commerciale scorretta.

L'esigenza di soffermarsi sull'impatto delle nuove disposizioni di *private enforcement* sollecitate dall'art. 11 *bis* della direttiva 2005/29/CE nasce piuttosto dalla volontà di definire, sulla base di una più solida analisi tecnico-formale delle disposizioni considerate, un quadro normativo realmente idoneo ad assicurare l'effettività delle tutele individuali di volta in volta invocate ma anche, su un piano più generale, una maggiore efficacia nel perseguimento degli

---

[25] Cfr. E. TUCCARI, *La CGUE ritorna sul "Dieselgate" e disegna una disciplina sempre più "sostenibile" del settore* automotive, cit., p. 1019. Da ultimo, si rammenta anche che, non solo l'art. 11 *bis* della direttiva 2005/29/CE non era applicabile *ratione temporis* ai casi considerati, ma era ancora distante anche l'approvazione in via definitiva della direttiva 2024/825/UE che oggi modifica le direttive 2005/29/CE e 2011/83/UE per quanto riguarda la responsabilizzazione dei consumatori per la transizione verde mediante il miglioramento della tutela dalle pratiche sleali e dell'informazione.

obiettivi, dichiarati nel *Green Deal*, di protezione, conservazione e miglioramento del capitale naturale dell'UE, in funzione della salvaguardia della salute e del benessere dei cittadini [26]. La sensibilità dimostrata dalla Corte verso l'effettiva implementazione degli obiettivi di sostenibilità ambientale dei processi e delle risorse che animano il mercato unico offre in questa prospettiva uno spunto prezioso di analisi.

La prima questione da affrontare, in particolare, attiene all'ammissibilità che la deduzione, proposta dall'orientamento interpretativo considerato, di un difetto di conformità del bene venduto al consumatore dalla violazione del divieto dell'installazione di impianti di manipolazione, disposto dall'art. 5, par. 2, del Regolamento europeo (CE) n. 715/2007, si presti ad essere generalizzata, al punto da consentire di considerare il contrasto con qualsivoglia indicazione normativa circa le proprietà e le caratteristiche del bene un indice di oggettiva non conformità alle legittime aspettative del consumatore, ai sensi dell'attuale art. 129, comma 3, lett. d), cod. cons., indipendentemente dal rango e dal grado di definizione del precetto violato [27].

---

[26] Si vedano i riferimenti riportati alla nota 2 del cap. I.

[27] Secondo S. VANINI, *op. cit.*, p. 181, "Il principio di diritto compendiato *sub* c – vale a dire quello per cui, ove un bene non rispetti *tutti* i requisiti stabiliti dalla legge per la sua vendita o messa in commercio, esso dovrà per tale sola ragione giudicarsi non conforme al contratto di vendita – è potenzialmente in grado di produrre conseguenze notevolissime sull'applicazione delle norme in materia di vendita di beni di consumo. Infatti, così interpretata, la regola (…) ora contenuta nell'art. 7 par. 1 lett. *d*, Direttiva (UE) 2019/771, è destinata a svolgere una funzione di «trasformazione permanente», nel senso che in forza di essa tutti i requisiti stabiliti da norme di diritto dell'Unione per l'immissione nel mercato di un bene o di una categoria di beni verranno ad assumere *automaticamente* la valenza di requisiti di conformità al contratto". Per quanto nelle decisioni citate il difetto di conformità degli autoveicoli venga rilevato alla luce dell'art. 2, par. 2, lett. d), direttiva 1999/44/CE, si è d'altra parte osservato che la direttiva 2019/771/UE, all'art. 7, lett. a) prevede che il bene è conforme se "è idoneo agli scopi per i quali si impiegano di norma beni dello stesso tipo, tenendo eventualmente conto dell'eventuale diritto dell'Unione e nazionale, delle norme tecniche o, in mancanza, di tali norme tecniche, dei codici di condotta dell'industria applicabili allo specifico settore", Cfr. G.F. SIMONINI, *Verso una concezione oggettiva (e tecnica) del difetto di conformità dei beni di consumo*, in *Danno e resp.*, 1/2022, p. 70. Segnala il carattere inedito, rispetto ai contenuti della precedente direttiva, del rinvio ad eventuali norme tecniche europee e nazionali quali parametri utili all'accertamento della

Pare ragionevole dubitare dell'ammissibilità di una simile eventualità, tenendo presente che essa esporrebbe la generalità dei beni – ma anche dei servizi – offerti sul mercato al rischio del rilevamento di un difetto di conformità ogni qualvolta si palesi uno scostamento, foss'anche di entità minima, dai parametri legali che l'insieme dei dati identificativi del bene sono chiamati a rispettare [28]. D'altra parte, potrebbe essere sistematicamente più congruo distinguere tra prescrizioni relative alle qualità del bene e alle caratteristiche funzionali che esso deve assicurare, le quali senz'altro dovrebbero concorrere alle verifiche di conformità oggettiva del bene, oggi *ex* art. 7, lett. a), direttiva 2019/771/UE ed *ex* art. 129, comma 3, lett. a), cod. cons.; e prescrizioni relative, invece, da un lato, al-

---

conformità in senso oggettivo del bene, anche M. GIROLAMI, *La conformità del bene al contratto di vendita*, cit., p. 82.

[28] Valutazioni diverse, naturalmente, dovrebbero riguardare le ipotesi nelle quali il diritto eurounitario prospetta espressamente la ricorrenza di un difetto di conformità in senso oggettivo ove, nella fornitura di un bene o di un servizio, siano violate specifiche previsioni legali. Ciò accade, ad esempio, nell'ambito dei *considerando* n. 48 della direttiva 2019/770/UE, relativa a determinati aspetti dei contratti di fornitura di contenuto digitale e di servizi digitali, ove, dopo essersi precisato che "*Il regolamento (UE) 2016/679 o qualsiasi altra fonte di diritto dell'Unione in materia di protezione dei dati dovrebbero applicarsi pienamente al trattamento dei dati personali in relazione ai contratti che rientrano nell'ambito di applicazione della presente direttiva*", si prevede che "*È altresì possibile considerare, in funzione delle circostanze del caso, che gli elementi che determinano un difetto di conformità rispetto ai requisiti di cui al regolamento (UE) 2016/679, inclusi principi fondamentali quali i requisiti in materia di minimizzazione dei dati, protezione dei dati fin dalla progettazione e protezione dei dati per impostazione predefinita, costituiscano un difetto di conformità del contenuto digitale o del servizio digitale rispetto ai requisiti di conformità soggettivi od oggettivi di cui alla presente direttiva*". Sebbene nell'articolato della direttiva il tema non trovi un diretto riscontro, da più parti si osserva che, pure in quella sede, grazie anche alle preziose esemplificazioni riportate in proposito nel testo del citato *considerando*, sia senz'altro possibile trovare conferma, in via interpretativa, dell'assimilabilità di violazione delle prescrizioni del Regolamento 2016/679/UE ad altrettanti difetti di conformità. Cfr. C. CAMARDI, *Prime osservazioni sulla Direttiva (UE) 2019/770 sui contratti per la fornitura di contenuti e servizi digitali. Operazioni di consumo e circolazione di dati personali*, in *Giust. civ.*, 3/2019, p. 513 ss.; C. IRTI, *"Consenso negoziato" e circolazione dei dati personali*, Giappichelli, 2021, p. 136 ss.; G. BAZZONI, *Il vizio di armonizzazione dei c.d. obblighi di protezione della Direttiva 2019/770/UE*, in *Giur. it.*, 10/2023, p. 2239 ss. Sul punto, piuttosto, la stessa Dottrina rileva unanime il carattere vistosamente manchevole delle norme nazionali di attuazione.

l'insieme delle informazioni da riportare sull'etichetta del bene o comunque destinate a rappresentare la specifica "identità" del bene, e, dall'altro, attinenti a tecniche di produzione da rispettare al fine di realizzare superiori interessi pubblici[29]. Il mancato rispetto di una di tali due ultime tipologie di prescrizioni dovrebbe poter integrare un difetto di conformità solo ove esso condizioni realmente l'effettiva soddisfazione del bisogno di consumo oggettivamente dedotto in contratto. In questi casi, cioè, il riconoscimento di un difetto di conformità dovrebbe essere subordinato alla dimostrazione che, ora l'omessa indicazione di un dato "identitario" del bene, da riportare per legge sull'etichettatura, ora il mancato rispetto delle prescrizioni finalizzate al perseguimento di un superiore interesse pubblico, integrino la frustrazione della ragionevole aspettativa del consumatore, la cui soddisfazione sia stata oggetto di diretta o indiretta formalizzazione contrattuale.

Sia nell'uno che nell'altro caso, infatti, il rilievo prevalentemente pubblicistico dell'interesse tutelato dalle prescrizioni legali violate rende del tutto pertinente una reazione dell'ordinamento di natura amministrativa o, in base all'entità dell'infrazione, anche di natura penale; sconsiglia, invece, che la semplice ricorrenza di una simile violazione consenta al singolo consumatore l'automatico azionamento di uno dei rimedi connessi, sul piano civilistico, alla ricorrenza di un difetto di conformità del prodotto acquistato. Sia perché appare incongruo che il monitoraggio circa il rispetto di prescrizioni legali volte alla tutela di interessi ascrivibili alla collettività sia affidato agli umori individuali del consumatore[30]; sia perché si rischierebbe pure di incentivare la contestazione meramente opportunistica di difetti di conformità del bene acquistato[31].

Del resto, anche assumendo un punto di vista meramente strumentale, non può ignorarsi che, invocando l'applicazione dei rimedi disposti in relazione alla ricorrenza di un difetto di conformità, al fine di contrastare in modo indiscriminato la violazione di previsio-

---

[29] Tra le norme volte al perseguimento di interessi pubblici di primaria importanza, sono state indicate quelle che sanciscono i diritti umani, i diritti del lavoratore, la garanzia della salubrità ambientale dei processi produttivi ma anche norme in materia fiscale. Cfr. A. QUARTA, *op. cit.*, p. 529 ss.

[30] *Ivi*, p. 535.

[31] Cfr. S. VANINI, *op. cit.*, p. 182.

ni legali inerenti i connotati del prodotto acquistato dal consumatore, la specifica natura del difetto contestato o del bene oggetto d'interesse potrebbe di volta in volta impedire o privare di effettiva utilità l'attivazione delle misure destinate al ripristino della conformità, limitando l'operatività della gerarchia dei rimedi contemplata dall'art. 135 *bis*, cod. cons. alla riduzione del prezzo o alla risoluzione del contratto [32], oggi azionabili entrambe – si vedrà se in modo più appropriato – *ex* art. 27, comma 15 *bis*, cod. cons. [33].

Ancor più emblematica in questo senso è l'ipotesi della violazione di un obbligo di informazione disposto dal diritto eurounitario circa il paese d'origine o il luogo di provenienza di un prodotto, mediante la fornitura di indicazioni poco precise o fuorvianti che inducano il consumatore all'acquisto di un bene, ignorando che il luogo in cui esso sia stato prodotto coincida con un'area geografica in cui notoriamente si verifichino violazioni di valori e principi etici il cui rispetto si ritenga, all'opposto, essere presupposto imprescindibile di una scelta di consumo. Si tratta del caso oggetto di una recente decisione della Corte di Giustizia [34], in cui le indicazioni sulla provenienza geografica di un prodotto alimentare sono state ritenute in contrasto con l'obbligo informativo prescritto dall'art. 9, par. 1, lett. i), del Regolamento (UE) n. 1169/2011 del Parlamento europeo e del Consiglio, del 25 ottobre 2011.

Per quanto la pronuncia non sia stata sollecitata da un giudice tenuto a valutare il ricorso di un consumatore, la Corte di Giustizia

---

[32] Il riconoscimento di "una certa inefficacia" di alcuni dei rimedi connessi all'accertamento di un difetto di conformità è manifestato anche da A. QUARTA, *op. cit.*, p. 538 ss.

[33] Tale eventualità potrebbe verificarsi, ad esempio, con riferimento alla violazione di disposizioni di matrice eurounitaria in materia di etichettatura di prodotti che siano già stati in parte o del tutto consumati o in relazione ai quali, comunque, l'azionamento di un rimedio ripristinatorio, quale la sostituzione o la riparazione – che, nella prospettiva della sostenibilità ambientale sarebbe preferibile secondo C. CAMARDI, *Diritto civile e nuovi valori costituzionali*, cit., p. 565 – rappresenterebbero un'opzione puramente teorica, in pratica, forse, pure sconveniente, ove del bene il consumatore abbia normalmente bisogno di fare un uso assiduo.

[34] Cfr. Corte Giust., 12 novembre 2019, C-363/18 in https://curia.europa.eu/-juris/liste.jsf?num=C-363/18&language=IT. Prende spunto proprio dai contenuti di tale decisione la riflessione più volte richiamata di A. QUARTA, *op. cit.*, p. 523 ss.

ha argomentato la pretesa contrarietà dell'informazione fornita, allo *standard* richiesto dal diritto eurounitario, proprio prendendo spunto dalla possibile incidenza che il mancato rispetto dell'obbligo in questione avrebbero potuto avere su eventuali scelte di consumo. Malgrado la lettura dei contenuti dell'atto normativo violato renda evidente la prioritaria funzionalità dei relativi obblighi di informazione alla massima trasparenza dei dati sulla salubrità e la sicurezza dei prodotti alimentari immessi sul mercato, la Corte ha ritenuto che la genericità dell'indicazione dell'area geografica d'origine del prodotto alimentare oggetto della causa avrebbe potuto indurre in errore il consumatore circa la scelta di acquistare o meno il prodotto. In particolare, l'errore sarebbe potuto maturare, non tanto con riferimento alla sua salubrità, quanto con riguardo alla complessità della situazione politica e militare dell'area geografica di provenienza del bene [35]. L'imprecisione dell'indicazione richiesta, infatti, avrebbe impedito al potenziale acquirente di accertare se il luogo di produzione del bene coincidesse con una porzione di territorio occupato da uno Stato straniero nella quale il medesimo Stato sia stato promotore della costituzione di insediamenti di popolazione di nazionalità diversa da quella locale, in violazione del diritto internazionale umanitario. Sicché al consumatore non sarebbe stato consentito scegliere in modo consapevole se perfezionare l'acquisto o rinunciarvi, manifestando così il proprio dissenso da scelte politiche integranti quella specifica modalità di violazione del diritto internazionale umanitario.

Ebbene, appare qui ancora più evidente la fallacia dell'eventuale deduzione della ricorrenza di un difetto di conformità dalla violazione di un precetto legale – nella specie un obbligo informativo – data l'oggettiva difficoltà a dimostrare che dalla previsione dell'obbligo di informazione sul paese o il luogo d'origine di un prodotto alimentare sia ricavabile l'attribuzione di rilevanza giuridica alla generalità dei motivi soggettivi – che siano o meno di coloritura ideale

---

[35] La questione sottoposta dal giudice del rinvio alla Corte riguarda in particolare l'interpretazione degli artt. 9, par. 1, lett. i) e 26, par. 2, lett. a) del Regolamento n. 1169/2011, al fine di stabilire se "alimenti originari di un territorio occupato dallo Stato di Israele devono recare non solo l'indicazione di tale territorio, ma anche, nel caso in cui provengano da un insediamento israeliano all'interno di detto territorio, l'indicazione di tale provenienza". Cfr. Corte Giust., 12 novembre 2019, C-363/18, punto 21.

– fondanti la scelta del consumatore circa l'opportunità di contrarre. Giova evidenziare a riguardo l'incoerenza di una simile ipotesi interpretativa alla regola dell'irrilevanza giuridica dei motivi che conducono una delle parti ad accettare un vincolo negoziale[36]. Di tal che, allo stesso modo in cui l'erronea valutazione circa le qualità attribuibili all'oggetto del contratto che si è scelto di stipulare non è sufficiente a legittimare la richiesta di annullamento del contratto quando dette qualità non riguardano la destinazione economica del bene ovvero riguardano un interesse non oggettivamente apprezzabile dalla controparte[37], così pure, malgrado l'accertamento della violazione dell'obbligo informativo, il rischio che siffatta violazione sia all'origine della frustrazione dell'interesse "assiologico" del singolo consumatore, non pare possa ragionevolmente essere addossato al professionista, stante l'impossibilità per quest'ultimo di prevedere lo specifico rilievo assegnato dal singolo consumatore all'informazione disattesa. Una diversa connotazione funzionale dell'obbligo di informazione sul luogo d'origine del prodotto alimentare disposto dal Regolamento n. 1169/2011 avrebbe potuto forse giustificare una valutazione più allineata alle conclusioni dei giudici di Lussemburgo. Tuttavia, non pare essere sufficiente a questo scopo il rinvio al *considerando* n. 3 dello stesso Regolamento, il quale, tra i fattori che possono legittimamente influenzare le scelte d'acquisto dei consumatori, menziona "considerazioni di natura sa-

---

[36] Sull'irrilevanza giuridica degli "interessi (bisogni, impulsi fini) della parte, che restano fuori del contratto perché non fanno parte della sua ragione giustificativa", cfr. V. ROPPO, *Il contratto*, Giuffrè, 2001, p. 377 ss.; C.M. BIANCA, *Il contratto*, cit., p. 461 ss.

[37] Cfr. P. BARCELLONA, (voce) *Errore*, cit., pp. 271-272, ove l'Autore, mettendo in relazione l'art. 1429 c.c. sulle diverse tipologie di errore essenziale con l'art. 1497 c.c. sulla mancanza di qualità della cosa venduta, chiarisce che "il dichiarante è in errore in quanto attribuisce alla cosa qualità che non ha e non deve avere; l'errore è essenziale se le suddette qualità corrispondono alla funzione economica di un oggetto diverso da quello contrattato", mentre il bene manca delle qualità promesse quando non presenta "le qualità che attengono alla funzione economica dell'oggetto pattuito". Per quanto il contesto normativo che faceva da cornice a tali considerazioni sconosceva ancora il fenomeno dell'incidenza del diritto eurounitario sull'evoluzione del diritto interno, esse appaiono ugualmente di grande utilità nel distinguere tra interessi soggettivi giuridicamente rilevanti e giuridicamente irrilevanti nella dinamica negoziale, anche con riferimento alle questioni qui analizzate.

nitaria, economica, ambientale, sociale ed etica". Oltre a rappresentare l'unica sede nella quale è presente un espresso riferimento a considerazioni etiche del consumatore, infatti, il loro rilievo pare comunque derivare dall'associazione del diritto all'informazione con l'esigenza, ispiratrice dell'intero atto normativo, di assicurare un "elevato livello di tutela della salute dei consumatori"[38]. Mediante la previsione degli obblighi informativi disposti dal regolamento, dunque, sembra più appropriato ritenere che si voglia preservare l'integrità di considerazioni soggettive del consumatore diverse e senz'altro più pertinente alle esigenze di salubrità e sicurezza dei prodotti alimentari.

Del resto, anche volendo addossare al professionista responsabile dell'inadempimento dell'obbligo informativo il rischio di valutazioni ideali errate da parte del consumatore, proprio la connotazione etica dell'interesse deluso rende ancora una volta piuttosto difficoltoso immaginare che il consumatore possa trarre un effettivo ristoro dall'azionamento di uno dei rimedi legali "primari" applicabili in occasione della ricorrenza di un difetto di conformità.

3. *Ancora sulla dilatazione della nozione di difetto di conformità: la valorizzazione delle dichiarazioni pubbliche, comprese quelle della pubblicità e dell'etichettatura, quali fonti di ragionevoli aspettative del consumatore circa qualità e caratteristiche del bene acquistato. Critica*

Più in generale, al di là delle ragioni che inducono a dubitare dell'opportunità di qualificare il mancato rispetto di una prescrizione legale come fonte di un difetto di conformità, perplessità suscita anche l'indirizzo interpretativo che, alla luce della sempre più frequen-

---

[38] A dispetto del rinvio pure attuato dalla Corte di Giustizia all'art. 3, par. 1 del Regolamento n. 1169/2011, esso pare ancora più chiaramente asserire una connessione funzionale tra il diritto all'informazione del consumatore e un utilizzo consapevole e sicuro dei prodotti alimentari, disponendo che "La fornitura di informazioni sugli alimenti tende a un livello elevato di protezione della salute e degli interessi dei consumatori, fornendo ai consumatori finali le basi per effettuare delle scelte consapevoli e per utilizzare gli alimenti in modo sicuro, nel rispetto in particolare di considerazioni sanitarie, economiche, ambientali, sociali ed etiche".

te "contrattualizzazione"[39] dei valori della "sostenibilità" ambientale o sociale di un prodotto[40], auspica un'analoga dilatazione dell'ambito di applicabilità delle norme sulla garanzia legale della conformità al contratto dei beni di consumo. A tal proposito, sembra che la finalità di consentire ai privati cittadini di contribuire, nella veste di consumatori, al monitoraggio dell'effettivo rispetto da parte delle imprese delle istanze etiche e politiche, di volta in volta contrattualmente evocate, solo forzatamente possa essere annoverata tra quelle che le norme di cui si auspica l'applicazione intendono perseguire[41].

Invero, solo un impegno puntuale del professionista all'offerta di beni rispettosi di specifici valori o ideali, nelle modalità della loro produzione e/o della loro composizione e/o della loro funzionalità, si ritiene possa comportare l'applicazione delle norme sulla garanzia della conformità al contratto, ove il bene presenti difformità

---

[39] Commentando il recepimento della direttiva 1999/44/CE, rilevava il generale processo "di *contrattualizzazione* dei doveri di informazione e trasparenza, ed ora di *contrattualizzazione* addirittura della pubblicità", R. ALESSI, *L'attuazione della direttiva sulla vendita dei beni di consumo nel diritto italiano*, cit., p. 758. Si allude ai riflessi esercitati sulla definizione del contenuto dell'accordo negoziale dalla predisposizione di strategie di *marketing* mirate ad agganciare l'attenzione dei consumatori più sensibili a scelte di consumo responsabili, attraverso un linguaggio, colori e/o immagini allusivi alla coerenza delle modalità di produzione, dei materiali, e della funzionalità di un bene ai valori della protezione dell'ambiente e/o del rispetto dei diritti umani e/o dei lavoratori. Con particolare riguardo ai c.d. *claim* ambientali, riflette sul tema T. RUMI, *La tutela del consumatore dalle asserzioni ambientali ingannevoli*, in *Jus civile*, 4/2022, p. 1410 ss.

[40] Sul concetto di sostenibilità ambientale, intesa come "esigenza di soddisfare i bisogni del presente senza compromettere la possibilità delle generazioni future di appagare i propri", si sofferma M. PUCCI, *Sviluppo sostenibile, greenwashing e tutela del consumatore*, in *Jus civile*, 2/2023, p. 440 ss. Alla luce della nuova formulazione dell'art. 9, comma 3, Cost., C. CAMARDI, *Diritto civile e nuovi valori costituzionali*, cit., p. 559 ss., analizza, dalla prospettiva del civilista, il problema del "significato normativo da assegnare al richiamo delle generazioni future", sottolineando le difficoltà connesse alla determinazione della "valenza" o della "qualifica da assegnare al loro «interesse», considerato l'impegno assunto dal legislatore costituzionale della tutela dell'ambiente, della biodiversità e degli ecosistemi anche nell'interesse delle future generazioni.

[41] Ammettendo che i rimedi previsti in materia di vendita di beni di consumo non hanno la capacità di sollecitare un processo di cambiamento, in quanto "sono modellati su interessi e prerogative individuali e per questo, non sono idonei ad attivare dinamiche più ampie e complesse", suggerisce, in un'ottica *de jure condendo*, l'introduzione di un rimedio ulteriore, consistente nella richiesta di richiamo del bene viziato dal mercato, A. QUARTA, *op. cit.*, pp. 540-541.

al contenuto di quell'impegno. Suggeriscono valutazioni diverse, invece, ipotesi in cui le dichiarazioni del professionista, per quanto senz'altro evocative di scelte valoriali, siano alquanto generiche e, come tali, idonee a veicolare molteplici significati e suggestioni disparate, dalle conseguenze non necessariamente prevedibili [42].

A questo proposito, può innanzitutto osservarsi che, tanto la precedente normativa, quanto la direttiva 2019/771/UE, in relazione al significato dell'espressione "conformità al contratto", in più punti rinviano, oltre che alla funzionalità del bene allo scopo concordato, anche all'insieme di caratteristiche normalmente presenti in un bene dello stesso tipo [43], rendendo con ciò plausibile riferire pur sempre allo scopo materiale di consumo del bene anche il generico riferimento alle diverse tipologie di connotati che, ai sensi dell'art. 129, comma 3, lett. d), possono oggettivamente concorrere a definire i contorni dell'impegno contrattuale [44]. Può inoltre rilevarsi che la natura "oggettiva" del requisito di conformità menzionato dal-

---

[42] I contenuti normativi della direttiva 2024/825/UE sembrano senz'altro convalidare questa chiave di lettura. Basti a riguardo considerare la riformulazione dell'art. 6, par. 1, lett. b), direttiva 2005/29/CE e l'integrazione del successivo par. 2 con le lett. d) ed e).

[43] Secondo M. GIROLAMI, *La conformità del bene al contratto di vendita*, cit., p. 83, "il riferimento alla quantità, alla qualità e alle caratteristiche di beni dello stesso tipo di cui all'art. 129, comma 3, lett. d) cod. cons. va riferito, come avveniva in precedenza, agli aspetti concernenti il livello numerico e qualitativo propriamente inteso, come ad esempio le sostanze contenute nel prodotto, i materiali con i quali è fabbricato, la durata nel tempo, il lato estetico, le finiture, ecc.".

[44] Il dato può ritenersi indirettamente confermato anche dall'analisi condotta da A. PLAIA, *La garanzia convenzionale nella vendita al consumo*, in *Riv. dir. civ.*, 2/2005, p. 155 ss. L'Autore, riflettendo sull'ipotesi che la nuova conformazione dell'oggetto della garanzia dovuta dal professionista nella vendita di beni di consumo sottragga di fatto ampi margini di operatività agli impegni che lo stesso professionista poteva tradizionalmente assumere stipulando una garanzia convenzionale, sembra giungere alla conclusione che non sia necessariamente questo l'esito più probabile. In concreto, si rileverebbe piuttosto "una dilatazione soggettiva e non oggettiva" dello strumento della garanzia convenzionale. Sembra dunque rimanere inalterata la prioritaria funzionalità della garanzia alla soddisfazione del bisogno materiale di consumo dell'acquirente, essendo consentito al consumatore che goda di una garanzia convenzionale far valere i diritti riconosciuti dalla disciplina della garanzia legale, non solo nei riguardi del venditore, ma anche nei riguardi del produttore e/o di altri soggetti terzi del ciclo della produzione e distribuzione del bene (*Ivi*, p. 168).

l'art. 7, lett. d), direttiva 2019/771/UE, il quale richiede il possesso delle "*qualità e altre caratteristiche (...) normali in un bene del medesimo tipo e che il consumatore può ragionevolmente aspettarsi, tenuto conto della natura del bene e delle dichiarazioni pubbliche fatte (...) in particolare nella pubblicità o nell'etichetta*", induce comunque ad includere tra i dati informativi effettivamente rilevanti ai fini della connotazione del bene solo quelli che, seppure di natura prettamente valoriale o ideale, siano dotati di un adeguato grado di precisione e verificabilità [45]. D'altronde e di nuovo, è sufficiente riflettere sulle concrete modalità operative di ciascuno dei rimedi invocabili, in presenza di difetti di conformità al contratto del bene acquistato, per intuire quanto ridotta sia, nelle ipotesi di cui si discorre, l'utilità di ricondurre l'eventuale ingannevolezza del materiale o del messaggio proposto ad altrettante ipotesi di responsabilità del professionista *ex* art. 133 cod. cons.

Alcuni casi, selezionati tra quelli che negli ultimi anni sono stati oggetto di esame da parte dell'AGCM circa la ricorrenza di pratiche commerciali scorrette, possono aiutare a comprendere il senso di tali ultime considerazioni. Uno dei più recenti riguarda in particolare i messaggi pubblicitari e il materiale informativo prodotti in relazione ad un carburante (*ENI DIESEL +*) e reputati idonei a fuorviare il consumatore riguardo alla particolare connotazione ecologica dello stesso carburante [46]. Altri, più risalenti, vertono su messaggi pubblicitari di natura "ambientale" ingannevoli perché troppo generici, non verificabili, o ancora una volta fuorvianti, riferiti in

---

[45] A proposito dei *green claims*, l'art. 12 del Codice di autodisciplina pubblicitaria dispone non a caso che "La comunicazione commerciale che dichiari o evochi benefici di carattere ambientale o ecologico deve basarsi su dati veritieri, pertinenti e scientificamente verificabili. Tale comunicazione deve consentire di comprendere chiaramente a quale aspetto del prodotto o dell'attività pubblicizzata i benefici vantati si riferiscono". Allo stesso modo, nei suoi molteplici provvedimenti in materia di pratiche commerciali scorrette, l'AGCM ha sovente rilevato un legame diretto tra il carattere generico e non verificabile delle asserzioni pubblicitarie *green* e la ricorrenza di una pratica commerciale scorretta. Sul punto, cfr. M. PUCCI, *op. cit.*, p. 445 ss. Da tale dato, dunque, dovrebbe potersi ricavare, *a contrario*, che solo messaggi chiari, dettagliati e verificabili sulle qualità e/o le caratteristiche strutturali del bene possono divenire utili parametri di accertamento della conformità dei beni al contratto.

[46] Cfr. AGCM, 20 dicembre 2019, n. 28060, consultabile in www.agcm.it.

particolare a pannolini per neonati [47] o a bottiglie di plastica contenenti acqua minerale [48].

In relazione a vicende contrattuali che vertano su simili tipologie di scambi, proprio il carattere ambiguo o fuorviante delle indicazioni offerte dal professionista non rende di certo agevolmente dimostrabile la ricorrenza di un difetto di conformità; ma anche ammettendo che le prove prodotte a riguardo siano accolte, la pretesa del relativo ripristino della conformità mediante riparazione o sostituzione non pare proporsi come il rimedio più efficace, sia perché, che si tratti di carburante, pannolini o bottiglie di plastica per acqua minerale, normalmente il bene privo della connotazione ideale attesa sarà già stato consumato, sia perché, ove non ancora consumato, la sua eventuale sostituzione potrebbe paradossalmente aggravare, piuttosto che lenire, la delusione del consumatore, stante la probabile incoerenza anche del rimedio all'ideale di cui invece si sarebbe preteso il rispetto [49]. Quanto ai rimedi secondari, della riduzione del prezzo o della risoluzione, il loro azionamento potrebbe ugualmente non centrare a pieno l'obiettivo di tutelare l'interesse individuale alla conformità del bene oggetto dello scambio alla sua presentazione negoziale.

Il principale ostacolo all'azionamento del rimedio della riduzione del prezzo potrebbe risiedere proprio nella mancata formalizzazione negoziale dell'interesse "assiologico" deluso e nella conseguente assenza di "appigli" oggettivi utili a definire per equivalente monetario il valore di un interesse ideale, in sé insuscettibile di valutazione economica. Solo ove, al contrario, si riconosca che l'idoneità a soddisfare quello stesso interesse abbia concorso alla presentazione del prodotto, incidendo anche sulla determinazione del prezzo corrisposto o da corrispondere e il consumatore sia comunque interessato ad appagare il suo bisogno materiale, non pare sussistano ragioni valide per escludere l'ammissibilità della conservazione del contratto, accompagnata dalla richiesta di una proporzio-

---

[47] Cfr. AGCM, 3 luglio 2013, n. 24438, e AGCM, 15 dicembre 2016, n. 26298, consultabili in www.agcm.it.

[48] Cfr. AGCM, 10 dicembre 2009, n. 20559, AGCM, 8 febbraio 2012, n. 23278 e AGCM, 14 novembre 2012, n. 24046, consultabili in www.agcm.it.

[49] Manifesta dubbi analoghi, A. QUARTA, *op. cit.*, p. 539.

nata riduzione del prezzo [50]. Analoghe considerazioni inducono a ritenere che, in alternativa, qualora cioè il consumatore non abbia interesse a preservare l'efficacia del contratto, sia ammissibile ricorrere alla risoluzione del contratto; anche in questo caso, però, solo a condizione che, ai sensi dell'art. 135 *quater*, comma 4, cod. cons., siano contestualmente azionabili le correlative reciproche pretese restitutorie [51]. Tutto ciò considerato, allora, seguire il diverso percorso interpretativo volto a valorizzare il dato della consapevolezza del professionista nella definizione della strategia comunicativa/promozionale adottata, più che l'oggettiva difformità del bene o del servizio scambiato ad una sua supposta connotazione ideale, potrebbe rivelarsi una scelta particolarmente opportuna, soprattutto nel caso in cui essa conducesse all'individuazione di meccanismi di tutela maggiormente idonei ad assicurare una tutela effettiva dell'interesse soggettivo compromesso.

A riguardo, può essere utile considerare, infine, la vicenda della promozione, per scopi benefici dichiarati ma non veritieri, di pandori griffati Chiara Ferragni, di recente balzata agli onori della cronaca e divenuta oggetto di grande interesse da parte dell'opinione pubblica in seguito all'adozione di un provvedimento AGCM di sanzionamento per pratica commerciale ingannevole della condotta dell'azienda produttrice dei pandori e delle società responsabili rispettivamente dei marchi "Chiara Ferragni" e dei diritti relativi alla personalità e all'identità personale della sig.ra Ferragni [52]. Secondo l'Autorità antitrust, la pratica commerciale scorretta sarebbe stata integrata dalla compromissione della libertà di scelta del consumatore, attraverso la diffusione di messaggi ingannevoli perché formulati in modo da far credere che l'impegno dell'*influencer* a fianco della Balocco nella vendita di pandori *Pink Christmas* fosse associato ad un'iniziativa benefica, in verità intrapresa esclusivamente dalla Balocco a favore di un ente ospedaliero e indipendentemente

---

[50] Di diverso avviso, invece, è sempre A. QUARTA, *op. cit.*, pp. 538-539, secondo la quale "la riduzione del prezzo non può interessare al consumatore etico che non ha interesse a conservare e usare il bene viziato".

[51] Sulle pretese restitutorie conseguenti alla risoluzione del contratto *ex* art. 135 *quater*, comma 4, cod. cons., si veda più estesamente *infra*, par. 10.

[52] Cfr. AGCM, provv. n. 31002 del 14 dicembre 2023 (Balocco – sostegno all'Ospedale Regina Margherita), reperibile in www.agcm.it.

dalla collocazione sul mercato del dolce natalizio sponsorizzato [53].

Si tratta senz'altro di un caso che, osservato nella prospettiva civilistica del singolo consumatore, si presta, invero, ad essere disciplinato sia mediante l'applicazione delle norme sulla garanzia legale per difetti di conformità, sia mediante il rinvio ai rimedi disposti dall'art. 27, comma 15 *bis*, cod. cons., sul presupposto di una qualificazione della condotta tenuta dai professionisti coinvolti alla stregua di una pratica commerciale scorretta. Più precisamente, evidenziando l'oggettiva difformità dell'utilità conseguita dagli acquirenti dei pandori a quella contrattualmente attesa, si potrebbe riconoscere la ricorrenza di un difetto di conformità, tanto più che l'elevato prezzo praticato per la vendita dei pandori avrebbe reso del tutto verosimile la convinzione del singolo acquirente di contribuire, con il relativo pagamento, all'iniziativa benefica pubblicizzata. In virtù di una interpretazione della nozione di conformità che, sulla scorta di quanto disposto dall'art. 129, comma 3, lett. d), cod. cons., si estenda alla connotazione ideale del bene venduto, dunque, il consumatore potrebbe avvalersi della disciplina rimediale disposta dall'art. 135 *bis*, cod. cons. Viceversa, evidenziando la piena consapevolezza di tutti i professionisti coinvolti circa l'ambiguità della strategia comunicativa intrapresa e le sue implicazioni ingannevoli ai danni del consumatore, si potrebbe ritenere che la condotta dei professionisti integri una pratica commerciale scorretta, alla quale sarebbe possibile rimediare azionando uno o più strumenti di tutela tra quelli indicati dall'art. 27, comma 15 *bis*, cod. cons.

L'esistenza di un provvedimento dell'AGCM, che accerta e sanziona la condotta delle società in quanto espressione di una pratica commerciale scorretta, e l'alleggerimento dell'onere probatorio a

---

[53] Sulla base di una serie di dati, tra cui il comunicato stampa relativo all'avvio dell'iniziativa, le informazioni riportate nel cartiglio apposto sui pandori griffati e i *post* e le *stories* pubblicate sui canali social della nota *influencer*, è stata accerta "l'ingannevolezza delle modalità con le quali le società Balocco, Fenice e TBS Crew hanno pubblicizzato il «*Pandoro Pink Christmas*», lasciando intendere ai consumatori, contrariamente al vero, che acquistando il suddetto Pandoro griffato Ferragni avrebbero contribuito alla donazione all'Ospedale Regina Margherita di Torino per l'acquisto di un nuovo macchinario che avrebbe permesso di esplorare nuove strade per le cure terapeutiche dei bambini affetti da Osteosarcoma e Sarcoma di Ewing".

carico del consumatore che ne potrebbe derivare sospinge a considerare preferibile l'invocazione dell'applicazione dei rimedi disposti dall'art. 27, comma 15 *bis*, cod. cons. Ma, ove il suddetto provvedimento amministrativo fosse mancato, davvero discriminante sarebbe solo la diversa difficoltà eventualmente caratterizzante la prova della ricorrenza ora del difetto di conformità, ora della condotta scorretta. Di tal che è proprio sul profilo qualificatorio che ancora una volta giova concentrare l'attenzione.

Ebbene, se, al fine di considerare una certa connotazione ideale del prodotto oggetto di una ragionevole aspettativa del consumatore è necessario poter dedurre con certezza, dal registro comunicativo/promozionale adottato dal professionista, la sua diretta o indiretta rilevanza negoziale, non può che ammettersi che l'accertamento di un difetto di conformità sia in molti casi tutt'altro che scontato. All'opposto, in quegli stessi casi potrebbe essere di gran lunga più agevole dimostrare la piena consapevolezza del professionista circa l'ambiguità, l'imprecisione, la capacità di fuorviare o l'invasività di volta in volta caratterizzanti il tipo di presentazione del prodotto prescelta [54]. Sicché, potrebbe infine rivelarsi più opportuno affrontare la questione dell'individuazione del meccanismo più idoneo ad assicurare una tutela effettiva e proporzionata dell'interesse individuale a manifestare una volontà negoziale libera, consapevole e ponderata – avuto riguardo anche a legittime valutazioni personali di carattere etico o politico – riconoscendo nella condotta del professionista i tratti tipici di una pratica commerciale scorretta.

Certo, si potrebbe obiettare che le perplessità già manifestate circa l'adeguatezza dei rimedi della riduzione del prezzo o della risoluzione del contratto possano in gran parte valere anche nel caso in cui il loro azionamento derivi dall'accertamento di una simile pratica, piuttosto che da un difetto di conformità. In assenza di elementi che consentano un'agevole quantificazione del valore economico at-

---

[54] Dello stesso avviso è F. BERTELLI, *I* green claims *tra diritti del consumatore e tutela della concorrenza*, cit., p. 286 ss., con specifico riguardo alla divulgazione nei modi più disparati, di "informazioni relative alla sostenibilità sociale e/o ambientale dei cicli produttivi, dei beni proposti sul mercato o delle stesse aziende produttrici", la quale "spesso rappresenta una scelta di *disclosure* volontaria, che può sottendere una decisione strategica volta ad orientare i comportamenti dei consumatori".

tribuibile alla connotazione ideale dello scambio – evocata, ma di fatto disattesa – il calcolo della riduzione del prezzo sarà destinato a rivelarsi altrettanto difficoltoso. D'altra parte, alla risoluzione del contratto potrebbe riconoscersi una certa efficacia deterrente, soprattutto nel caso in cui tale rimedio divenisse oggetto di un'azione rappresentativa, promossa secondo quanto disposto dal recente d.lgs. n. 28/2023. Anche in questo caso, però, la definizione della questione attinente alla disciplina delle connesse pretese restitutorie potrebbe condurre ad un notevole ridimensionamento dell'idoneità dello strumento ad assicurare una tutela effettiva.

Non va tuttavia sottovalutato che, ove dimostrata, la lesione procurata al singolo consumatore da una pratica commerciale scorretta del tipo qui considerato può giustificare anche una pretesa risarcitoria, azionabile sia nel caso si opti per la conservazione del contratto, sia nel caso si preferisca richiedere la risoluzione. Essa, come meglio si vedrà più avanti, può sempre affiancare tanto la richiesta di riduzione del prezzo quanto quella di risoluzione del contratto e, a differenza di quanto accadrebbe nel caso si contestasse la ricorrenza di un difetto di conformità, non esporrebbe al rischio di un eventuale appesantimento dell'onere della prova a carico del consumatore [55]. Inoltre, il risarcimento del danno potrebbe essere legittimamente preteso pure quando, per le ragioni già esposte, né l'uno né l'altro rimedio si mostrino adeguati alla tutela effettiva dell'interesse del consumatore, consentendo la compensazione, se necessario in via equitativa, della lesione dell'interesse alla manifestazione di una volontà negoziale libera, consapevole e ponderata [56].

---

[55] Al contrario, secondo quanto disposto dall'art. 1494 c.c., al quale pare opportuno rinviare in assenza, nel diritto eurounitario, di specifiche indicazioni normative riguardanti il diritto al risarcimento del danno che derivi da difetti di conformità, l'eccezione relativa ad un'ignoranza non colposa del professionista potrebbe richiedere al consumatore un supplemento probatorio circa l'imputabilità della responsabilità alla sua controparte.

[56] Appare singolare, a questo proposito, il rigore con il quale App. Venezia, 16 novembre 2023, n. 2260, cit., negando la validità di qualsiasi valutazione presuntiva, oltre che la fondatezza delle valutazioni equitative espresse dal giudice di primo grado, ha ritenuto di non disporre di dati probatori sufficienti alla liquidazione del danno patrimoniale, subito dai consumatori aderenti all'azione di classe promossa dall'associazione Altroconsumo a causa della presenza, del tutto incontestata, nei veicoli acquistati di dispositivi idonei ad alterare i controlli sulle emis-

Pare dunque ragionevole concludere che nelle ipotesi in cui il pregiudizio lamentato dal consumatore riguardi il tradimento, mediante il contratto con il professionista, delle proprie inclinazioni etiche e politiche, la valorizzazione della consapevolezza del professionista riguardo alla qualità dei contenuti veicolati nella presentazione del prodotto offerto potrebbe condurre all'attivazione di meccanismi di tutela del singolo consumatore più versatili ed efficaci; forse persino quando, in astratto, sia possibile qualificare la causa della compromissione dell'interesse del consumatore indifferentemente come difetto di conformità o come pratica commerciale scorretta. L'azionamento della riduzione del prezzo e della risoluzione del contratto, infatti, non sarebbe comunque da escludere ma in questi casi il diritto al risarcimento del danno, nell'ambito del ventaglio di meccanismi di tutela individuali che l'art. 27, comma 15 *bis*, cod. cons. suggerisce, potrebbe risultare lo strumento rimediale da prediligere [57].

---

sioni di gas di scarico. Tanto più che, al rilievo relativo alla mancata dimostrazione del presunto deprezzamento dei veicoli dotati del dispositivo vietato, si associa il riconoscimento del carattere risolutivo del risarcimento in forma specifica rappresentato dall'offerta di "un'azione riparativa mediante eliminazione del dispositivo vietato e l'attuazione di misure correttive approvate". Ben più disinvolto, viceversa, appare l'approccio adottato con riguardo alla conferma della risarcibilità, in via necessariamente equitativa, del danno non patrimoniale derivato dall'accertamento della commissione del reato di frode in commercio, descritto nei termini della frustrazione e della sofferenza prodotta dall'acquisita consapevolezza del consumatore circa il pregiudizio arrecato alla sua libertà di scelta. Né con riferimento al danno patrimoniale, né con riferimento al danno non patrimoniale, peraltro, si è messa in dubbio la ricorrenza di una lesione giuridicamente rilevante così come in entrambi i casi si è dato atto della difficoltà di dimostrare con certezza l'entità delle conseguenze dannose patite.

[57] Ci si riserva di affrontare più avanti il problema della quantificazione dell'obbligazione risarcitoria. In proposito, tuttavia, occorre già rammentare che, malgrado le difficoltà inevitabilmente connesse alla valutazione della lesione del diritto all'autodeterminazione contrattuale, la Corte di Giustizia è ferma nell'asserire che "non sarebbe conforme al principio di effettività una normativa nazionale che renda praticamente impossibile o eccessivamente difficile l'ottenimento (...) di un risarcimento adeguato per danni" che, nel caso fondante la pronuncia richiamata, erano stati procurati dalla vendita di autoveicoli dotati di dispositivi idonei ad alterare i valori relativi alle emissioni di gas inquinanti, in violazione dell'art. 5, par. 2 del Regolamento UE n. 715/2007.

4. *L'ambito di applicabilità della risoluzione del contratto e della riduzione del prezzo* ex *art. 27, comma 15* bis, *cod. cons. Esemplificazioni*

Le esemplificazioni riportate nel precedente paragrafo dovrebbero contribuire a chiarire definitivamente le ragioni per cui, in presenza di violazioni di prescrizioni legali o di descrizioni idonee a fuorviare il consumatore in relazione alla connotazione "assiologica" del prodotto offerto dal professionista, si dissenta dall'auspicio di una dilatazione dell'ambito di applicabilità della disciplina dei difetti di conformità, ritenendo al contrario più appropriato considerare tali ipotesi come altrettante manifestazioni di pratiche commerciali scorrete produttive di lesioni nei confronti del singolo consumatore. La loro formulazione ha consentito altresì di individuare una tipologia di pratiche commerciali scorrette nei riguardi della quale il risarcimento del danno pare proporsi come la tecnica di tutela più efficace nel contrastare il pregiudizio di volta in volta subito dal consumatore.

Anticipando alcune conclusioni, cui si perverrà a proposito delle circostanze nelle quali lo strumento risarcitorio può senz'altro considerarsi il più efficace nell'assicurare una tutela effettiva degli interessi del consumatore, può aggiungersi che tale specifica tecnica di tutela contro la violazione del divieto disposto dall'art. 20 cod. cons. si presta ad essere utilmente azionato anche in alcune ipotesi in cui si sia verificato un fatto lesivo degli interessi del consumatore nei riguardi del quale sia attivabile una forma di tutela "mirata" disposta dal legislatore eurounitario [58]. Ove si dimostri che a gene-

---

[58] In queste ipotesi il fatto al quale si allude può essere integrato di volta in volta da una difformità del bene alla sua presentazione contrattuale, dal significativo squilibrio di diritti e obblighi contrattuali a carico delle parti determinato da una clausola abusiva o dalla mancata o inesatta informazione su dati che invece il professionista sarebbe obbligato a comunicare al consumatore, al più tardi al momento della conclusione del contratto. L'interesse del consumatore compromesso riguarda pur sempre l'espressione, in occasione di un accordo con il professionista, di una volontà negoziale ponderata, supportata cioè da un'adeguata conoscenza e comprensione delle caratteristiche dell'operazione economica dedotta in contratto. Ma, al verificarsi di ciascuna di quelle circostanze è noto che il diritto eurounitario associa tecniche di tutela "dedicate", rappresentate ora da rimedi ripristinatori della conformità o restitutori *ex* art. 135 *bis*, cod. cons., dalla nullità di protezione, *ex* art. 36 cod. cons., o, nel caso – ad esempio – di mancata informa-

rare quel fatto sia stata una pratica commerciale scorretta, infatti, l'operatività dello specifico rimedio legale potrebbe essere accompagnata dalla pretesa del risarcimento del danno che si provi essere stato procurato, a monte del fatto lesivo autonomamente sanzionato, proprio da una delle condotte imprenditoriali descritte dagli artt. 20 ss., cod. cons. [59]. Si esplicherebbe così – nella specie mediante

zione su spese aggiuntive o altri costi che concorrono alla determinazione del prezzo totale dovuto in virtù di un contratto concluso fuori dai locali commerciali o a distanza, dall'insussistenza dei relativi obblighi di pagamento a carico del consumatore, *ex* art. 49, comma 6, cod. cons. Nessuna delle citate disposizioni, tuttavia, affronta il problema delle eventuali perdite subite in seguito al verificarsi di uno dei fatti lesivi considerati.

[59] Malgrado la grande diffusione di contratti di mutuo ipotecario indicizzati in valuta estera, sui quali, come è noto, la Corte di Giustizia UE negli ultimi anni si è soffermata ripetutamente al fine di dichiarare l'abusività di alcune clausole riguardanti l'oggetto principale del contratto – tra le tante, cfr. Corte Giust., 30 aprile 2014, C-26/13, *Árpád Kásler* e *H. Káslerné Rábai*, in *Contratti*, 10/2014, 854 ss., con nota di S. PAGLIANTINI, sulla quale si sofferma anche A. D'ADDA, *Il giudice nazionale può rideterminare il contenuto della clausola abusiva essenziale applicando una disposizione di diritto nazionale di natura suppletiva*, in www. dirittocivilecontemporaneo.com, 1/2014, Corte Giust., 9 luglio 2015, C-348/14, *Bucura*, in https://eur-lex.europa.eu/legal-content/IT/ALL/?uri=CELEX%3A62014CA0348; Corte Giust., 20 settembre 2017, C-186/16, *Andriciuc* e *a.*, in *Corr. Giur.*, 6/2018, 745 ss., con nota di D. ALESSANDRI; Corte Giust., 20 settembre 2018, C-51/17, *OTP Bank Nyrt.* e *OTP Faktoring Követeléskezelő Zrt.*, in *DeJure;* Corte Giust., 14 marzo 2019, C-118/17, *Dunai*, *ivi*, entrambe commentate da G. D'AMICO, *La Corte di giustizia e la vicenda (ungherese) dei mutui in valuta estera stipulati con un consumatore*, in *Contratti*, 1/2020, p. 5 ss.; Corte Giust., 3 ottobre 2019, C-260/18, *Dziubak* e Corte Giust., 5 giugno 2019, C-38/17, *GT*, in *Foro it.*, 1/2020, IV, 22 ss., con note di A. PALMIERI; A. IULIANI; G. SALVI; Corte Giust., 3 marzo 2020, C-125/18, *Marc Gómez del Moral Guasch*, in *Nuova giur. civ. comm.*, 5/2020, 1022, con nota di A. M. PANCALLO; Corte Giust., 16 luglio 2020, C-224/19, *CY e LG*, in *Giur. it.*, 7/2021, p. 1576 ss., con nota di M. P. GERVASI; Corte Giust., 9 luglio 2020, C-452/18, *XZ*, in *Giur. it.*, 8-9/2020, p. 1852 ss., con nota di S. PAGLIANTINI, in *Nuova giur. civ. comm.*, 2/2021, p. 256, con nota di M. F. CAMPAGNA; Corte Giust., 10 giugno 2021, C-609/19, *VE*, in *Nuova giur. civ. comm.*, 6/2021, p. 1268, con nota di A.M. PANCALLO; Corte Giust., 18 novembre 2021, C-212/20, *M.B.* e *B.P.*, in *Pactum*, 2/2022, 308, con nota di S. GATTI. Nel contesto nazionale, da ultimo cfr. Cass. 31 agosto 2021, n. 23655, in *Giur. it.*, 3/2022, p. 579 ss., con nota di P. GALLO e successivamente, in *Giur. it.*, 4/2022, p. 824 ss., con nota di D. FORESTA; in *Nuova giur. civ. comm.*, 1/2022, p. 112 ss., con nota di F. PISTELLI; in *Pactum*, 2/2022, p. 189 ss., con nota di F. MORELLO – non risultano a riguardo provvedimenti AGCM di accertamento della ricorrenza di una pratica commerciale scorretta quale causa dell'inserimento di clausole vessatorie in tale tipologia di contratti. La sistematicità della predispo-

l'attivazione del rimedio risarcitorio – la funzione di chiusura del sistema delle tutele civilistiche, cui sarebbero chiamate le misure di *private enforcement* oggi ascritte alla disciplina delle pratiche commerciali scorrette.

Ci si occuperà in seguito del come quantificare l'obbligazione risarcitoria, in relazione al contenuto dell'interesse soggettivo interferito, e delle regole che devono presiedere alla disciplina di questa particolare ipotesi di responsabilità del professionista. Per il momento, giova invece riprendere l'indagine circa l'inciso "ove applicabili" che, all'art. 27, comma 15 *bis*, cod. cons., affianca la menzione della risoluzione del contratto e della riduzione del prezzo. Urge, cioè, precisare ulteriormente il perimetro entro il quale tali due misure si candidino ad operare come rimedi efficaci – se del caso insieme al rimedio risarcitorio – ad effetti pregiudizievoli di pratiche commerciali scorrette nei riguardi dell'interesse del consumatore a conoscere, comprendere e scegliere liberamente l'assetto di interessi ritenuto più conveniente in vista della realizzazione dello scambio contrattuale con il professionista.

Alla luce delle considerazioni finora svolte, pare chiaro, innanzitutto, che quell'inciso sia volto a sottolineare una possibile contiguità qualificatoria tra i concetti di difetto di conformità e di scorrettezza di una pratica commerciale. Sicché, pare necessaria una

---

sizione di clausole contrattuali abusive rende tuttavia lecito ipotizzare che alla base di tale fenomeno vi sia stata proprio una pratica commerciale scorretta, coincidente con la tipologia prevista dall'art. 21, lett. d), cod. cons. Di certo, la scarsa chiarezza dei contenuti delle clausole contrattuali, tanto più se concernenti l'indicazione delle voci di costo destinate alla composizione del prezzo totale del prodotto offerto, può ben concorrere all'accertamento di una pratica commerciale scorretta, tra l'altro *ex* art. 22, comma 2, cod. cons. Cfr. AGCM, 18 aprile 2023, provv. n. 30616, *Degiro/Pubblicità senza commissioni*; AGCM, 30 novembre 2022, provv. n. 30392, *Olimpia gruppo Sinergy-Offerte commerciali*. La formulazione dell'art. 21, lett. b), cod. cons., invece, consente di ritenere plausibile che un difetto di conformità del bene sia frutto di una pratica commerciale scorretta, poiché dispone l'ingannevolezza di una pratica commerciale consistente nella fornitura di informazioni non rispondenti al vero, che inducono o sono idonee ad indurre in errore il consumatore medio, riguardo ad una serie di elementi, tra i quali "l'idoneità allo scopo, gli usi, la quantità, la descrizione" del prodotto. Infine, quanto alla violazione di specifici obblighi informativi, non pare difficile immaginare che la mancata comunicazione di dati essenziali per l'adozione di una decisione di natura commerciale libera, consapevole e ponderata da parte del consumatore possa integrare una pratica commerciale scorretta *ex* art. 22, cod. cons.

più netta demarcazione tra gli ambiti di applicabilità delle rispettive discipline. Non importa, in questa prospettiva, che i rimedi azionabili nell'uno e nell'altro caso coincidano, almeno in parte. E non importa neppure che, indipendentemente dalla qualificazione della fattispecie produttiva della compromissione di un interesse del consumatore, le misure della riduzione del prezzo o della risoluzione del contratto operino – come più avanti si proverà a dimostrare – sempre secondo le indicazioni ricavabili dall'art. 135 *quater* cod. cons.

L'azionamento di tali due rimedi si configurerebbe infatti come effetto di due distinti presupposti fattuali, che il diritto qualifica ora come difetto di conformità, ora come pratica commerciale scorretta. Nel primo caso l'attenzione normativa sarebbe concentrata sulla tutela dell'interesse alla soddisfazione negozialmente concordata di un bisogno di consumo [60], ovvero di un'utilità materiale che, come si è provato ad argomentare, non andrebbe confusa con la soddisfazione dell'utilità "ideale" ricercata dal singolo consumatore nel bene, almeno nei casi in cui la ricerca di tale tipo di utilità sia connotato in senso irriducibilmente soggettivo, ovvero non concorra a caratterizzare in modo oggettivamente rilevabile l'offerta del professionista. Nel secondo caso, invece, quella stessa attenzione si rivolgerebbe alla tutela di un interesse più ampio, consistente nella corrispondenza dell'assetto complessivo di vantaggi, svantaggi e rischi, apparentemente realizzabile mediante lo scambio concordato con il professionista, alle aspettative patrimoniali e non patrimoniali – dunque anche a quelle attinenti all'eventuale utilità "ideale" del bene – legittimamente maturate dal consumatore. Ancora una volta il ricorso all'esemplificazione può contribuire a chiarire il senso di quanto affermato.

Si consideri allora nuovamente l'indirizzo interpretativo secondo il quale integra un'ipotesi di pratica commerciale scorretta l'installazione, in veicoli destinati alla circolazione su strada, di un di-

---

[60] Considera il contratto di compravendita, disciplinato dal diritto eurounitario, un sottotipo della vendita, connotato dalla specialità della "causa di consumo" R. ALESSI, *L'attuazione della direttiva sulla vendita dei beni di consumo nel diritto italiano*, cit., p. 743 ss. Seppure in una prospettiva teorica diversa, conviene sull'attribuzione di "rilievo (causale) precisamente all'interesse della parte consumatrice ai beni o servizi oggetto del contratto" A. NICOLUSSI, *Diritto europeo della vendita e categorie dogmatiche*, cit., p. 548.

spositivo idoneo a falsare il livello di emissioni di gas inquinanti, al fine di renderlo compatibile con gli *standard* legali necessari all'omologazione dei veicoli. Come si è già avuto modo di verificare, si tratta di un'ipotesi particolarmente controversa, considerata la sottile distanza che qui separa la qualificabilità del fatto alternativamente alla stregua di una condotta scorretta o di un difetto di conformità. Alcuni argomenti critici, a proposito delle recenti decisioni della Corte di Giustizia, che adottano un indirizzo interpretativo volto a valorizzare più che la condotta il suo effetto, ovvero la difformità materiale del bene scambiato a quanto atteso dal consumatore, sono stati già esposti. Ora si può aggiungere che il decisivo discrimine qualificatorio sembra sia individuabile nella qualità dell'utilità attesa e delusa dai contratti di acquisto dei veicoli dotati del *device* capace di falsare i risultati relativi al livello delle emissioni di gas inquinanti. Ove l'incidenza del funzionamento di quel dispositivo sulla soddisfazione materiale del bisogno di consumo dell'acquirente dedotto in contratto risulti essere nulla, influenzando invece l'aspettativa circa la possibilità di promuovere, con l'acquisto, la circolazione su strada di veicoli maggiormente ecocompatibili, si ritiene che, a fini qualificatori, la valutazione della condotta debba prevalere sulla considerazione dell'oggettiva difformità delle qualità del bene da quelle attese. Lo sforzo probatorio che il consumatore dovrebbe sostenere per vedere tutelati i propri interessi, di conseguenza, dovrebbe concentrarsi sul dato dell'ingannevolezza delle informazioni fornite riguardo l'ecocompatibilità delle prestazioni del prodotto. Non pare rivestire rilievo in proposito neppure che, per effetto della dotazione del dispositivo, l'acquirente veda compromessa non solo l'utilità "ideale" attesa, ma anche l'utilità economica ricavabile da una eventuale successiva alienazione del prodotto acquistato. Anche quest'ultima circostanza, infatti, quando ad essere deluso è un interesse soggettivo che risulti essere stato estraneo al bisogno di consumo dedotto in contratto, sembra rappresentare più un effetto lesivo di una condotta scorretta che non un intrinseco difetto di conformità del bene.

Viceversa, non sembra sussistano ostacoli a qualificare il livello di ecocompatibilità effettivamente attribuibile al veicolo alla stregua di un difetto di conformità tutte le volte in cui lo specifico impegno negoziale del venditore riguardi espressamente un diverso grado di ecocompatibilità del veicolo rispetto a quello effettivamente dimostrato. L'utilità "ideale" del bene per questa via, infatti, verrebbe espressamente riconosciuta parte integrante del bisogno di consumo, allo stesso modo in cui, più in generale, il motivo soggettivo che spinge una parte a contrarre diviene giuridicamente rilevante ove attratto alla dimensione oggettiva della causa contrattuale[61].

Va precisato, in ogni caso, che l'esigenza di una più chiara definizione del perimetro normativo entro il quale le tutele individuali menzionate dall'art. 27, comma 15 *bis*, cod. cons., diverse dal risarcimento del danno, possono considerarsi applicabili non si esaurisce di certo affrontando la questione della distinzione tra i presupposti utili al riconoscimento di un difetto di conformità e quelli invece indicativi della ricorrenza di una pratica commerciale scorretta. Come si è appena visto, per di più, la focalizzazione di tale distinzione, in alcuni casi, giova soprattutto ad individuare, tra i rimedi applicabili – maggiormente idonei ad assicurate una tutela effettiva e proporzionata in presenza di una lesione da pratica commerciale scorretta – proprio il risarcimento del danno, e non invece la riduzione del prezzo o la risoluzione del contratto.

Per stabilire quando la riduzione del prezzo o la risoluzione del contratto siano applicabili e si propongano anche come meccanismi di tutela ben più efficaci del risarcimento del danno, dunque, occorre a questo punto allargare l'angolo visuale oltre le ipotesi di pratiche commerciali scorrette lesive di interessi individuali del consumatore che si prestino ad interferire con la fattispecie del difetto di conformità.

La casistica ricavabile dalla lettura delle più recenti decisioni dell'AGCM si offre ancora una volta come prezioso strumento di indagine a riguardo. Basti pensare in primo luogo all'ipotesi della vendita on line di prodotti di cui si lascia presumere una pronta consegna, omettendo di informare sul mancato immagazzinamento di scorte, in alcune circostanze determinato addirittura dalla strutturale rinuncia alla predisposizione di un magazzino tra le attività propedeuti-

---

[61] Cfr. C.M. BIANCA, *Il contratto*, cit., p. 462, il quale precisa che "l'assunto della normale irrilevanza dei motivi deve (...) essere ridimensionato (...), anzitutto in quanto l'estraneità dell'interesse alla «funzione tipica del negozio» non basta a relegarlo tra i semplici motivi. Se l'interesse si inserisce, esplicitamente o tacitamente, nell'economia dell'affare esso diviene per ciò stesso causa del contratto ed è come tale rilevante".

che alla commercializzazione del prodotto gestite dal professionista [62]. Come è evidente, qui l'interesse principalmente inciso non riguarda tanto l'utilità del prodotto rispetto al bisogno di consumo ma, piuttosto, la corretta informazione sull'effettiva disponibilità e sul tempo necessario per poterne realmente godere.

Si pensi ancora, sempre con riferimento alle vendite *online*, all'ambiguità dei messaggi informativi circa l'impegno economico richiesto al consumatore per procedere allo scambio, una volta perfezionato il contratto. Pur essendo reperibili sul sito visitato tutte le informazioni sulle opzioni tariffarie offerte per poter avviare l'operazione economica proposta, la loro collocazione disparata, la grafica utilizzata o la necessità di attivare diversi *link*, prima di pervenire all'informazione ricercata, risultano finalizzate ad indurre il consumatore alla manifestazione di una preferenza solo in apparenza libera e ponderata [63]. Infine, traendo nuovamen-

---

[62] Cfr. AGCM, 13 dicembre 2022, provv. n. 30421, *Monclick-vendite on line*, ove tra le condotte vietate ai sensi degli artt. 20, 21, 22, 24, 25 cod. cons., è annoverata "l'omessa/ingannevole indicazione sulla disponibilità dei prodotti, in quanto i beni prospettati come *disponibili* non risultavano fisicamente presenti nei magazzini delle Società". Per Monclick è stata ritenuta scorretta la mancata indicazione del fatto di operare in *dropshipping*, unitamente alle inesatte informazioni diffuse nella sezione web "*Chi siamo*", orientate a far ritenere ai consumatori che Monclick disponesse di propri magazzini; Infine, è stata rilevata l'omessa/ingannevole prospettazione dei tempi di consegna dei prodotti acquistati *online*. In senso analogo, si veda anche AGCM, 11 luglio 2023, provv. n. 30728, *Banco della salute Officinalia-vendite online-mancate consegne*; AGCM, 28 giugno 2023, provv. n. 30700, *E-commerce specialist-Hwonline/vendite on line*.

[63] In AGCM, 18 aprile 2023, provv. n. 30616, *Degiro/Pubblicità senza commissioni*, cit., oltre a segnalarsi la fornitura di "informazioni poco chiare e/o non veritiere agli investitori con riguardo alle condizioni economiche dei servizi offerti", si evidenzia anche "in caso di investimenti in valuta estera, una modalità automatica di conversione della valuta, quale impostazione di *default*, inducendo il cliente ad effettuare, in maniera inconsapevole, una scelta che potrebbe rivelarsi meno vantaggiosa per lo stesso rispetto alla modalità di conversione manuale". Utile anche la lettura di AGCM, 2 aprile 2021, provv. n. 29626, *Poltronesofà* e AGCM, 25 ottobre 2022, provv. n. 30355, *Vinted*. Nel primo provvedimento si legge che "i messaggi descritti (...) appaiono volti ad "agganciare" i consumatori, prospettando offerte particolarmente convenienti per un periodo di tempo limitato, al fine di stimolare o affrettare la visita presso i punti vendita, dove venivano a conoscenza delle effettive condizioni di acquisto. Pertanto, tali messaggi risultano idonei a realizzare una portata decettiva nei confronti del consumatore medio, il quale, per effetto di un falso convincimento sulle caratteristiche della promozio-

te spunto da alcune delle nuove tipologie di pratiche da considerarsi senz'altro ingannevoli, previste dall'art. 23 cod. cons. in seguito alle integrazioni apportate dal d.lgs. 7 marzo 2023, n. 26, si pensi alla vendita di biglietti per eventi, "*se il professionista ha acquistato tali biglietti utilizzando strumenti automatizzati per eludere qualsiasi limite imposto riguardo al numero di biglietti che una persona può acquistare o qualsiasi altra norma applicabile all'acquisto di biglietti*" [64].

Si può ragionevolmente ipotizzare che nella maggior parte dei casi esemplificati, accertata l'ingannevolezza del messaggio informativo e permanendo, malgrado ciò, il bisogno di consumo posto a fondamento della stipulazione del contratto, la principale aspirazione del singolo consumatore, leso nel suo interesse alla manifestazione di una volontà negoziale realmente libera e ponderata, sia la conservazione degli effetti dello stesso contratto, più che il ripristino dello stato patrimoniale in cui si trovava prima della sua conclusione. Ecco che allora il diritto ad ottenere la parziale restituzione di quanto già corrisposto o, in alternativa, la riduzione del pagamento

---

ne, viene sollecitato all'acquisto dei prodotti pubblicizzati e a relazionarsi in tal modo con il professionista". Nel secondo provvedimento citato si legge invece che "le condotte commerciali oggetto del presente procedimento si sostanziano: *a*) nella diffusione di *claim* pubblicitari che veicolano il concetto di "gratuità" della compravendita lasciando intendere che la transazione sia realizzata senza esborsi da parte degli utenti, laddove è invece prevista la corresponsione di una commissione da parte del soggetto acquirente; *b*) nell'indicazione sulla Piattaforma del prezzo del prodotto richiesto dal venditore, senza contestuale e adeguata informazione sui costi relativi alla commissione per la *Protezione Acquisti* e alle spese di spedizione, omettendo di esplicitare in modo chiaro le possibili opzioni alternative." Infine, si veda AGCM, 13 giugno 2023, provv. n. 30671, *Samsung-cambia con Galaxy* che attribuisce all'enfasi dei *claims* utilizzati (*Cambia con Galaxy*, *Cambiare il vecchio per il nuovo non è mai stato così semplice*, *Scopri in pochi passi come acquistarlo con valutazione del tuo vecchio dispositivo*) la capacità di fuorviare il consumatore, lasciando intendere, contrariamente al vero, "di poter acquistare un nuovo apparecchio a un prezzo scontato, cioè decurtato del valore corrispondente a quello del proprio prodotto usato". In realtà, invece, "l'operazione promozionale era strutturata in due fasi diverse, che davano luogo a due rapporti commerciali distinti con due diversi soggetti", sicché non vi era alcuna certezza circa l'*an* e il *quantum* del riconoscimento di una somma, corrispondente al valore del vecchio dispositivo, utile a conseguire la riduzione del prezzo dovuto per l'acquisto del nuovo dispositivo.

[64] Tale tipologia di pratica commerciale scorretta è disposta, nel diritto interno, in particolare dall'art. 23, lett. bb *bis*), cod. cons.

ancora dovuto attraverso il meccanismo della riduzione del prezzo potrebbe rappresentare, in relazione all'interesse interferito, la tutela più appropriata o, almeno, quella in prima battuta più efficace a contrastare l'interferenza lesiva subita, alla quale nulla esclude che si possa affiancare anche l'azionamento di un'ulteriore pretesa di natura risarcitoria. Ove, al contrario, prevalga l'esigenza di liberarsi dal vincolo contrattuale, stante l'eventuale incolmabilità della distanza tra l'assetto di vantaggi, svantaggi e rischi legittimamente atteso e quello effettivamente realizzato, sarebbe invece praticabile l'opzione della risoluzione del contratto, alla quale si assocerebbero ancora una volta, effetti restitutori e, se del caso, la richiesta del risarcimento del danno.

Si potrebbe continuare ad esemplificare, al fine di confermare ulteriormente l'ampiezza dei margini entro i quali si ritiene che i due rimedi, condivisi con la disciplina dei difetti di conformità, siano senz'altro applicabili, anche contro effetti lesivi di pratiche commerciali scorrette.

Prima di iniziare ad investigare in tutti questi casi i presupposti e i modi della concreta operatività della risoluzione del contratto o della riduzione del prezzo, però, preme dedicare qualche cenno anche alla possibilità che tali tecniche rimediali, così come già osservato a proposito del risarcimento del danno, operino integrando o precisando le tutele che le norme di matrice eurounitaria dispongono a favore del consumatore al ricorrere di specifici fatti lesivi dei suoi interessi. In proposito appare emblematico che di frequente, nei provvedimenti dell'AGCM, l'omessa informazione sul diritto di recesso, riconosciuto al consumatore in relazione ad un contratto concluso fuori dai locali commerciali o a distanza *ex* art. 52 cod. cons., così come gli ostacoli frapposti al suo effettivo esercizio, concorrano all'accertamento della ricorrenza di una pratica commerciale scorretta[65]. Ebbene, ove proprio a causa di quella pratica ven-

[65] In seguito agli accertamenti condotti sull'operazione economica oggetto dell'offerta commerciale esaminata in AGCM, 13 giugno 2023, provv. n. 30671, *Samsung-cambia con Galaxy*, cit., è emerso ad esempio che "ai consumatori cui – a esito della valutazione – fosse stato negato l'accesso allo sconto o che non ne avessero accettato l'ammontare stabilito era consentito soltanto chiedere la restituzione del prodotto usato, ma non anche di recedere dal contratto di acquisto del bene nuovo in precedenza concluso né, quindi, di ricevere il rimborso del prezzo a tal fine già versato". Qualificando come aggressiva la pratica consistente nella

gano meno i presupposti per il suo azionamento, è agevole concludere che al consumatore rimarrebbe comunque la possibilità di risolvere il contratto *ex* art. 27, comma 15 *bis*, cod. cons. Più in generale, il mancato rispetto di obblighi informativi, così come la fornitura di informazioni imprecise o fuorvianti, su profili del regolamento contrattuale essenziali ai fini di una scelta libera e ponderata del consumatore, potrebbero finalmente trovare una sanzione certa nelle tutele individuali contro pratiche commerciali scorrette e, in particolare, nello strumento della risoluzione del contratto [66].

---

visita a domicilio di agenti della società Italgroup che facevano firmare ai consumatori un modulo "all'asserito fine di provare solo la consegna di un catalogo e l'effettuazione della visita per poter ottenere la provvigione", mentre tale sottoscrizione rappresentava in realtà l'accettazione di un'obbligazione contrattuale all'acquisto, nell'arco dei successivi tre anni, di prodotti in catalogo con una soglia minima di spesa piuttosto onerosa, l'AGCM ha anche rilevato che i consumatori non siano mai stati informati dagli agenti presentatisi al loro domicilio della possibilità di recedere dai contratti di fatto sottoscritti. Cfr. AGCM, 25 luglio 2023, provv. n. 30747, *Ital Group-vendita prodotti vari porta a porta*. In AGCM, 28 giugno 2023, provv. n. 30700, *E-commerce specialist-Hwonline/vendite online*, infine, oltre a denunciarsi l'esercizio di una serie di pratiche commerciali scorrette "sono state censurate le ulteriori condotte consistenti nell'ostacolare l'esercizio dei diritti di recesso e/o rimborso dei consumatori a seguito della ritardata/mancata consegna dei prodotti".

[66] Una importante conferma a riguardo si evince da Corte Giust., 22 febbraio 2022, C-143/20 e C-213/20. Nella decisione si affronta, tra le altre, la questione degli effetti dell'inadempimento di obblighi informativi, disposti a carico del professionista/impresa controparte del consumatore da norme nazionali adottate in attuazione della direttiva 2002/83/CE, con specifico riferimento a contratti di assicurazione sulla vita a capitale variabile collegato a un fondo di investimento. Stante l'attribuzione, da parte della direttiva 2002/83/CE della competenza a disciplinare tali effetti ai legislatori nazionali e rilevata dal giudice nazionale, in via interpretativa, l'incompatibilità tra la violazione dell'obbligo informativo e le norme nazionali in materia di invalidità contrattuale, la Corte ha prima verificato che la condotta omissiva del professionista presentasse i requisiti utili per essere qualificata come pratica commerciale scorretta ai sensi dell'art. 7, direttiva 2005/29/CE; poi, riconoscendo nella condotta dell'impresa assicuratrice un'omissione ingannevole, ha lasciato intendere che la sanzione all'inadempimento dell'obbligo informativo dovesse ricavarsi proprio dalla disciplina delle tutele contro gli effetti lesivi nei riguardi del consumatore di una pratica commerciale scorretta. Ai fini della riflessione che si conduce, rilevante appare in particolare l'affermazione della complementarietà tra la direttiva 2002/83/CE e la direttiva 2005/29/CE, come conseguenza dell'assenza, nella prima, a corredo degli obblighi informativi disposti, di specifiche previsioni normative circa gli effetti di una loro violazione.

Sicché, la funzione normativa di chiusura che si ritiene il legislatore eurounitario abbia voluto assegnare alle tutele apprestate nei riguardi del consumatore leso dagli effetti di pratiche commerciali scorrette, troverebbe conferma anche in questa prospettiva[67]. In particolare, come meglio si proverà a dimostrare di seguito, la riduzione del prezzo sarebbe idonea a garantire una effettiva tutela degli interessi del consumatore tutte le volte in cui, per un verso, la conservazione degli effetti del contratto si riveli preferibile alla loro caducazione, e, per altro verso, il pregiudizio sofferto non ecceda la misura del valore indebitamente conseguito o atteso dal professionista autore della pratica commerciale scorretta. La risoluzione del contratto andrebbe preferita, invece, quando, esauritosi a causa degli effetti lesivi della pratica commerciale scorretta l'interesse del consumatore alla persistente efficacia del contratto, costui intenda liberarsi in modo tanto rapido quanto efficace del vincolo contrattuale. Ne deriverebbero senz'altro obblighi restitutori a carico di entrambe le parti, i quali potrebbero sortire un effetto tanto più deterrente nei riguardi della violazione del divieto disposto dall'art. 20 cod. cons., quanto più frequente divenga la trasposizione dalla dimensione individuale a quella collettiva della tutela degli interessi del singolo consumatore, mediante la promozione di azioni rappresentative alla stregua della nuova disciplina disposta dal d.lgs. 10 marzo 2023, n. 28.

5. *Interessi soggettivi del consumatore, entità del pregiudizio subito e funzione normativa dei distinti rimedi evocati dall'art. 27, comma 15* bis, *cod. cons.*

Una delle ragioni in virtù delle quali si è guardato con un certo scetticismo all'indicazione dei rimedi tipici della garanzia nell'art. 27, comma 15 *bis*, cod. cons. attiene, con specifico riferimento alla *quanti minoris*, alla difficoltà della sua quantificazione in relazione alla scorrettezza subita. Il riconoscimento di una funzione latamen-

---

[67] Di tenore analogo sono le considerazioni svolte, a commento della decisione della Corte di Giustizia di cui si è riferito nella nota precedente, da G. PERFETTI, *Lo statuto degli obblighi informativi. Un altro contributo della Corte UE*, in *Nuova giur. civ. comm.*, 4/2022, p. 815.

te riparatoria-ripristinatoria, si è osservato, ridurrebbe di fatto la *quanti minoris* ad un duplicato del risarcimento del danno. Mentre, l'ipotesi di aggirare il problema, correlando la sua entità alla gravità dei pregiudizi subiti dal consumatore, alla gravità della condotta e/o al carattere doloso o colposo di quest'ultima, è stata condivisibilmente scartata, in quanto per questa via il meccanismo di tutela in questione assumerebbe un'impropria coloritura satisfattoria o di deterrenza [68].

Proprio quest'ultimo argomento, tuttavia, potrebbe essere ribaltato. Non può ignorarsi, infatti, che, quando il risarcimento del danno inferto rimanga circoscritto alla lesione meramente patrimoniale dell'interesse alla manifestazione di una volontà negoziale libera, consapevole e adeguatamente ponderata, la somma dovuta a titolo risarcitorio potrebbe limitarsi al valore di mere poste restitutorie, incontrando analoghe difficoltà il calcolo di eventuali ulteriori perdite, con il rischio, anche in questo caso, di una conformazione sostanzialmente punitiva della relativa obbligazione [69]. Tale rischio,

---

[68] Cfr. G. De Cristofaro, *«Rimedi» privatistici individuali e pratiche commerciali scorrette. Il recepimento del diritto italiano dell'art. 11*-bis *della direttiva 2005/29/CE. (Comma 15*-bis, *art. 27 c. cons.)*, cit., p. 489, nonché Id., *Diritto italiano ed europeo dei consumatori*, cit., p. 251, il quale, in proposito, rileva che "un'interpretazione siffatta della funzione del rimedio renderebbe estremamente incerta la individuazione del parametro di applicazione, finendo in ultima analisi per affidarla ad una sorta di arbitrio «equitativo» del giudice (...), oltre a porsi diametralmente in contrasto con il *considerando* n. 16 della direttiva 2019/2161/UE".

[69] È noto che le Sezioni Unite, con decisione del 5 luglio 2017, n. 16601, in *Danno e resp.*, 4/2017, p. 419 ss., con note di M. La Torre, *Un punto fermo sul problema dei "danni punitivi"*, G. Corsi, *Le Sezioni Unite: via libera al riconoscimento di sentenze comminatorie di punitive damages*, G. Ponzanelli, *Polifunzionalità tra diritto internazionale privato e diritto interno*, P.G. Monateri, *Le Sezioni Unite e la funzione della responsabilità civile*; in *Giur. it.*, 9/2017, p. 1787 ss., con nota di A. Di Majo, *Principio di legalità e di proporzionalità nel risarcimento con funzione punitiva*, non hanno escluso che il sistema normativo interno della responsabilità civile assolva, oltre alla funzione della riparazione integrale delle perdite patrimonialmente apprezzabili subite dal danneggiato, anche una funzione di deterrenza e di sanzionamento della condotta illecita. Come osservato dai più attenti commentatori, tuttavia, tale indicazione è servita unicamente a riconoscere l'efficacia all'interno del nostro ordinamento di sentenze straniere statuenti obbligazioni risarcitorie connotate in senso sanzionatorio, non, invece, ad ammettere che decisioni giudiziali interne, nel condannare al risarcimento del danno, possano conformare in senso punitivo tale rimedio. Cfr. G. Ponzanelli, *Polifunzionalità tra diritto internazionale privato e diritto privato*, cit., p.

allora, potrebbe essere meglio scongiurato seguendo un diverso percorso di indagine che, muovendo dall'analisi del tipo di lesione lamentata dal consumatore, valorizzi le differenti connotazioni funzionali alle quali rispondono i diversi meccanismi di tutela degli interessi del consumatore indicati dall'art. 27, comma 15 *bis*, cod. cons., in modo da associare al verificarsi di ciascuna lesione il rimedio di volta in volta funzionalmente più appropriato, senza escludere un loro eventuale cumulo e lasciando che, accertata la ricorrenza di un danno risarcibile, la sua liquidazione discenda eventualmente da una valutazione equitativa del giudice *ex* art. 1226 c.c.

Occorrerebbe stabilire, in altri termini, se l'interesse soggettivo da tutelare richieda esclusivamente la restituzione di quanto ingiustamente sottratto o, invece, imponga la compensazione di ulteriori perdite, derivanti dalla ingiusta compromissione – parziale o

---

435 ss. e Id., *Il risarcimento punitivo: qualche riflessione introduttiva*, in *Giur it.*, 10/2018, p. 2275, ove si ribadisce che "la sentenza n. 16601 non può avere la forza di spostare gli equilibri risarcitori. (...) L'equivalenza tra dolo e colpa ai fini del livello del risarcimento rimane, in assenza di una contraria intermediazione legislativa". Ma si vedano anche, tra i tanti, i commenti di O. Clarizia, A. Saravalle, L. D'Andrea, F. Gigliotti, A. Palmieri, S. Carabetta, in E. Gabrielli, A. Federico (a cura di), *I danni punitivi dopo le Sezioni Unite*, in *Giur. it.*, 10/2018, p. 2274 ss. Più in generale, per essenziali spunti di riflessione sulla materia della conformazione punitiva del risarcimento del danno, tra i tanti, cfr. F. D. Busnelli, *Deterrenza, responsabilità civile, fatto illecito, danni punitivi*, in *Eur. dir. priv.*, 4/2009, p. 909 ss.; G. Bonilini, *Pena privata e danno non patrimoniale*, in F.D. Busnelli, G. Scalfi (a cura di), *Le pene private*, Giuffrè, 1985, p. 301 ss.; P. Gallo, *Pene private e responsabilità civile*, Giuffrè, 1996, p. 59 ss.; M.G. Baratella, *Le pene private*, Giuffrè, 2006, p. 85 ss. Di recente, cfr. C. De Menech, *Le prestazioni pecuniarie sanzionatorie. Studio per una teoria dei «danni punitivi»*, Cedam, 2019, p. 253, la quale, sulla scorta di un'analisi molto articolata e accurata della riconoscibilità nel diritto interno di prestazioni pecuniarie sanzionatorie, osserva che "ammettere la compatibilità di una versione giurisprudenziale dei *punitive damages* con l'ordine pubblico non implicherebbe una smentita al fatto che, presso di noi, l'imposizione di una prestazione patrimoniale a titolo di sanzione civile deve necessariamente passare attraverso una, sia pur sfumata, previsione autorizzativa del legislatore". Pur ribadendo il rilievo ostativo del principio di legalità rispetto ad un incondizionato accoglimento nel nostro ordinamento di risarcimenti con funzione sanzionatoria, segnala una serie di casi giurisprudenziali in cui la considerazione del contesto nell'ambito del quale il danno si è realizzato ha concorso alla determinazione dell'obbligazione risarcitoria, S. Gatti, *Polifunzionalità della responsabilità civile e scostamenti dal danno effettivo: un primo bilancio a tre anni dalle sezioni unite sui cc.dd. danni punitivi"*, in *Jus civile*, 1/2021, p. 156 ss.

totale – della sfera giuridica soggettiva del consumatore [70]. Al fine di chiarire le ricadute concrete dell'adozione di tale diversa prospettiva, può essere utile riprendere brevemente alcune delle ipotesi di pratiche commerciali scorrette sulle quali ci si è soffermati in precedenza.

Ebbene, si pensi in primo luogo all'ipotesi paradigmatica di una pratica commerciale scorretta destinata a frustare l'interesse del consumatore alla realizzazione di un'operazione economica positivamente connotata dal punto di vista etico o in termini di sostenibilità sociale o ambientale. Si è già manifestato il dubbio, invero, che, ove si scelga di conservare l'efficacia del relativo contratto, il rimedio più appropriato alla lesione subita sia rappresentato dalla riduzione del prezzo, piuttosto che dal risarcimento del danno. La relativa perplessità si fonderebbe sulla circostanza che la frustrazione dell'interesse alla compatibilità dello scambio con il rispetto di specifiche direttrici di preservazione della salubrità ambientale o di coerenza ai valori ideali altrimenti evocati dall'accordo contrattuale sembra corrispondere più ad un'ipotesi di ingiusta compressione di un interesse soggettivo giuridicamente rilevante che non all'appropriazione di risorse altrui, da restituire nella misura in cui la loro sottrazione non sia stata mediata dalla manifestazione di un consenso libero e consapevole dell'interessato. Considerazione, quest'ultima, che sarebbe plasticamente avvalorata nei casi in cui la caratterizzazione "assiologica" o "ecosostenibile" dello scambio non si traduca nella più o meno consistente maggiorazione, rispetto allo *standard* di mercato, del prezzo richiesto per il bene o il servizio offerto.

Viceversa, nel caso di lesioni da pratiche commerciali scorrette incidenti sulla convenienza economica del sinallagma contrattuale, come accade quando la conclusione del contratto è preceduta da informazioni ambigue o fuorvianti o, ancora, da omissioni ingannevoli di dati rilevanti al fine di un'adeguata ponderazione delle utilità ricavabili dall'adesione all'offerta commerciale del professionista, l'azionabilità del risarcimento del danno non è di certo da escludersi, ma è anche possibile che il consumatore intenda principalmente conservare l'efficacia del contratto e conseguire, median-

---

[70] Sui differenti rimedi, oltre il risarcimento del danno, che il nostro ordinamento predispone al fine di reagire alla lesione di un interesse soggettivo giuridicamente rilevante si veda *supra*, cap. II, nota 7.

te la riduzione del prezzo, il semplice ripristino del sinallagma contrattuale alterato dagli effetti della pratica commerciale scorretta, ovvero preferisca abbandonare il vincolo contrattuale mediante la sua risoluzione, ottenendo la restituzione di quanto indebitamente corrisposto.

Seguendo quest'ordine di considerazioni, dovrebbe apparire più chiaro la ragione per la quale, a fronte della contestazione di effetti pregiudizievoli derivanti dall'esercizio di una pratica commerciale scorretta da parte del professionista in fase precontrattuale, non si ritenga che il modo più efficace per assicurare la tutela degli interessi del consumatore debba essere necessariamente mediata dall'accertamento della responsabilità del professionista, sì da far sorgere in capo al consumatore il diritto al risarcimento del danno [71]. Ciò, malgrado l'ordinamento affidi, normalmente, proprio a tale meccanismo di tutela la reazione alla frustrazione di un interesse soggettivo giuridicamente rilevante che sia conseguenza immediata e diretta ora della violazione imputabile di un preesistente obbligo di comportamento, ora dell'infrazione, anche in questo caso imputabile, del divieto generale di interferire nella sfera giuridica altrui, senza il consenso dell'interessato [72].

---

[71] Come chiarito da autorevole Dottrina, "il concetto di illecito (...) richiama comportamenti contrari a doveri giuridici. Dal punto di vista soggettivo, la nozione di illecito rimanda a criteri di imputazione della responsabilità del soggetto (dolo, colpa, ecc.)". Nell'ambito delle restituzioni, invece "domina il (diverso) principio che l'arricchimento o il vantaggio dal soggetto ottenuto *a spese di altri* non debba essere «ingiustificato» o «senza giusta causa» (art. 2041 c.c.)". Cfr. A. Di Majo, *La tutela civile dei diritti*, cit., p. 307. D'altra parte, riflettendo sull'istituto dell'arricchimento, A. Nicolussi, *Le restituzioni*, in C. Castronovo, S. Mazzamuto (a cura di), *Manuale di diritto privato europeo*, II, Giuffrè, 2007, p. 200, vi attribuisce una funzione fondamentalmente oggettiva: esso sarebbe "presidio delle situazioni patrimoniali e quindi dell'appartenenza e delle utilità che l'esclusività, assicurata dalla titolarità dei diritti, comporta. (...) Di qui l'irrilevanza della colpa la quale fonda invece la tutela risarcitoria contro i danni ingiusti, intesi alla stregua di ingerenze distruttive, e che prescinde dall'arricchimento del responsabile".

[72] Nel caso di cui si tratta, come più in generale in tutte le ipotesi di responsabilità precontrattuale, pur essendo unanimemente riconosciuta la rilevanza giuridica dell'interesse soggettivo potenzialmente leso da una condotta contraria alla buona fede, il regime disciplinare applicabile alla relativa responsabilità rimane incerto, in quanto la lesione si produce in un'ampia zona di confine nella quale, se, per un verso, manca un rapporto obbligatorio di cui lamentare l'inadempimen-

Deve ribadirsi, a riguardo, che non si intende escludere in assoluto la possibilità di attingere al sistema normativo della responsabilità civile, al fine di definire strumenti di tutela individuale del consumatore, proporzionati ed effettivi, contro gli effetti lesivi di pratiche commerciali scorrette. D'altronde, l'alterazione del rapporto di

---

to, si registra, per altro verso, la preesistenza, al verificarsi del danno, di condizioni di fattuale connessione tra le sfere giuridiche soggettive rispettivamente del danneggiante e del danneggiato. In questi casi, la distanza tra le due tipologie di responsabilità inevitabilmente si accorcia, rimanendo limitata non tanto alla rilevanza giuridica in sé dell'interesse soggettivo oggetto di interferenza, quanto all'impegno probatorio necessario alla dimostrazione dell'illegittimità di quella stessa interferenza. Ecco dunque che, ove gli elementi indiziari della preesistenza di un contatto di fatto tra le parti siano assimilati alla ricorrenza di un rapporto obbligatorio tra le parti, cfr. A. ALBANESE, *La lunga marcia della responsabilità precontrattuale*, cit., p. 1132, tale impegno sarà limitato alla prova della lesione da parte del danneggiato, assegnandosi all'asserito danneggiante la prova della ricorrenza di un'impossibilità non imputabile, secondo lo schema della responsabilità contrattuale. Viceversa, ove quegli stessi elementi indiziari non siano considerati sufficienti alla presunzione di una relazione tra le parti assimilabile a quella tipica del rapporto obbligatorio, si procederà all'accertamento di una responsabilità tarata sul modello della responsabilità da illecito: si riterrà quindi essenziale che la parte lesa, oltre a provare il danno e la connessione causale con il fatto che lo ha generato, dimostri l'imputabilità della responsabilità al danneggiante. Cfr. E. NAVARRETTA, *L'ingiustizia del danno e i problemi di confine tra responsabilità contrattuale e extracontrattuale*, cit., p. 251. Proprio al fine di sfuggire alle incertezze relative all'accertamento di ipotesi di responsabilità c.d. di confine, suggerisce l'adozione di un diverso approccio, definito "razional-funzionale", al problema M. BARCELLONA, *Responsabilità contrattuale e responsabilità extracontrattuale: dalle dogmatiche alle «rationes» dei rispettivi regimi*, in *Riv. crit. dir. priv.*, 2015, p. 349 ss. D'altra parte, valutando la persistente proponibilità di una rigida distinzione tra responsabilità contrattuale ed extracontrattuale alla luce dei pregiudizi derivanti da informazioni inesatte, si osserva puntualmente che "è possibile enucleare una regola operazionale secondo cui la responsabilità extracontrattuale da informazioni inesatte (...) non si discosta sensibilmente, quanto a criteri di responsabilità e a modalità di tutela, dalla responsabilità (contrattuale) da inadempimento di un obbligo (contrattuale o legale) di informazione". Cfr. F.D. BUSNELLI, S. PATTI, *Danno e responsabilità civile*, Giappichelli, 2013, p. 348. Ciò in quanto, assodata la rilevanza giuridica dell'interesse leso (*Ivi*, p. 343 ss.) e la centralità in entrambe le prospettive dell'elemento dell'affidamento, nell'uno e nell'altro caso il danneggiato dovrà dare prova della colpevole lesione dell'interesse soggettivo giuridicamente rilevante di cui è portatore, spettando al giudice di volta in volta valutare il dato della colpa con maggiore o minor rigore, a seconda della gratuità o meno dell'informazione e dell'intensità dell'affidamento nella persona fornitrice delle informazioni inesatte, suscitato dalla "posizione «privilegiata» [rivestita], in ordine al «potere di controllo» sulle informazioni fornite" (*Ivi*, p. 350). Il tema sarà ripreso e approfondito nel cap. III.

corrispettività negozialmente concordato, provocata da una pratica commerciale scorretta in fase precontrattuale, integra pur sempre la violazione della previsione legale del dovere della buona fede, sancita dall'art. 1337 c.c. e specificata, con particolare riferimento ai contratti del consumatore, dagli artt. 2, lett. c *bis*), 20, comma 2 e 39, cod. cons. Violazione dalla quale, dunque, potrebbe ben derivare un pregiudizio giuridicamente rilevante nella forma tipica del danno da risarcire.

Si intende piuttosto evidenziare che il pregiudizio lamentato dal consumatore possa assumere contenuti diversi da quelli rappresentabili nei termini della compromissione o distruzione di valori materiali o personali riconosciuti fondativi di altrettanti interessi soggettivi giuridicamente rilevanti [73], da compensare, per equivalente monetario, in tutta la loro portata attuale e potenziale.

Il pregiudizio può anche e più semplicemente essere integrato dalla sottrazione ingiustificata di utilità, di cui il soggetto leso sia stato già o conti di divenire titolare [74]. Esso sarebbe allora rappresentabile quale effetto di una circostanza fattuale – il trasferimento di un'utilità non mediato dal consenso – la cui ricorrenza potrà essere appurata indipendentemente dalla condotta soggettiva tenuta dal soggetto a favore del quale la sottrazione dell'utilità si è realizzata [75].

---

[73] Cfr. C. SALVI, *La responsabilità civile*, cit., p. 48. D'altra parte, L. REGAZZONI, *op. cit.*, pp. 336-337, rileva opportunamente che "nell'ordinamento positivo, la tutela propriamente restitutoria (…) trova talora espressione in azioni [artt. 1479, 2° co., e 1493 c.c.] che consentono di far valere in pari tempo anche pretese di natura più propriamente risarcitoria parametrate all'interesse negativo del garantito, in quanto volte al recupero di costi sostenuti in vista della conclusione del contratto".

[74] Cfr. L. REGAZZONI, *op. cit.*, p. 84 ss. In quella sede, per argomentare la possibilità di estendere, oltre la fattispecie dell'assicurazione cui è tradizionalmente collegata, l'operatività del principio indennitario, in virtù del quale al verificarsi di un certo evento pregiudizievole sono inevitabilmente associati effetti giuridici tali da neutralizzare o mitigare il pregiudizio prodotto (*Ivi*, p. 71), si osserva che, "soprattutto è sulla nozione di danno che bisogna intendersi", rilevando anche che, in realtà, già nella disciplina dell'assicurazione "il diritto all'indennizzo non sempre presuppone il verificarsi di un danno nella sua accezione più ristretta" (*Ivi*, p. 86).

[75] A proposito della condotta contraria a buona fede del professionista, G. DE CRISTOFARO, *Il divieto di pratiche commerciali scorrette e i parametri di valuta-*

Più precisamente, con specifico riferimento all'ipotesi degli effetti pregiudizievoli di una pratica commerciale scorretta, la circostanza fattuale che ne determinerebbe la produzione sarebbe la violazione di *standard* oggettivi di comportamento integranti altrettante espressioni, sempre più spesso anche legalmente codificate, del dovere di buona fede. Tale circostanza si proporrebbe come presupposto utile, ad un tempo, all'eventuale accertamento della responsabilità dell'autore della violazione, ma anche all'azionamento di autonome pretese restitutorie mediante la richiesta della risoluzione del contratto o della riduzione del prezzo, analogamente a quanto può accadere quando il consumatore che abbia acquistato un bene affetto da un difetto di conformità intenda avvalersi della garanzia dovuta dal venditore.

In quest'ultimo caso, certo, il peso dell'onere probatorio gravante sul consumatore sarebbe fortemente condizionato dall'esistenza o meno di un preventivo accertamento da parte dell'AGCM della scorrettezza della pratica. In presenza delle risultanze di tale accertamento, infatti, il consumatore non avrebbe bisogno di dimostrare la ricorrenza del presupposto utile a fondare le proprie pretese, mentre, in sua assenza, lo stesso consumatore sarebbe comunque tenuto a dimostrare la scorrettezza della pratica, analogamente a quanto sarebbe costretto a fare con riferimento ad eventuali pretese risarcitorie. Come si proverà a dimostrare meglio più avanti, tuttavia, sia *l'iter* procedurale da seguire per ottenere la soddisfazione delle proprie pretese restitutorie, sia l'entità dell'onere probatorio sarebbero per il consumatore comunque meno impegnativi, rispetto all'ipotesi in cui costui intenda ottenere il risarcimento del danno.

In particolare, la celerità e la certezza del risultato perseguito potrebbero contribuire a giustificare la preferenza per il ricorso a ri-

---

zione della «scorrettezza», in G. DE CRISTOFARO (a cura di), *Pratiche commerciali scorrette e codice del consumo*, cit., p. 127 ss., riconosce una innegabile correlazione tra la nozione di scorrettezza attinente alle pratiche commerciali del professionista e i parametri della correttezza e della buona fede disposti dagli artt. 1175, 1337 e 1175 c.c. Lo stesso Autore, tuttavia, osserva che, data la specifica finalità di regolazione del mercato e delle sue dinamiche concorrenziali impressa alla disciplina in oggetto, l'accertamento da parte dell'AGCM della scorrettezza di una pratica commerciale non necessariamente equivarrà alla sua contrarietà al dovere di buona fede nell'ambito della singola relazione tra professionista e consumatore (*Ivi*, p. 130). Nello stesso senso, ancora L. GUFFANTI PESENTI, *op. ult. cit.*, p. 202 ss.

medi di tipo restitutorio, mentre l'elevato valore del pregiudizio subito, oltre che una maggiore disponibilità ad affrontare i costi connessi all'avvio di una procedura giudiziale, renderebbero il consumatore più incline a tutelare i propri interessi mediante la contestazione della responsabilità del professionista e il connesso esercizio del diritto al risarcimento del danno.

Determinante sarebbe in ultima analisi il tipo di pregiudizio subito. Se all'interesse inciso sia possibile rimediare attraverso il riallineamento del rapporto sinallagmatico, alterato dagli effetti di una pratica commerciale scorretta, a quello programmato alla base dell'operazione economica contratta con il professionista, senza che da ciò discenda necessariamente l'interruzione della produzione degli effetti del contratto, il meccanismo giuridico idoneo a garantire la più efficace soddisfazione della pretesa del consumatore potrebbe essere rappresentato da rimedi idonei a produrre effetti restitutori. Ove invece il consumatore lamenti di aver subito dal professionista pregiudizi diversi o eccedenti l'ingiustificata sottrazione di valori patrimonialmente apprezzabili di cui egli sia o attenda di divenire titolare, per via dell'illecita intrusione dello stesso professionista nella sua sfera giuridica, il rimedio più efficace da azionare sarà senz'altro quello risarcitorio [76].

Un altro argomento può contribuire a consolidare il senso dell'alternativa rimediale prospettata. Esso è dato dall'esclusione della ricorrenza di un'ipotesi di responsabilità oggettiva quale fonte dell'obbligazione che sorge in capo al professionista autore di una pratica commerciale scorretta [77]. A giustificare la nettezza di tale af-

---

[76] Si tornerà su quest'ultimo profilo nei prossimi capitoli, per definire lo specifico regime disciplinare da applicare all'accertamento della responsabilità e alla quantificazione della relativa obbligazione risarcitoria.

[77] Sulle specificità funzionali della responsabilità oggettiva, imprescindibile il rinvio a P. TRIMARCHI, *Rischio e responsabilità oggettiva*, Giuffrè, 1961, p. 36 ss., il quale, dopo aver individuato nel rischio d'impresa assicurabile il fondamento teorico della responsabilità oggettiva, precisa che tale tipologia di responsabilità può assolvere alla sua fondamentale funzione di riduzione del rischio esternalizzato dallo svolgimento di un'attività "solo se applicata all'esercizio di attività economiche" (*Ivi*, p. 43), il che pare legittimare la conclusione della esclusione della sua ricorrenza in relazione a condotte che, per quanto spesso connotate in senso fortemente impersonale, possono considerarsi fonti di obbligazioni risarcitorie solo in seguito all'accertamento di una responsabilità per colpa, seppure intesa in senso tanto più oggettivo quanto più impersonali saranno i contorni del

fermazione dovrebbe bastare la constatazione, in proposito, del carattere essenzialmente colposo della responsabilità che, ai sensi dell'art. 27 cod. cons., l'Autorità garante della concorrenza e del mercato è chiamata ad accertare a carico del professionista [78]. Alla luce delle indicazioni normative ricavabili dalla direttiva 2019/2161/UE, può aggiungersi altresì che l'evocazione di una responsabilità oggettiva a carico dell'autore di pratiche commerciali scorrette, lesive degli interessi del singolo consumatore, si connoterebbe per sproporzione e scarsa effettività del rimedio. Essa, infatti, potrebbe condurre, per un verso, al cumulo, a carico del medesimo professionista, di obbligazioni risarcitorie, la cui entità potrebbe anche assumere venature sanzionatorie di dubbia legittimità [79], e di sanzioni pe-

---

soggetto chiamato a risponderne. A proposito dei presupposti sui quali si fonderebbe la ricorrenza di ipotesi di responsabilità oggettiva, ugualmente necessario il riferimento a S. RODOTÀ, *Il problema della responsabilità civile*, Giuffrè, 1967, p. 116 ss., per il decisivo contributo che, spostando l'attenzione dall'"atto illecito" al "fatto dannoso", la sua riflessione ha dato all'emancipazione del sistema normativa della responsabilità civile dalla focalizzazione, tipica della responsabilità penale, sulla situazione soggettiva della colpa. Non a caso, attribuisce il fondamentale merito di aver favorito la "laicizzazione" del sistema della responsabilità civile, "dando atto che un fatto illecito può non essere un fatto umano", M. FRANZONI, *Stefano Rodotà e gli studi sulla responsabilità civile*, in *Riv. trim. dir. e proc. civ.*, 2018, p. 658. Considera il fenomeno della responsabilità oggettiva pur sempre dal punto di vista dei criteri che ne delimitano l'imputabilità soggettiva, in quanto "una responsabilità oggettiva che si volesse ipotizzare priva di criterio di imputazione, cioè di una ragione giuridicamente plausibile dell'imputazione di un fatto lesivo a un soggetto, finirebbe per coincidere, nei riguardi del danneggiato, con l'assicurazione contro i danni". cfr. C. CASTRONOVO, *Responsabilità civile*, cit., p. 489 ss.

[78] Osserva che la disciplina delle pratiche commerciali scorrette, diversamente dalla disciplina della pubblicità ingannevole ispirata dalla direttiva 84/450/CE, attraverso il riferimento alla diligenza professionale, attribuisce rilevanza al profilo soggettivo della responsabilità del professionista, sicché "sull'Autorità incombe l'onere di dimostrare che la scorrettezza è imputabile al professionista (...). Ciò almeno ai fini dell'irrogazione delle sanzioni, se non a quelli dell'inibitoria", V. MELI, *"Diligenza professionale", "consumatore medio" e regole de minimis nella prassi dell'AGCM e nella giurisprudenza amministrativa*, in V. MELI, P. MARANO (a cura di), *La tutela del consumatore contro le pratiche commerciali scorrette nel mercato del credito e delle assicurazioni*, Giappichelli, 2011, p. 7.

[79] Come riconosciuto anche da L. REGAZZONI, *op. cit.*, p. 90, la produzione di danni meramente patrimoniali, in quanto espressivi della lesione di interessi soggettivi nei riguardi dei quali l'ordinamento non appresta un'autonoma tutela, difficilmente consente l'azionamento di pretese risarcitorie eccedenti quanto si possa pretendere in via restitutoria. In quest'ottica, dunque, tarare la misura dell'ob-

cuniarie di natura amministrativa, eventualmente disposte in sede di *public enforcement* da parte dell'AGCM. Mentre, giova rammentarlo, proprio le integrazioni disposte dalla direttiva 2019/2161/UE alla direttiva 2005/29/CE, solo con riguardo all'adozione di misure di *public enforcement*, azionabili da parte dell'autorità amministrativa e/o giudiziaria competente all'accertamento della violazione del divieto di pratiche commerciali scorrette, sollecitano gli Stati membri a potenziare l'apparato sanzionatorio in modo da rendere le relative sanzioni "effettive, proporzionate e *dissuasive*" (corsivo aggiunto) [80]. Non solo. La predisposizione di un meccanismo di tutela volto a rilevare la responsabilità oggettiva del professionista per violazione del divieto di pratiche commerciali scorrette potrebbe, per altro verso, mancare di effettività, a causa dei tempi e delle complessità procedurali comunque connessi ad un'azione giudiziaria dall'esito del tutto incerto [81] – come si è già accennato

---

bligazione risarcitoria sul disvalore "pubblico" della specifica pratica adottata, in quanto fonte di oggettivo intralcio al corretto dispiegarsi della concorrenza tra operatori economici sul mercato, potrebbe rivelarsi l'unico modo per distinguere da una obbligazione meramente restitutoria il risarcimento derivante dall'accertamento di una responsabilità oggettiva da pratiche commerciali scorrette.

[80] In particolare, il nuovo testo dell'art. 13, direttiva 2005/29/CE, per un verso, ribadisce che le sanzioni da irrogare in caso di violazione delle norme nazionali sul divieto di pratiche commerciali scorrette siano effettive, proporzionate e dissuasive, indicando alcuni dei criteri cui collegare la loro concreta quantificazione. Per altro verso, in relazione a infrazioni diffuse e ad infrazioni diffuse aventi una dimensione unionale, che sono oggetto di attività di indagine coordinate e sono sottoposte a misure di esecuzione ai sensi del Regolamento (UE) 2017/2394, esso indica nel valore del 4% del fatturato annuo del professionista, nello Stato membro interessato o negli Stati membri interessati dalla specifica infrazione, la soglia minima da osservare per far sì che la sanzione pecuniaria massima stabilita in ciascuno Stato abbia un *effetto dissuasivo* (corsivo aggiunto). A tali sollecitazioni il legislatore italiano ha risposto riformando il comma 9 dell'art. 27 cod. cons., ed integrandolo con i commi 9 *bis* e 9 *ter*.

[81] Anche ammettendo la necessità di accertare la ricorrenza di un'ipotesi di responsabilità oggettiva, infatti, sarà comunque necessario dimostrare, oltre al pregiudizio subito, la connessione causale tra il danno e il fatto che lo ha originato, per poi individuare, mediante l'azionamento del criterio di imputazione che consente l'operatività di questa tipologia di responsabilità, il soggetto obbligato al risarcimento del danno. D'altra parte, nella prospettiva di quanti rappresentano la responsabilità oggettiva come un'ipotesi di responsabilità soggettiva fondata su criteri oggettivi di imputazione, in quanto diversi dalla colpa, a proposito dell'investigazione circa il nesso di causalità, si osserva che "nella responsabilità ogget-

e meglio si vedrà più avanti – non solo con riguardo alla misura dell'obbligazione risarcitoria dovuta.

6. *Difetti di conformità e pregiudizi da pratiche commerciali scorrette: le possibili assonanze riguardo al tipo di impegno richiesto al professionista*

Una volta definito il possibile perimetro entro il quale ritenere ammissibile l'applicazione della riduzione del prezzo o della risoluzione del contratto quali reazioni rimediali ai pregiudizi patiti dal singolo consumatore vittima di una pratica commerciale scorretta, l'indagine deve inevitabilmente muovere alla ricerca di dati che consentano di individuare la disciplina operativa applicabile a tali due rimedi.

In quest'ottica, potrebbe essere di qualche aiuto tornare a considerare il rapporto tra la disciplina dei rimedi nei riguardi del palesarsi di difetti di conformità del bene oggetto della vendita al consumatore e la disciplina delle tutele individuali contro eventuali lesioni procurate da pratiche commerciali scorrette. Ferma restando, cioè, la diversità degli interessi intaccati rispettivamente da un difetto di conformità del bene venduto e da una pratica commerciale scorretta, si potrebbe ugualmente verificare l'esistenza di una qualche assonanza tra il tipo di problema affrontato dalla disciplina dei rimedi per vizi di conformità del bene oggetto di vendita al consumatore e quello sollevato dall'esercizio di pratiche commerciali sleali [82]. Ove l'esito di tale indagine fosse positivo, infatti, si po-

---

tiva non può porsi un problema di rapporto di causalità come struttura portante di un criterio di imputazione: quest'ultimo invece, nella descrizione della fattispecie, emerge come criterio di individuazione degli elementi tra i quali deve ricorrere un rapporto di causalità ai fini del giudizio di responsabilità". Cfr. C. CASTRONOVO, *Responsabilità civile,* cit., p. 491.

[82] Secondo un pregevole contributo di recente offerto alla riflessione sull'istituto della garanzia nel diritto dei contratti, "in presenza di un'effettiva asimmetria – e dunque nei casi in cui la circostanza ignota al garantito possa essere invece conosciuta dal garante – la garanzia costituisce un'ulteriore tecnica volta ad *impedire* (...) la distribuzione asimmetrica delle informazioni rilevanti". Cfr. L. REGAZZONI, *op. cit.*, p. 125, ove si aggiunge che, anche in "situazioni di incertezza bilaterale (...) il modello della garanzia sembra in grado di stabilire i corretti in-

trebbe ritenere che, presentando l'esigenza di tutela da accordare nei due casi al consumatore tratti equiparabili, la disciplina della risoluzione del contratto e della riduzione del prezzo *ex* art. 27, comma 15 *bis*, cod. cons. possa ricavarsi rinviando alla disciplina speciale volta a definire alcune delle modalità operative della garanzia legale di conformità disposta dal codice del consumo agli artt. 128 ss.[83]. Procedendo in questa direzione, dunque, è indispensabile muovere dal dato normativo al fine di verificare, in primo luogo se, dal punto di vista oggettivo, siano ipotizzabili assonanze tra il tipo di impegno richiesto al professionista venditore di un bene di consumo e quello presupposto a suo carico dal divieto di pratiche commerciali scorrette. E in secondo luogo se e in quale misura la tutela degli interessi soggettivi apprestata dalla garanzia legale della conformità del bene venduto al consumatore possa considerarsi funzionalmente idonea altresì ad una tutela efficace e proporzionata degli interessi di cui lo stesso consumatore potrebbe lamentare la lesione per via dell'esercizio di una pratica commerciale scorretta.

Con riguardo al primo dato da sottoporre a verifica, si è già detto che la natura regolatoria dei controlli cui le pratiche commerciali dei professionisti e delle imprese sono sottoposti, l'enumerazione legale delle condotte vietate al professionista e, ancor di più, la determinazione dei contenuti della diligenza dovuta alla stregua di al-

---

centivi per entrambi i contraenti, in modo da correggere possibili funzionamenti irrazionali del mercato" (*Ivi*, p. 130). Muovendo dall'esame dell'interesse soggettivo del consumatore oggetto di attenzione, rispettivamente, nella disciplina dei difetti di conformità e del divieto di pratiche commerciali scorrette, l'obiettivo dell'indagine che qui si conduce è proprio quello di verificare se il modello della garanzia così descritto e le sue espressioni operative possano rivelarsi utili, oltre che alla tutela dell'interesse del consumatore acquirente di un bene non conforme al contratto, anche alla tutela dell'interesse alla manifestazione di una volontà negoziale libera, consapevole e ponderata.

[83] Si condivide a riguardo l'opinione secondo la quale, a quanti intendano contestare la legittimità di un simile percorso interpretativo spetterebbe preliminarmente "dimostrare che il legislatore abbia costruito non solo rigide fattispecie, ma blocchi di norme rigidamente chiusi entro il perimetro di una categoria che tutte – o nessuna – le richiama, a dispetto della potenzialità espansiva di ciascuna norma a tutti i casi che, indipendentemente dalla concreta fattispecie nella quale si presentano, esibiscono lo stesso problema pratico in funzione del quale il legislatore ha prescritto la norma". Cfr. C. CAMARDI, *Note critiche sull'approccio dicotomico alla «natura» della responsabilità precontrattuale e sulle cosiddette «terre di nessuno»*, cit., p. 257.

trettanti parametri oggettivi di condotta, ispirati dalle clausole generali di correttezza e buona fede, potrebbero costituire altrettanti elementi utili ad avvalorare una rappresentazione dell'impegno richiesto al professionista, nella gestione delle interazioni economiche intrattenute con il consumatore, equiparabile a quello oggetto di una garanzia. Di certo, appare difficilmente contestabile che gli elementi indicati avvalorino un notevole irrigidimento dei criteri di accertamento della responsabilità del professionista [84]. Se ne potreb-

---

[84] Cfr. L. PESENTI GUFFANTI, *Scorrettezza delle pratiche commerciali e rapporto di consumo*, cit., p. 199 ss. L'Autrice, riflettendo sulla responsabilità del professionista per violazione del divieto di pratiche commerciali scorrette accertata da parte dell'AGCM, per un verso ammette l'ineludibile oggettivazione cui è sottoposto il concetto di colpa per via dell'indicazione normativa dei parametri utili al riconoscimento della ricorrenza di una condotta ingannevole o aggressiva, come riportati dalla disciplina delle pratiche commerciali scorrette agli artt. 6-9 della direttiva 2005/29/CE (*Ivi*, p. 163 ss.). Per altro verso, ribadisce il carattere essenzialmente colposo della responsabilità in cui comunque il professionista incorre, precisando altresì che, nell'ipotesi invero piuttosto frequente in cui il soggetto responsabile sia una persona giuridica, l'onere della prova liberatoria dovrà necessariamente concentrarsi sul solo profilo dell'impossibilità oggettiva della condotta diligente (*Ivi*, p. 167). Nella diversa prospettiva della relazione individuale tra il professionista e il consumatore, sostenendo la natura contrattuale della responsabilità da pratica commerciale scorretta, in quanto "ancor prima della stipulazione (...), e anche a prescindere da essa, può parlarsi di obbligazione ogniqualvolta i soggetti interessati siano tenuti al rispetto della buona fede" (*Ivi*, p. 201), la stessa Autrice ribadisce la connotazione rigorosamente oggettiva del parametro della diligenza cui il professionista dovrà conformare la propria condotta e, in quest'ottica, mostra di aderire ad una rappresentazione altrettanto oggettivata della colpa quale fonte della responsabilità contrattuale del professionista. Quest'ultima discenderebbe, cioè, dalla violazione di uno degli obblighi di protezione ricavabili, sia dalla concretizzazione del dovere di buona fede nella relazione singolare tra professionista e consumatore, sia dalla positivizzazione di altrettante condotte obbligatorie disposte dal legislatore nazionale nel codice del consumo, come avvenuto, in particolare, in seguito all'attuazione della direttiva 2011/83/UE. In questi casi, "non è (...) necessaria una valutazione della condotta soggettiva in termini di dolo o colpa, ma è sufficiente la sua oggettiva difformità rispetto alla regola di buona fede, al pari di quanto si verifica nelle ipotesi di inadempimento della prestazione", sul presupposto che sia la *relazione* e non la *prestazione* «a costituire la vera essenza dell'obbligazione...». Così ancora L. PESENTI GUFFANTI, *op. ult. cit.*, p. 207, ove si richiama in proposito anche il pensiero di C. CASTRONOVO, *La relazione come categoria essenziale dell'obbligazione e della responsabilità contrattuale*, in *Eur. dir. priv.*, 1/2011, p. 71. Sul punto, si veda anche A. ALBANESE, *La lunga marcia della responsabilità precontrattuale*, cit., pp. 1135-1136. *Contra*, M.C. BIANCA, *La no-*

be evincere, dunque, anche un possibile favore per un'articolazione dei rimedi contro pratiche commerciali scorrette che contempli, oltre alla tutela risarcitoria, anche misure di intervento di stampo più prettamente assicurativo [85].

Al fine di consolidare l'ipotesi investigativa prospettata, però, giova volgere l'attenzione anche alla conformazione strutturale dell'istituto della garanzia, per stabilire se essa possa ostacolare dal punto di vista sistematico il rinvio alle norme del codice del consumo sui rimedi per difetti di conformità, ove si presentino fattispecie concrete nelle quali una pratica commerciale scorretta risulti idonea a condizionare l'adozione di una decisione di natura commerciale del consumatore, compromettendo in tal modo l'effettiva soddisfazione delle utilità che costui, valutando l'opportunità di contrarre, ha legittimamente ritenuto di poter conseguire.

Un'obiezione all'ipotesi ricostruttiva che qui si indaga, infatti, potrebbe attenere proprio alla irriducibile specificità sistematica dell'istituto considerato. Si allude alla circostanza, rilevante in particolare per quanti attribuiscano alla garanzia la natura di effetto condizionato del contratto di compravendita [86], per cui, mentre nella vendita il vizio si propone come un rischio imprevedibile – e pertanto ingovernabile – per entrambi i contraenti e non solo per il compratore [87], all'opposto, nel caso di una pratica commerciale scorretta,

---

zione di buona fede quale regola di comportamento contrattuale, in *Riv. dir. civ.*, I, 1983, p. 211.

[85] Prendendo spunto dall'analisi della struttura della garanzia quale strumento giuridico distinto dal modello del rapporto obbligatorio, eppure ugualmente idoneo alla tutela di un interesse soggettivo, potrebbe dirsi che in entrambi i casi la garanzia soddisfa "un «interesse alla sicurezza», vale a dire un interesse, per così dire, «di secondo grado» rispetto all'interesse *sostanziale* («di primo grado») all'utilità su cui incide l'evento incerto". Cfr. L. REGAZZONI, *op. cit.*, p. 78.

[86] Cfr. L. MENGONI, *op. cit.*, p. 402, secondo il quale, quando l'adempimento del contratto "è dedotto in tutto o in parte *in condicione* (…), allora l'inadempimento non è presupposto di responsabilità in senso tecnico, bensì una *condicio iuris* di efficacia della garanzia ricollegata al contratto".

[87] Non a caso, al di là della ricostruzione teorica di volta in volta offerta dello strumento giuridico della garanzia, nessuno dubita che né la disciplina codicistica della compravendita, né quella di matrice europea della vendita di beni di consumo attribuiscano allo stato soggettivo del professionista/venditore, di cui si propone il confronto con quello del professionista autore di una pratica commerciale scorretta, alcuna rilevanza ai fini dell'azionamento della garanzia prevista a favo-

all'incolpevole ignoranza o alla indebita compressione della libertà di scelta del consumatore fa da contraltare, se non la consapevolezza del professionista, certamente l'oggettiva contrarietà della sua condotta al dovere della buona fede precontrattuale.

Nella vendita, dunque, il ricorso alla logica assicurativa della garanzia sarebbe, in seguito al manifestarsi del vizio, l'unica strada percorribile al fine di permettere una reazione nei riguardi della compromissione delle aspettative dell'acquirente. Diversamente, gli effetti pregiudizievoli provocati dall'incidenza di una pratica commerciale scorretta sul rapporto di corrispettività programmato in

---

re dell'acquirente di un bene rivelatosi viziato o difforme dal contratto. Semmai, per i fautori della rappresentazione della tecnica di tutela predisposta a favore dell'acquirente alla stregua di una mera garanzia, l'irrilevanza giuridica dello stato soggettivo del venditore sarebbe un argomento decisivo a sostegno della propria tesi – cfr. D. RUBINO, *op. cit.*, pp. 510-511 – attribuendosi alla garanzia la funzione di reazione alla rottura, non necessariamente imputabile al venditore, del sinallagma contrattuale rappresentato dal trasferimento della titolarità del diritto di proprietà su un bene contro il pagamento di un corrispettivo. Con riferimento più specifico alla garanzia per difformità dei beni venduti al consumatore, cfr. S. MAZZAMUTO, *Equivoci e concettualismi nel diritto europeo dei contratti*, cit., p. 1108 ss.; G. DE CRISTOFARO, *La nuova disciplina codicistica dei contratti per la fornitura di beni mobili conclusi da consumatori e professionisti (seconda parte)*, in *Studium Iuris*, 2002, p. 1320. Per quanti invece scorgono nell'obbligo di garanzia del venditore la reazione ad un inadempimento contrattuale, l'irrilevanza della colpa rivelerebbe semplicemente la natura oggettiva di siffatta ipotesi di responsabilità. Cfr. A. DI MAJO, *Garanzia e inadempimento nella vendita di beni di consumo*, cit., p. 13. Diversamente C.M. BIANCA, *La vendita e la permuta*, cit., pp. 714-715, osserva che in realtà la colpa del venditore si presume, essendo dunque costui obbligato anche al risarcimento del danno, oltre che a subire la richiesta di risoluzione del contratto o di riduzione del prezzo, a meno che egli dimostri di non essere in colpa. Per G. VISINTINI, *La reticenza nella formazione dei contratti*, Cedam, 1972, p. 177, infine, rappresentando la garanzia dovuta dal venditore per vizi occulti della cosa la reazione all'inadempimento di un obbligo di informazione precontrattuale, legittimato dalla più generale prescrizione del dovere di buona fede nelle trattative, *ex* art. 1337 c.c., "rilevano anche una falsa rappresentazione e una reticenza incolpose. E infatti la violazione di un obbligo di buona fede genera responsabilità indipendentemente dal fatto che si possa o meno rimproverare all'autore della trasgressione un comportamento negligente". È critico nei riguardi di tale orientamento interpretativo, ritenendo che il dato dominante la normativa sui vizi della cosa compravenduta sia da rinvenire nel "mancato raggiungimento del risultato programmato" e non nelle "valutazioni che guardino al «come» del comportamento del venditore" o "ad enucleare elementi utili al fine di accertare la «responsabilità» di quest'ultimo", G. GRISI, *L'obbligo precontrattuale di informazione*, cit., p. 206.

relazione alla operazione economica oggetto del singolo contratto, essendo frutto della violazione di un preciso dovere di condotta precontrattuale, dovrebbero naturalmente condurre all'accertamento della relativa responsabilità e all'eventuale azionamento, in prospettiva rimediale, del risarcimento del danno a carico del professionista.

L'obiezione appena esposta potrebbe senz'altro perdere gran parte della sua consistenza ove si scelga di fondare la proposta del rinvio allo strumento della garanzia sulla rappresentazione di quest'ultima come un'obbligazione del professionista nei riguardi della controparte, avente ad oggetto la consegna di un bene conforme a quanto contrattualmente programmato [88]. Infatti, sposando la tesi secondo la quale i rimedi connessi all'attivazione della garanzia rappresentino la reazione predisposta dall'ordinamento all'inadempimento di un simile obbligo del venditore, sarebbe meno agevole escludere che la stessa tecnica rimediale possa operare anche nei riguardi di quella particolare ipotesi di inadempimento integrata dalla violazione del dovere di buona fede precontrattuale mediante l'esercizio di una pratica commerciale scorretta.

Non sembra tuttavia che, al fine di avvalorare la proposta di applicare la disciplina dei rimedi della riduzione del prezzo o della risoluzione per difetti di conformità anche agli effetti pregiudizievoli prodotti da una pratica commerciale scorretta sulla decisione di natura commerciale adottata dal consumatore, si debba necessariamente condividere l'orientamento interpretativo da ultimo menzionato a proposito della natura giuridica dello strumento della garanzia. Si può osservare, al contrario, che proprio la rappresentazione della garanzia alla stregua di un effetto contrattuale di fonte legale, connesso al verificarsi di una *condicio iuris* [89], renda tale strumento idoneo

---

[88] Nell'ambito di questo diverso indirizzo interpretativo, decisive assonanze tra la funzione normativa assegnata rispettivamente alla garanzia per vizi e alla responsabilità derivante da una condotta contraria alla buona fede precontrattuale, a causa di informazioni ingannevoli o reticenti, si scorgono in particolare in G. VISINTINI, *op. cit.*, p. 175 ss.

[89] Sull'ampiezza della nozione di *condicio iuris*, cfr. U. RESCIGNO (voce) *Condizione*, in *Enc. dir.*, VIII, Giuffrè, 1961, p. 769 ss. D'altronde, alla luce delle considerazioni sviluppate da autorevole Dottrina circa la distinzione tra il fenomeno condizionale in senso proprio e "i fenomeni che si comprendono nelle categorie dei coelementi anteriori e contemporanei" al perfezionamento dell'atto, de-

ad operare in qualunque contesto contrattuale, indipendentemente dalla particolare conformazione dell'evento dedotto in condizione [90]: sia che questo, dunque, si sostanzi nell'avverarsi di un rischio incontrollabile, sia che si tratti invece del rivelarsi della difformità della condotta precontrattuale del professionista al parametro normativo della buona fede [91].

Non ci si soffermerà oltre sulla questione della natura giuridica della garanzia, se cioè si tratti di uno specifico effetto della conclusione del contratto o se si tratti invece di una forma particolare di reazione all'inadempimento dell'obbligo del venditore di procurare alla controparte un bene conforme a quanto contrattualmente programmato [92]. In questa fase di verifica della praticabilità di un'ap-

---

finiti anche come *circostanze preliminari* o *presupposti* – cfr. A. FALZEA, *La condizione e gli elementi dell'atto giuridico*, Giuffrè, 1941, p. 161 ss. – pare che in questa sede si debba riconoscere carattere prevalentemente atecnico al richiamo della nozione di *condicio iuris*.

[90] Nel definire i contorni strutturali dello strumento giuridico della "garanzia pura", non pare attribuisca rilievo decisivo alla circostanza che oggetto della garanzia sia esclusivamente "un'utilità finale" che necessariamente travalichi "la possibilità materiale della parte contrattuale di procurarla" F. PIRAINO, *La garanzia nella vendita: durata e fatti costitutivi delle azioni edilizie*, cit., p. 1130.

[91] Come puntualmente si osserva, "la forma giuridica della garanzia consente di attribuire utilità che non possono essere procurate da una condotta delle parti (…) Ma ulteriormente la garanzia può avere ad oggetto anche un risultato ottenibile mediante la cooperazione del debitore, regolandolo tuttavia *come se* il suo comportamento fosse irrilevante a tale scopo". Cfr. L. REGAZZONI, *op. cit.*, p. 81.

[92] La questione non è senz'altro da sottovalutare, in quanto la mancata distinzione tra l'approccio al concetto di garanzia come autonomo strumento giuridico "di attribuzione del rischio di un certo evento" e quello invece che rappresenta lo stesso fenomeno come oggetto di una relazione di cooperazione obbligatoria comporta "significative controindicazioni: quella di rendere difficoltoso lo stabilire quale specifica logica regolativa (ispirata alla cooperazione oppure al rischio) debba applicarsi ad una specifica fattispecie; e quella (…) di introdurre all'interno della categoria dell'obbligazione frammentazioni dal dubbio riscontro positivo". Cfr. L. REGAZZONI, *op. cit.*, p. 59. Si ritiene più utile, però, prendere in considerazione siffatta distinzione in un secondo momento, ovvero quando, appurata l'eventuale vicinanza tra il tipo di problema posto rispettivamente dalla presenza di difetti di conformità nel bene oggetto della vendita al consumatore e dai pregiudizi procurati al consumatore da una pratica commerciale scorretta in fase di formazione dell'accordo contrattuale, si debba affrontare il tema del trattamento da riservare alla relazione giuridica tra professionista e consumatore derivante dalla concreta operatività del meccanismo giuridico della garanzia.

plicazione per rinvio della disciplina dei rimedi "secondari" connessi alla garanzia legale di conformità alla risoluzione del contratto e alla riduzione del prezzo *ex* art. 27, comma 15 *bis*, cod. cons., infatti, pare più urgente passare a considerare la pertinenza del profilo funzionale dell'istituto trattato al tipo di problema posto dalla lesione procurata al singolo consumatore da una pratica commerciale scorretta.

7. *Vizio di conformità e lesione da pratica commerciale scorretta: affinità tra i tipi di problema considerati*

A questo punto del percorso di indagine intrapreso, giova, in particolare, indagare il grado di affinità tra il tipo di problema proposto, rispettivamente, dall'acquisto di un bene con difetti di conformità e dall'esercizio di una pratica commerciale scorretta nell'ambito di un'interazione finalizzata alla conclusione di un contratto. Ciò al fine di verificare se lo strumento giuridico della garanzia, tradizionalmente descritto come impegno del venditore assunto nel momento della stipula della compravendita, allo scopo di tenere indenne l'acquirente dal rischio di vizi del bene, possa considerarsi potenzialmente idoneo ad assicurare una tutela effettiva e proporzionata anche nei riguardi dell'interesse del consumatore inciso da una pratica commerciale scorretta.

Tra i due ambiti problematici considerati, una differenza riguarda senz'altro la specifica configurazione dell'interesse del consumatore che lo strumento della garanzia intende tutelare. Nel caso in cui il bene oggetto del contratto che vincola il consumatore presenti difetti di conformità, l'interesse soggettivo da preservare in via prioritaria coinciderebbe con la soddisfazione del bisogno materiale in virtù del quale, secondo quanto negozialmente formalizzato, si è scelto di concludere la specifica compravendita[93]. Diversamente, nel caso in cui il consumatore subisca gli effetti di una pratica commerciale sleale, al di là della specifica rilevanza soggettiva delle utilità

[93] In tal senso, cfr. A. NICOLUSSI, *Diritto europeo della vendita e categorie dogmatiche*, cit., p. 548 ss.; G. AMADIO, *op. cit.*, p. 133 ss.; R. ALESSI, *L'attuazione della direttiva sulla vendita dei beni di consumo nel diritto italiano*, cit., p. 759 ss.

che si intendono acquisire mediante l'adozione di una data decisione commerciale, si è in precedenza provato a dimostrare che l'interesse soggettivo cui riservare maggiore attenzione sia quello relativo alla facoltà di ponderare in modo libero e consapevole l'opportunità di contrarre.

Si potrebbe però riconoscere che in entrambi i casi – e, con particolare riferimento alle pratiche commerciali scorrette, quando la relazione economica tra consumatore e professionista sfoci nell'instaurazione di un vincolo negoziale – il problema risieda essenzialmente nell'individuazione di un'adeguata reazione alla conclusione di un contratto rivolto all'attribuzione di un valore economico non corrispondente o corrispondente solo in parte a quello atteso dalla parte che subisce ora la difformità del bene, ora le conseguenze della pratica commerciale scorretta.

Si potrebbe quindi verificare se una più precisa determinazione delle utilità perseguite di volta in volta dal consumatore possa contribuire ad accorciare le distanze tra i problemi che l'ordinamento è chiamato a risolvere, permettendo così di estendere l'operatività delle tutele accordate al consumatore che abbia acquistato un bene rivelatosi viziato, anche al caso in cui egli abbia legittimamente maturato il convincimento della convenienza di una data operazione economica in seguito agli effetti condizionanti di una pratica commerciale scorretta.

In quest'ottica, si potrebbe evidenziare che, nel caso della vendita di un bene con difetti di conformità, l'utilità economica perseguita dal consumatore corrisponda ad un'utilità materiale, rivolta alla soddisfazione di uno o più bisogni determinati [94] (per semplicità, si parlerà di valore d'uso del bene oggetto dell'interesse del consumatore), mentre nel caso di una decisione negoziale condizionata da una pratica commerciale scorretta, l'utilità economica ricercata andrebbe individuata considerando più in generale l'insieme dei vantaggi patrimoniali attesi dal consumatore mediante la conclusione del contratto

---

[94] Cfr. S. MAZZAMUTO, *Equivoci e concettualismi nel diritto europeo dei contratti*, cit., p. 1084, il quale, rilevando alla base della disciplina europea della vendita di beni di consumo una precisa idea di mercato, ne individua il tratto distintivo nella priorità attribuita alla tutela in natura dell'interesse specifico del compratore, "tanto da far prevalere sulla tradizionale funzione di scambio della compravendita quella di consumo".

(per semplicità, si parlerà di valore di scambio di cui il consumatore avrebbe programmato la realizzazione).

Dunque, ove il consumatore acquisti un bene non conforme, sul problema del divario tra il valore di scambio atteso e quello realizzato, il più delle volte tenderà a prevalere il connesso problema del divario tra il valore d'uso atteso e quello realizzato. Ove invece il consumatore ritenga che la sua libertà di contrarre sia stata incisa da una pratica commerciale scorretta, il problema da affrontare assumerà in modo più deciso le sembianze dell'indesiderato divario tra valore di scambio che si sarebbe potuto realizzare e valore di scambio effettivamente realizzato. Se si vuole, in quest'ultimo caso, una volta riconosciuti gli effetti della pratica commerciale scorretta, il consumatore si troverebbe a dover constatare un'alterazione dello specifico rapporto di corrispettività che aveva ritenuto facesse da cornice all'operazione economica dedotta in contratto, se non un suo totale travisamento ove, in assenza della pratica commerciale scorretta, non sarebbe sorto alcun interesse alla conclusione del contratto[95].

Nelle due ipotesi della vendita di beni non conformi e della stipulazione di un contratto in seguito ai condizionamenti esercitati da una pratica commerciale scorretta sul consumatore, ad essere incisi sarebbero allora due differenti profili del medesimo interesse all'utilità economica che comunque il consumatore avrebbe programmato di realizzare. Di tal che, considerato il carattere unitario che da questa diversa prospettiva assume l'oggetto da tutelare, potrebbe aumentare l'attendibilità dell'ipotesi che scorge negli strumenti operativi della garanzia altrettanti meccanismi di tutela potenzialmente idonei allo scopo di rimediare, oltre che a difetti di conformità del bene acquistato, anche alla mancata corrispondenza, prodotta dall'adozione di una pratica commerciale scorretta, tra il complesso delle utilità economiche che il consumatore legittimamente attende di conseguire dalla conclusione del contratto con il professionista e quelle effettivamente realizzabili.

---

[95] Ci si esprime in questi termini prendendo spunto dallo studio condotto da una recente dottrina in ordine alla diversa connotazione funzionale dei rimedi della risoluzione e della riduzione del prezzo nella disciplina della vendita, interna e di derivazione europea. Cfr. F. OLIVIERO, *La riduzione del prezzo nel contratto di compravendita*, cit., p. 103 ss.

Un passo ulteriore in questa direzione potrebbe essere dato dalla valorizzazione della spiccata versatilità operativa impressa al meccanismo di tutela della garanzia dalla disciplina europea della vendita di beni di consumo [96], grazie all'accostamento della riparazione e della sostituzione ai più tradizionali rimedi della risoluzione e della riduzione del prezzo. La pluralità delle tecniche di tutela azionabili, infatti, ne consentirebbe la continua rimodulazione operativa, a seconda dello specifico profilo dell'interesse cui riservare prioritaria attenzione. Anche per questa ragione, allora, in entrambi i contesti problematici considerati la garanzia potrebbe presentarsi come uno strumento giuridico funzionalmente adeguato all'obiettivo perseguito. L'azionamento di volta in volta di una delle sue diverse manifestazioni operative consentirebbe, in altri termini, di rimediare alla compromissione dei profili mutevoli che può assumere l'interesse del consumatore all'effettivo conseguimento, attraverso l'adozione di una decisione di natura commerciale, delle utilità economiche perseguite.

In particolare, contro difetti di conformità di un bene oggetto di compravendita, la principale modalità operativa della garanzia coinciderebbe con l'azionamento dei rimedi c.d. conservativi/manutentivi della riparazione e della sostituzione [97]. Quelli della risolu-

---

[96] Scrive puntualmente della garanzia come "struttura neutra relativamente agli effetti", i quali sono "funzione in ultima analisi di una scelta legale o negoziale", A. NICOLUSSI, *Diritto europeo della vendita e categorie dogmatiche*, cit., p. 554.

[97] Sebbene tale tipologia di rimedi fosse già prevista dall'art. 46 della Convenzione di Vienna sui contratti di compravendita internazionale di merci, la loro estraneità alla disciplina tradizionale del contratto di compravendita in molti Stati membri, compreso il nostro, ha alimentato, in sede di recepimento della direttiva 1999/44/CE, un vivace dibattito sulla natura giuridica loro attribuibile e ancor più sul loro inquadramento teorico nell'ambito degli ordinamenti nazionali. Prezioso per la ricostruzione di un quadro d'insieme in proposito, il rinvio ai contributi al convegno internazionale di Padova, 14-15 settembre 2001, raccolti in *L'attuazione della direttiva 99/44/CE in Italia e in Europa*, Cedam, 2002. Con particolare riguardo al loro profilo funzionale, si segnala, da un lato, la posizione di quanti, seppure da prospettive teoriche diverse, connettono alla specifica *causa di consumo*, caratterizzante il sottotipo della vendita di matrice europea, la previsione di tecniche di tutela volte ad assicurare al consumatore la soddisfazione del bisogno di fruizione materiale del bene. Cfr. R. ALESSI, *L'attuazione della direttiva sulla vendita dei beni di consumo nel diritto italiano*, cit., pp. 752-753; A. NICOLUSSI, *Diritto europeo della vendita e categorie dogmatiche*, cit., p. 552, il quale osserva

zione e della riduzione del prezzo, infatti, seppure contemplati, sarebbero azionabili solo come rimedi "supplementari" ove, non essendo realizzabile il valore d'uso del bene[98], il consumatore potrà

---

che "la funzione di consumo ha soltanto imposto di tenere conto del valore d'uso della cosa compravenduta affiancando le garanzie in forma specifica alla tutela relativa al profilo economico dell'affare la quale, coerentemente, viene resa sussidiaria alla prima". Dall'altro, è doveroso riportare l'opinione di quanti invece invitano a leggere l'introduzione dei rimedi relativi al ripristino della conformità, quali la riparazione e la sostituzione del bene, in posizione gerarchicamente sovraordinata a quelli della risoluzione o della riduzione del prezzo, non solo e non tanto in funzione della protezione dell'interesse materiale del consumatore ma piuttosto come effetto "di un compromesso tra le esigenze della produzione e della distribuzione, *tendenzialmente* orientate al mantenimento del contratto, (...) e le esigenze dell'acquirente alla riappropriazione della libertà di scelta". Cfr. S. MAZZAMUTO, *op. ult. cit.*, p. 1080 ss. Ma, in senso analogo, si veda anche G. BONFANTE, O. CAGNASSO, *Risoluzione del contratto ed «azione di adempimento» quali strumenti di tutela del consumatore o dell'impresa?*, in *Contr. e Impr. Eur.*, 1/2001, p. 23 ss.

[98] Più precisamente, la disciplina della vendita di beni mobili al consumatore subordina l'azionamento dei rimedi della riduzione del prezzo o della risoluzione del contratto alla ricorrenza di una serie di presupposti tra loro alternativi. Tale delimitazione dei casi in cui al consumatore è riconosciuto il diritto di azionare i rimedi "secondari", optando per il "recupero" dello svantaggio patrimoniale patito o per lo scioglimento del vincolo contrattuale, è stata all'origine di numerose critiche. Cfr. A. LUMINOSO, *Il sistema dei rimedi: la riparazione e la sostituzione del bene difettoso e il diritto di regresso del venditore*, cit., p. 76 ss. Affermavano che, ove in sede di recepimento il legislatore italiano non avesse sancito la libertà di scelta del consumatore tra i vari rimedi, si sarebbe conseguito l'esito paradossale di una minor tutela del consumatore G. BONFANTE, O. CAGNASSO, *Risoluzione del contratto ed «azione di adempimento» quali strumenti di tutela del consumatore o dell'impresa?*, cit., pp. 29-30. Secondo A. DI MAJO, *Garanzia e inadempimento nella vendita di beni di consumo*, cit., p. 10, la scarsa chiarezza della direttiva circa i criteri in base ai quali escludere la possibilità dell'esercizio del diritto al ripristino sarebbe riconducibile ad una sorta di compromesso tra la valorizzazione dell'interesse all'effettivo conseguimento del risultato utile da parte del consumatore e la diffidenza, ascrivibile soprattutto agli ordinamenti di *common law*, nei riguardi di rimedi "a carattere *specifico*". Ai fini dell'indagine che si sta svolgendo, in ogni caso, ciò che rileva maggiormente è l'attenzione normativa riservata in via prioritaria alla tutela dell'interesse all'effettiva realizzazione del valore d'uso del bene, non rivestendo particolare importanza se quest'ultimo coincida con una rappresentazione aprioristica dell'interesse soggettivo del consumatore o se, invece e più probabilmente, la sua tutela sia funzionale alla realizzazione di una precisa *policy* di mercato. Può d'altronde essere utile ricordare che l'art. 13, comma 4, direttiva 2019/771/UE, così come l'art. 135 *bis*, comma 4, cod. cons., hanno introdotto a riguardo alcune novità rilevanti. Tra queste, la previsione della facoltà del venditore di rifiutarsi di rendere conformi i beni, "se la

scegliere se cancellare del tutto l'efficacia del contratto o se procedere al riadeguamento del rapporto di corrispettività tra prestazioni, condizionando la conservazione dell'efficacia del contratto alla riduzione dell'entità della propria prestazione, in misura proporzionale alla minore utilità conseguita o conseguibile dallo scambio programmato [99].

---

riparazione o la sostituzione sono impossibili o se i costi che il venditore dovrebbe sostenere sono sproporzionati, tenuto conto di tutte le circostanze, comprese quelle di cui al comma 2, lett. *a*) e *b*)", sembra ridurre notevolmente la rigidità dei presupposti necessari perché la riduzione del prezzo o la risoluzione siano azionabili. Tale disposizione comporta infatti il superamento di un orientamento interpretativo, promosso in precedenza dalla Corte di Giustizia UE, in virtù del quale, in caso di impossibilità o di sproporzione "relativa" di uno dei rimedi ripristinatori, si sarebbe dovuto comunque ricorrere all'altro, indipendentemente dalla sua onerosità per il professionista. Cfr. Corte Giust., 16 giugno 2011, C-65/09 e 87/09, ove al punto 71 si afferma che "nell'ipotesi in cui uno solo di tali due rimedi sia esperibile, il venditore non può rifiutare l'unico rimedio che consenta di ripristinare la conformità del bene al contratto". Occorre però anche osservare che da quanto disposto dall'art. 13, comma 4, direttiva 2019/771/UE, così come dall'art. 135 *bis*, comma 4, cod. cons., sembra discenda più il rafforzamento del potere del venditore di "indirizzare" la scelta del consumatore, ora a favore dei rimedi c.d. primari ora a favore di quelli c.d. secondari, che non il riconoscimento di una maggiore libertà di scelta del consumatore. Cfr. S. PAGLIANTINI, *Contratti di vendita di beni: armonizzazione massima, parziale e temperata della Direttiva 2019/771/UE*, in *Giur. it.*, 1/2020, p. 231, il quale puntualizza altresì che già il *considerando* n. 48, nel presentare la riparazione come un rimedio deputato ad incentivare «un consumo sostenibile» e ad assicurare «una maggiore durabilità dei prodotti», condizioni l'ordine da osservare nell'azionare i rimedi previsti in caso di difformità del bene al perseguimento di interessi altri rispetto a quelli del singolo consumatore. Lo stesso Autore, d'altra parte, rileva che "lo scenario più diffuso è, nella pratica, quello di un professionista che *impone* la modalità di ripristino preferita, senza che il consumatore possa davvero formarsi un convincimento sulla fondatezza di una sproporzione il cui apprezzamento d'altra parte, (...) diviene contestabile soltanto in via giudiziale".

[99] Cfr. F. OLIVIERO, *La riduzione del prezzo nel contratto di compravendita*, cit., p. 107, che limpidamente afferma: "reagendo all'alterazione del sinallagma, la riduzione del prezzo mira a ripristinarlo: tale ripristino avviene attraverso la fissazione di una nuova misura del corrispettivo la quale possa dirsi rispettosa dell'iniziale rapporto di corrispettività che le parti avevano fissato al momento della conclusione del negozio". La natura essenzialmente restitutoria delle azioni edilizie è confermata da A. DI MAJO, *Garanzia e inadempimento nella vendita di beni di consumo*, cit., pp. 11-12. Dopo aver ricordato l'indirizzo dottrinario che, nell'ambito della disciplina generale del contratto, assegna valore di rimedio sinallagmatico generale alla riduzione del prezzo contemplata dall'art. 1464 c.c. nell'ipotesi di impossibilità parziale di una delle prestazioni contrattuali, V. CAREDDA, *Adempimento ritardato e riduzione della controprestazione*, in *Giur. it.*,

Viceversa, attenendo l'interesse del consumatore inciso dalla pratica commerciale scorretta ad una adeguata ponderazione del più ampio valore di scambio da realizzare in seguito all'adesione all'offerta commerciale del professionista, la sua tutela potrebbe essere realizzata proprio mediante l'inversione dell'ordine di importanza assegnato, dalla disciplina della vendita di matrice eurounitaria, rispettivamente ai rimedi della riparazione e della sostituzione e a quelli della riduzione del prezzo e della risoluzione.

Ebbene, sulla scorta dell'insieme degli argomenti esposti, pare ora si possa sciogliere con maggiore sicurezza la riserva inizialmente manifestata circa la praticabilità del rinvio alle modalità operative "supplementari" della garanzia legale di conformità, al fine di disciplinare le ipotesi di risoluzione del contratto o di riduzione del prezzo *ex* art. 27, comma 15 *bis*, cod. cons.

I casi in cui si ritiene che tali strumenti potrebbero proporsi come un meccanismo adeguato di protezione dalle lesioni derivanti da una pratica commerciale scorretta sono, in particolare, quelli in cui quest'ultima sia causa della mancata corrispondenza tra l'impegno, patrimonialmente apprezzabile, sostenuto dal consumatore per il conseguimento dell'utilità attesa ed il valore dell'utilità effettivamente conseguita, vertendo il pregiudizio lamentato sull'alterazione del rapporto sinallagmatico in base al quale lo scambio è stato programmato. In base alle indicazioni disciplinari ricavabili dalla normativa alla quale si suggerisce di rinviare, ove l'operazione negoziale sia stata motivata da un bisogno che comunque il consumatore avrebbe voluto soddisfare e costui preferisca continuare a godere degli effetti del contratto, l'azionamento del rimedio della riduzione del prezzo consentirebbe la restituzione dell'indebito arricchimento conseguito dal professionista grazie alla scorrettezza della condotta tenuta nella fase di maturazione della sua decisione di natura commerciale [100]. Per via dell'adeguamento del rapporto di

---

2/2000, p. 318, rimarca la differenza funzionale tra tale strumento giuridico e quello risarcitorio, riconoscendo al primo il compito di "ripristinare un equilibrio contrattuale menomato da eventi di diversa origine, a prescindere dal danno eventualmente prodotto".

[100] Secondo F. OLIVIERO, *La riduzione del prezzo nel contratto di compravendita*, cit., p. 106, nella ricerca del fondamento della *quanti minoris*, il riferimento alla figura dell'arricchimento senza causa svolgerebbe una funzione meramente descrittiva, "giacché ciò che consente al compratore di esercitare la tutela estima-

corrispettività originariamente concordato al valore reale delle utilità scambiate, infatti, si concilierebbe il ripristino dell'integrità del potere di autodeterminazione negoziale del consumatore con la conservazione del contratto. Diversamente, ove prevalga l'esigenza di rientrare nel mercato, al fine di realizzare con interlocutori negoziali diversi e a condizioni maggiormente gradite la stessa o una diversa operazione economica, sarebbero azionabile il rimedio risolutorio e le connesse pretese restitutorie.

Come già visto, simili ipotesi potrebbero realizzarsi, a titolo puramente esemplificativo, in presenza di una pratica commerciale ingannevole consistente di volta in volta nella fornitura di informazioni non rispondenti al vero o comunque idonee ad indurre in errore il consumatore medio riguardo alla "*portata degli impegni del professionista, i motivi della pratica commerciale e la natura del processo di vendita*" (art. 21, lett. c), cod. cons.), in una "*affermazione non rispondente al vero (...) di essere firmatario di un codice di condotta*" (art. 23, lett. a), cod. cons.), nello "*asserire, contrariamente al vero, che un codice di condotta ha l'approvazione di un organismo pubblico o di altra natura*" (art. 23, lett. c), cod. cons.), nello "*asserire, contrariamente al vero, che un professionista, le sue pratiche commerciali o un suo prodotto sono stati autorizzati, accettati o approvati, da un organismo pubblico o privato o che sono state rispettate le condizioni dell'autorizzazione, dell'accettazione o dell'approvazione ricevuta*" (art. 23, lett. d), cod. cons.), o ancora nel "*rivendere ai consumatori biglietti per eventi, se il professionista ha acquistato tali biglietti utilizzando strumenti automatizzati per eludere qualsiasi limite imposto riguardo al numero di biglietti che una persona può acquistare ...*" (punto 23 *bis*, dell'allegato 1 alla direttiva 2005/29/CE, come integrato dalla direttiva 2019/2161/UE).

8. *Le ragioni del rilievo normativo riconosciuto ai rimedi della risoluzione del contratto e della riduzione del prezzo*

Al fine di ricercare ulteriori conferme alle considerazioni sinora esposte, può essere utile soffermarsi ancora brevemente sulle ragio-

---

toria è, più propriamente, il mutamento del rapporto di corrispettività fra le rispettive prestazioni contrattuali".

ni per le quali si ritiene che le priorità segnalate dal legislatore eurounitario dell'effettività e della proporzionalità dei rimedi da predisporre a tutela degli interessi dei singoli consumatori, compromessi nel momento della maturazione di una decisione di natura commerciale da una pratica commerciale scorretta, possano essere adeguatamente soddisfatte proprio dall'attivazione di strumenti giuridici assimilabili alla garanzia, nelle sue specifiche espressioni operative della riduzione del prezzo o della risoluzione del contratto.

Un primo argomento, invero, è stato già accennato in precedenza e si fonda sulla necessità, innanzitutto sul piano del metodo, di assegnare una qualche funzione rimediale alla riduzione del prezzo e alla risoluzione del contratto, nei riguardi degli effetti pregiudizievoli degli interessi del singolo consumatore prodotti dalla ricorrenza precontrattuale di una pratica commerciale scorretta, considerata la loro espressa menzione, sia *ex* art. 11 *bis*, direttiva 2005/29/CE, sia *ex* art. 27, comma 15 *bis*, cod. cons. Al di là della maggiore o minore efficacia che potrebbe riconoscersi all'azionamento di tali due meccanismi di tutela, in altri termini, si ritiene comunque opportuno, sulla scorta del dato testuale, formulare un'ipotesi applicativa autonoma. Come si è già in precedenza osservato, infatti, diversamente si attribuirebbe al richiamo alla riduzione del prezzo e alla risoluzione del contratto una funzione meramente ricognitiva di rimedi esistenti, senza aggiungere dunque nulla in termini di proporzionalità ed effettività al perseguimento dell'obiettivo della tutela individuale del consumatore.

Un secondo argomento, di natura decisamente più sostanziale, riguarda la particolare conformazione della pretesa relazione precontrattuale tra il singolo consumatore ed il professionista autore della pratica commerciale scorretta.

L'impersonalità tipica dei rapporti contrattuali di massa, ancora più accentuata dalla loro dilagante digitalizzazione, è stata già sottolineata [101]. Essa non solo rende del tutto solitario il momento nel qua-

[101] Si rinvia in proposito anche alle valutazioni svolte dall'Autorità garante della concorrenza e del mercato nei molteplici provvedimenti sanzionatori di pratiche commerciali scorrette consistenti nella diffusione *online* di messaggi e informazioni ingannevoli e omissivi finalizzati alla conclusione di varie tipologie di contratti tra professionista e consumatore. Da ultimo, cfr. AGCM, provv. n. 30355 del 25 ottobre 2022, in particolare punti n. 77 ss.; AGCM, provv. n. 30423 del 13 dicembre 2022, in particolare punti n. 55 ss.

le il consumatore raccoglie dati e informazioni [102], mettendo a confronto le offerte presenti sul mercato in ordine alla realizzazione di una data operazione economica per valutarne la convenienza e maturare di conseguenza la propria decisione di natura commerciale. La congenita anonimia dei rapporti contrattuali di massa confonde anche i soggetti e le condotte nei riguardi dei quali eventualmente denunciare l'esercizio di una pratica commerciale scorretta [103]. In questo contesto, il dovere di lealtà e correttezza nelle relazioni economiche tra professionisti e consumatori è bensì ripetutamente richiamato e, di certo, assume un'importanza centrale nell'ambito dell'attività di controllo, valutazione e regolazione delle condotte dei diversi attori di mercato cui è chiamata l'Autorità Garante della Concorrenza e del Mercato [104]. Ma sembra al contempo poco incisivo ipotizzare che la buona fede, poco importa che la si consideri fonte di obblighi di protezione nella fase del "contatto sociale" preliminare alla conclusione di un contratto o espressione del generale dovere di astensione dall'interferire nella sfera giuridica altrui – nella sua specifica espressione di diritto all'autodeterminazione contrattuale – divenga di fatto il perno valutativo di una moltitudine di giu-

---

[102] Non a caso, un altro profilo rilevante della direttiva 2019/2161/UE attiene alla necessità di aggiornare il catalogo di obblighi di informazione precontrattuale già disposti dalla direttiva 2011/83/UE in ragione delle nuove pressanti esigenze di trasparenza e tracciabilità dei beni e dei servizi offerti sui mercati digitali. Sul punto, si vedano in particolare il *considerando* n. 17 e quelli immediatamente successivi.

[103] Anche di tale criticità il legislatore eurounitario risulta ampiamento consapevole. In proposito, si rammenta, per un verso, la previsione del diritto di regresso *ex* art. 134 cod. cons. nei riguardi del professionista da parte del venditore che sia controparte contrattuale del consumatore acquirente di un bene non conforme. E si sottolinea, per altro verso, l'attenzione riservata dal *considerando* n. 27 della direttiva 2019/2161 ("...*Inoltre i consumatori dovrebbero essere informati sul modo in cui gli obblighi legati al contratto sono ripartiti tra terzi che offrono beni, servizi o contenuto digitale e il fornitore del mercato online*...") alla frammentazione delle responsabilità soggettive della controparte di fronte alla quale potrebbe trovarsi il consumatore impegnato nella maturazione di una decisione di natura commerciale in relazione ad una operazione contrattuale da realizzare on line.

[104] Cfr. M. LIBERTINI, *op. cit.*, p. 96, secondo il quale "i «principi generali di correttezza e buona fede» [*ex* art. 18, lett. h), cod. cons.], in un contesto disciplinare finalizzato alla tutela del consumatore, devono essere intesi come insieme di regole oggettive esterne, che impongono alle imprese (...) doveri di informazione e di protezione, funzionali al rispetto della libertà di scelta del consumatore".

dizi individuali volti all'accertamento della responsabilità del professionista per l'esercizio di una pratica commerciale scorretta, pregiudizievole dell'interesse del consumatore ad adottare in autonomia e piena consapevolezza decisioni di natura commerciale [105]. A meno che il giudizio di responsabilità nei riguardi del professionista assuma tratti tanto oggettivi, sia sul fronte dell'imputabilità della responsabilità, che su quello della verifica del nesso di causalità tra fatto e danno, da rendere sostanzialmente irrilevante la valutazione della specifica condotta del professionista convenuto [106].

---

[105] Pur non attenendo alla presente indagine né l'analisi delle procedure giudiziali di tutela collettiva dei diritti – di recente riformate dalla l. 12 aprile 2019, n. 31, che ne ha disposto la disciplina al libro IV, titolo VIII *bis* del codice di procedura civile (art. 840 *bis-sexiesdecies*) – né il d.lgs. 10 marzo 2023, n. 28 – attuativo della direttiva 2020/1828/UE relativa alle azioni rappresentative a tutela degli interessi collettivi dei consumatori – non può omettersi di rilevare che il tenore dell'osservazione critica formulata nel testo, riguardo alla prevalente valorizzazione, tra i rimedi a protezione del consumatore leso da pratiche commerciali scorrette, solo dell'azione di responsabilità per violazione della buona fede precontrattuale non pare suscettibile di revisione in considerazione dell'azionamento, in futuro, degli strumenti di tutela collettiva degli interessi dei consumatori, in applicazione di quanto disposto dai provvedimenti menzionati. Può infatti rilevarsi che spesso l'esercizio di una pratica commerciale scorretta interessa una singola relazione – cfr. Corte Giust., 16 aprile 2015, C-388/13 – la quale, in quanto isolata, non potrebbe essere tutelata mediante la promozione di un'azione di classe. Può anche aggiungersi che un ostacolo non indifferente nei riguardi di un cospicuo incremento del ricorso all'azione di classe è costituito anche e soprattutto dal numero inevitabilmente limitato e per questo anche «selezionato» di casi trattati annualmente dall'AGCM. La preesistenza di un procedimento di accertamento e condanna da parte dell'AGCM per ogni pratica oggetto di contestazione nel giudizio ordinario promosso con l'azione di classe rappresenterebbe, infatti, un'indiscutibile agevolazione alla diffusione di un simile strumento di tutela collettiva, in quanto la rilevanza probatoria delle risultanze del procedimento amministrativo contribuirebbe in modo rilevante all'esito positivo del ricorso. Cfr. C. Granelli, *L'art. 11-bis della direttiva 2005/29/-CE: ratio, problemi interpretativi e margini di discrezionalità concessi agli stati membri ai fini del recepimento*, cit., p. 261. Si rammenta altresì che, in base al *considerando* n. 37 e all'art. 9 della direttiva 2020/1828/UE, i benefici ricavabili dalla predisposizione di un'azione rappresentativa volta ad ottenere l'adozione di un provvedimento risarcitorio "*dovrebbero assumere la forma di rimedi, quali indennizzo, riparazione, sostituzione, riduzione del prezzo, risoluzione del contratto o rimborso del prezzo pagato*", attribuendo così agli effetti del provvedimento risarcitorio un significato del tutto inedito, in quanto ricognitivo di una pluralità di rimedi tradizionalmente ritenuti funzionali alla realizzazione di finalità non sempre e non del tutto assimilabili alla finalità reintegratoria.

[106] In proposito, si rinvia al par. 5 del presente capitolo, ove si espongono le ragioni in virtù delle quali si ritiene di poter escludere l'ipotesi della ricorrenza di una responsabilità oggettiva per violazione del divieto di pratiche commerciali scorrette.

Non a caso, d'altronde, la disciplina delle pratiche commerciali scorrette nasce con una forte impronta pubblicistica e, anche quando il legislatore eurounitario, con la direttiva 2019/2161/UE, sceglie di innovare la propria strategia d'azione a favore di una più decisa integrazione tra *private* e *public enforcement*, appare evidente che l'obbiettivo di un elevato livello di protezione dei consumatori possa essere raggiunto solo attraverso il prioritario potenziamento di misure di controllo e sanzionamento pecuniario proporzionato, effettivo e dissuasivo delle infrazioni del diritto dei consumatori da parte delle autorità amministrative o degli organi giurisdizionali nazionali competenti [107]. Anche l'armonizzazione della disciplina delle pratiche commerciali scorrette nei diversi Stati membri dell'Unione, del resto, rimane finalizzata in primo luogo alla rimozione di "sensibili distorsioni della concorrenza", per non ostacolare "il buon funzionamento del mercato interno" [108]. Risulta evidente allora che l'incremento dell'attenzione normativa nei riguardi della tutela degli interessi del singolo consumatore si proponga comunque come un obiettivo condizionato, se non semplicemente strumentale, al raggiungimento di *standard* di maggiore razionalità ed efficienza nelle dinamiche concorrenziali tra imprese all'interno del mercato unico europeo [109].

---

[107] Giova ancora ricordare a questo proposito che, se il *considerando* n. 2 della direttiva 2019/2161/UE individua nell'insufficiente conoscenza del diritto dell'Unione in materia di protezione dei consumatori tra gli stessi consumatori e tra i professionisti e gli operatori del diritto una ragione fondamentale della compromissione della sua efficacia, il *considerando* n. 3 segnala la necessità di intervenire disponendo in modo uniforme nei diversi ordinamenti nazionali "sanzioni veramente effettive e proporzionate per scoraggiare e sanzionare le infrazioni intraunionali" dei diritti dei consumatori, il *considerando* n. 10 indica la misura minima che dovrebbero assumere le sanzioni pecuniarie irrogate per infrazioni diffuse e infrazioni diffuse aventi una dimensione unionale dei diritti dei consumatori e il *considerando* n. 14 auspica l'introduzione di nuove norme di natura sanzionatoria nella direttiva 93/13/CE al fine di rafforzare l'efficacia deterrente delle sue disposizioni. Solo dopo, i *considerando* della direttiva 2019/2161/UE si soffermano sulla contestuale urgenza di contrastare la carenza di rimedi individuali adeguati, azionabili dai singoli consumatori danneggiati a causa di violazioni della disciplina nazionale sulle pratiche commerciali scorrette.

[108] Cfr. *considerando* n. 3 direttiva 2005/29/CE. Sul punto, cfr. V. MELI, *op. ult. cit.*, p. 5.

[109] Cfr. A. PLAIA, *Profili evolutivi della tutela contrattuale*, in *Eur. dir. priv.*, 1/2018, p. 86, ove si rileva che, se "si guarda alla funzione delle tutele contrattua-

Tale dato, associato a quello poc'anzi evidenziato della conformazione marcatamente impersonale della relazione precontrattuale tra professionista e singolo consumatore, pare avvalorare ancor di più l'opinione sinora sostenuta a proposito del significato da attribuire alla richiesta che il legislatore eurounitario rivolge ai propri omologhi nazionali di definire, diversificandoli, meccanismi giuridici di tutela proporzionata ed effettiva dell'interesse del singolo consumatore all'adozione di decisioni di natura commerciale libere e consapevoli. Si tratta di un invito a predisporre un ventaglio di misure, dotate di differenti profili funzionali e per questo idonee ad assicurare massima copertura all'esigenza di protezione oggetto di attenzione. D'altra parte, data l'illimitata varietà dei contenuti che le pratiche commerciali scorrette di volta in volta possono assumere, anche la compromissione che il loro esercizio può comportare nei riguardi degli interessi del consumatore non può che presentare un contenuto e un peso diversificato.

Anche da questo punto di vista, allora, l'indagine sinora condotta, prima con riguardo alla definizione dell'ambito di applicabilità della riduzione del prezzo e della risoluzione del contratto, poi con riguardo alla disciplina della loro operatività, non pare essere stata superflua. Allo stesso modo non pare fuori luogo rinviare alle norme sulla garanzia legale di conformità dei beni venduti al consumatore per trarne indicazioni normative utili a rendere effettiva la tutela individuale che l'azionamento di siffatti rimedi potrebbe garantire in caso di lesioni derivanti da pratiche commerciali scorrette. La logica normativa che muove lo strumento della garanzia presiederebbe, seppure in via indiretta, alla conformazione della reazione giuridica da riservare alle ipotesi di pregiudizi derivanti da condotte precontrattuali contrarie a *standard* professionali sempre più definiti e rigorosi, grazie anche all'attività di monitoraggio, accertamento e sanzionamento svolta dalle Autorità di vigilanza. E si eviterebbe altresì definitivamente il rischio di relegare la menzione della riduzione del prezzo e della risoluzione del contratto ad una funzione

li e, più in generale, all'impianto complessivo della disciplina regolatoria, non può sfuggire che alle tutele individuali dei contraenti è riservato un ruolo strategico residuale. (...) Le norme che attribuiscono i rimedi nel contratto asimmetrico di diritto europeo – nullità di protezione, riparazione o sostituzione, diritto di ripensamento – hanno uno scopo di *moral suasion* (...): sono infatti orientate alla razionalità del mercato e non del singolo rapporto contrattuale".

di mera testimonianza formale dell'impegno legislativo profuso nel recepimento dell'art. 11 *bis* della direttiva 2005/29/CE.

In questa prospettiva, il divieto di pratiche commerciali scorrette costituirebbe il presupposto legale dell'obbligo in capo al professionista di tenere, nella fase preliminare alla conclusione di un contratto, una condotta coerente a parametri di trasparenza e correttezza dotati di crescente oggettività [110], così come la vendita di beni di consumo presuppone a carico del professionista alienante la garanzia di conformità dei beni e dei servizi offerti sul mercato allo *standard* deducibile dal tipo di operazione di scambio concordata.

Sicché, ove una condotta scorretta si riveli causa di un'alterazione dell'assetto di vantaggi, svantaggi e rischi nell'ambito del quale il consumatore abbia programmato la realizzazione di una data operazione economica, quest'ultimo potrebbe avvalersi alternativamente degli strumenti di tutela della risoluzione del contratto o della riduzione del prezzo, allo stesso modo in cui quegli stessi rimedi possono divenire espressione della garanzia dovuta dal venditore nel caso il bene venduto al consumatore sia difforme da quanto contrattualmente programmato.

Nella valutazione del grado di effettività della tutela che il ricorso a tali rimedi può assicurare, d'altra parte, non va sottovalutato l'indirizzo interpretativo ampiamente condiviso secondo il quale essi sarebbero azionabili in via stragiudiziale, indirizzo ora confermato dall'espressa previsione in tal senso dell'art. 16 della direttiva 2019/771/UE e dell'art. 135 *quater*, comma 2, cod. cons. a proposito della risoluzione del contratto di vendita di beni non conformi [111]. Pertanto, una volta contestata da parte del consumatore la

[110] In proposito, si rinvia nuovamente all'integrazione dell'art. 6, par. 2, direttiva 2005/29/CE, disposta dall'art. 1, par. 2 della direttiva 2024/825/UE. Per maggiori riferimenti, vedi *supra*, cap. I, nota 5.

[111] Né la direttiva 2019/771/UE, né il legislatore nazionale che le ha dato attuazione hanno disposto un'analoga previsione nei riguardi della riduzione del prezzo. Tuttavia, considera la riduzione del prezzo oggetto di un diritto potestativo esercitabile anche in via stragiudiziale, F. OLIVIERO, *La riduzione del prezzo nel contratto di compravendita*, cit., p. 115 ss.; ID., *La nuova disciplina dei c.d. rimedi "secondari": riduzione del prezzo e risoluzione del contratto*, in G. DE CRISTOFARO (a cura di), *La nuova disciplina della vendita mobiliare nel codice del consumo*, cit., p. 338, ove, a conclusione di un'attenta analisi dei possibili significati attribuibili alle disposizioni di recepimento della direttiva 2019/771/UE dettate con specifico riferimento all'azione estimatoria, sostiene che "nonostante l'ambiguità del testo di legge, non possono essere sollevati dubbi circa la natura

scorrettezza della pratica in virtù della quale si sarebbe verificato uno scostamento tra l'equilibrio sinallagmatico dello scambio, sul quale costui aveva maturato il proprio affidamento, e l'effettiva misura del rapporto di corrispettività realizzato, al professionista intenzionato a resistere rimarrebbe solo la facoltà di eccepire davanti al giudice il nesso di causalità tra scorrettezza della pratica e lesione. Dovrebbe invece considerarsi preclusa, al fine di sottrarsi all'efficacia dei rimedi non risarcitori azionati dal consumatore, sia l'eccezione di non colpevolezza [112], che l'eccezione relativa alla di-

---

di diritto potestativo esercitabile con atto stragiudiziale della riduzione del prezzo". È dubbioso sul tema ma non esclude la plausibilità di una domanda anche stragiudiziale della riduzione del prezzo, A. Luminoso, *La nuova disciplina delle garanzie nella vendita al consumatore. (Una prima lettura del d.lgs. n. 170/2021)*, cit., p. 508. Da ultimo, S. Romanò, *La riduzione del prezzo e la risoluzione del contratto nella Direttiva 2019/771/UE*, in T. Dalla Massara (a cura di), *La vendita di beni mobili*, Pacini Giuridica, 2020, p. 358, osserva che "se per avvalersi del rimedio più gravoso, ossia la risoluzione del contratto, il consumatore può esercitare la sua pretesa anche solo su un piano stragiudiziale, sembrerebbe irragionevole richiedere l'esperimento di un'azione giudiziale per la riduzione del prezzo". Lo stesso orientamento è condiviso da G. De Cristofaro, *«Rimedi» privatistici individuali e pratiche commerciali scorrette. Il recepimento del diritto italiano dell'art. 11-*bis *della direttiva 2005/29/CE. (Comma 15-*bis*, art. 27 c. cons.)*, cit., p. 488 e Id., *Diritto italiano ed europeo dei consumatori*, cit., p. 250.

[112] Nel diverso contesto delle procedure di accertamento della responsabilità del professionista, al contrario, tale eccezione sarebbe senz'altro azionabile. Tuttavia, come già più volte ricordato, l'onere probatorio da sostenere potrebbe risultare sensibilmente appesantito nell'ipotesi in cui si ritenga applicabile per analogia la recente disciplina della responsabilità del professionista derivante dalla commissione di un illecito *antitrust*, disposta dalla d. lgs. 19 gennaio 2017, n. 3. Sarebbe allora riconosciuta al giudice la facoltà di ordinare al professionista o a terzi "*l'esibizione di prove rilevanti che rientrino nella loro disponibilità*" (art. 3) e il potere di ordinare "*l'esibizione di prove contenute nel fascicolo di un'autorità garante della concorrenza quando né le parti né i terzi sono ragionevolmente in grado di fornire tale prova*" (art. 4). Inoltre, sarebbe possibile considerare "*definitivamente accertata, nei confronti dell'autore, la violazione del diritto della concorrenza constatata da una decisione dell'autorità garante della concorrenza e del mercato di cui all'art. 10 della legge 10 ottobre 1990, n. 287, non più soggetta ad impugnazione davanti al giudice del ricorso, o da una sentenza del giudice del ricorso passata in giudicato*" (art. 7). Sul punto cfr. C. Granelli, *L'art. 11-bis della direttiva 2005/29/CE: ratio, problemi interpretativi e margini di discrezionalità concessi agli stati membri ai fini del recepimento*, cit., p. 262. A riguardo, tale Autore, da un lato, cita il principio di diritto formulato da Cass. 31 agosto 2021, n. 23655, ove la presunzione legale, suscettibile di prova contraria, della violazione del diritto dei consumatori – nella specie del precetto di chiarez-

versità del soggetto cui la relativa responsabilità sarebbe imputabile [113]. Come rilevabile nell'ottica della garanzia, infatti, lo stato

---

za e comprensibilità disposto dalla direttiva 93/13/CE a proposito della formulazione di clausole contrattuali, anche nella prospettiva dell'accertamento di un significativo squilibrio di diritti e obblighi derivanti dal contratto a carico del consumatore – si ritiene ricavabile dalla funzione sistematica assolta nel nostro ordinamento dagli strumenti di *public enforcement* (*Ivi*, p. 261, nota 19). Dall'altro, ricorda che la direttiva 2020/1828/UE, relativa alle azioni rappresentative a tutela degli interessi collettivi dei consumatori e che abroga la direttiva 2009/22/CE, all'art. 5 invita espressamente gli Stati membri a provvedere "*affinché una decisione definitiva di un organo giurisdizionale o di un'autorità amministrativa di qualsiasi Stato membro relativa all'esistenza di una violazione a danno degli interessi collettivi dei consumatori possa essere usata da tutte le parti come prova nell'ambito di eventuali altre azioni dinanzi ai loro organi giurisdizionali o autorità amministrative nazionali al fine di invocare provvedimenti risarcitori nei confronti dello stesso professionista per la stessa pratica, conformemente al diritto nazionale in materia di valutazione delle prove*". (*Ivi*, p. 262, nota 25). Si veda anche l'ultimo comma della proposta di attuazione della disegno di legge delega al governo in ordine alla riforma del codice civile, riportata in nota da C. GRANELLI, *Pratiche commerciali scorrette: le tutele individuali nel disegno di legge delega di riforma del codice civile*, cit., p. 496, ove si suggerisce che una decisione dell'AGCM adottata ai sensi dell'art. 27 cod. cons. e non più impugnabile o una sentenza del giudice ordinario passata in giudicato siano sufficienti ad attestare la scorrettezza della pratica lamentata dal consumatore. Stante la specialità della disciplina del risarcimento del danno da illeciti *antitrust*, disposta dal d.lgs. 19 gennaio 2017, n. 3 limitatamente all'esercizio del diritto al risarcimento del danno causato da una violazione del diritto della concorrenza da parte di un'impresa o di un'associazione di imprese, esclude l'applicabilità analogica di tale normativa al risarcimento del danno da pratica commerciale scorretta, G. DE CRISTOFARO, *«Rimedi» privatistici individuali e pratiche commerciali scorrette. Il recepimento del diritto italiano dell'art. 11*-bis *della direttiva 2005/29/CE. (Comma 15*-bis, *art. 27 c. cons.)*, cit., p. 479, nota 77, ID., *Diritto italiano ed europeo dei consumatori*, cit., p. 240. Lo stesso autore, tuttavia, riconosce che "è invero altamente probabile che anche con riferimento alla natura scorretta della pratica commerciale la giurisprudenza civile finirà per pervenire al medesimo esito cui è già pervenuta [il riferimento è alla già citata decisione di Cass. 31 agosto 2021, n. 23655]. (*Ivi*, nota 80).

[113] Proprio in ragione della molteplicità degli operatori economici che nella maggior parte dei casi oggi concorrono alla predisposizione di un'offerta commerciale, si ritiene, in altri termini, che al consumatore si debba comunque riconoscere la facoltà di avvalersi dei rimedi a vocazione restitutoria contro pratiche commerciali scorrette nei riguardi della propria controparte contrattuale, quando quest'ultima, sebbene estranea all'esercizio della pratica, ne abbia tratto oggettivamente vantaggio. D'altronde, il professionista chiamato in causa potrebbe a sua volta avvalersi del rinvio all'applicazione dell'art. 134 cod. cons., il quale prevede il diritto di regresso del venditore nei riguardi della persona alla cui azione o omissione, "nell'ambito dei passaggi precedenti della medesima catena commer-

soggettivo dell'autore della pratica sarebbe irrilevante, a differenza di quanto accadrebbe ove, proprio nel valutare la sua responsabilità, si accogliesse l'opinione che ritiene la colpa del professionista oggetto di presunzione *ex* art. 2600, comma 3, c.c. [114]. Ma soprattutto, data la probabile esiguità, quantomeno in termini assoluti, dell'impegno patrimoniale richiesto al professionista al fine di soddisfare le pretese restitutorie del singolo consumatore, pare ragionevole ipotizzare che, rappresentando per il professionista la resistenza in sede giudiziale un costo senz'altro più elevato, quest'ultima non si configuri come l'opzione da preferire.

Certo, facendo leva proprio su questo argomento, un'analisi attenta all'effettività, anche in chiave di dissuasività, dei possibili approcci al tema del *private enforcement*, potrebbe indurre a rimarcare la scarsa incisività di rimedi dagli effetti patrimoniali agevolmente "internalizzabili" tra i costi connessi al rischio d'impresa [115].

---

ciale", si dimostri sia imputabile il difetto di conformità. Ma, per spunti critici sulla estrema genericità della disposizione cfr. G. DE CRISTOFARO, *Verso la riforma della disciplina delle vendite mobiliari b-to-c: L'attuazione della direttiva EU 2019/771*, in *Riv. dir. civ.*, 2/2021, p. 244. Allo stesso modo, anche nell'ambito delle norme relative all'accertamento della responsabilità del professionista per danni da prodotti difettosi, la piena consapevolezza del legislatore circa le difficoltà connesse alla prova dell'imputabilità della responsabilità e la conseguente volontà di evitare che il consumatore debba farsene carico, emerge sia dall'art. 116 cod. cons., relativo alla responsabilità del fornitore per danni da prodotto difettoso, che opera ove costui abbia omesso "di comunicare al danneggiato, entro il termine di tre mesi dalla richiesta, l'identità e il domicilio del produttore o della persona che gli ha fornito il prodotto", sia dal diritto di regresso, contemplato dall'art. 121, comma 2, cod. cons., nell'ipotesi di una pluralità di soggetti responsabili. Manifesta invece un'opinione contraria all'azionabilità dei rimedi restitutori nei riguardi del professionista con cui il consumatore abbia concluso il contratto qualora costui sia diverso dall'autore della pratica commerciale scorretta e con quest'ultimo non sia dimostrabile alcun legame economico, G. DE CRISTOFARO, *«Rimedi» privatistici individuali e pratiche commerciali scorrette. Il recepimento del diritto italiano dell'art. 11*-bis *della direttiva 2005/29/CE. (Comma 15*-bis*, art. 27 c. cons.)*, cit., p. 490-491, ID., *Diritto italiano ed europeo dei consumatori*, cit., p. 253, secondo il quale altrimenti i rimedi della risoluzione del contratto o della riduzione del prezzo "si rivelerebbero palesemente ed ingiustificatamente «sproporzionati»".

[114] Cfr. G. DE CRISTOFARO, *«Rimedi» privatistici individuali e pratiche commerciali scorrette. Il recepimento del diritto italiano dell'art. 11*-bis *della direttiva 2005/29/CE. (Comma 15*-bis*, art. 27 c. cons.)*, cit., p. 481, ID., *Diritto italiano ed europeo dei consumatori*, cit., p. 242.

[115] Con l'espressione "rischio d'impresa" si suole indicare l'insieme dei danni

La considerazione naturalmente non è da trascurare, ma, riservandoci di sviluppare in prosieguo ulteriori considerazioni sul punto, basti qui osservare che un'organica realizzazione degli obiettivi perseguiti dal legislatore eurounitario – rappresentati dal coordinamento sistematico e dal reciproco potenziamento tra *public* e *private enforcement* – potrebbe compensare l'apparente irrilevanza dell'efficacia rimediale attribuibile all'azionamento di pretese individuali di consistenza meramente restitutoria.

A maggiori soddisfazioni, dal punto di vista della deterrenza delle misure adottate, potrebbe forse aspirarsi promuovendo meccanismi di tutela alternativi, caratterizzati da una più marcata vocazione sanzionatoria. Tuttavia, ostacoli sistematici di non poco momento [116], insuperabili nell'ambito di una riflessione *de iure condito*, si opporrebbero invero alla individuazione in via interpretativa di strumenti rimediali così connotati.

Dunque, il consumatore che abbia visto pregiudicato dalla prati-

---

e delle disutilità fisiologicamente connessi allo svolgimento di un'attività d'impresa e traducibili in altrettanti costi. Cfr. P. TRIMARCHI, *La responsabilità civile: atti illeciti rischio e danno*, Giuffrè, 2019, p. 283 ss., il quale notoriamente spiega il meccanismo di imputazione della responsabilità oggettiva individuando nella calcolabilità del rischio d'impresa il miglior incentivo all'adozione di misure di prevenzione degli incidenti fonti di danni a terzi che, ad un tempo, siano economicamente sostenibili per l'imprenditore e, all'esterno, garantiscano pure l'economicità della sua attività.

[116] Sul punto si tornerà *infra*, cap. III. Qui basti rammentare l'indirizzo largamente maggioritario in dottrina e in giurisprudenza, già considerato *supra*, cap. II, nota 69, che esclude l'operatività nel nostro ordinamento civilistico di strumenti di tutela utili, oltre che a compensare lesioni di interessi soggettivi giuridicamente rilevanti, anche a produrre effetti punitivi nei riguardi del responsabile della lesione. In questo senso, è significativa anche la lettura del *considerando* n. 10 della direttiva 2020/1828/UE, secondo il quale "*è importante garantire il necessario equilibrio tra migliorare l'accesso dei consumatori alla giustizia e fornire adeguate garanzie per i professionisti al fine di evitare l'abuso del contenzioso*", specificandosi in proposito espressamente che "*il riconoscimento di risarcimenti a carattere punitivo dovrebbe essere evitato*". A riguardo, appare condivisibile la critica dell'orientamento che attribuisce alla *quanti minoris* funzione risarcitoria, espressa da F. OLIVIERO, *La riduzione del prezzo nel contratto di compravendita*, cit., p. 86. Tale Autore osserva, per un verso, che l'azionabilità del rimedio risarcitorio è espressamente prevista in aggiunta al rimedio estimatorio e, per altro verso, che, se si convenisse sull'attribuzione di una funzione risarcitoria alla riduzione del prezzo, "sarebbe certamente inammissibile il cumulo di poste risarcitorie che l'esercizio combinato dell'uno e dell'altro rimedio renderebbe possibile".

ca commerciale scorretta il suo interesse a manifestare una volontà negoziale libera, consapevole e adeguatamente ponderata potrebbe chiedere in via stragiudiziale la riduzione del prezzo o la risoluzione del contratto, quando non sia nelle condizioni di dimostrare un danno eccedente la misura di quanto ingiustificatamente corrisposto o sacrificato a favore del professionista [117]. Costui potrebbe essere maggiormente sollecitato a far valere le proprie pretese nei riguardi del professionista, grazie all'incremento di effettività garantito dalla maggiore semplicità operativa di tali strumenti giuridici e dalla relativa rapidità dei risultati restitutori conseguibili [118].

---

[117] La valorizzazione della funzione rimediale assolta da risoluzione del contratto e riduzione del prezzo pare trovare conforto anche nell'opinione di quanti affermano che "il diritto contrattuale europeo è vieppiù connotato da una propensione alla tutela specifica, sicché la riconduzione del titolare dell'interesse leso nella condizione in cui si trovava prima della violazione, è mediata da un ventaglio di rimedi che tendono alla *restituzione*, prima che alla compensazione del pregiudizio economico subito, rimedio quest'ultimo che riveste ora un ruolo sussidiario, ora al più cumulativo". Cfr. S. MAZZAMUTO, A. PLAIA, *I rimedi nel diritto privato europeo*, Giappichelli, 2012, p. 44.

[118] Osservando che il riconoscimento della ricorrenza di pratiche commerciali scorrette da parte dell'AGCM abbia fatto da "volano" per due recenti vicende giudiziarie, l'una riguardante l'offerta di "diamanti da investimento" da parte di istituti bancari, l'altra riguardante la commercializzazione di autoveicoli Volkswagen per la falsità dell'elevata sostenibilità ambientale attribuita alle loro prestazioni, mostra grande sensibilità per il problema dell'effettività delle tutele degli interessi dei singoli consumatori, C. GRANELLI, *L'art. 11-bis della direttiva 2005/29/CE: ratio, problemi interpretativi e margini di discrezionalità concessi agli stati membri ai fini del recepimento*, cit., p. 258 ss. Sebbene sia l'una che l'altra vicenda giudiziaria ricordate siano state rivolte formalmente ad accertare la responsabilità dei professionisti convenuti in giudizio, sia nell'uno che nell'atro caso l'obbligazione risarcitoria ha assunto di fatto tratti restitutori, in quanto la sua misura è risultata equivalente ad una riduzione del prezzo proporzionata alla differenza rilevata tra il rapporto di corrispettività originariamente concordato e quello effettivamente realizzato in conseguenza degli effetti della pratica commerciale scorretta subita dal consumatore. Inoltre, come giustamente rileva l'Autore precedentemente citato con specifico riguardo alla prima vicenda, "nella più parte dei casi, neppure è stato necessario, per le vittime della pratica commerciale in discussione, rivolgersi, per ottenere tutela, all'Autorità giudiziaria: (...) le banche coinvolte hanno «spontaneamente» posto in essere (...) condotte riparatorie", (*Ivi*, p. 259), indipendentemente dunque dal formale accertamento delle loro responsabilità. Pare utile rimarcare che tali condotte hanno assunto ancora una volta i tratti sostanziali delle restituzioni, ora integrali, mediante il correlativo ritiro delle pietre oggetto dell'investimento, ora parziali, mediante l'accredito al cliente di una somma pari alla differenza fra capitale investito e valore effettivo delle pietre preziose.

La facoltà di denunciare la ricorrenza di una specifica responsabilità soggettiva, quale effetto della violazione dello *standard* di correttezza dovuta e garantita dal professionista nelle proprie pratiche commerciali, rimarrebbe inalterata, ma in questo caso, come si è in parte accennato e come si dirà più estesamente di seguito, sarebbe di certo diverso e più complesso l'*iter* processuale da seguire, sia che a siffatta responsabilità sia applicato il regime disciplinare della responsabilità da inadempimento di un obbligo di protezione, fondato sul precetto legale della buona fede *ex* art. 1337 c.c., sia che invece la lesione subita sia presentata come specifica ipotesi di illecito extracontrattuale.

Potrebbe da ultimo segnalarsi qualche decisivo progresso, oltre che sul versante dell'effettività, anche su quello della proporzionalità dei meccanismi di tutela approntati. La loro indipendenza dall'accertamento della responsabilità del professionista avrebbe infatti importanti implicazioni soprattutto con riferimento alla misura dell'attribuzione patrimoniale eventualmente dovuta in seguito alla scelta del consumatore di confermare l'efficacia del contratto, richiedendo solo la riduzione del prezzo corrisposto o da corrispondere.

Si è già rilevato che quest'ultima, secondo un'opinione diffusa in dottrina [119], dovrebbe essere calcolata utilizzando come parametro di riferimento il vantaggio conseguito dal professionista/garante in seguito all'ingiustificata appropriazione di utilità altrui, realizzata grazie alla scorrettezza della propria condotta precontrattuale [120].

L'obiettivo della proporzionalità, oltre che dell'effettività della tutela, sarebbe allora perseguito, da un lato, rendendo più agevole al consumatore la protezione giudiziale o – preferibilmente – stragiudiziale dei propri interessi, contro gli effetti pregiudizievoli che la pratica commerciale scorretta abbia prodotto, limitatamente al-

---

[119] Cfr., *supra*, cap. II, nota 99.

[120] Precisa puntualmente F. OLIVIERO, *La riduzione del prezzo nel contratto di compravendita*, cit., p. 83, a questo proposito che, invero, "la tutela estimatoria non si esaurisce in una mera applicazione dell'azione di arricchimento. Non solo perché quest'ultima nel diritto civile vigente costituisce un mezzo di tutela sussidiario (...), ma anche e soprattutto perché la riduzione del prezzo non si limita a provocare il mero adeguamento del prezzo, bensì (...) dà luogo pure, e correlativamente, alla modifica della prestazione incombente sul venditore", aggiungendosi anche che mentre il venditore, secondo l'opinione universalmente condivisa, è tenuto ad un debito di valuta, l'arricchito è tenuto ad un debito di valore (*Ivi*, p. 84).

l'alterazione del sinallagma contrattuale concordato; dall'altro, assicurando al professionista/garante una misura certa ma contenuta dell'obbligazione pecuniaria eventualmente dovuta [121].

9. *Il rimedio risolutorio e la mancata menzione dell'invalidità contrattuale*

È giunto il momento di procedere alla verifica della misura in cui le indicazioni normative contenute nella direttiva 2019/771/UE e riportate dall'art. 135 *quater* cod. cons., con specifico riferimento alla risoluzione e alla riduzione del prezzo, possano essere utilmente richiamate nel caso in cui i suddetti meccanismi rimediali siano azionati per tutelare il singolo consumatore dall'incidenza di una pratica commerciale scorretta sulla libertà e la piena consapevolezza delle sue valutazioni in merito alla convenienza dell'operazione economica oggetto del contratto concluso con il professionista.

Prendendo le mosse dalla considerazione della risoluzione del contratto, si ritiene però che, preliminarmente, meritino di essere brevemente indagate le ragioni per le quali la menzione di tale istituto, finalizzato a cancellare la persistente efficacia del contratto a causa di sopravvenienze idonee ad alterarne l'originaria ragione giustificativa [122], sia stata preferita dal legislatore eurounitario al richiamo dell'invalidità, considerato che il problema da affrontare, ovvero l'eliminazione degli effetti pregiudizievoli di una condotta

---

[121] Appare significativo in proposito che, da una prospettiva diversa ma pur sempre correlata al tema oggetto di indagine, quella cioè relativa alla definizione delle condotte dovute dalle parti nella fase del contatto prodromico alla conclusione del contratto, C. CAMARDI, *Note critiche sull'approccio dicotomico alla «natura» della responsabilità precontrattuale e sulle cosiddette «terre di nessuno»*, cit., p. 240, osservi puntualmente che in ossequio ai principi ispiratori dell'esercizio dell'autonomia contrattuale durante le trattative, a ciascuna parte potrà considerarsi legalmente garantito il conseguimento delle sole utilità "formalizzate attraverso un accordo di scambio frutto di una determinazione libera e consapevole", dovendosi escludere dunque che il legislatore garantisca il conseguimento di tutte quelle utilità ritenute convenienti secondo le rispettive preferenze ma non divenute oggetto di riconoscimento in sede di definizione del regolamento contrattuale.

[122] Cfr. C.M. BIANCA, *Il contratto*, cit., p. 731 ss.; V. ROPPO, *Il contratto*, cit., p. 937 ss.; G. SICCHIERO, *La risoluzione per inadempimento*, in *Comm. cod. civ. Schlesinger*, Giuffrè, 2007, p. 672 ss.

scorretta del professionista sulla decisione di natura commerciale del consumatore, sembra assuma più propriamente i contorni del vizio attinente la genesi del contratto, che non quelli di un vizio di funzionalità successivo alla sua conclusione. Una simile indagine potrebbe condurre, in una prospettiva più marcatamente operativa, ad un ulteriore rafforzamento, soprattutto in chiave funzionale, della tesi secondo la quale la risoluzione del contratto o la riduzione del prezzo, oggi richiamate dall'art. 27, comma 15 *bis*, cod. cons., oltre che dall'art. 11 *bis* direttiva 2005/29/CE, si applicherebbero in assenza di rimedi alternativi specificamente disposti in relazione al fatto lesivo contestato dal consumatore e andrebbero disciplinate mediante il rinvio alle norme sulla garanzia legale di conformità dei beni oggetto di vendita al consumatore.

Un primo argomento utile a spiegare, ma invero anche a liquidare sbrigativamente, la questione della preferenza accordata dal diritto eurounitario ai rimedi appena menzionati, piuttosto che ad ipotesi di invalidità seppure speciale del contratto, potrebbe consistere nella valorizzazione della matrice fortemente pragmatica e rimediale caratterizzante il diritto europeo dei contratti [123], adducendo la prevalenza dell'obiettivo dell'effettività della tutela del consumatore [124], sul rispetto delle specifiche funzioni normative assolte dai diversi istituti del diritto dei contratti nell'ambito dell'ordinamento nazionale [125]. Va riconosciuto, però, che si tratterebbe di un argomento piuttosto debole. A suo favore, potrebbero giocare senz'altro gli effetti non sempre vantaggiosi per il consumatore della caducazione del contratto, oltre che la difficoltà sistematica nel coniugare il rimedio demolitorio della nullità con quello reintegratorio del ri-

---

[123] Sul tema, in generale, cfr. S. MAZZAMUTO, *Il contratto di diritto europeo*, Giappichelli, 2015, p. 14 ss.; ID., *La prospettiva dei rimedi in un sistema di civil law: il caso italiano*, in *Contr. e Impr.*, 3/2019, p. 831 ss.; A. DI MAJO, (voce) *Rimedi contrattuali*, in *Contratto*, *Enc. dir.*, I tematici, Giuffrè, 2021, p. 1032 ss.; ID., *Rimedi e dintorni*, in *Eur. dir. priv.*, 4/2015, p. 703 ss.; G. SMORTO, *Sul significato dei «rimedi»*, in *Eur. dir. priv.*, 1/2014, p. 159 ss.

[124] All'effettività della tutela degli interessi del consumatore, come già accennato, potrebbe concorrere in modo determinante la facoltà riconosciuta allo stesso consumatore dall'art. 16 della direttiva 2019/771/UE e dall'art. 135 *quater*, comma 2, cod. cons., di manifestare la propria volontà di risolvere il contratto in via stragiudiziale.

[125] Cfr. G. VETTORI, *Contratto giusto e rimedi effettivi*, in *Riv. trim. dir. e proc. civ.*, 3/2015, p. 787 ss.

sarcimento del danno. Ma, le ragioni della preferenza accordata a rimedi ad effetti in primo luogo restitutori, rispetto a rimedi ad effetti innanzitutto demolitori, rimarrebbero comunque da appurare, quantomeno con riguardo alla deterrenza dei due ordini di rimedi, che dovrebbe ritenersi maggiore nel caso della produzione di effetti invalidanti e, invero, minori nel caso di effetti restitutori [126].

Volendo allora provare ad individuare ragioni giustificatrici fondate su più solide basi analitiche, può soccorrere ancora il parallelo con la disciplina della risoluzione del contratto quale effetto della garanzia per vizi o per difetti di conformità della cosa oggetto della compravendita.

In proposito, si può innanzitutto ricordare che quanti considerano la garanzia un'ipotesi di responsabilità per inadempimento trovano, proprio nell'indicazione della risoluzione del contratto quale effetto operativo della garanzia codicistica, un'importante conferma della loro proposta ricostruttiva [127], ulteriormente corroborata dalla riformata disciplina della garanzia per vizi di matrice europea [128]. Secondo questo indirizzo interpretativo, dunque, lo sciogli-

---

[126] Per riferimenti alla giurisprudenza della Corte di Giustizia rivolta ad esaltare l'efficacia deterrente della nullità di protezione, con specifico riferimento alla disciplina delle clausole abusive, si veda *supra*, cap. I, nota 40. Da ultimo, menzionando l'annullabilità come una "sanzione effettiva, proporzionata e dissuasiva ai sensi dell'art. 13 della direttiva 2005/29" nei riguardi di un contratto di assicurazione la cui conclusione sia stata condizionata dall'esercizio di una pratica commerciale scorretta, pare alludere proprio alle potenzialità deterrenti dell'istituto dell'invalidità contrattuale che il diritto eurounitario ha senz'altro contribuito ad esaltare, Corte Giust., 2 febbraio 2023, C-208/21. Nel sottolineare l'estraneità di una logica deterrente e sanzionatoria alla base dei meccanismi di tutela degli interessi individuali del consumatore lesi da una pratica commerciale scorretta, viceversa, considera "incauta" la scelta della Corte di qualificare l'invalidità, piuttosto che come un rimedio, come una sanzione effettiva, proporzionata e dissuasiva, ai sensi dell'art. 13 direttiva 2005/29/CE – nella versione precedente alle modifiche apportate dalla direttiva 2019/2161/UE –, G. DE CRISTOFARO, *«Rimedi» privatistici individuali e pratiche commerciali scorrette. Il recepimento del diritto italiano dell'art. 11-*bis *della direttiva 2005/29/CE. (Comma 15-*bis*, art. 27 c. cons.)*, cit., p. 452, nota 18 e ID., *Diritto italiano ed europeo dei consumatori*, cit., p. 209.

[127] Cfr. C.M. BIANCA, *La vendita e la permuta*, cit., p. 948 ss. Ma si veda anche D. RUBINO, *La compravendita*, cit., p. 637.

[128] Cfr. G. DE CRISTOFARO, *La nuova disciplina codicistica dei contratti per la fornitura dei beni mobili conclusi da consumatori e professionisti*, cit., p. 1180; ID., *Verso la riforma della disciplina delle vendite mobiliari B-To-C: l'at-*

mento del contratto, eventualmente richiesto dall'acquirente di un bene affetto da vizi o difformità, integrerebbe una specifica ipotesi di risoluzione per inadempimento *ex* art. 1453 c.c.

Ove si voglia dare credito, allora, all'ipotesi dell'esistenza di affinità tra gli effetti della scorrettezza della pratica esercitata dal professionista prima della conclusione del contratto e il mancato rispetto della conformità al contratto del bene venduto al consumatore, dovrà pure riconoscersi che, allo stesso modo in cui la risoluzione rappresenta una delle modalità operative della garanzia nel caso della vendita al consumatore di un bene con vizi di conformità, alla risoluzione si potrà fare legittimamente ricorso anche contro quella particolare ipotesi di inadempimento rappresentata dalla distorsione degli effetti contrattuali programmati, per via dell'esercizio di una pratica commerciale in contrasto con il parametro della diligenza professionale e idonea a falsare in misura rilevante il comportamento economico del consumatore [129]. L'effetto del suo azio-

---

tuazione della direttiva UE 771/2019, p. 221 ss.; R. ALESSI, *L'attuazione della direttiva sulla vendita dei beni di consumo nel diritto italiano*, cit., pp. 760-761.

[129] Chi esclude l'ammissibilità del ricorso al rimedio risolutorio nel caso di effetti pregiudizievoli di una pratica commerciale scorretta, argomenta che questi ultimi sarebbero generati in realtà da una condotta precontrattuale contraria a buona fede, "in presenza della quale, con tutta evidenza, il nostro ordinamento non contempla il rimedio della risoluzione del contratto". Cfr. L. GUFFANTI PESENTI, *Pratiche commerciali scorrette e rimedi nuovi*, cit., p. 657. Nello stesso senso, cfr. M.R. MAUGERI, *Invalidità del contratto stipulato a seguito di pratica commerciale sleale?*, cit., p. 319. Ove tuttavia si consideri che, secondo l'orientamento di cui si discorre, nel caso dell'asserito inadempimento del venditore, integrato dall'attribuzione all'acquirente di un bene non "conforme al contenuto esplicito e implicito della sua offerta", cfr. C.M. BIANCA, *La vendita e la permuta*, cit., p. 709, si assisterebbe alla proiezione nella dimensione esecutiva del contratto di una "mancanza" risalente al più tardi al momento della conclusione dello scambio, non pare del tutto incongruo opinare che, in seguito alla conclusione del contratto, la condotta contraria a buona fede del professionista integrata dalla pratica commerciale scorretta possa proiettare i suoi riflessi sul relativo regolamento e sulla sua esecuzione, determinando così una violazione dell'impegno negoziale egualmente utile a giustificare il ricorso alla risoluzione del contratto. Potrebbe essere guardata in questa prospettiva una pratica commerciale come quella descritta dal numero 23 *bis* dell'allegato 1 della direttiva 2005/29/CE, come da ultimo modificato dalla direttiva 2019/2161/UE, volta a consentire al professionista in fase esecutiva la pretesa di un corrispettivo sovrastimato rispetto al valore che avrebbe avuto in assenza della pratica scorretta. Un'analoga proiezione degli effetti della pratica scorretta nella fase di esecuzione del contratto potrebbe essere ravvisata anche con riferimento all'ipotesi prevista dall'art. 23, comma 1, lett. a),

namento sarebbe comunque la cancellazione del vincolo contrattuale, ma si tratterebbe solo di una reazione estrema alla ricorrenza di un vizio funzionale del sinallagma contrattuale, altrimenti evitabile azionando il diverso rimedio, conservativo del contratto, della riduzione del prezzo. Si tratterebbe soprattutto di uno strumento di tutela degli interessi del consumatore più "versatile" dell'invalidità, sia dal punto di vista procedurale, che, come si proverà a dimostrare più avanti, dal punto di vista degli effetti restitutori.

È noto, però, che la rappresentazione di tale modalità operativa della garanzia alla stregua di un'ipotesi particolare di risoluzione da inadempimento non è universalmente condivisa.

Secondo un diverso orientamento interpretativo, nel caso dell'art. 1492 c.c. [130], come anche nel caso della disciplina dei vizi di conformità ispirata dal diritto europeo [131], la funzione assolta dal

---

cod. cons., riguardante la mendace sottoscrizione di un codice di condotta. Si sofferma sulla proponibilità della domanda di risoluzione del contratto per violazione di obbligazioni fondate sul dovere della buona fede, G. SICCHIERO, *La risoluzione per inadempimento*, cit., p. 336 ss. In giurisprudenza, per quanto risalente nel tempo, riveste ancora carattere paradigmatico in proposito Cass. 20 aprile 1994, n. 3775, meglio nota come sentenza sul "caso Fiuggi". Da ultimo, si veda anche App. Milano, 22 giugno 2021, n. 1938, Cass. 20 gennaio 2020, n. 1934; App. Brescia, 10 aprile 2019, n. 633.

[130] Cfr. L. GAROFALO, *Garanzia per vizi e azione redibitoria nell'ordinamento italiano*, in *Riv. dir. civ.*, 2/2001, p. 243 ss., il quale, a proposito della natura dell'azione redibitoria, "pur non rifiutando l'idea che, per il completamento della sua disciplina, si possa attingere a norme collocate al di fuori degli artt. 1490 ss. che non ne deformino la struttura" (*Ivi*, p. 288) sostiene la tesi dell'autonomia dell'istituto dalla risoluzione per inadempimento disciplinata dagli artt. 1453 ss. c.c.

[131] Con riferimento alla direttiva 1999/44/CE, seppure da una prospettiva teorica tesa a valorizzare il carattere obbligatorio dell'impegno assunto dal venditore circa la conformità dei beni, rilevava che le molte lacune disciplinari relative all'esercizio dei diritti riconosciuti al consumatore acquirente di un bene che presenti vizi di conformità avrebbero potuto essere colmate in via interpretativa mediante il ricorso a "regole e principi propri della disciplina del contratto (...), ma soltanto ove si tratti di regole e principi compatibili con le specifiche peculiarità della nuova disciplina "speciale", nonché con l'esigenza di non ridurre il livello di tutela assicurato ai consumatori" dal diritto eurounitario, G. DE CRISTOFARO, *La nuova disciplina codicistica dei contratti per la fornitura di beni mobili conclusi da consumatori con professionisti*, cit., p. 1325. Non pare che il recepimento delle indicazioni normative disposte in materia dalla direttiva 2019/771/UE abbia privato di attualità tale considerazione. Non solo perché, oltre che con riguardo ai presupposti di azionabilità dei rimedi "secondari" della riduzione del prezzo e della risoluzione, permangono ancora diverse incertezze anche con riguardo ai connes-

rimedio risolutorio può difficilmente essere assimilata a quella che la disciplina generale del contratto attribuirebbe all'istituto volto alla caducazione dell'efficacia del contratto a seguito di una sopravvenienza che, per ragioni diverse, risulti impeditiva della realizzazione dell'operazione di scambio come originariamente concordata [132]. Ed in effetti, prendendo come termine di paragone la risoluzione disciplinata dalla direttiva 2019/771/UE e oggi dagli artt. 135 *bis*, comma 4 e 135 *quater*, dal comma 2 al comma 4, cod. cons.,

---

si effetti restitutori, non essendo stata confermata la previsione che prima del recepimento era riportata dall'art. 130, comma 8, cod. cons., ai sensi della quale "*nel determinare l'importo della riduzione o la somma da restituire si tiene conto dell'uso del bene*". Ma anche perché l'art. 135 *septies*, comma 1, cod. cons. prevede oggi che "*Per quanto non previsto dal presente capo, si applicano le disposizioni del codice civile in tema di formazione, validità ed efficacia dei contratti, comprese le conseguenze della risoluzione del contratto e il diritto al risarcimento del danno*". Facendosi riferimento, tra i diversi temi rilevanti, alle sole conseguenze della risoluzione, dunque, la norma, in ossequio alla logica rimediale, rimane muta circa la piena assimilabilità funzionale della richiesta di risoluzione per difetti di conformità all'istituto della risoluzione *ex* art. 1453 c.c. Il carattere necessariamente condizionante della compatibilità di tali rinvii alla specificità funzionale della normativa di cui si tratta pare d'altronde potersi ricavare anche dalla formulazione dell'art. 135 *septies*, comma 2, cod. cons. Da detta disposizione, in virtù della quale "per gli aspetti disciplinati dal presente capo non si applicano altre disposizioni aventi l'effetto di garantire al consumatore un diverso livello di tutela", non pare infatti si possa desumere *a contrario* che, ove invece si applichi il comma 1 dello stesso articolo, sia ammissibile riconoscere un livello di tutela degli interessi del consumatore anche inferiore allo specifico *standard* complessivamente ricavabile dalla normativa di matrice eurounitario.

[132] Un'autorevole Dottrina, per di più favorevole alla ricostruzione teorica dell'istituto della garanzia secondo il modello della responsabilità, ha affermato che la redibitoria "formalmente non induce l'annientamento del contratto, con effetti *ex tunc*, come nella risoluzione per inadempimento, ma la restituzione del prezzo e della cosa", osservandosi d'altronde, che "l'art. 1493, che detta gli effetti della risoluzione, [sarebbe] norma pleonastica ove si ragionasse in termini di annientamento del contratto". Cfr. A. Di Majo, *Garanzia e inadempimento nella vendita di beni di consumo*, cit., p. 3. Esclude decisamente l'assimilabilità della risoluzione come effetto della garanzia disposto dall'art. 1492 c.c. all'azione generale di risoluzione *ex* art. 1453 c.c., L. Mengoni, *Profili di una revisione della teoria sulla garanzia per vizi*, cit., p. 403 ss. Nello stesso senso, cfr. G. Grisi, *L'obbligo precontrattuale di informazione*, cit., p. 215. In giurisprudenza, Cass., Sez. Un., 3 maggio 2019, n. 11748, cit., afferma "l'accentuata specialità delle azioni edilizie rispetto ai rimedi generali all'inadempimento costituiti dalla risoluzione e dal risarcimento del danno", ritenendo pertanto necessario sottrarre la loro disciplina "all'ambito concettuale dell'inadempimento delle obbligazioni".

pare che l'obiettivo primario che si intende perseguire sia quello di rimediare al divario tra l'utilità attesa e l'utilità conseguita offrendo al consumatore, al quale risulti preclusa ogni *chance* di correggere tale alterazione, l'opportunità "estrema" di ripristinare l'equilibrio sinallagmatico originariamente programmato mediante reciproche restituzioni, di cui lo scioglimento del contratto sia solo il presupposto.

La risoluzione per difetti di conformità del bene acquistato, d'altra parte, prescinde dall'accertamento della colpa del venditore, può essere richiesta in via stragiudiziale [133], non è subordinata ad accertamenti circa l'oggettiva gravità del vizio contestato, almeno alla stregua di quanto disposto dall'art. 1455 c.c. [134], e non sembra esclude-

---

[133] Si rileva puntualmente che "l'intero sistema di tutela della vendita di beni di consumo è pensato per operare in misura forse addirittura prevalente in via stragiudiziale, ove di solito neppure si pone la questione del risarcimento del danno e quindi in una logica bonaria di composizione della controversia". Cfr. S. MAZZAMUTO, *Equivoci e concettualismi nel diritto europeo dei contratti*, cit., pp. 1113-1114.

[134] A proposito della formulazione dell'art. 130, comma 10, cod. cons. precedente alla riforma del codice del consumo dovuta al recepimento della direttiva 2019/771/UE, si è affermato anche che: "viene valutata la gravità oggettiva del difetto di per sé, mentre sembra essere estranea a tale valutazione la considerazione dell'interesse del consumatore". Cfr. A. MANIACI, *Rimedi e limiti di tutela dell'acquirente*, ETS, 2018, p. 151. Di diverso avviso, con specifico riferimento alla normativa sulla responsabilità del venditore per difetti di conformità precedente alla riforma, che sul punto l'art. 135 *bis*, comma 5, cod. cons. non sembra aver modificato, sono R. ALESSI, *L'attuazione della direttiva sulla vendita dei beni di consumo nel diritto italiano*, cit., p. 761; C. ROMEO, F. CRISTIANO, *I rimedi della riduzione del prezzo e della risoluzione del contratto*, in T. DALLA MASSARA (a cura di), *La vendita di beni mobili*, cit., p. 349; F. BOCCHINI, *La vendita di cose mobili*, in *Comm. cod. civ. Schlesinger*, Giuffrè, 2004, pp. 464-465, il quale tuttavia, a proposito della formulazione della disposizione che recepiva l'art. 6, comma 3, direttiva 1999/44/CE nel codice civile, non mancava di ricordare che mentre l'art. 1455 c.c. parametri l'importanza dell'inadempimento all'interesse del creditore, la disciplina disposta in recepimento della direttiva 1999/44/CE si riferisca solo alla "lieve entità del difetto". A ciò può aggiungersi che, mentre l'accertamento della scarsa importanza dell'inadempimento sia di stretta pertinenza giudiziale, avuto riguardo alle ragioni addotte dal creditore insoddisfatto a sostegno della domanda di risoluzione, oggi l'art. 135 *bis*, comma 5, cod. cons. prevede che la lieve entità del difetto può impedire l'azionamento della risoluzione del contratto solo se dimostrata dal venditore, anche in via stragiudiziale ove il consumatore abbia scelto di seguire questa strada per la richiesta di risoluzione del contratto. Infine, F. OLIVIERO, *La nuova disciplina dei c.d. rimedi "secondari": riduzione del prezzo e risoluzione del contratto*, cit., p. 332, afferma che il giudi-

re la persistente idoneità del contratto a produrre effetti, grazie anche alla possibile parzialità dello scioglimento del vincolo (art. 135 *quater*, comma 3, cod. cons.). Si pone dunque il problema di stabilire se l'asserita specificità funzionale dell'azione redibitoria ostacoli l'applicazione della relativa disciplina, ove il consumatore intenda liberarsi di un impegno contrattuale di cui ritenga alterato a suo sfavore il rapporto sinallagmatico, a causa dell'esercizio di una pratica commerciale scorretta da parte del professionista.

Nelle pagine precedenti si è già argomentata la ragione per cui si ritiene che la ricostruzione teorica della garanzia, dalla quale l'inquadramento teorico dell'azione redibitoria appena esposto discende, non sia incoerente all'applicazione della sua disciplina all'ipotesi dell'alterazione del sinallagma contrattuale procurata da una pratica commerciale scorretta. Non solo, si è pure sostenuto che proprio il riferimento alla disciplina della garanzia per vizi nella vendita si presti alla definizione di un trattamento rimediale, nei riguardi degli effetti pregiudizievoli subiti dal consumatore a causa di una pratica commerciale scorretta che, in quanto funzionalmente distinto da quello risarcitorio, può addirittura considerarsi capace in alcune circostanze di maggiore effettività e proporzionalità. Ebbene, è proprio il riferimento all'asserita specificità funzionale della risoluzione contrattuale in presenza di vizi del bene oggetto della vendita al consumatore che, invero, lungi dall'ostacolare il percorso interpretativo intrapreso, consente ora di chiarire ulteriormente il senso di quelle considerazioni.

A tal proposito, possono innanzitutto richiamarsi numerose e autorevoli sollecitazioni dottrinali a favore di una rivisitazione generale dell'istituto della risoluzione che, evitando di schiacciarne la funzione sulla mera cancellazione della vicenda contrattuale, pure validamente avviata dalle parti, ne valorizzi la strumentalità al riequilibrio del rapporto di corrispettività tra prestazioni, in primo luogo condizionando la misura degli eventuali effetti restitutori ai fatti intercorsi tra la conclusione del contratto ed il verificarsi della

---

zio circa la lieve entità della difformità "debba essere scomposto in due fasi logicamente distinte: la prima volta all'accertamento dell'effettiva sussistenza di una difformità della cosa (...) e della sua incidenza non macroscopica; la seconda, vertente sulla verifica della concreta, significativa rilevanza del difetto riguardo all'interesse del compratore".

sopravvenienza generatrice della stessa richiesta di risoluzione [135].

---

[135] Siffatta descrizione funzionale dell'istituto della risoluzione si fonda a sua volta su una rivisitazione in chiave rimediale della disciplina delle restituzioni, tale per cui queste ultime possano di volta in volta modellarsi alla diversa ragione giustificativa, ora contrattuale ora extracontrattuale, dell'indebito. Cfr. A. DI MAJO, *la tutela civile dei diritti*, cit., p. 328 ss. D'altronde, già A. BELFIORE, *Risoluzione del contratto e obbligazioni restitutorie*, in *Scritti in onore di G. Auletta*, II, Giuffrè, 1988, p. 317 ss., osserva che "ad un eventuale enunciato sulla retroattività della risoluzione non spetterà il compito di far considerare il contratto risolto come mai esistito, di modo che tale enunciato sarà restrittivamente interpretato". Lo stesso Autore chiarisce poi che "il principio di retroattività è deputato a privare *ab origine* di rilevanza il regolamento contrattuale solo nella misura in cui ciò sia necessario per consentire al contraente fedele il recupero di quella diminuzione che il suo patrimonio ha subito a seguito del diverso valore oggettivo delle posizioni giuridiche sorte con il contratto che poi viene impugnato". In analoga prospettiva, si sofferma su alcuni specifici profili di incompatibilità tra la disciplina generale dell'indebito e il trattamento da riservare ad alcune ipotesi di caducazione contrattuale, A. D'ADDA, *Gli obblighi conseguenti alla pronuncia di risoluzione del contratto per inadempimento tra restituzione e risarcimento*, in *Riv. dir. civ.*, 4/2000, p. 529 ss. Più di recente, riprendono e approfondiscono l'indirizzo interpretativo in parola, E. BARGELLI, *«Sinallagma rovesciato» e ripetizione dell'indebito. L'impossibilità della restitutio in integrum nella prassi giurisprudenziale*, in *Riv. dir. civ.*, 1/2008, p. 87 ss.; ID., *Il sinallagma rovesciato*, Giuffrè, 2010, p. 338 ss., ove in proposito si sostiene l'operatività di una retroattività "debole" degli effetti della risoluzione, registrandosi "non soltanto l'esistenza di eccezioni così rilevanti alla retroattività da sbiadirne la portata, ma anche la necessità di proporzionare e di delimitare la forza di tale congegno dentro i confini della funzione insita in ciascuna causa di inefficacia, nonché l'impossibilità o l'inopportunità di far discendere da esso soluzioni che ne costituiscano la semplice automatica e logica applicazione" (*Ivi*, p. 339); L. GUERRINI, *Le restituzioni contrattuali*, Giappichelli, 2012, p. 160 ss.; A. NICOLUSSI, *Le restituzioni de iure condendo*, in *Eur. dir. priv.*, 3/2012, p. 783 ss.; M. DELLACASA, *Restituzioni e regimi dei rimedi contrattuali: un'analisi critica del diritto applicato*, in *Contr. e Impr.*, 3/2018, p. 1130 ss.; ID., *Breve indagine sull'azione di restituzione del prezzo: ovvero, sulla rilevanza dello scambio a seguito della risoluzione*, in *Riv. dir. civ.*, 1/2022, p. 15 ss. In giurisprudenza, si segnala Cass. 28 luglio 2020, n. 16077, in *Foro it.*, 2020, I, c. 3833 ss., nella quale si evidenzia che "l'azione redibitoria prevista dall'art. 1492 c.c., in tema di vendita, (…) è riconducibile allo schema generale della risoluzione contrattuale con la conseguente produzione degli effetti restitutori *ex tunc*, così come contemplati dall'art. 1493 c.c.". Quest'ultima considerazione non pare tanto rivelatrice di una drastica sconfessione dell'orientamento precedentemente formulato dalle Sezioni Unite, cfr. Cass., Sez. Un., 3 maggio 2019, n. 11748, sul quale vedi *supra*, cap. II, nota 132. Piuttosto sembra rivolta a valorizzare la generale riconoscibilità, alla base dell'istituto della risoluzione, di un profilo funzionale che lo renderebbe rivolto più alla preservazione dell'equilibrio sinallagmatico negozialmente assegnato allo scambio – successivamente alterato dalla sopravvenienza giustificativa della stessa richiesta di risoluzione del contratto – che non

Provando allora a dare seguito a tali sollecitazioni, si potrebbe ipotizzare che la disciplina dell'azione redibitoria nella vendita, più che manifestare un'irriducibile specificità normativa, possa in realtà considerarsi espressiva di una connotazione funzionale dell'istituto della risoluzione del contratto *ex* art. 1453 c.c., troppo a lungo rimasto in ombra.

L'effetto risolutorio rimarrebbe, cioè, preordinato allo scioglimento del vincolo contrattuale in seguito al verificarsi di una circostanza idonea ad alterare il rapporto di corrispettività tra prestazioni prefigurato dalle parti al momento della programmazione dello scambio. Tra gli interessi cui la dissoluzione del vincolo contrattuale sarebbe chiamata a rispondere, tuttavia, vi sarebbe anche quello di riportare le parti, non tanto alla situazione patrimoniale antecedente l'accordo, quanto ad una situazione patrimoniale coerente all'equilibrio, di fatto mancato, che si sarebbe voluto realizzare attraverso lo scambio divisato in contratto. In quest'ottica, la specialità dell'effetto risolutorio prodotto dall'azione redibitoria potrebbe essere ridimensionata, in favore di una rilettura che individui in quella specifica ipotesi di risoluzione la massima espressione di un risvolto funzionale tipico dell'istituto di cui si discorre.

Ebbene, il rinvio alla disciplina dell'azione redibitoria disposta dal codice del consumo, al fine di consentire l'operatività del rimedio risolutorio anche nelle ipotesi di lesioni del singolo consumatore da pratiche commerciali scorrette, non rappresenterebbe altro se non un'ulteriore fonte di valorizzazione dell'inclinazione funzionale che di quell'istituto è stata appena evidenziata. D'altra parte, la rinnovata centralità della preservazione dell'equilibrio sinallagmatico sul quale si è formato l'accordo delle parti renderebbe senz'altro più agevole ridimensionare l'attenzione teorica storicamente ri-

---

alla mera cancellazione *ex tunc* degli effetti del contratto, in applicazione della disciplina dell'indebito *ex* art. 2033 ss. c.c., indipendentemente dalle conseguenze di una eventuale esecuzione, seppure parziale, del regolamento contrattuale. Sicché, ne risulterebbe relativizzato il rilievo dell'asserita riconducibilità della risoluzione *ex* art. 1492 c.c. alla disciplina generale disposta dall'art. 1453 c.c. – sulla quale si rinvia anche a L. GUERRINI, *Le restituzioni contrattuali*, cit., p. 98 ss. – a vantaggio dell'allineamento dell'azione generale di risoluzione del contratto alla funzione marcatamente restitutoria che parte della dottrina condivisibilmente assegna all'azione redibitoria. A quest'ultimo proposito, per tutti, cfr. C. CASTRONOVO, *Problema e sistema nel danno da prodotti*, cit., p. 431 ss.

servata alla collocazione temporale dell'evento giustificativo dello scioglimento del contratto. Sicché, tra le possibili cause giustificative della risoluzione negoziale rientrerebbe anche l'esercizio, in fase di conclusione del contratto, di una pratica commerciale scorretta. Ciò, in particolare, ove i suoi effetti siano idonei a creare un divario tanto ampio tra il rapporto sinallagmatico accettato dalle parti e quello destinato ad essere effettivamente realizzato, da fare dello scioglimento del vincolo contrattuale e della produzione dei relativi effetti restitutori l'unico rimedio realmente appetibile per il consumatore.

Nella prospettiva delineata, dunque, non solo non avrebbe più particolare rilievo, dal punto di vista strutturale, la circostanza che a compromettere il persistente interesse del consumatore alla realizzazione dell'operazione di scambio dedotta in contratto sia stata una condotta tenuta dal professionista in fase di formazione dell'accordo negoziale, ma, più in generale, verrebbe meno ogni ostacolo funzionale all'applicabilità di quanto disposto dalle norme sull'azione redibitoria nella compravendita, quale specifica modalità operativa della garanzia legale di conformità, anche al caso di un contratto che veda il suo sinallagma irrimediabilmente inciso da una pratica commerciale scorretta.

In questa direzione, del resto, soccorre pure la circostanza che, nella versione in lingua inglese della direttiva 2019/2161/ UE, ci si riferisca a tale ipotesi di scioglimento contrattuale con l'espressione *termination*, il cui significato è ben più ampio di quello con il quale nel nostro ordinamento si è soliti descrivere l'istituto della risoluzione [136]. Non a caso, riferendosi proprio a quell'istituto, si è

---

[136] Cfr. L. Guffanti Pesenti, *Pratiche commerciali scorrette e rimedi nuovi*, cit., p. 66, la quale, pur escludendo l'applicabilità del rimedio risolutorio, secondo lo schema dell'azione redibitoria, riconosce comunque legittimità all'ipotesi che, dietro il richiamo alla risoluzione, si celi in realtà una figura assimilabile al *ius poenitendi* del consumatore. Invita però a "rifuggire da una guerra dei nomi, (...) nel momento in cui si riconosca, come non si può non fare, che il suddetto recesso è pur sempre una *risoluzione unilaterale stragiudiziale*" S. Pagliantini, *I rimedi non risarcitori: Esatto adempimento, riduzione del prezzo e risoluzione del contratto*, cit., p. 309. Conferme in tal senso si traggono anche dal riferimento a fonti normative di natura extrastatuale. Si allude non solo alla versione inglese del *Draft Common Frame of Reference*, che rubrica l'art. III, 1:109 *Variation or termination by notice*, disciplinando al comma 1 l'ipotesi del recesso unilaterale convenzionale e al comma 2 il diritto di recesso da contratti a prestazione continuata o periodica a tempo indeterminato, ma anche ai Principi Unidroit, ove l'art.

manifestata l'opinione che il legislatore eurounitario abbia voluto alludere più ad un'ipotesi di abbandono unilaterale del vincolo contrattuale, sul modello del recesso di pentimento disciplinato dagli artt. 52 ss. cod. cons. [137], che non ad una ipotesi di scioglimento del contratto, generalmente azionabile in via giudiziale, a causa del verificarsi di sopravvenienze di cui spetterà alla parte ricorrente dimostrare l'idoneità all'irrimediabile alterazione funzionale dello scambio concordato [138]. L'accostamento allo *ius poenitendi*, accordato al consumatore nei riguardi di contratti conclusi a distanza o fuori dai locali commerciali, del meccanismo di scioglimento del contratto proposto dalla direttiva 2019/2161/UE concorre, infatti, a riportare definitivamente l'attenzione normativa sul momento della formazione del vincolo contrattuale, senza che ciò d'altra parte comprometta la funzione di riequilibrio sinallagmatico che, come si è provato a dimostrare, lo strumento risolutorio prioritariamente assolve. Rispetto all'istituto dell'invalidità, in entrambe le sue due articolazioni della nullità e dell'annullabilità, dunque, questo stesso strumento, per un verso, consentirà di rimediare ad un fallimento del mercato mediante un meccanismo caducatorio compatibile con l'eventuale – seppur minima – conservazione di effetti circolatori [139]. Per altro

---

5.1.8 indica con l'espressione *termination* il diritto di recesso da un contratto a tempo indeterminato, specificando che i suoi effetti devono essere disciplinati secondo quanto previsto per gli effetti delle risoluzione.

[137] Cfr. S. PAGLIANTINI, *I rimedi non risarcitori: Esatto adempimento, riduzione del prezzo e risoluzione del contratto*, cit., p. 310, il quale rileva icastico che "la risoluzione consumeristica è sempre *stragiudiziale* e non ha nulla a che spartire con l'art. 1453 cod. civ.". D'altra parte, con riferimento alla natura della risoluzione contemplata dalla direttiva 2019/771/UE tra i rimedi secondari contro difetti di conformità del bene acquistato dal consumatore, registra una progressiva perdita di effettività dell'istituto della risoluzione giudiziale e, di conseguenza, una sua crescente residualità, "non potendosi escludere un allargamento generalizzato del ricorso al recesso per giusta causa" F. ADDIS, *Spunti esegetici sugli aspetti dei contratti di vendita di beni regolati nella nuova direttiva (UE) 2019/771*, in *Nuovo dir. civ.*, 2/2020, p. 23.

[138] Come riferisce C. GRANELLI, *Pratiche commerciali scorrette: alla vigilia del recepimento della direttiva 2019/2161/UE*, cit., p. 496, la previsione di un diritto di recesso a favore del consumatore che sia stato indotto all'accettazione del vincolo contrattuale da una pratica commerciale scorretta è invocata anche dalla proposta formulata da un'apposita commissione composta in seno all'Associazione Civilisti Italiani, per l'attuazione del d.d.l. n. S 1151 di riforma del codice civile.

[139] Cfr. P. BARCELLONA, *Note critiche in tema di rapporti tra negozio e giusta causa dell'attribuzione*, in *Riv. trim. dir. proc. civ.*, 1965, p. 43 ss.

verso, la sua più agevole azionabilità e la sua più rapida efficacia garantirà al singolo consumatore maggiore effettività nella tutela dei propri interessi dai pregiudizi che la conclusione di un contratto, a seguito di una pratica commerciale scorretta, potrebbero avergli procurato [140], senza per questo declinare, come subito si vedrà, al mandato della proporzionalità del rimedio, in nome di una deterrenza che, invece, più opportunamente andrebbe perseguita nel diverso contesto del *public enforcement*.

10. *La disciplina del rimedio risolutorio e le indicazioni normative ricavabili dalla direttiva 2019/771/UE*

La rilevata vicinanza funzionale tra il rimedio risolutorio azionabile nel caso di un vizio di conformità del bene acquistato dal consumatore e lo scioglimento del contratto, evocato dall'art. 27, comma 15 *bis* cod. cons. tra i possibili meccanismi di tutela degli interessi individuali del consumatore dalle insidie di una pratica commerciale scorretta, impone a questo punto di concentrare l'attenzione sulle norme che disciplinano il profilo operativo di quello stesso rimedio, in modo da verificare se e in quale misura esse possano efficacemente ispirare la disciplina dello scioglimento del contratto concluso in seguito a pratiche commerciali scorrette.

Si procederà in tal senso con particolare riguardo al termine entro il quale il diritto allo scioglimento del vincolo contrattuale potrà essere esercitato; all'entità che, al fine di legittimare l'azionamento del rimedio risolutorio, deve assumere il divario tra utilità economica attesa e utilità effettivamente conseguita in seguito agli effetti pregiudizievoli procurati dalla pratica commerciale scorretta; alla modalità di esercizio del diritto e ai suoi effetti restitutori.

Quanto al primo punto, deve ritenersi che, non appena il consu-

---

[140] In senso analogo, cfr. C. GRANELLI, *Pratiche commerciali scorrette: tutele individuali*, in *Nuova giur. civ. comm.*, 5/2019, p. 1082. Quanto all'effettività delle tutele, considera "l'emancipazione dal diritto processuale" la prima nota distintiva della disciplina della vendita di beni di consumo, già prima del recepimento della direttiva 2019/2161/UE, A. MANIACI, *Rimedi e limiti di tutela dell'acquirente*, cit., p. 134 ss., il quale peraltro argomenta ampiamente a favore dell'operatività, senza eccezioni, di tale nota distintiva nei riguardi sia dei rimedi primari che dei secondari contemplati da detta disciplina.

matore sia nelle condizioni di esercitare liberamente il proprio diritto e/o sia divenuto consapevole degli effetti pregiudizievoli della pratica commerciale sleale subita, costui dovrà prontamente scegliere se continuare a mantenere in vita il contratto o invece notificare alla controparte la propria intenzione di liberarsene [141]. Il termine di due anni per comunicare in via stragiudiziale la propria intenzione di risolvere il contratto sembra dunque possa costituire un utile punto di riferimento normativo [142], sebbene dovrebbe comunque definirsi il *dies a quo* del termine prescrizionale, non potendosi evidentemente rinviare, ai fini della sua determinazione, al momento della consegna del bene, disposto dall'art. 133, comma 1, cod. cons. Potrebbe in proposito considerarsi rilevante il momento della conclusione del contratto, cioè il momento a partire dal quale, perfezionandosi il vincolo negoziale, si darà avvio all'esecuzione del

---

[141] La previsione, nel caso della garanzia di conformità del bene venduto al consumatore, di termini prescrizionali diversi e decisamente più ristretti di quelli disposti in relazione all'esercizio del diritto al risarcimento del danno per inadempimento contrattuale è indicata da L. REGAZZONI, *op. cit.*, p. 63 come uno dei dati disciplinari che attestano l'autonomia funzionale dell'istituto della garanzia dal modello dell'obbligazione. L'Autore discorre puntualmente di "*un modello di disciplina del tutto autonomo*, ed incentrato (...) sul concetto di *rischio*", in virtù del quale le conseguenze pregiudizievoli del verificarsi delle circostanze incerte oggetto del rischio garantito, "vengono imputate *in quanto tali*, e non soltanto se riconducibili ad una violazione di una regola di condotta. E questo meccanismo di imputazione richiede di essere apprezzato *lungo un certo arco temporale*, che deve essere determinato al fine di non dar vita ad un vincolo dal «peso» potenzialmente illimitato".

[142] Considerata l'assimilabilità della manifestazione della volontà di risolvere il contratto all'ipotesi dell'esercizio di un recesso di pentimento, attenta Dottrina si è interrogata sulla determinazione del termine entro il quale il consumatore possa agire nel caso in cui il contratto da sciogliere, a causa dell'alterazione dell'equilibrio sinallagmatico programmato procurata da una pratica commerciale scorretta, sia stato concluso a distanza o fuori dai locali commerciali del professionista, ma soprattutto sul *dies a quo* di quello stesso termine. Cfr. S. PAGLIANTINI, *I rimedi non risarcitori: Esatto adempimento, riduzione del prezzo e risoluzione del contratto*, cit., p. 310. Trattandosi però in questi casi di una richiesta di scioglimento del contratto fondato su una precisa motivazione – gli effetti pregiudizievoli subiti in conseguenza della pratica commerciale scorretta – sembra legittimo ipotizzare che, ove la motivazione addotta risulti adeguatamente provata, sui termini brevi per l'esercizio del diritto di recesso *ex* art. 52 cod. cons., debba prevalere il rinvio, che in questa sede si propone, ai termini più lunghi disposti dall'art. 133 cod. cons. a proposito del periodo di tempo entro il quale la garanzia dovuta dal professionista possa essere fatta valere dal consumatore.

regolamento contrattuale e sarà pertanto più agevole per il consumatore constatare eventuali difformità tra il rapporto di corrispettività divisato e quello effettivamente realizzato [143], indipendentemente dalla circostanza che la responsabilità della pratica commerciale scorretta sia imputabile alla controparte contrattuale o sia invece imputabile a terzi. Anche nel caso in cui oggetto del rimedio risolutorio sia un contratto concluso dal consumatore con un professionista diverso da quello cui la pratica commerciale scorretta sia imputabile, infatti, graverà sulla controparte del consumatore l'onere di rivalersi delle perdite subite nei confronti del responsabile della pra-

---

[143] Le incertezze interpretative che riguardano la conciliazione delle indicazioni del periodo di due anni dalla consegna del bene, quanto alla "durata" della responsabilità del venditore (art. 133, comma 1, cod. cons.) e, rispettivamente, del periodo di ventisei mesi dalla consegna del bene, quanto al termine di prescrizione del diritto ad agire per far valere i difetti non dolosamente occultati (art. 133, comma 3, cod. cons.) – sulle quali si rinvia all'accurata analisi sviluppata da M. FACCIOLI, *La durata della responsabilità del venditore e la prescrizione dei diritti del consumatore*, in G. DE CRISTOFARO (a cura di), *La nuova disciplina della vendita mobiliare nel codice del consumo*, cit., p. 394 ss. – non si ritiene incidano sull'individuazione del periodo di tempo entro il quale al consumatore sia consentito avvalersi del rimedio della risoluzione per sottrarsi agli effetti pregiudizievoli della condotta scorretta del professionista. Considerati gli inconvenienti che possono discendere dalla fissazione di un termine prescrizionale eccedente la durata della garanzia solo per il termine finale, d'altronde, già a proposito dei termini stabiliti dalle norme di recepimento della direttiva 2019/771/UE si è ritenuto che, "non avendo riproposto il termine decadenziale di due mesi dalla scoperta sancito dalla precedente disciplina (…), diventa del tutto incomprensibile la scelta (…) di fissare il termine di prescrizione in ventisei mesi dalla consegna del bene piuttosto che in ventiquattro." Cfr. F. PIRAINO, *La violazione della vendita di beni al consumatore per difetto di conformità*, cit., p. 165. In ossequio al principio di effettività della tutela giurisdizionale sancita dall'art. 24 Cost., dunque, potrebbe ritenersi che, nel caso di oggettiva difficoltà a riconoscere gli effetti pregiudizievoli della pratica commerciale scorretta subita, l'azione si prescriva dopo due anni dal momento in cui gli effetti distorsivi del sinallagma contrattuale divengano conoscibili per il consumatore, a maggior ragione ove si consideri che l'art. 133, comma 3, cod. cons., limiti il termine di prescrizione di ventisei mesi dalla consegna del bene ai soli casi di difetti "non dolosamente occultati". Sul punto, si rinvia nuovamente a M. FACCIOLI, *op. ult. cit.*, p. 397 ss., il quale, dopo aver attribuito all'espressione "doloso occultamento" il più verosimile significato di semplice reticenza dolosa, sposa la tesi secondo la quale "la prescrizione andrebbe sospesa sulla base della previsione dell'art. 2941, n. 8, c.c. e il termine di ventisei mesi inizierebbe a decorrere (…) dalla scoperta dell'occultamento"(*Ivi*, p. 398), discendendone che "anche allo scopo di sanzionare il comportamento scorretto del venditore, l'occultamento del difetto dovrebbe portare all'inoperatività del termine biennale di durata della responsabilità del professionista" (*Ivi*, p. 399).

tica commerciale scorretta, analogamente a quanto previsto dall'art. 18 della direttiva 2019/771/UE e dell'art. 134 cod. cons., che in proposito dispongono il diritto di regresso del venditore [144]. Sarebbe utile, inoltre, applicare anche al consumatore, indotto alla conclusione di un contratto da una pratica commerciale sleale, la previsione contenuta dall'art. 133, comma 3, cod. cons., secondo la quale il consumatore, acquirente di un bene che presenti vizi di conformità e convenuto per l'esecuzione del contratto, potrà sempre eccepire il diritto allo scioglimento del contratto. Di certo, comunque, il diritto del consumatore a liberarsi del vincolo negoziale contratto in seguito alla pratica commerciale scorretta dovrà essere esercitabile in via stragiudiziale, alla stregua di quanto disposto dall'art. 16, direttiva 2019/771/UE e dal novello art. 135 *quater*, comma 2, cod. cons. [145].

Per quanto riguarda i presupposti legittimanti la richiesta di scioglimento del contratto da parte del consumatore, pare necessario verificare se il ricorso alla risoluzione del contratto possa essere subordinato, alla stregua di quanto disposto dall'art. 13, par. 5, direttiva 2019/771/UE e dall'art. 135 *bis*, comma 5, cod. cons. [146], all'oggettiva apprezzabilità dell'entità dell'alterazione del sinallagma contrattuale provocata dalla pratica commerciale scorretta. Pare si possa convenire nel fornire a riguardo una risposta affermativa, poiché non sarebbe ragionevole affidare alla discrezionalità del consumatore la decisione circa la persistente idoneità del sinallagma contrattuale, seppure inciso dalla pratica commerciale scorretta, a fungere da supporto operativo della ragione giustificatrice del contratto. Spetterebbe però al professionista, che intenda mantenere

---

[144] Sul punto, cfr. S. PAGLIANTINI, *I rimedi non risarcitori: Esatto adempimento, riduzione del prezzo e risoluzione del contratto*, cit., p. 312. Di diverso avviso, G. DE CRISTOFARO, *«Rimedi» privatistici individuali e pratiche commerciali scorrette. Il recepimento del diritto italiano dell'art. 11*-bis *della direttiva 2005/29/CE. (Comma 15*-bis, *art. 27 c. cons.)*, cit., pp. 490-491, ora anche in ID., *Diritto italiano ed europeo dei consumatori*, cit., p. 253, il quale, come già segnalato, ritiene che la tutela degli interessi lesi del consumatore in questi casi dovrà limitare all'azionabilità di pretese risarcitorie nei confronti del solo professionista di cui sia stata accertata la responsabilità.

[145] Dello stesso avviso è, a riguardo, anche L. GUFFANTI PESENTI, *Pratiche commerciali scorrette e rimedi nuovi*, cit., p. 661.

[146] A riguardo, vedi anche *infra*, par. 11.

in vita il rapporto contrattuale con la controparte, eccepire la modesta rilevanza dell'alterazione del sinallagma contrattuale rilevata dal consumatore a seguito della pratica commerciale scorretta, ove costui naturalmente sia riuscito a centrare l'obiettivo, che rimane comunque non semplice, di dimostrarne la ricorrenza. Ove sia riconosciuta la rilevanza dello scostamento dell'assetto di vantaggi, svantaggi e rischi tra le parti, rispetto a quello sul quale il consumatore aveva legittimamente fatto affidamento al momento della conclusione del contratto, dunque, quest'ultimo potrà efficacemente optare per lo scioglimento del vincolo contrattuale, soprattutto nel caso in cui, al disappunto per un vincolo negoziale nei riguardi del quale si sia maturato un totale disinteresse, non si accompagni la prova di alcun pregiudizio ulteriore rispetto alla misura delle eventuali pretese restitutorie. Ove al contrario, l'alterazione del sinallagma contrattuale risulti di scarso rilievo, al consumatore dovrebbe invece rimanere possibile richiedere la riduzione del prezzo corrisposto, secondo le modalità che più avanti si proverà a definire in dettaglio.

Meno agevole, viceversa, sarà l'omologazione degli effetti dello scioglimento del contratto a quelli indicati dall'art. 135 *quater*, comma 4, cod. cons., ove si consideri che la pratica commerciale scorretta alla quale sarebbe possibile rimediare dichiarando la volontà di risolvere il contratto, come si è visto, può ben riguardare contratti di cui per il consumatore sia impossibile restituire l'oggetto.

Fa riferimento a quest'ultima evenienza anche l'art. 1492, comma 3, c.c., ai sensi del quale "*se la cosa è perita per caso fortuito o per colpa del compratore, o se questi l'ha alienata o trasformata, egli non può domandare che la riduzione del prezzo*" [147].

---

[147] Sulle molteplici letture della funzione assolta dalla preclusione sancita dall'art. 1492, comma 3 c.c. cfr. L. GAROFALO, *op. cit.*, p. 255 ss. Secondo D. RUBINO, *op. cit.*, p. 632, "la risoluzione rimane esclusa perché il compratore, senza colpa del venditore, non potrebbe restituire a questi la cosa, o almeno non nell'originario stato, cioè è impossibile la rimessione in pristino, che è una conseguenza necessaria della risoluzione". In diversa prospettiva, secondo M. C. BIANCA, *La vendita e la permuta*, cit., p. 966, "L'accomunamento del fatto colposo al fatto fortuito conferma che la preclusione al rimedio della risoluzione non rappresenta una sanzione per il compratore né trova fondamento in una tacita o presunta rinunzia a tale rimedio". Piuttosto, tale preclusione rivelerebbe "l'esigenza che la risoluzione del contratto non divenga strumento per trarre vantaggio dall'altrui

Si pone dunque il problema di stabilire se la soluzione normativa che esso propone possa ispirare, quanto agli effetti restitutori, non solo la disciplina della vendita, tra professionista e consumatore, di beni non conformi al contratto [148], ma anche il trattamento da riservare al caso in cui il consumatore intenda azionare la risoluzione del contratto per reagire agli effetti pregiudizievoli prodotti nei suoi confronti da una pratica commerciale scorretta, esercitata in fase precontrattuale dal professionista.

Con specifico riferimento a quest'ultima ipotesi, piuttosto che

---

inadempimento e, in particolare, per addossare alla parte inadempiente il rischio di un danno non connesso all'inadempimento stesso" (*Ivi*, p. 967). Più di recente, secondo L. GUERRINI, *Risoluzione del contratto di vendita e restituzioni: la Cassazione dice addio all'indebito e sdogana la lettura organica degli artt. 1453, 1458, 1492 e 1493 c.c.*, in *Foro it.*, 5/2021, I, c. 1810, la logica alla base dell'art. 1492, comma 3 c.c. "consiste nell'attribuire al contraente fedele il diritto di ripristinare l'equilibrio contrattuale, violato in conseguenza dell'incidenza del vizio sulla res, attraverso un giudizio che ruota intorno ad una verifica di corrispondenza tra prestazione effettuata e prestazione programmata. Nel caso in cui il vizio determini persino il perimento della res, questa verifica è risolta direttamente dalla legge (…). In tutti gli altri casi, la verifica è demandata al giudice, il quale dovrà quantificare la restituzione per equivalente di una res viziata in quella percentuale di prezzo corrispondente al minor valore del bene in conseguenza dell'incidenza del vizio".

[148] Si dichiara dubbioso sull'applicabilità dell'art. 1492, comma 3, c.c. nel caso della vendita al consumatore di un bene difforme dal contratto, se il bene è perito per caso fortuito o per colpa del compratore o costui l'abbia alienato o trasformato, A. LUMINOSO, *La nuova disciplina delle garanzie nella vendita al consumatore. (Una prima lettura del d.lgs. n. 170/2021)*, cit., p. 491 ss. Sul punto, cfr. C. ROMEO, F. CRISTIANO, *op. ult. cit.*, p. 352, i quali, pur dando atto dell'indirizzo interpretativo contrario all'applicazione dell'art. 1492, comma 3 c.c., osservano che, fatta eccezione per l'ipotesi del perimento a causa dei vizi del bene, ove si riconoscesse al consumatore il diritto di risolvere il contratto negli altri casi in cui invece l'art. 1492, comma 3 c.c. lo esclude, comunque "il professionista potrebbe pretendere la corresponsione di una somma pari al valore del bene che non può più essergli restituito dal consumatore, da dedursi in compensazione rispetto al prezzo da restituire". Il che, si rileva correttamente, condurrebbe di fatto ad un esito equivalente alla riduzione del prezzo. Nello stesso senso, almeno con riguardo al perimento per colpa del consumatore, ritiene che la previsione dell'art. 1492, comma 3 c.c. sia applicabile anche alla disciplina della risoluzione del contratto di vendita di un bene affetto da vizi di conformità S. PAGLIANTINI, *Contratto di vendita di beni*, cit., p. 229, nota 110. Lo stesso Autore invece ritiene che il rischio del perimento per caso fortuito sia da addossare al venditore, semmai con il correttivo derivante dall'applicazione dell'art. 2037, comma 3 c.c. della restituzione nei limiti dell'arricchimento conseguito da parte del consumatore, da considerarsi *accipiens* di buona fede. Sul punto si veda anche, F. BOCCHINI, *op. cit.*, pp. 468-469.

escludere del tutto la pertinenza della norma al caso [149], potrebbe ritenersi che, con esclusione del perimento del bene per caso fortuito, del cui rischio il consumatore non dovrebbe comunque rispondere [150], il ricorso al rimedio della riduzione del prezzo, in luogo dello scioglimento del contratto, in tutti gli altri casi contemperi adeguatamente l'esigenza di ottenere una compensazione del maggior valore che il consumatore avrebbe ragionevolmente ritenuto di poter realizzare, e viceversa non ha realizzato, e l'esigenza del professionista di corrispondere a titolo restitutorio quanto ricevuto dal consumatore solo a condizione di una "reciprocità" nella quantificazione dell'indebito [151], come del resto sembra richiedere anche l'art. 135 *quater*, comma 4, lett. b), cod. cons. [152]. In conformità a

---

[149] In questo senso, cfr. L. GUFFANTI PESENTI, *Pratiche commerciali scorrette e rimedi nuovi*, cit., p. 666 ss., la quale affronta il tema rinviando all'art. 2037, comma 3 c.c., ai sensi del quale "*chi ha ricevuto la cosa in buona fede non risponde del perimento o del deterioramento di essa, ancorché dipenda da un fatto proprio, se non nei limiti del suo arricchimento*". Condivide la proposta di circoscrivere in tal modo l'obbligazione restitutoria del consumatore, relativa ad un bene che sia perito o che abbia subito un deterioramento, anche G. DE CRISTOFARO, *«Rimedi» privatistici individuali e pratiche commerciali scorrette. Il recepimento del diritto italiano dell'art. 11*-bis *della direttiva 2005/29/CE. (Comma 15*-bis, *art. 27 c. cons.)*, cit., p. 487, ora anche in ID., *Diritto italiano ed europeo dei consumatori*, cit., pp. 248-249, il quale tuttavia condiziona la sua condivisione all'ipotesi che la causa del deterioramento o della distruzione, se ascrivibile al consumatore, sia precedente alla scoperta della risolvibilità del contratto, in quanto altrimenti, il professionista potrebbe ragionevolmente contestare la buona fede della sua controparte.

[150] L'applicazione del principio *res perit domino*, che altrimenti si ritiene fondi la *ratio* della norma sull'attribuzione del rischio di cui si tratta – cfr. A. BELFIORE, *Risoluzione del contratto e obbligazioni restitutorie*, cit., p. 362; ma per un contrario orientamento interpretativo, cfr. L. GAROFALO, *op. cit.*, p. 261 – sarebbe in questo caso piuttosto incongrua, considerato che alla conclusione del contratto che il consumatore intende risolvere abbia concorso in modo determinante la condotta scorretta del professionista. Sul punto, sono di notevole interesse anche le considerazioni di A. NICOLUSSI, *Le restituzioni de iure condendo*, cit., p. 798 ss., secondo il quale "poiché i profili restitutori non si esauriscono sul piano di quelle *res incorporales* (...) che sono gli effetti giuridici, di per sé l'enunciato della retroattività ha bisogno di essere integrato da logiche materiali coerenti col sistema giuridico nel quale l'enunciato stesso si inserisce, altrimenti si rischia di costruire un mondo di qualificazioni giuridiche autoreferenziale e insensibile rispetto agli accadimenti reali e alle loro implicazioni".

[151] Cfr. A. DI MAJO, *Le tutele contrattuali*, Giappichelli, 2009, p. 42.

[152] Nello stesso senso, se si è ben compreso, sembra pronunciarsi S. PAGLIANTI-

quanto previsto dall'art. 15, direttiva 2019/771/UE e dall'art. 135 *quater*, comma 1, cod. cons., d'altronde, in tal modo il consumatore otterrebbe comunque la restituzione di una parte del prezzo, proporzionata alla misura dell'incidenza della pratica commerciale scorretta sull'alterazione del rapporto di corrispettività divisato dalle parti ma al netto della perdita subita dal professionista a causa del perimento colposo del bene da parte del consumatore o dei vantaggi da costui comunque conseguiti in seguito all'alienazione o trasformazione dello stesso bene [153]. Il consumatore in altri termini non avrebbe diritto alla restituzione integrale del prezzo che normalmente consegue alla risoluzione, ora perché responsabile del perimento del bene, ora perché risulti che dalla disposizione o dalla trasformazione del bene ha comunque avuto la possibilità di trarre profitto [154]. Si dovrebbe pervenire ad una soluzione diversa, invece,

---

NI, *I rimedi non risarcitori: esatto adempimento, riduzione del prezzo e risoluzione del contratto*, cit., p. 311, nota 19.

[153] In proposito osserva che in giurisprudenza si sia da tempo consolidato l'orientamento in virtù del quale l'alienazione o la trasformazione del bene non sarebbero preclusive della risoluzione del contratto, a meno che esse depongano inequivocabilmente a favore della rinuncia all'azione di risoluzione, F. BOCCHINI, cit., p. 469, il quale, a sostegno di tale orientamento, rinvia pure alla previsione contenuta dall'art. 82, comma 2, CISG, ai sensi del quale la preclusione ad agire per la risoluzione non opera nel caso in cui l'alienazione, la consumazione o la trasformazione del bene, avvenute prima della constatazione del difetto di conformità, siano state coerenti ad un uso normale del bene. In analoga prospettiva, esclude che l'impossibilità della restituzione materiale del bene sia preclusiva del ricorso alla risoluzione del contratto, G. SICCHIERO, *op. cit.*, pp. 334-335. Come si prova ad argomentare nel testo, tuttavia, la ragione che giustificherebbe una parziale applicazione dell'art. 1492, comma 3, c.c. al caso di un contratto che veda il proprio equilibrio sinallagmatico inciso da una pratica commerciale scorretta, non risiederebbe tanto nell'impossibilità della restituzione materiale, quanto nel necessario bilanciamento degli interessi del consumatore con quello del professionista a non subire conseguenze penalizzanti ulteriori rispetto a quelle direttamente connesse alla pratica commerciale scorretta posta in essere in fase precontrattuale.

[154] Seppure autorevole dottrina abbia in proposito dubitato della coerenza di una simile soluzione interpretativa al diritto europeo dei consumatori – cfr. G. DE CRISTOFARO, *Verso la riforma della disciplina delle vendite mobiliari B-to-C*, cit., p. 232 – in quanto il diritto di recesso opererebbe anche nel caso in cui, ai sensi dell'art. 14, par. 2, direttiva 2011/83/UE e dell'art. 57, comma 2, cod. cons., il consumatore sia chiamato a rispondere delle diminuzioni di valore del bene derivanti da una sua manipolazione non coerente con quella necessaria per stabilire la natura, le caratteristiche e il funzionamento del bene, potrebbe obiettarsi che le fattispecie considerate non siano fra loro assimilabili. Nell'ipotesi contemplata

nel caso in cui la restituzione del bene da parte del consumatore, seppure possibile, abbia ad oggetto un bene il cui valore risulti decurtato dall'uso ordinario che nel frattempo ne sia stato fatto. A questo proposito la formulazione dell'art. 135 *quater*, comma 4, cod. cons. non riporta il riferimento che in precedenza l'analoga disposizione, relativa agli effetti della risoluzione, faceva all'uso del bene intercorso, al fine della determinazione del valore oggetto della

---

dalle ultime disposizioni citate, infatti, il recesso sarebbe esercitato all'esito di una rimeditazione insindacabile della complessiva convenienza/utilità soggettiva dell'operazione di scambio dedotta in contratto, data l'inibizione, al momento della conclusione del contratto, di una adeguata ponderazione, per via dell'effetto "sorpresa" o dell'assenza di un contatto diretto tra le parti. Nell'ipotesi della difformità del bene oggetto della compravendita o degli effetti sul contratto di una pratica commerciale scorretta, viceversa, lo scioglimento del contratto sarebbe giustificato dall'oggettivo divario tra l'utilità economica che si era programmato di acquisire e quella effettivamente realizzata. L'interesse tutelato dunque non riguarderebbe il possibile ripensamento sulla convenienza dell'affare oggetto del contratto ma consisterebbe nel ripristino dell'equilibrio sinallagmatico che il consumatore aveva legittimamente ritenuto di aver concordato con il professionista in ordine allo scambio contratto. In considerazione di ciò, nel primo caso anche un utilizzo del bene non strettamente funzionale a verificarne la natura e le qualità, che avvenga prima della decisione di esercitare il recesso, non dovrebbe compromettere l'esercizio del diritto di ripensamento, rilevando semmai ai fini della maturazione del diritto ad una corrispondente indennità in capo al professionista. Cfr. Corte Giust., 3 settembre 2009, C-489/07, in *Obbl. e contr.*, 2011, p. 26 ss., con nota di M. COGNOLATO, *Contratti del consumatore e «diritto delle restituzioni» (secondo la Corte di Giustizia CE)*. Nel secondo caso, invece, l'imputabilità del perimento del bene al consumatore e l'obbligo conseguente di risponderne non escluderebbero comunque la limitazione dell'obbligazione restitutoria in capo al professionista ad una misura che, come già osservato *supra*, cap. II, nota 148, potrebbe di fatto coincidere con quella ricavabile in seguito all'azionamento della riduzione del prezzo. D'altra parte, la trasformazione o l'alienazione del bene potrebbero testimoniare l'oggettiva riconoscibilità di un'utilità economica alla base del contratto, tale da giustificare la conservazione del contratto e la riduzione del prezzo, escludendo la ricorrenza dei presupposti per il suo scioglimento mediante risoluzione, ai sensi dell'art. 135-*bis*, comma 5, cod. cons. Infine, a quanti sostengono che la soluzione interpretativa proposta nel testo contrasterebbe con l'art. 135 *septies*, comma 2, cod. cons., ai sensi del quale "*agli aspetti disciplinati dal presente capo non si applicano altre disposizioni aventi l'effetto di garantire al consumatore un diverso livello di tutela*" – cfr. F. OLIVIERO, *La nuova disciplina dei c.d. rimedi "secondari"*, cit., p. 354 – può obiettarsi che il silenzio della novella sulle ipotesi del perimento del bene per colpa del consumatore, della sua trasformazione o della sua alienazione può essere anche interpretato come un'omissione che implicitamente attribuisca ai legislatori nazionali il compito di disciplinare la questione, ai sensi dell'art. 3, comma 6, direttiva 2019/771/UE.

restituzione. Considerato, però, che tale disposizione riproduce il testo dell'art. 16, comma 3, direttiva 2019/771/UE e che, all'art. 4, la stessa direttiva esclude la facoltà degli Stati membri di mantenere o adottare disposizioni divergenti da quelle che essa stabilisce, pare si possa concludere che il rischio di un'incidenza dell'utilizzo del bene avvenuto prima della manifestazione della volontà di risolvere il contratto debba essere addossato al professionista, sia che la ragione del ricorso alla risoluzione sia la scoperta di un difetto di conformità, sia che essa vada ricondotta agli effetti pregiudizievoli subiti in seguito all'esercizio di una pratica commerciale scorretta in fase precontrattuale [155].

Non va sottovalutato, tuttavia, che le pratiche commerciali scorrette non si realizzano solo a monte della conclusione di scambi il cui oggetto sia un bene materiale, interessando trasversalmente tutte le tipologie di scambi, a partire da quelli che, seppure ad esecuzione istantanea, comportano la fornitura di un servizio di cui potrà ammettersi l'eventuale restituzione solo per equivalente monetario o quelli la cui conclusione sia determinata dalla condivisione della connotazione ideale che la pratica scorretta ha indotto il consumatore ad assegnare all'operazione economica concordata [156].

---

[155] Cfr. F. OLIVIERO, *La nuova disciplina dei c.d. rimedi "secondari"*, cit., p. 345 ss. Si può ulteriormente rilevare che l'art. 135 *ter*, comma 4, cod. cons., esenta espressamente il consumatore dal pagamento a favore del venditore di somme corrispettive all'uso normale fatto del bene prima della sua sostituzione. Esclude il diritto del professionista ad un eventuale indennizzo per l'uso normale del bene avvenuto prima della risoluzione del contratto, perfezionato in seguito all'esercizio di una pratica commerciale scorretta anche G. DE CRISTOFARO, *«Rimedi» privatistici individuali e pratiche commerciali scorrette. Il recepimento del diritto italiano dell'art. 11-*bis *della direttiva 2005/29/CE. (Comma 15-*bis*, art. 27 c. cons.)*, cit., p. 487, ora anche in ID., *Diritto italiano ed europeo dei consumatori*, cit., p. 249.

[156] Si pensi nuovamente e a titolo meramente esemplificativo, ad un contratto concluso in virtù della fiducia maturata nei confronti del professionista dal consumatore per i valori professati e per le pratiche commerciali cui costui mostra di voler dare seguito in virtù dell'"affermazione non rispondente al vero (...) di essere firmatario di un codice di condotta" (art. 23, lett. a), cod. cons.), dell'"asserire, contrariamente al vero, che un codice di condotta ha l'approvazione di un organismo pubblico o di altra natura" (art. 23, lett. c), cod. cons.), dell'"asserire, contrariamente al vero, che un professionista, le sue pratiche commerciali o un suo prodotto sono stati autorizzati, accettati o approvati, da un organismo pubblico o privato o che sono state rispettate le condizioni dell'autorizzazione, dell'accettazione o dell'approvazione ricevuta" (art. 23, lett. d), cod. cons.).

Ci si deve allora interrogare anche a questo riguardo sulla ammissibilità dell'ipotesi che il consumatore abbia comunque diritto alla restituzione di quanto corrisposto in esecuzione del contratto o se, invece, l'esercizio di tale diritto debba ritenersi subordinato alla restituzione alla controparte del valore per equivalente monetario dell'utilità eventualmente conseguita, malgrado gli effetti pregiudizievoli della pratica commerciale scorretta e lo scioglimento del contratto che ne sia derivato [157].

Sulla questione, si può innanzitutto osservare che, in base alle indicazioni normative contenute all'art. 27, direttiva 2011/83/UE e recepite dall'art. 66 *quinquies* cod. cons., il legislatore eurounitario non disconosce, quantomeno nelle ipotesi di forniture non richieste tipizzate in quella sede, l'ammissibilità di un rimedio di chiara impronta sanzionatoria [158], il quale, secondo l'interpretazione da ultimo privilegiata dai nostri giudici di legittimità [159], non si risolverebbe solo nell'esonero del consumatore dall'obbligo di pagare il corrispettivo preteso dal professionista per la fornitura, seppure non richiesta, del servizio, ma si estenderebbe anche all'esclusione di ogni altra obbligazione a carico dello stesso consumatore, anche di natura restitutoria, ove egli abbia fruito del servizio [160]. Occorre pe-

---

[157] È noto che, con riferimento agli obblighi restitutori relativi a prestazioni di fare, è controverso se si possa fare riferimento alle norme sull'indebito o si debbano azionare quelle sull'arricchimento senza causa. Sul punto, E. BARGELLI, *«Sinallagma rovesciato» e ripetizione dell'indebito*, cit., p. 104, e ID., *Il sinallagma rovesciato*, cit., p. 197 ss. registra la presenza in dottrina di una divaricazione tra un orientamento che, in virtù di una connotazione *sach-orientiert* della disciplina dell'indebito, ritiene quest'ultima inapplicabile alle obbligazioni di fare, alle quali dunque si applicherebbero le norme relative all'arricchimento senza causa e un orientamento più propenso invece a valorizzare la vocazione unitaria della disciplina dell'indebito nei riguardi di ogni ipotesi di prestazione senza titolo.

[158] Cfr. G. DE CRISTOFARO, *Il regime privatistico "speciale" delle c.d. forniture non richieste: la prima presa di posizione della Suprema Corte*, in *Nuova giur. civ. comm.*, 3/2021, p. 577, il quale ricava la natura di "vera e propria sanzione privata" della previsione contenuta dall'art. 66 *quinquies* cod. cons. dallo "strettissimo legame" di tale disposizione con la disciplina delle pratiche commerciali scorrette, in virtù del quale vengono sancite "regole privatistiche speciali, derogatorie rispetto ai principi generali, dettate al fine di prevenire/reprimere il ricorso alla pratica commerciale aggressiva di cui all'art. 26, lett. f), cod. cons.".

[159] Cfr. Cass. 12 gennaio 2021, n. 261, in *Nuova giur. civ. comm.*, 2021, p. 583 ss., con nota di G. DE CRISTOFARO, cit.

[160] Tale orientamento interpretativo è stato sostenuto in dottrina anche da F.

rò precisare anche che, proprio la particolare coloritura punitiva del rimedio dovrebbe condurre a riconoscere il carattere eccezionale della previsione disposta dall'art. 66 *quinquies* cod. cons., rispetto all'impianto generale dei rimedi contrattuali applicabili secondo il nostro ordinamento civilistico [161]. In ipotesi come quelle che qui interessano, dunque, non pare si possa propendere per l'individuazione di rimedi altrettanto drastici, anche perché diverso è il tipo di scorrettezza da contrastare. Essa non sarebbe integrata tanto dal tentativo di trarre vantaggio dalla pretesa di pagamenti ritenuti corrispettivi di servizi o beni della cui fornitura, tuttavia, il consumatore non abbia mai fatto richiesta; la scorrettezza piuttosto sarebbe determinata dal carattere reticente o non veritiero delle informazioni fornite dal professionista o dalla sua condotta invadente, rispetto alla realizzazione di uno scambio di cui il consumatore conosce comunque l'oggetto e nei riguardi del quale, al netto degli effetti pregiudizievoli subiti per via della pratica commerciale scorretta, nel momento della conclusione del contratto aveva maturato un interesse.

Trattandosi d'altra parte di un'ipotesi non connotata dalla ricorrenza di nessuna delle circostanze indicate dall'art. 1492, comma 3, c.c., l'impossibilità della restituzione di quanto prestato dal professionista non potrà neanche giustificare l'inibizione del rimedio risolutorio a favore di quella della semplice riduzione del prezzo.

PIRAINO, *Le prassi* contra legem *e la conclusione del contratto: le «prestazioni non richieste»*, in *Eur. dir. priv.*, 1/2016, p. 90 ss. il quale richiama pure la formulazione, ben più chiara nel senso indicato, dell'art. 9 direttiva 2002/65/CE, concernente la commercializzazione a distanza di servizi finanziari ai consumatori, che prescrive agli Stati membri di adottare le misure necessarie per vietare la fornitura di servizi finanziari ad un consumatore che non ne abbia fatto richiesta, quando questa fornitura sia onerosa, e per dispensare il consumatore da *qualunque obbligo* (corsivo nostro) in caso di fornitura non richiesta.

[161] Puntuale a riguardo la considerazione secondo la quale "è estranea alla funzione delle restituzioni – in sé considerate – una finalità «sanzionatoria»". Cfr. G. D'AMICO, *Nullità e risoluzione per inadempimento: restituzioni e risarcimento del danno*, in *Nuove leggi civ. comm.*, 4/2014, p. 780, il quale, proprio in virtù di tale considerazione ritiene di poter negare l'ammissibilità dell'ipotesi formulata da altra Dottrina circa la possibilità di far discendere, dalla funzione protettiva della nullità nella disciplina di derivazione eurounitaria dei contratti del consumatore, "una logica restitutoria ad effetto sfavorevole per il professionista a motivo di un'assorbente funzione punitiva". La citazione è tratta da S. PAGLIANTINI, *Nullità formali bancarie e restituzioni secondo un recente arresto dell'ABF*, in M.R. MAUGERI, S. PAGLIANTINI, *Il credito ai consumatori*, Giuffrè, 2013, p. 95.

Sembra, allora, da preferire anche in questo caso una soluzione che, sul piano degli effetti restitutori conseguenti all'eventuale scelta del consumatore di azionare il rimedio risolutorio, bilanci l'esigenza di una tutela effettiva degli interessi della parte lesa e la contrapposta esigenza del professionista di non rispondere del divario tra utilità attesa e utilità effettivamente conseguita dal consumatore per la misura del vantaggio di cui si provi costui abbia comunque goduto in seguito all'esecuzione del contratto [162]. Giova, d'altra par-

---

[162] Cfr. E. BARGELLI, *Il sinallagma rovesciato*, cit., p. 222, ove, malgrado il dichiarato sostegno all'indirizzo interpretativo che ammette il riferimento unitario alle norme sull'indebito, indipendentemente dalla natura della prestazione oggetto dell'obbligazione restitutoria, si afferma che "se si muove dall'analisi della fattispecie sottesa all'art. 2033 c.c. – l'iniziativa del *solvens* combinata con una consapevole *acceptio* – dovrebbero ricadere all'esterno di essa i casi in cui, in deroga a tale schema, non sussista il secondo presupposto: perché per esempio la prestazione di fare è stata eseguita senza il previo consenso e all'insaputa del destinatario. La fattispecie dell'indebito, in tali ipotesi, cede il passo a quella dell'ingiustificato arricchimento, con la connessa rilevanza della questione dell'imposizione di un arricchimento non voluto e dell'attenuazione della responsabilità restitutoria di chi l'ha ricevuto". D'altra parte, al fine di stabilire a quale parametro commisurare il valore della restituzione, se a quello rappresentato dall'utilità convenzionalmente perseguita o invece quello rappresentato dall'oggettivo valore di mercato della prestazione che il consumatore abbia ricevuto anche in misura parziale, si ritiene qui che una soluzione potrebbe essere ricavata dal rinvio all'applicazione analogica dei criteri di calcolo indicati dall'art. 57, comma 3, cod. cons., a proposito degli obblighi restitutori in capo al consumatore che abbia esercitato il diritto di recesso *ex* art. 52 cod. cons. da un contratto di fornitura di servizi o di acqua, gas o elettricità in quantità indeterminata, di cui abbia chiesto espressamente l'immediata esecuzione, malgrado il periodo concesso per il recesso. La disposizione prevede che "*il consumatore versa al professionista un importo proporzionale a quanto è stato fornito (...) rispetto a tutte le prestazioni previste dal contratto. L'importo proporzionale che il consumatore deve pagare al professionista è calcolato sulla base del prezzo totale concordato nel contratto. Se detto prezzo totale è eccessivo, l'importo proporzionale è calcolato sulla base del valore di mercato di quanto gli è stato fornito*". Naturalmente, mentre nell'ipotesi contemplata dall'art. 57, comma 3, cod. cons., l'*acceptio* da parte del consumatore avviene malgrado la consapevolezza della facoltà di recedere entro il termine legale, nel caso di un contratto connotato da un equilibrio sinallagmatico inciso da una pratica commerciale scorretta, la scelta di risolvere il vincolo negoziale si propone come conseguenza dell'acquisita consapevolezza circa gli effetti pregiudizievoli della pratica adottata dal professionista. Malgrado tale disallineamento delle fattispecie considerate, tuttavia, l'applicazione analogica della norma di cui si tratta potrebbe giustificarsi valorizzando in particolare la previsione riportata dall'ultimo alinea dell'art. 57, comma 3, cod. cons., in modo da ammettere il calcolo della restitu-

te, rilevare che, una volta risolto il contratto, in presenza di accordi volti alla fornitura di prestazioni che, in base ad una pratica commerciale scorretta, siano state ammantate da una dubbia connotazione "assiologica", il ricorso al rimedio risarcitorio, in aggiunta alla pretesa restitutoria, potrebbe realizzare una tutela più efficace dell'interesse interferito. Ciò potrebbe accadere in particolare nelle ipotesi, già esaminate, di pratiche commerciali scorrette consistenti nella mendace rappresentazione della sostenibilità sociale o ambientale dell'operazione di scambio proposta. In questi casi, infatti, la pratica scorretta incide più sulla lesione, patrimonialmente non quantificabile, dell'interesse a manifestare una volontà negoziale in coerenza con le proprie inclinazioni di natura culturale o etica, che non sulla effettiva realizzazione del valore materiale di scambio atteso dall'esecuzione del contratto. Sicché, a fronte di un'utilità comunque acquisita dal consumatore, di cui costui dovrebbe restituire, in seguito alla scelta di risolvere il contratto, il valore per equivalente monetario nella misura dell'arricchimento ottenuto, lo stesso consumatore potrebbe anche preferire la conservazione del contratto, limitando le proprie pretese al risarcimento del danno derivato dalla frustrazione dell'interesse soggettivo perseguito.

In ogni caso, non pare superfluo ricordare che solo nel caso in cui il professionista non riesca a fornire la prova di un qualche vantaggio comunque goduto dal consumatore, la totale compromissione degli interessi perseguiti subita in seguito all'incidenza della pratica commerciale scorretta sulla conclusione del contratto potrebbe giustificare, per effetto della risoluzione, obblighi restitutori esclusivamente a carico del professionista [163].

zione dovuta dal consumatore alla stregua del minor valore attribuibile, a causa della pratica commerciale scorretta, a quanto ricevuto rispetto al prezzo concordato.

[163] Cfr. L. GUERRINI, *Le restituzioni contrattuali*, cit., p. 119 ss. Tale Autore, occupandosi in particolare dell'ipotesi in cui l'opera o il servizio commissionato in virtù di un contratto di appalto risultino del tutto prive di utilità per il committente, individua nell'art. 1668, comma 2, c.c. il fondamento normativo del diritto del committente a chiedere la risoluzione del contratto e, quanto ai conseguenti effetti restitutori, afferma che "a fronte della completa mancanza di corrispondenza tra prestazione effettuata e interesse creditorio, il facere non va restituito", indipendentemente dalla circostanza che all'opera o al servizio prestato possa riconoscersi un qualche valore di mercato. "Diversamente – prosegue l'Autore – le restituzioni, anziché essere strumento di completamento del rimedio risolutorio e di tutela dei valori del contratto, finirebbero con l'occasionare un ingiustificato impo-

11. *Il rimedio della riduzione del prezzo*

Si è già accennato ad alcune ipotesi in cui la tutela degli interessi del consumatore che si sia vincolato ad un contratto, in relazione ai cui contenuti sia stata esercitata una pratica commerciale scorretta, possa essere efficacemente realizzata mediante la richiesta della riduzione del prezzo da lui corrisposto [164]. In genere, tuttavia, il rinvio alle norme sulla vendita di beni non conformi non si mostra particolarmente fruttuoso al fine di individuare i presupposti di azionabilità del rimedio della riduzione del prezzo. La diversa qualità del pregiudizio che solitamente la pratica commerciale sleale procura al consumatore non consente, infatti, di trarre spunti utili dalla previsione dell'art. 13, par. 4, direttiva 2019/771/UE, riprodotta dall'art. 135 *bis*, comma 4, cod. cons., secondo la quale il consumatore ha diritto "ad una riduzione proporzionale del prezzo o alla risoluzione del contratto" quando i rimedi manutentivi della riparazione o sostituzione del bene siano stati rifiutati o, seppure azionati, abbiano avuto esito fallimentare.

Come già evidenziato in precedenza, quando una pratica commerciale scorretta si risolve in modalità di presentazione del bene o del servizio offerto non veritiere, o comunque idonee ad ingannare il consumatore circa la funzionalità del bene o del servizio oggetto dello scambio, soccorre alla tutela dell'interesse violato del consumatore la disciplina primaria della garanzia per difetti di conformità del bene. La circostanza della riconoscibilità, alla base del difetto di conformità, di una pratica commerciale scorretta dovrebbe semmai avvalorare il diritto del consumatore a richiedere pure il risarcimento del danno.

---

verimento a carico dell'*accipiens* di una prestazione del tutto inidonea" (*Ivi*, p. 120). Lo stesso schema argomentativo viene riproposto anche con riferimento alle prestazioni rispettivamente oggetto di un contratto d'opera e di un contratto d'opera intellettuale, benché condivisibilmente si sottolinei anche che in tutte queste ipotesi la risoluzione sia ammissibile solo nei casi limite in cui la prestazione sia del tutto inidonea alla realizzazione dell'utilità perseguita dalla controparte con la conclusione del contratto.

[164] Da ultimo, avendo sostenuto nel precedente paragrafo il rinvio all'applicazione dell'art. 1492, comma 3, c.c., si è fatto riferimento all'ipotesi in cui, in seguito al perimento della cosa consegnata per colpa del consumatore o alla sua alienazione o trasformazione, allo stesso consumatore dovrebbe essere concesso solo la richiesta della riduzione del prezzo e precluso invece l'azionamento della risoluzione del contratto.

Normalmente, tuttavia, una pratica commerciale scorretta non si limita ad una rappresentazione distorta del valore d'uso di un bene o di un servizio, interessando piuttosto l'insieme dei vantaggi giuridici che concorrono a definire il valore di scambio o, se si vuole, l'appetibilità complessivamente ascrivibile all'operazione economica dedotta in contratto. Resta dunque da stabilire, proprio con riferimento a tali tipologie di pratiche quando il rimedio della riduzione del prezzo possa essere utilmente invocato contro gli effetti pregiudizievoli subiti dal consumatore.

Dal riferimento all'art. 135 *bis*, comma 4, cod. cons., dovrebbe potersi ricavare il riconoscimento, a favore della parte contraente danneggiata dalla pratica commerciale scorretta, della facoltà di scegliere tra questo rimedio e quello dello scioglimento del contratto, fatta eccezione, oltre che per le ipotesi menzionate nel precedente paragrafo, anche per quella ulteriore, ricavabile dall'applicazione dell'art. 135 *bis*, comma 5, cod. cons., in cui la prova, da parte del professionista, della lieve entità del pregiudizio limiterebbe il diritto di scelta tra risoluzione e riduzione del prezzo, a favore di quest'ultima. La scelta, inoltre, dovrebbe poter essere comunicata in via stragiudiziale, analogamente a quanto prescritto in relazione all'ipotesi dello scioglimento del vincolo contrattuale, seppure nella disciplina ispirata dalla direttiva 2019/771/UE non vi siano previsioni espresse in tal senso [165].

Fatte queste puntualizzazioni di carattere più strettamente operativo, proprio la preclusione del rimedio risolutorio nel caso di un pregiudizio di lieve entità, potrebbe indurre a ritenere che la richiesta della riduzione del prezzo sia comunque auspicabile tutte le volte in cui l'effettività del meccanismo di protezione degli interessi del consumatore da azionare vada calibrata in relazione alla circostanza che il contratto sia stato già parzialmente o totalmente eseguito ovvero abbia già prodotto l'attribuzione di utilità al consuma-

---

[165] Sul punto, si veda criticamente G. DE CRISTOFARO, *Verso la riforma della disciplina delle vendite mobiliari b-to-c: L'attuazione della direttiva EU 2019/771*, cit., p. 231. Ma, lo si è già visto *supra*, cap. II, nota 111, diversi Autori ritengono sia pacifico che entrambe le azioni secondarie disposte dalla disciplina della vendita di beni con difetti di conformità possano essere promosse in via stragiudiziale. Già prima dell'ultima riforma della disciplina in oggetto, d'altra parte, considerava entrambi i rimedi secondari contro difetti di conformità del bene acquistato dal consumatore "esplicazioni di diritti potestativi" F. BOCCHINI, *op. cit.*, p. 457.

tore [166]. Tra gli elementi che deporrebbero in tal senso, si segnala innanzitutto una forte propensione del diritto contrattuale di derivazione europea alla conservazione del contratto, piuttosto che alla caducazione dei suoi effetti, nel tentativo di preservare, accanto all'integrità degli interessi individuali del consumatore, anche e soprattutto la certezza e il dinamismo concorrenziale degli scambi sul mercato [167]. Inoltre, anche dal punto di vista dell'effettività e della proporzionalità dei meccanismi di tutela individuale del consumatore, potrebbe dubitarsi che il diritto allo scioglimento del contratto sia esercitabile in modo del tutto incondizionato, cioè indipendentemente dal rilievo del divario, maturato in seguito agli effetti della pratica commerciale scorretta, tra l'utilità programmata e l'utilità effettivamente percepita. Più precisamente, per quanto sia da ribadire l'opportunità di riconoscere al consumatore la facoltà di scelta tra riduzione del prezzo e risoluzione del contratto, sarebbe incon-

---

[166] In relazione alla disciplina della vendita di beni mobili al consumatore, manifesta un orientamento analogo, F. BOCCHINI, *op. cit.*, p. 466.

[167] L'importanza strategica attribuita dal legislatore eurounitario alla conservazione del contratto emerge chiaramente, in relazione alla disciplina dei difetti di conformità di beni oggetto di vendita tra professionista e consumatore, dalla gerarchizzazione dei rimedi azionabili, in virtù della quale non è ammesso il ricorso alla riduzione del prezzo o alla risoluzione se non dopo il fallimentare esperimento della riparazione o della sostituzione ovvero dopo la constatazione della loro oggettiva impossibilità. Cfr. S. MAZZAMUTO, *Equivoci e concettualismi nel diritto europeo dei contratti*, cit., p. 1102 ss.; L. NIVARRA, *Diritto privato e capitalismo. Regole giuridiche e paradigmi di mercato*, Jovene, 2010, p. 105 ss. Osserva che "la stabilità del contratto implica irretrattabilità dell'operazione economica e dunque persistenza dell'impegno finanziario assolto dall'impresa. Il principio, guardato in scala, assicura rispetto di programmazione e dunque certezza degli investimenti", F. BOCCHINI, *op. cit.*, p. 449. Rinviando alla formulazione dell'art. 1 della direttiva, sulle finalità e gli obiettivi perseguiti, afferma che "la tutela consumeristica risulta anche visivamente ancillare a quella filo-concorrenziale, il contratto asimmetrico quasi una leva di politica economica", E. FERRANTE, *La direttiva 19/771/UE in materia di vendita al consumo: primi appunti*, in *Annuario del Contratto*, 2018, p. 45. Prima dell'adozione della direttiva 2019/771/UE, stigmatizzava la priorità assegnata al perseguimento di tale obiettivo, ove esso si risolva di fatto in un limite alla tutela degli interessi del consumatore, A. MANIACI, *Rimedi e limiti di tutela dell'acquirente*, cit., p. 140 ss., il quale, alla luce delle molteplici opportunità riconosciute al professionista/venditore di "sovvertire unilateralmente" l'ordine gerarchico dei rimedi azionabili dal consumatore contro difetti di conformità del bene acquistato, concludeva che "ad essere tutelato appare più l'interesse del venditore che quello del mercato, ossia le ragioni macro-economiche: ché altrimenti l'ordine gerarchico non sarebbe disponibile neppure per il professionista" (*Ivi*, p. 142).

gruo che il diritto potestativo di sciogliere il contratto fosse assimilato ad un diritto di ripensamento esercitabile *ad nutum* ogni volta che alla conclusione del contratto sia seguita la fruizione del bene o del servizio oggetto dello scambio, in misura tale da rendere plausibile la prevalenza del vantaggio realizzato dal consumatore rispetto al pregiudizio comunque subito a causa dell'incidenza della pratica commerciale scorretta sull'equilibrio sinallagmatico che il contratto avrebbe dovuto esprimere. Esclusa infatti l'ipotesi che la pratica commerciale scorretta abbia condizionato la conclusione di un contratto fuori dai locali commerciali o a distanza, nella quale naturalmente il consumatore manterrebbe il diritto di recedere ai sensi dell'art. 52 cod. cons., l'incondizionata possibilità di abbandonare il vincolo contrattuale potrebbe prestarsi a comportamenti opportunistici da parte del contraente debole [168]. Pare dunque sia più corretto sostenere che la manifestazione della volontà di risolvere il contratto, piuttosto che di richiedere la riduzione del prezzo senza intaccare l'efficacia del vincolo negoziale, possa essere contestata dal professionista, sul quale tuttavia, ricadrebbe, *ex* art. 135 *bis*, comma 5, cod. cons., l'onere della prova della lieve entità dell'incidenza della sua condotta sull'alterazione del sinallagma contrattuale lamentato dal consumatore.

Per quanto riguarda la questione della misura della riduzione del prezzo, una disposizione alla quale, invece, pare si possa fare senz'altro riferimento è quella prevista rispettivamente dall'art. 15 direttiva 2019/771/UE e dall'art. 135 *quater*, comma 1, cod. cons., ai sensi della quale "*la riduzione del prezzo è proporzionale alla diminuzione di valore del bene ricevuto dal consumatore rispetto al valore che avrebbe avuto se fosse stato conforme*". Essa infatti si propone come preziosa fonte di ispirazione nella definizione del criterio utile a determinare la misura del sacrificio pecuniario dovuto dal professionista responsabile della pratica commerciale scorretta [169],

---

[168] Sull'esercizio abusivo del diritto di risolvere il contratto, approfittando dell'altrui inadempimento per liberarsi di un vincolo contrattuale ritenuto non più conveniente, cfr. G. SICCHIERO, *op. cit.*, pp. 318-319. Si pensi, a titolo esemplificativo, all'ipotesi in cui, al di là del pregiudizio pure subito in seguito ad una pratica commerciale scorretta dal consumatore, costui in realtà intenda liberarsi dal vincolo contrattuale per poter approfittare di condizioni più convenienti di realizzazione di un'altra operazione di scambio con altro operatore professionale.

[169] Dello stesso avviso, L. GUFFANTI PESENTI, *Pratiche commerciali scorrette e*

ove costui, a seconda dei casi, si trovi costretto a ricevere un corrispettivo decurtato in base alla percentuale di incidenza della pratica commerciale scorretta sull'utilità realizzata dal consumatore; o, invece, debba restituire parte di quanto già corrisposto dal consumatore; o, infine, debba accettare il riadeguamento della misura del pagamento ancora dovuto, nel caso quest'ultimo sia stato già in parte adempiuto dal consumatore [170]. In particolare, la condivisione dell'orientamento interpretativo secondo il quale l'art. 135 *quater*, cod. cons. mostrerebbe di prediligere una modalità di calcolo fondata sull'incidenza percentuale della perdita di valore del bene sul prezzo pattuito [171], pare comportare vantaggi non indifferenti anche sul fronte dell'attivazione del rimedio nei riguardi di lesioni procurate al consumatore da una pratica commerciale scorretta nella fase di formazione dell'accordo contrattuale. Per un verso, infatti, il criterio proporzionale così inteso renderebbe senz'altro più agevole il riallineamento dell'equilibrio sinallagmatico del contratto, in quanto l'entità della diminuzione del valore di scambio realizzato sarebbe determinata in relazione all'incidenza della pratica sul controvalore corrisposto o da corrispondere, e non invece in base alla comparazione tra il valore che l'operazione economica oggetto del contratto aveva al tempo della conclusione del contratto e il valore che, in assenza della pratica commerciale scorretta, la stessa operazione economica avrebbe dovuto avere [172]. Per altro verso, consen-

---

rimedi nuovi, cit., p. 670. Considera invece "davvero difficile stabilire quale possa essere il parametro in applicazione del quale la riduzione del *quantum* del corrispettivo pattuito debba essere operata" G. DE CRISTOFARO, *«Rimedi» privatistici individuali e pratiche commerciali scorrette. Il recepimento del diritto italiano dell'art. 11-*bis *della direttiva 2005/29/CE. (Comma 15-*bis, *art. 27 c. cons.)*, cit., p. 488 e ID., *Diritto italiano ed europeo dei consumatori*, cit., p. 250. In considerazione della molteplicità e spesso della complessità delle varianti di calcolo della misura della riduzione del prezzo elaborate nel tempo, saluta con notevole soddisfazione l'espresso riferimento dell'art. 15 direttiva 2019/771/UE, riprodotto dall'art. 135-*quater*, comma 1, cod. cons., ad un criterio di quantificazione del prezzo definito "proporzionale puro", F. OLIVIERO, *La nuova disciplina dei c.d. rimedi "secondari"*, cit., p. 342.

[170] Per una puntuale ricostruzione degli effetti conseguenti alla pretesa del consumatore della riduzione del prezzo, ai sensi dell'art. 135 *quater* cod. cons., in applicazione dei principi generali del diritto delle obbligazioni e dei contratti, cfr. F. OLIVIERO, *La nuova disciplina dei c.d. rimedi "secondari"*, cit., p. 348 ss.

[171] Cfr. F. OLIVIERO, *La nuova disciplina dei c.d. rimedi "secondari"*, cit., pp. 341-342.

[172] Quest'ultima modalità di calcolo della misura della riduzione del prezzo si

tirebbe di valorizzare la riduzione del prezzo quale strumento di mero riadeguamento del rapporto di corrispettività concordato tra le parti in relazione allo scambio oggetto del contratto [173], senza ammettere contaminazioni con la funzione reintegratoria del distinto rimedio risarcitorio [174], in base alla quale il responsabile dell'interferenza dannosa nell'altrui sfera giuridica, poco importa se l'interferenza sia di matrice contrattuale o extracontrattuale, è obbligato a ripararla corrispondendo alla vittima di quella stessa interferenza il valore per equivalente monetario della totalità delle perdite patrimoniali provocate dalla propria condotta.

Prima della recente novella, all'opposto, anche sulla scorta delle indicazioni normative ricavabili dall'art. 50 della Convenzione di Vienna, da più parti si è ritenuto che il metodo da adottare per la quantificazione della riduzione del prezzo dovesse fare leva su valori ipotetici, sia relativamente al valore del bene effettivamente fornito che relativamente al valore che il bene avrebbe dovuto avere ove conforme [175], dando luogo a qualche inevitabile ambiguità cir-

---

ricava al contrario dalla lettura dell'art. 50 CISG, ai sensi del quale "Se le merci non sono conformi al contratto, che il prezzo sia stato pagato o non ancora pagato, il compratore può ridurre il prezzo in proporzione alla differenza tra il valore che le merci effettivamente fornite avevano al momento della fornitura e il valore che le merci conformi al contratto avrebbero avuto a quel momento." Sia in quest'ultimo caso che in quello del criterio normativo ispirato dalla direttiva 2019/771/UE si adotta un metodo proporzionale – anche definito relativo – di calcolo della misura della riduzione del prezzo. Cfr. F. OLIVIERO, *La riduzione del prezzo nel contratto di compravendita*, cit., p. 154 ss. Tuttavia, mentre l'art. 50 della Convenzione di Vienna, facendo riferimento solo a valori astratti, impone la più complessa e incerta determinazione di entrambi i termini della proporzione, il criterio da ultimo definito dal legislatore europeo consente di fare riferimento solo alla "incidenza percentuale della perdita di valore dei beni trasferiti in relazione al prezzo pattuito, senza che si renda necessario procedere a complesse valutazioni relative al valore reale dei beni contratti e a quello che gli stessi avrebbero avuto ove fossero stati conformi". Cfr. F. OLIVIERO, *La nuova disciplina dei c.d. rimedi "secondari"*, cit., p. 342.

[173] Cfr. F. OLIVIERO, *La riduzione del prezzo nel contratto di compravendita*, cit., p. 107 ss.

[174] In questo senso, anche con riferimento alla disciplina della riduzione del prezzo emergerebbe la conferma dell'autonomia strutturale e funzionale dell'istituto della garanzia di conformità dei beni oggetto di vendita al consumatore dal modello dell'obbligazione. Cfr. L. REGAZZONI, *op. cit.*, p. 57 ss.

[175] Cfr. C.M. BIANCA, *op. cit.*, pp. 956-957; G. AFFERNI, *Il quantum del danno nella responsabilità precontrattuale*, cit., p. 206 ss.

ca la coerenza del metodo di calcolo così adottato all'asserita funzione meramente riadeguatrice della riduzione del prezzo [176].

Occorre d'altra parte rilevare che, tanto nel caso della tutela del consumatore contro difetti di conformità, quanto in quello del contrasto di effetti pregiudizievoli prodotti da una pratica commerciale scorretta sulle utilità ricavabili dall'esecuzione del singolo contratto tra consumatore e professionista, il legislatore eurounitario sembra voler distinguere il piano delle tutele ripristinatorie da quello delle tutele risarcitorie. Basti in proposito ricordare, che l'art. 3, par. 6, direttiva 2019/771/UE distingue gli effetti della responsabilità del venditore espressamente considerati in quella sede da altri aspetti, tra i quali quello attinente al risarcimento del danno, la cui disciplina rimane affidata agli Stati membri [177]; e che anche l'art. 11 *bis*, che è andato ad integrare il testo della direttiva 2005/29/CE, nell'elencare i possibili rimedi individuali che gli Stati membri sono chiamati ad adottare per rendere effettiva e proporzionata la tutela del consumatore contro gli effetti lesivi di una pratica commerciale scorretta, rinvia separatamente al risarcimento del danno e alla riduzione del prezzo. È noto, infine, che anche la disciplina comune delle garanzie nella vendita distingue plasticamente gli effetti della garanzia per evizione e vizi dalle ipotesi in cui, ai sensi dell'art. 1494 c.c., il venditore può essere chiamato a risarcire il danno [178].

---

[176] A monte di tali ambiguità può scorgersi invero la funzione essenzialmente risarcitoria attribuita al rimedio della riduzione del prezzo in *common law*, funzione che la formulazione dell'art. 50 della Convenzione di Vienna mostra di voler fare propria. Cfr. F. OLIVIERO, *La riduzione del prezzo nel contratto di compravendita*, cit., p. 418 ss.

[177] Non a caso F. PIRAINO, *La violazione della vendita di beni al consumatore per difetto di conformità*, cit., p. 144 ss., definisce "atecnica" la nozione di responsabilità presa in considerazione dalla direttiva 2019/771/UE.

[178] Può essere qui utile ricordare sinteticamente che le più rilevanti divisioni in proposito si sono registrate tra i fautori della tesi che esclude l'ammissibilità di un'assimilazione dell'obbligo di garanzia del venditore e all'istituto della responsabilità. Cfr. L. MENGONI, *Profili di una revisione della teoria sulla garanzia per i vizi nella vendita*, cit., p. 404 ss., il quale invero vede nell'art. 1494 c.c. "un aspetto, sia pure qualificato, della garanzia", in virtù del quale, il venditore, comunque tenuto "ad assicurare al compratore l'equivalente dell'interesse all'(esatto) adempimento, cioè appunto l'interesse positivo" (*Ivi*, p. 406), nel caso di ignoranza inescusabile dei vizi potrà essere chiamato a rispondere nella misura dell'interesse negativo, "precipuamente dei danni derivati dai vizi della cosa" (*Ivi*, p. 409),

Ove adeguatamente valorizzata, allora, siffatta distinzione potrebbe invero contribuire in modo decisivo a garantire sia la razionalità macroeconomica degli strumenti predisposti, sia l'obiettivo dell'effettività della tutela del singolo consumatore. Come si è provato a dimostrare, infatti, il ricorso ad un rimedio come quello della riduzione del prezzo, rivolto essenzialmente al riadeguamento dell'equilibrio sinallagmatico perseguito dalle parti, consentirebbe al singolo consumatore interessato alla preservazione dell'efficacia del contratto, di appagare l'esigenza della cancellazione degli effetti negativi della pratica commerciale scorretta in modo rapido e certo, evitando i tempi e i costi del contenzioso giudiziale, che d'altra parte, ove fosse effettivamente attivato con regolarità dalla moltitudine di consumatori potenzialmente interessati, finirebbe per risolversi in un serio ostacolo al dinamismo degli scambi di mercato. La domanda di risarcimento del danno non sarebbe per questa via preclusa, ma, implicando oneri probatori inevitabilmente più gravosi e maggiori incertezze negli esiti[179], esporrebbe a costi e rischi senz'altro superiori, che il consumatore probabilmente sarebbe disponibile ad affrontare solo nel caso di danni certi e non "bagatellari", meglio se "superindividuali" e dunque contestabili mediante lo strumento dell'azione di classe[180].

I due distinti rimedi della riduzione del prezzo e del risarcimento

---

anche dopo la scadenza del termine di prescrizione breve dell'azione rivolta ad esercitare il diritto alla garanzia. Diversamente, C. CASTRONOVO, *Problema e sistema nel danno da prodotti*, cit., p. 451, il quale ritiene che il diritto al risarcimento del danno disposto dall'art. 1494 c.c. sia "ancorato a presupposti diversi da quelli previsti per la garanzia", in quanto, se quest'ultima si presenta come "effetto puro e semplice del contratto (...), il risarcimento è invece previsto come sanzione della violazione dell'obbligo di correttezza nelle trattative".

[179] Come già visto *supra*, l'eventuale accertamento della ricorrenza della pratica scorretta da parte dell'AGCM potrebbe senz'altro giovare ai fini dell'attivazione del rimedio risarcitorio ma, occorrerebbe altresì provare, da un lato, il nesso di causalità tra la condotta e la produzione del pregiudizio e, dall'altro, l'antigiuridicità della condotta del professionista nella singola relazione contrattuale, potendosi tutt'al più presumere la colpa del professionista *ex* art. 2600, comma 3, c.c.

[180] Come già evidenziato, d'altronde, particolare interesse desta a questo riguardo la parte finale del *considerando* n. 8 della direttiva 2020/1828/UE, ispiratrice della formulazione del successivo art. 9, nella quale si prevede che gli enti legittimati a rappresentare gli interessi collettivi dei consumatori contro i danni derivanti da violazioni delle disposizioni del diritto dell'Unione di cui uno o più professionisti siano riconosciuti responsabili, potranno chiedere provvedimenti risarcitori "per esempio sotto forma di indennizzo, riparazione o riduzione del prezzo".

del danno, in altri termini, non sarebbero alternativi, potrebbero anche essere azionati cumulativamente, ma presenterebbero una distinta operatività, sia dal punto di vista funzionale che dal punto di vista procedurale [181]. Una ragione di più, dunque, perché la domanda della riduzione del prezzo azionata in via stragiudiziale dal consumatore non possa in alcun modo ricalcare i contenuti di una pretesa risarcitoria, indipendentemente dalla dimensione che si voglia attribuire all'oggetto di tale pretesa, notoriamente oscillante tra il valore rappresentato ora dall'interesse negativo ora dall'interesse positivo [182].

Non sussisterebbe in conclusione alcun margine per calcolare la

---

[181] La peculiarità della funzione restitutoria, qui attribuita al rimedio della riduzione del prezzo – ma, come già evidenziato in precedenza, ugualmente attribuibile al rimedio della risoluzione – è ben evidenziata proprio a proposito di quest'ultimo istituto da A. NICOLUSSI, *Le restituzioni de iure condendo*, cit., p. 792 ss., il quale fa propria l'opinione secondo la quale, rappresentando il regolamento contrattuale ad un tempo uno strumento di conformazione qualitativa e quantitativa del patrimonio delle parti, colui che agisce in risoluzione può senz'altro ottenere la cancellazione dello specifico assetto qualitativo che il contratto avrebbe dovuto realizzare, ferma restando la possibilità di agire anche per ottenere dalla controparte, in via risarcitoria, il mancato guadagno, ovvero il conseguimento dell'assetto quantitativo che il patrimonio avrebbe dovuto assumere in assenza dell'inadempimento. Cfr. A. BELFIORE, *op. cit.*, p. 276 ss. Prendendo spunto da queste riflessioni, dunque, potrebbe ipotizzarsi che, mentre la richiesta di riduzione del prezzo, consentirebbe al consumatore di recuperare la parte del corrispettivo eccedente il valore di scambio effettivamente realizzato, in misura proporzionata al rapporto di corrispettività negozialmente concordato e tuttavia alterato dalla pratica scorretta, l'eventuale richiesta di risarcimento del danno, mirerebbe ad un obiettivo diverso e più ampio del mero ripristino del sinallagma contrattuale, puntando alla compensazione delle eventuali perdite patrimoniali conseguenti all'incidenza della pratica commerciale scorretta sullo scambio di utilità formalmente accettato dalle parti. Si osserva puntualmente, d'altronde che, poiché sia il codice civile, sia la convenzione di Vienna, sia infine il diritto contrattuale eurounitario "consentono al compratore deluso di far valere, oltre alla riduzione del prezzo, anche il risarcimento del danno (...), non può che apparire problematico ammettere che lo stesso rimedio estimatorio sia contraddistinto da una funzione risarcitoria. (...) Sarebbe palesemente eterodosso ritenere che una medesima fattispecie sia posta dalla legge a fondamento di due tipologie di responsabilità differenti". Cfr. F. OLIVIERO, *La riduzione del prezzo nel contratto di compravendita*, cit., p. 86.

[182] Sul punto si rinvia ancora a A. NICOLUSSI, *Le restituzioni de iure condendo*, cit., p. 793. Il quale non dubita che il risarcimento del danno debba corrispondere alla misura dell'interesse positivo, sia che la relativa obbligazione si affianchi a quelle restitutorie derivanti dallo scioglimento del contratto, sia che, invece, essa operi come strumento di soddisfazione dell'interesse frustrato del consumatore, malgrado la conservazione del contratto.

riduzione del prezzo da praticare considerando anche il valore che il consumatore avrebbe potuto realizzare evitando la conclusione del contratto o, viceversa, avrebbe potuto conseguire ove il contratto fosse stato concluso in assenza dell'incidenza del difetto del bene o della pratica commerciale scorretta. Nell'uno e nell'altro caso, infatti, si finirebbe per ridefinire *ex novo* il rapporto di corrispettività tra le prestazioni negoziali, sulla base di pretese di cui non sarebbe dimostrato il fondamento e senza che alla controparte sia concesso almeno di accettare o rifiutare la misura di tale ridefinizione [183].

Ebbene fatte tali doverose puntualizzazione, al fine di distinguere con maggiore certezza, sia dal punto di vista funzionale che dal punto di vista operativo il rimedio della riduzione del prezzo da quello del risarcimento del danno, non rimane che concentrare l'indagine sui presupposti dell'accertamento della responsabilità del professionista, per lesioni procurate al singolo consumatore da una pratica commerciale scorretta, in modo da precisare l'effettiva portata del rinvio al rimedio risarcitorio, formulato sia dall'art. 11 *bis* della direttiva 2005/29/CE, sia dall'art. 27, comma 15 *bis*, cod. cons., oltre che la disciplina degli effetti che ne conseguono.

Alla luce delle considerazioni finora svolte, in particolare, una volta definiti l'ambito di operatività della responsabilità del professionista, bisognerà soffermarsi sull'individuazione di un criterio di quantificazione del danno da pratica commerciale scorretta che non finisca per riprodurre di fatto il metodo di calcolo oggi suggerito dall'art. 135 *quater* cod. cons. [184]. E, che, d'altra parte, stante la vaghez-

---

[183] Cfr. F. Oliviero, *La riduzione del prezzo nel contratto di compravendita*, cit., p. 106 ss.

[184] Il rischio che i due rimedi si sovrappongano e si confondano tra loro pare confermato dal riferimento ad alcuni recenti casi giudiziari, di cui si è già riferito *supra*, cap. II, nota 118. Anche in altri casi, in cui si riconosce il risarcimento del danno derivante dalla violazione del dovere di buona fede nella fase di formazione di un contratto validamente concluso, non sembra che, facendo riferimento al criterio del minor vantaggio o del maggior aggravio conseguito a causa della condotta scorretta, si dedichi particolare attenzione ad evitare che la somma liquidata si esaurisca in poste pecuniarie meramente restitutorie. Da ultimo, cfr. Cass. 14 febbraio 2022, n. 4715. Naturalmente, potendosi escludere che nei casi considerati vi fosse il rischio di un cumulo degli effetti restitutori e risarcitori, le denunciate sovrapposizioni non sono destinate a destare particolare preoccupazione. Si potrebbe giungere però ad una valutazione differente nel caso in cui, in ipotetici giudizi futuri, si riconosca al consumatore la facoltà di agire per ottenere contestual-

za dei contorni del c.d. danno meramente patrimoniale che il più delle volte si ritiene integrato nei riguardi del consumatore vittima di una pratica commerciale scorretta, non attribuisca all'obbligazione risarcitoria una connotazione punitiva, chiaramente osteggiata dal diritto eurounitario [185], come anche dal nostro ordinamento [186].

---

mente la riduzione del prezzo corrisposto ed il risarcimento del danno subito a causa dell'incidenza di una pratica commerciale scorretta sulla conclusione del contratto. Diventerebbe allora concreto il rischio della duplicazione a carico del professionista di obbligazioni aventi il medesimo oggetto.

[185] La scelta di dedicare alla materia dei rimedi individuali esperibili dal consumatore leso da una pratica commerciale scorretta un articolo distinto dall'art. 13 della direttiva 2005/29/CE, intitolato "Sanzioni", denoterebbe secondo G. De Cristofaro, *«Rimedi» privatistici individuali e pratiche commerciali scorrette. Il recepimento del diritto italiano dell'art. 11*-bis *della direttiva 2005/29/CE. (Comma 15*-bis, *art. 27 c. cons.)*, cit., p. 451, e Id., *Diritto italiano ed europeo dei consumatori*, cit., pp. 208-209, la chiara volontà del legislatore eurounitario di escludere "una funzione ed una natura (esclusivamente, o anche solo prevalentemente) deterrente e sanzionatoria" di tali rimedi. La stessa volontà è confermata dalla formulazione dei già citati *considerando* nn. 10 e 42 della direttiva 2020/-1828/UE. La ripetizione del monito sembra qui denotare un'avversione strutturale del legislatore eurounitario nei riguardi del rischio che il provvedimento risarcitorio assuma una connotazione punitiva.

[186] Sul punto, si veda *supra*, cap. II, nota 69.

Capitolo III

Interesse soggettivo tutelato e risarcimento del danno. Il problema della quantificazione dell'obbligazione risarcitoria

Sommario: 1. Ambito operativo e disciplina applicabile al rimedio risarcitorio: i dati sinora acquisiti. – 2. I profili problematici ancora da indagare: il grado di complessità dell'interesse soggettivo leso, le funzioni della riduzione del prezzo e del risarcimento del danno, la disciplina dell'obbligazione risarcitoria. – 3. Pratiche commerciali scorrette e interesse individuale pregiudicato. – 4. I contorni sfuggenti della lesione lamentata. La figura del danno meramente patrimoniale. – 5. La quantificazione del risarcimento del danno meramente patrimoniale e il controverso rinvio alla misura dell'interesse negativo. – 6. Gli equivoci legati alla contrapposizione tra interesse negativo e interesse positivo alla luce del principio dell'integrale risarcimento del danno. La centralità del dato probatorio. – 7. Pratiche commerciali scorrette e quantificazione dell'obbligazione risarcitoria nel caso di conservazione del contratto. – 8. Pratiche commerciali scorrette e quantificazione dell'obbligazione risarcitoria nel caso di risoluzione del contratto. – 9. Pratiche commerciali scorrette e quantificazione del risarcimento per lesione degli interessi del consumatore. Ancora qualche ipotesi particolare.

1. *Ambito operativo e disciplina applicabile al rimedio risarcitorio: i dati sinora acquisiti*

Si è più volte ribadito che l'ipotesi di lavoro, formulata a proposito dei rimedi azionabili dal singolo consumatore contro pratiche commerciali scorrette lesive degli interessi soggettivi di cui egli è portatore, non mira a definire un ordine gerarchico di tali rimedi, valorizzandone alcuni e relegandone altri alla dimensione della residualità. Piuttosto, per un verso, si è perseguita l'aspirazione a riconoscere lo spazio normativo nel quale essi possano manifestare, nell'ambito del sistema delle tutele che il diritto eurounitario accorda al consumatore, un'autonoma e peculiare funzione rimediale; e, per altro verso, si è provato a riconoscere quale sia, per ciascuno degli strumenti richiamati dal legislatore, il contesto applicativo "dedicato" ovvero quello nel quale di volta in volta il risarcimento del danno, la risoluzione del contratto o la riduzione del prezzo, si rivelino più idonei degli altri nell'assicurare effettività e proporzionalità della tutela degli interessi del consumatore lesi da una pratica commerciale scorretta.

Procedendo in tal senso, la prima questione sulla quale ci si è soffermati ha riguardato l'attribuzione di un significato all'inciso "*ove applicabile*", riferito alla risoluzione del contratto e alla riduzione del prezzo e contenuto nel testo dell'art. 27, comma 15 *bis*, cod. cons. [1]. Quindi, attraverso un percorso interpretativo fondato sul rinvio alla disciplina dei medesimi rimedi disposta dall'art. 135 *quater*, cod. cons., ci si è impegnati nella ricostruzione delle condizioni che ne rendono possibile la concreta operatività in presenza di una pratica commerciale scorretta, nonché all'indicazione degli effetti associabili al loro azionamento. Quanto alla richiesta del legislatore della novella di tenere conto, ai sensi del medesimo art. 27, comma 15 *bis*, "*se del caso, della gravità della natura della pratica commerciale sleale, del danno subito e di altre eventuali circostanze pertinenti*", non pare che essa possa essere riferita all'applicazione solo di alcuni e non di altri rimedi, né, tantomeno, pare vi siano le condizioni per ricavare dalla sua formulazione la volontà di imprimere al *private enforcement* del divieto di pratiche commerciali scorrette disposto dall'art. 20 cod. cons., una connotazione sanzionatoria, da graduare alla stregua di quanto lo stesso art. 27, comma 9 *ter*, cod. cons. dispone ai fini dell'irrogazione di sanzioni di natura amministrativa [2]. Al contrario, il riferimento all'eventuale

---

[1] Per comodità, si rammenta nuovamente che l'art. 27, comma 15 *bis*, cod. cons. recita: "*I consumatori lesi da pratiche commerciali sleali possono altresì adire il giudice ordinario al fine di ottenere rimedi proporzionati ed effettivi, compresi il risarcimento del danno subito e, ove applicabile, la riduzione del prezzo o la risoluzione del contratto, tenuto conto, se del caso, della gravità e della natura della pratica commerciale sleale, del danno subito e di altre circostanze pertinenti. Sono fatti salvi ulteriori rimedi a disposizione dei consumatori*".

[2] Cfr. G. De Cristofaro, *«Rimedi» privatistici individuali e pratiche commerciali scorrette. Il recepimento del diritto italiano dell'art. 11*-bis *della diretti-*

considerazione della gravità della natura della pratica commerciale scorretta, del danno subito o di altre circostanze pertinenti sembra confermare l'articolazione dell'approccio normativo adottato nel contrasto a lesioni derivanti dall'esercizio di pratiche commerciali scorrette patite dal singolo consumatore, rendendo plausibile la distinzione dei diversi rimedi di volta in volta applicabili anche in ragione delle variabili fattuali indicate [3].

Ebbene, esaurita nel capitolo precedente l'analisi del contesto applicativo e delle modalità operative dei rimedi della risoluzione del contratto e della riduzione del prezzo, è giunto il momento di concentrare l'attenzione sul rimedio risarcitorio, sia per puntualizzare in modo definitivo le circostanze in cui esso sia in grado di rivelare maggiore idoneità, rispetto ad altri strumenti normativi, ad assicurare una tutela effettiva e proporzionata al consumatore; sia per affrontare il problema della disciplina applicabile. Una corretta impostazione di quest'ultimo segmento di indagine, tuttavia, impone di individuare preliminarmente alcuni punti fermi maturati nel corso della riflessione sinora condotta.

Il primo riguarda la necessità di definire ambito e modalità operative delle tecniche di *private enforcement*, nella piena consapevolezza della imprescindibile complementarità tra tale meccanismo di tutela degli interessi dei consumatori e i più rodati meccanismi di *public enforcement* [4], ai quali, sulla scorta delle nuove indicazioni normative

---

*va 2005/29/CE. (Comma 15-*bis*, art. 27 c. cons.)*, cit., pp. 451-452; ID., *Diritto italiano ed europeo dei consumatori*, cit., p. 209.

[3] Si veda *infra*, par. 8, ove ci si sofferma sull'efficacia del ricorso al rimedio risarcitorio proprio in considerazione della natura di determinate pratiche commerciali scorrette e della specifica connotazione del danno subito dal consumatore.

[4] Cfr. Si osserva che, "nel settore antitrust, da un'iniziale subordinazione del *private enforcement* al *public*, e dunque dalla complementarietà del primo al secondo, si è più recentemente giunti ad una «complementarietà» dei due sistemi per l'effettività della concorrenza", in C. SCHEPISI, Public e private enforcement *nel settore antitrust e degli aiuto di Stato: convergenze, divergenze e circolarità di principi nel dialogo tra i giudici e la Corte di Giustizia,* in https://rivista.eurojus.it/wp-content/uploads/pdf/Schepisi.pdf. Conferme in questa direzione si ricavano dalla giurisprudenza della Corte di Giustizia UE. Da ultimo cfr. Conclusioni AG Wahl, 6 febbraio 2019, causa C-724/17, in https://eur-lex.europa.eu/legal-content/IT/TXT/?uri=CELEX%3A62017CC0724; Corte Giust., 14 marzo 2019, C-724/17, punti da 43 a 45. Ma si veda anche C. IRTI, *"Consenso negoziato" e circolazione dei dati personali*, cit., p. 170 ss.; L. PESENTI GUFFANTI, *Note in te-*

fornite a riguardo dalla direttiva 2019/2161/UE [5], si ritiene debba comunque riconoscersi il primato nel perseguire l'obiettivo di assicurare il corretto funzionamento della concorrenza e del mercato anche a beneficio, seppure indiretto, della generalità dei consumatori.

L'indagine circa i termini della concreta operatività del rimedio risarcitorio, dunque, dovrà essere condotta assegnando a tale meccanismo di tutela degli interessi individuali dei consumatori una funzione normativa coerente agli obiettivi che il legislatore eurounitario mostra più in generale di voler perseguire, nella disciplina della concorrenza e del mercato [6]. In questo quadro, indicando il risarcimento del danno tra i rimedi utili ad una tutela effettiva e proporzionata del consumatore leso da una pratica commerciale scorretta, appare ormai chiaro che il legislatore eurounitario abbia escluso l'eventualità dell'estensione della misura della relativa obbligazione a carico del professionista oltre quella della piena reintegrazione del diritto violato, al fine di realizzare, insieme alla compensazione della lesione, anche un obiettivo punitivo. Il perseguimento di una finalità più squisitamente sanzionatoria deve considerarsi riservata all'adozione di provvedimenti di *public enforcement*, realizzandosi la complementarità tra misure "macroeconomiche" di regolazione del mercato e misure "microeconomiche" di tutela degli interessi indi-

---

ma di piattaforme digitali e pratiche commerciali scorrette, in https://jus.vitaepensiero.it/news-papers-note-in-tema-di-piattaforme-digitali-e-pratiche-commerciali-scorrette-5764.html, par. 2; F. GALLI, *La pubblicità mirata al tempo dell'intelligenza artificiale: quali regole a tutela dei consumatori?*, cit., p. 948 ss.

[5] Si rinvia agli artt. 8 *ter* della direttiva 93/13/CE, 13 della direttiva 2005/29/CE, 24 della direttiva 2011/83/UE, mediante la formulazione dei quali la direttiva 2019/2161/UE ha provveduto al rafforzamento delle misure di *public enforcement* con riferimento rispettivamente alla disciplina delle clausole vessatorie, delle pratiche commerciali scorrette e degli obblighi informativi a carico del professionista nella conclusione di contratti a distanza o fuori dai locali commerciali con il consumatore.

[6] Sottolinea la piena complementarità tra "tutela del principio della concorrenza" e "tutela dei consumatori" che, nell'odierno "processo di strutturazione del mercato (...) non sono né contrapposte né tantomeno separate, intrecciandosi e combinandosi in modo vario, al fine di conformare quel complesso prodotto giuridico ed istituzionale che è il mercato, in cui elementi diversi si condizionano e si integrano a vicenda", M. BARELA, *La consapevolezza del consumatore nella costruzione giuridica del mercato (rileggendo la pagina di Ascarelli)*, in *Riv. dir. ind.*, 3/2019, p. 221.

viduali dei diversi attori economici attraverso una strategia normativa integrata che potenzi entrambi i profili di intervento [7], senza tuttavia confonderne le distinte funzionalità [8].

Se, tuttavia, i dati ricavabili dalle norme in materia di *private enforcement* di più recente approvazione nel diritto eurounitario confortano questo indirizzo interpretativo, gli orientamenti maturati in proposito dalla giurisprudenza europea non si mostrano, almeno

---

[7] È stato notato a questo proposito che, nel nostro ordinamento, la collocazione della norma relativa agli strumenti di tutela individuale nell'ambito dell'art. 27 cod. cons., dedicato in primo luogo alla disciplina delle competenze dell'AGCM, potrebbe giocare a favore dell'affermazione di un indirizzo interpretativo in virtù del quale l'Autorità "possa considerarsi legittimata non soltanto ad «accettare» gli «impegni» (a soddisfare le pretese spettanti ai consumatori *ex* art. 15-*bis*) che un professionista eventualmente si offra di assumere (...), ma addirittura ad impartire, al professionista responsabile della pratica commerciale scorretta, l'ordine di soddisfare le pretese di natura privatistica (...) spettanti *ex* art. 27, comma 15-*bis*, c. cons. ai consumatori che siano stati «pregiudicati» da siffatta pratica, quantificando direttamente l'importo delle somme dovute". Cfr. G. De Cristofaro, *«Rimedi» privatistici individuali e pratiche commerciali scorrette. Il recepimento del diritto italiano dell'art. 11-*bis *della direttiva 2005/29/CE. (Comma 15-*bis, *art. 27 c. cons.)*, cit., p. 465-466; Id., *Diritto italiano ed europeo dei consumatori*, cit., pp. 224-225. Pur ammettendo il carattere fortemente invasivo, rispetto alle relazioni tra privati, dell'esercizio di una simile competenza, la stessa autorevole Dottrina ha reputato che il suo riconoscimento sarebbe del tutto coerente "con la visione «europea» del ruolo, della funzione e dei poteri di *enforcement* delle Autorità nazionali (...) competenti per l'applicazione delle normative di protezione dei consumatori". In questa prospettiva, dunque, l'integrazione potenziata delle politiche di *private* e *public enforcement* assumerebbe la cifra di una cospicua dilatazione dei poteri di controllo e sanzione amministrativa delle condotte scorrette dei professionisti anche nell'ambito dei loro rapporti di natura privatistica.

[8] Riferendosi alla contigua disciplina della sicurezza dei prodotti e della responsabilità da prodotti difettosi, E. Al Mureden, *L'apertura delle Sezioni Unite ai punite damages tra limiti del diritto interno e nuove prospettive di armonizzazione*, in *Giur. comm.*, 6/2018, p. 1007, osserva che "tanto la disciplina ideata dal legislatore dell'Unione Europea quanto quella dell'ordinamento statunitense possono essere osservate come sistemi in cui gli strumenti di public enforcement e di private enforcement sono integrati, complementari e intimamente collegati". Precisandosi, però, subito dopo che "la finalità della deterrenza, che nel nostro ordinamento è affidata alle sanzioni di diritto pubblico e solo eccezionalmente a norme in materia di responsabilità civile, viene realizzata nel contesto statunitense mediante gli strumenti dei punite *damages* e delle penalties previste e irrogate nello specifico settore della responsabilità della sicurezza dei prodotti dalla Consumer Product Safety Commission".

in apparenza, altrettanto univoci[9]. Giova pertanto, in proposito, qualche breve chiarimento.

Sul piano normativo, al di là degli spunti offerti dalla direttiva 2019/2161/UE, nella parte in cui sollecita la revisione del sistema delle tutele disposte nei riguardi degli interessi del consumatore nei termini finora esaminati, basti ricordare che, l'art. 3 della direttiva 2014/104/UE, a proposito del diritto al risarcimento del danno da illeciti anticoncorrenziali, sancisce il diritto di qualsiasi persona fisica o giuridica di chiedere e ottenere il pieno risarcimento del danno subito per una violazione del diritto della concorrenza, puntualizzando, al par. 3, dello stesso art. 3, che non devono considerarsi comprese nella nozione di "pieno risarcimento del danno" ipotesi di sovra-compensazione del danno subito, di risarcimento punitivo, multiplo o di altra natura[10]. Nella stessa direzione sembra muovere il *considerando* n. 10 della più recente direttiva 2020/1828/UE, relativa alle azioni rappresentative a tutela degli interessi collettivi dei consumatori. Per di più, come già segnalato in precedenza, la stessa direttiva sembra assegnare un significato del tutto inedito alla nozione di "provvedimento risarcitorio", considerato che la sua adozione, ai sensi dell'art. 9, dovrebbe imporre al professionista "di offrire ai consumatori interessati rimedi quali un indennizzo, la ripa-

---

[9] Cfr. E. FERRANTE, *Appunti sparsi sul trapianto dei risarcimenti punitivi nel nostro ordinamento, a proposito di un recente libro*, cit., p. 1130 ss.

[10] In attuazione della direttiva 2014/104/UE, il d.lgs. 19 gennaio 2017, n. 3, art. 1, comma 2 sancisce che "Il risarcimento comprende il danno emergente, il lucro cessante e gli interessi e *non determina sovracompensazioni*" (corsivo nostro). Nella relazione illustrativa del decreto, d'altra parte, si afferma che il diritto al pieno risarcimento del danno da illecito antitrust può considerarsi totalmente soddisfatto dal modello risarcitorio offerto dal nostro ordinamento nazionale. Sul punto, cfr. G. TADDEI ELMI, *Il risarcimento dei danni antitrust tra compensazione e deterrenza. Il modello americano e la proposta di direttiva UE del 2013*, in *Conc. e merc.*, 2014, I, p. 205 ss.; M. LIBERTINI, *La determinazione del danno risarcibile nella proposta di direttiva comunitaria sul risarcimento del danno antitrust. Alcune osservazioni preliminari*, in *Conc. e merc.*, 2014, II, p. 265 ss.; E. AL MUREDEN, M. DE PAMPHILIS, *Valutazione dei danni*, in P. MANZINI (a cura di), *Il risarcimento del danno nel diritto della concorrenza*, Giappichelli, 2017, p. 135 ss. Più in generale sul tema, cfr., G. BENACCHIO, M. CARPAGNANO, *Il private antitrust enforcement in Italia e nell'Unione Europea: scenari applicativi e le prospettive del mercato*, Quaderni della Facoltà di Giurisprudenza, 43, Università degli studi di Trento, 2019, https://iris.unitn.it/retrieve/handle/11572/249792/297966/COLLANA%20QUADERNI%20VOLUME%2043.pdf

razione, la sostituzione, una riduzione del prezzo, la risoluzione del contratto o il rimborso del prezzo pagato, a seconda di quanto opportuno e previsto dal diritto dell'Unione o nazionale": rimedi, dunque, chiaramente evocativi di una funzione più ripristinatoria/restitutoria che non compensativa, alla stregua di quella tipicamente assolta dall'istituto del risarcimento del danno. Emerge con ciò non solo l'estraneità di una connotazione sanzionatoria allo strumento di tutela rappresentato dal provvedimento risarcitorio, ma, per di più, si evidenzia la sua valorizzazione quale meccanismo idoneo a rimediare al danno anche attraverso la predisposizione di effetti obbligatori di natura meramente restitutoria a carico della persona responsabile [11].

Viceversa, nella giurisprudenza della Corte di Giustizia dell'Unione Europea, a partire dalle decisioni *Courage* e Manfredi [12], tale giudice ha sempre ribadito che alle azioni rivolte ad ottenere il risarcimento del danno da illecito *antitrust* debba riconoscersi una fondamentale funzione deterrente [13], con specifico riferimento alla diffusione di comportamenti pregiudizievoli della concorrenza tra le imprese, ammettendosi pure, a tal fine, l'eventuale ricorso alla determinazione di obbligazioni risarcitorie in misura ultracompensativa [14].

---

[11] Giova alla decodificazione del significato di tale formulazione il rinvio a M.R. MARELLA, *Il risarcimento per equivalente e il principio della riparazione integrale*, in *Il risarcimento del danno contrattuale. La responsabilità per ritardo e per fatto degli ausiliari*, in *Tratt. della responsabilità contrattuale*, diretto da G. Visintini, III, Cedam, 2009, p. 56 ss., ove, pur riconoscendosi "il ruolo dominante accordato all'interesse positivo nella quantificazione del danno", sicché "nei sistemi di *civil law* l'obbligo restitutorio è in linea di massima costruito come effetto della risoluzione e non può operare come rimedio diretto contro l'inadempimento del contratto, incidendo sul *quantum* del risarcimento" (*Ivi*, p. 59), si osserva che un'analisi condotta sulla scorta della comparazione con il *Common law* americano rivela anche nel nostro sistema un quadro ben più articolato di parametri di quantificazione del danno.

[12] Cfr. Corte Giust., 20 settembre 2001, C-453/99; Corte Giust., 13 luglio 2006, da C-295/04 a C-298/04 in *Banca dati De Jure*.

[13] Si vedano anche Corte Giust., 14 giugno 2011, C-360/09, punti n. 28 e 29; Corte Giust., 6 novembre 2012, C-199/11, punti n. 41 e 42; Corte Giust., 6 giugno 2013, C-536/11, punti n. 23 e 24; Corte Giust., 5 giugno 2014, C 557/12, punti n. 22 e 23.

[14] Cfr. Corte i Giust., 13 luglio 2006, da C-295/04 a C-298/04, ove, pur precisandosi che "il diritto comunitario non osta a che i giudici nazionali vigilino affinché la tutela dei diritti garantiti dall'ordinamento giuridico comunitario non comporti un arricchimento senza giusta causa degli aventi diritto", (punto 94), si

Alla dichiarata tolleranza nei riguardi dell'eventuale predisposizione, in sede nazionale, di meccanismi risarcitori con funzione punitiva, tuttavia, non pare che la Corte abbia mai associato un'esplicita enfatizzazione, nel merito, delle potenzialità deterrenti di risarcimenti "esemplari" o punitivi. Semmai, è con riferimento alla disciplina di aspetti di natura procedurale che si è privilegiato un approccio interpretativo orientato alla definizione di soluzioni dotate di una carica potenzialmente punitiva nei riguardi del professionista [15]. Come è accaduto nel caso di una recente sentenza che, a proposito della verifica dell'esistenza dei presupposti utili all'accertamento della responsabilità del professionista per danni procurati da un illecito *antitrust*, ha suggerito di condizionare la necessità dell'individuazione di un nesso di causalità giuridica tra fatto e danno alla garanzia dell'effettività della tutela degli interessi individuali lesi [16]. O come è accaduto quando i giudici di Lussemburgo, doven-

---

ammette anche che, in virtù del principio di equivalenza, "una forma particolare di risarcimento, qual è il risarcimento esemplare o punitivo, deve poter essere riconosciuta nell'ambito di azioni fondate sulle regole comunitarie di concorrenza, qualora possa esserlo nell'ambito di azioni analoghe fondate sul diritto interno". Nello stesso senso già Corte Giust., 5 marzo 1996, da C-46/93 a C-48/93, punto n. 89.

[15] In questo senso, valorizzando il profilo dell'efficacia dei rimedi individuali, non esclude che essi possano assolvere una funzione deterrente, al pari delle sanzioni amministrative, "nel senso che il professionista, consapevole dello strumentario a disposizione del consumatore, sarà indotto a non porre in essere comportamenti scorretti e a operare nel rispetto dei principi di correttezza, lealtà, trasparenza che governano il mercato unico", C. DALIA, *Sanzioni e rimedi individuali «effettivi» per il consumatore in caso di pratiche commerciali scorrette*, cit., p. 354.

[16] Appaiono degne di nota a riguardo le conclusioni dell'AG Wahl, 6 febbraio 2019, causa C-724/17, cit., il quale, a proposito del rilievo giuridico da attribuire al nesso di causalità nei procedimenti rivolti a riconoscere il risarcimento del danno individuale subito in seguito alla commissione di un illecito anticoncorrenziale, segnala che, in passato, nella decisione della causa C-557/12, la Corte di Giustizia abbia subordinato tale rilievo alla garanzia dell'effettività dei contenuti normativi disposti dall'art. 101 TFUE. In particolare, in quella sede si è statuito che, sebbene in linea di principio spetti ai legislatori nazionali fissare i principi relativi all'applicazione del nesso di causalità, la normativa a riguardo deve comunque "garantire la piena effettività del diritto dell'Unione in materia di concorrenza". Cfr. Corte Giust., 5 giugno 2014, C-557/12, *Kone*, punto n. 32. Sicché, in presenza di un'intesa finalizzata a falsare i meccanismi di formazione dei prezzi in un determinato settore di mercato, non sarebbe conforme al diritto eurounitario una norma che, in assenza di un nesso di causalità diretta, escluda il diritto al risarcimento del danno da illecito *antitrust* a carico di un'impresa che, per quanto estranea alla citata

do chiarire le modalità di applicazione di rimedi, diversi dal risarcimento del danno, azionabili contro la violazione di norme a tutela del consumatore, hanno ripetutamente adottato una chiave di lettura utile a valorizzarne le potenzialità sanzionatorie [17].

L'indubbia attenzione da sempre riservata dalla Corte di Giustizia dell'Unione Europea ai meccanismi giuridici di deterrenza, nel perseguimento dell'effettività della tutela dei diritti dei consumatori, dunque, non sembra riguardare direttamente lo strumento risarcitorio. In questo senso, e anche alla luce dei principi di effettività, proporzionalità ed equivalenza [18], può allora ribadirsi la legittimità di un indirizzo interpretativo che confermi la funzione tipicamente compensativa attribuibile a tale rimedio. L'obiettivo della dissuasione da condotte commerciali scorrette nei riguardi dei consumatori dovrebbe essere perseguito attraverso una ben più complessa strategia, che si è detto consistere, secondo quanto emerge dalla di-

---

intesa, abbia praticato autonomamente la medesima politica anticoncorrenziale in materia di prezzi che quest'ultima sollecitava alle parti aderenti. Al punto n. 45 delle sue conclusioni, l'AG Wahl osserva che, poiché in tal modo si estenderebbe in misura notevole il numero dei soggetti interessati a chiedere il risarcimento del danno per violazione del diritto della concorrenza dell'Unione, "la sentenza Kone costituisce un passo decisivo nel consolidare il ruolo delle azioni di risarcimento dei danni derivanti dalla violazione di norme antitrust come strumento concepito per dissuadere le imprese dall'adottare comportamenti anticoncorrenziali".

[17] In un ingente numero di decisioni, adottate di recente dalla Corte di Giustizia UE, emerge, a proposito di diversi profili disciplinari relativi ai contratti del consumatore, l'importanza conferita all'efficacia dissuasiva di una loro lettura in chiave sanzionatoria dell'autonomia privata del professionista. In questa prospettiva sono stati definiti i presupposti di ammissibilità di un'integrazione eteronoma del contratto privato di una clausola abusiva, è stata argomentata l'ostilità del diritto eurounitario all'eterointegrazione giudiziale, è stato accordato rilievo prioritario alle preferenze del consumatore circa il destino del contratto privato di una o più clausole abusive e, da ultimo, in seguito alla caducazione del contratto, è stata riconosciuta l'azionabilità di diritti restitutori sperequati ai danni del professionista. Per maggiori riferimenti in proposito, si rinvia *supra*, cap. I, note 40 e 53.

[18] Si tratta notoriamente di principi generali del diritto dell'Unione Europea, costantemente richiamati dalla giurisprudenza della Corte di Giustizia dell'Unione Europea in materia di tutela dei consumatori e della concorrenza. Il principio di effettività è sancito dall'art. 19, par. 2, TUE e dall'art. 47 della Carta dei diritti fondamentali dell'Unione Europea, mentre il principio di proporzionalità trova espressa formulazione all'art. 5 par. 4, TUE. Quanto al principio di equivalenza, in virtù del quale "alle azioni fondate sul diritto dell'Unione si applichino i medesimi mezzi di ricorso e le medesime norme processuali disponibili per le azioni analoghe di natura puramente nazionale", cfr. Corte Giust., 6 giugno 2013, C-536/11.

rettiva 2019/2161/UE, nell'integrazione tra l'adozione di rigorose misure sanzionatorie di *public enforcement*, da un lato, ed il ricorso potenziato ad efficaci misure di *private enforcement*, dall'altro.

A proposito del contesto nel quale si è ritenuto che lo strumento risarcitorio possa servire meglio di altri meccanismi alla tutela degli interessi del singolo consumatore incisi dalla violazione del divieto di pratiche commerciali scorrette, un altro approdo dell'indagine fin qui condotta pare possa essere individuato nel riconoscimento della sua pertinenza, in primo luogo, al contrasto degli effetti di quelle tipologie di pratiche commerciali scorrette che, alimentando in vario modo l'impressione, invero infondata, della coerenza dell'oggetto della proposta contrattuale a valori ideali o a istanze politiche condivise dal consumatore, risultano idonee a falsare le decisioni di natura commerciale di quest'ultimo [19]. Più in generale, il rimedio risarcitorio sembra si proponga come il meccanismo di tutela del consumatore pregiudicato da una pratica commerciale scorretta ogni volta che quest'ultima non abbia avuto come effetto una maggiorazione dell'impegno richiesto in cambio della soddisfazione di un bisogno, ma sia stata piuttosto volta ad attrarre l'attenzione del consumatore distogliendola dalla scelta di alternative di valore equivalente presenti sul mercato. O, ancora, si sia concretizzata nella proposta di uno scambio che, dietro l'apparenza di un sinallagma contrattuale particolarmente conveniente, celi, a causa di un'informazione precontrattuale intrasparente o omissiva, rischi e svantaggi non irrilevanti a carico del consumatore ignaro.

In entrambe queste ipotesi, infatti, un riallineamento del sinallagma contrattuale mediante il ricorso alla riduzione del prezzo potrebbe non rappresentare una tutela effettiva dell'interesse leso, considerato che l'obiettivo primario del consumatore potrebbe essere, all'opposto, quello di mantenere inalterato il sinallagma, pretendendo al contempo la compensazione della lesione del proprio interesse a manifestare una volontà negoziale libera, consapevole e adeguatamente ponderata. Non pare dunque sussistano meccanismi di tutela effettivamente idonei a dare soddisfazione al consumatore alternativi alla definizione di un'obbligazione risarcitoria, accompa-

---

[19] Cfr. A. QUARTA, *op. cit.*, p. 523 ss.; D. IMBRUGLIA, *mercato unico sostenibile e diritto dei consumatori*, cit., p. 495 ss.; M. PUCCI, *op. cit.*, p. 439 ss.; T. RUMI, *op. cit.*, p. 1408 ss.

gnata o meno che sia dalla risoluzione del vincolo contrattuale e liquidata dal giudice, se necessario, mediante valutazione equitativa *ex* art. 1226 c.c.

Lo strumento del risarcimento del danno è stato altresì riconosciuto idoneo ad integrare l'efficacia protettiva di rimedi legali predisposti al fine di contrastare specifici fenomeni di approfittamento della strutturale asimmetria informativa che contraddistingue, ai danni del consumatore, le relazioni contrattuali con il professionista. Quando, dunque, si accerti che la presenza di clausole abusive in un regolamento contrattuale unilateralmente predisposto dal professionista o la presenza di difetti di conformità in un bene o un servizio digitale venduto al consumatore o ancora la violazione di un obbligo informativo al quale consegua la caducazione del contratto si configurino come altrettante espressioni di pratiche commerciali scorrette, al consumatore dovrebbe essere agevole pretendere, non solo l'applicazione del rimedio legale di volta in volta specificamente previsto, ma anche l'eventuale risarcimento del danno patito [20].

Accanto a queste ipotesi, nelle quali il meccanismo risarcitorio andrebbe attivato in via esclusiva, al fine di riparare una perdita patrimoniale o non patrimoniale procurata al consumatore da una pratica commerciale scorretta, non si è escluso affatto che un ulteriore ambito della sua operatività sia quello in cui esso si applichi in concorso con gli altri strumenti di tutela evocati dall'art. 27, comma 15 *bis*, cod. cons.

Attiene proprio all'analisi dei presupposti e delle modalità operative di tali ultime ipotesi il segmento di indagine ancora da sviluppare al fine di definire una proposta interpretativa quanto più possibile completa del sistema normativo di *private enforcement* definito nel nostro ordinamento in seguito al recepimento della direttiva 2019/2161/UE.

---

[20] Tale conclusione, naturalmente, non esclude che in assenza della prova di una pratica commerciale scorretta quale fonte generatrice della specifica ipotesi di approfittamento dell'asimmetria contrattuale perseguita, il singolo consumatore che abbia patito una lesione a causa del verificarsi di una simile ipotesi di illecito possa comunque chiedere che essa sia risarcita dalla controparte.

2. *I profili problematici ancora da indagare: il grado di complessità dell'interesse soggettivo leso, le funzioni della riduzione del prezzo e del risarcimento del danno, la disciplina dell'obbligazione risarcitoria*

Si è poc'anzi accennato all'ipotesi che il risarcimento del danno consegua alla risoluzione del contratto. Ugualmente, esso potrebbe anche essere azionato in luogo della riduzione del prezzo ovvero affiancando una richiesta in tal senso, ove il consumatore, malgrado la compromissione della sua libertà di manifestare una volontà negoziale consapevole e ponderata, preferisca preservare l'efficacia del contratto, chiedendo al professionista, che si sia avvalso degli effetti pregiudizievoli di una pratica commerciale scorretta, la restituzione dell'utile ingiustificatamente sottratto.

Come si proverà ad argomentare, in questi casi il profilo problematico di maggior rilievo non è rappresentato tanto dall'ammissibilità di una pretesa risarcitoria connessa a lesioni che si ritengono prodotte da un contratto validamente concluso[21]. Qui, piuttosto,

---

[21] È noto che la figura giuridica del contratto valido ma sconveniente sia piuttosto controversa in dottrina. Cfr. G. D'AMICO, *La responsabilità precontrattuale*, cit., p. 1007 ss. Gli argomenti utilizzati per contestarne il fondamento, pure condivisibili in casi di contratti conclusi tra "pari", si ritiene perdano consistenza quando la figura del contratto valido ma sconveniente riguardi il contratto concluso dal consumatore che abbia subito gli effetti pregiudizievoli di una pratica commerciale scorretta, considerato che quest'ultima trovi il proprio terreno d'elezione nella contrattazione di massa tipica della società dei consumi, si alimenti dell'asimmetria informativa congenita ai rapporti contrattuali instaurati in quel contesto e miri a lucrare vantaggi economici indebiti proprio dal perfezionamento seriale di "scambi senza accordi" – cfr. N. IRTI, *Scambi senza accordo*, cit., p. 347 ss. – ai danni di consumatori ai quali, in alternativa, rimane spesso, per paradosso, solo la possibilità di astenersi dall'attività di consumo. Anche chi in dottrina contesta la legittimità teorica del contratto valido ma sconveniente, d'altra parte, si mostra attento a distinguere il contesto socio-economico cui si rivolgono le norme del diritto contrattuale comune, dal contesto delle relazioni "standardizzate" nel quale si perfezionano i contratti tra professionisti e consumatori, cui si rivolge invece il diritto contrattuale speciale di matrice eurounitaria. Cfr. G. D'AMICO, *La responsabilità precontrattuale*, cit., p. 988 ss. In questi casi, allora, il problema teorico sollevato dalla conclusione di contratti validi ma sconvenienti non pare sia tanto rappresentato dal rischio "di un uso poco controllato della clausola di buona fede" (*Ivi*, p. 1020). Piuttosto, come si proverà a dimostrare, il problema principale pare consistere nell'individuazione di rimedi a

il problema che occorre affrontare attiene all'esatta definizione dei contenuti dell'interesse leso, poiché la circostanza del concorso di due misure che si avvalgono entrambe della mediazione monetaria, ora per reintegrare quanto indebitamente sottratto, ora per compensare le perdite attuali e potenziali prodotte dalla condotta illecita del professionista, stante la loro indubbia contiguità funzionale[22], potrebbe generare confusione tra rimedi applicabili. Sarà allora necessario verificare il grado di complessità di tale interesse ovvero, di riflesso, la plausibilità dell'ipotesi che la lesione abbia una struttura "scomponibile", potendo riguardare, di volta in volta – o contestualmente – più profili di quello stesso interesse ascrivibile al consumatore. Dovrebbe così chiarirsi se e in che misura la riparazione della lesione lamentata possa essere ricavata in parte dall'azionamento di una pretesa restitutoria e in parte dall'azionamento di una pretesa risarcitoria[23], e se e a quali condizioni quest'ultima

---

tutela dell'interesse leso del consumatore che siano allo stesso tempo effettivi, nel ripristinare la libertà negoziale del consumatore, ma siano anche proporzionati alla qualità della lesione che costui ha subito, evitando che il meccanismo riparatorio prescelto si risolva in una correzione eteronoma dello scambio contrattuale, disallineata rispetto alla reale consistenza delle aspettative deluse in capo al consumatore.

[22] Come da più parti rilevato, anche sulla scorta del rinvio all'elaborazione dottrinale in materia di responsabilità del pensiero scientifico nordamericano – cfr. A. SARDINI, *danno e interesse negativo*, Giuffrè, 2023, p. 28 ss.; M.R. MARELLA, *Il risarcimento per equivalente e il principio della riparazione integrale*, cit., p. 65 ss. – sia la pretesa restitutoria insita nella richiesta di riduzione del prezzo o collegata all'azionamento del rimedio risolutorio, sia la pretesa risarcitoria non rappresentano altro se non l'espressione articolata di un medesimo interesse soggettivo, normalmente tutelato dalle regole relative alla responsabilità civile e volto a non subire ripercussioni negative nella sfera patrimoniale dell'interessato a causa di condotte illecite altrui. Più precisamente, si osserva con riferimento alla responsabilità precontrattuale, essa non tutelerebbe "un interesse monolitico della parte che subisce la condotta scorretta dell'altra, ma piuttosto, a seconda dei casi, tre diversi interessi della prima, ossia quello a che la controparte non si arricchisca a sue spese, quello a non cominciare trattative inutili, e quello alla conclusione e alla regolare esecuzione del contratto". Cfr. G. ANZANI, *Interesse positivo e interesse negativo nelle diverse forme di responsabilità civile*, in *Resp. civ. prev.*, 5/2019, p. 1702.

[23] Come puntualmente rileva M.R. MARELLA, *Il risarcimento per equivalente e il principio della riparazione integrale*, cit., p. 85, mentre "nei sistemi di *common law*, data la struttura del contratto quale scambio di promesse, l'inadempimento non è di per sé estintivo dell'obbligazione assunta dal contraente inadempiente. Questi deve comunque adempiere (...) e poi chiedere il risarcimento del danno

possa ricomprenderle entrambe. L'obiettivo sarà inoltre distinguere in modo puntuale, oltre che dal punto di vista funzionale, anche da quello più specificamente quantitativo, le prestazioni dovute al fine di compensare integralmente le perdite subite in seguito alla condotta illecita del professionista e quelle, alle quali le prime potrebbero anche sommarsi, dovute al fine diverso e più limitato di riadattare allo specifico rapporto di corrispettività in origine accettato dalle parti, la distribuzione di utilità effettivamente conseguite o conseguibili dalla realizzazione dello scambio concordato, stante l'alterazione che di quello stesso rapporto è stato provocato dal verificarsi di una pratica commerciale scorretta [24].

Si tratta, come è evidente, di una distinzione indispensabile ad evitare improprie duplicazioni rimediali, soprattutto nei casi in cui il consumatore, aspirando al conseguimento di un risultato più "remunerativo" rispetto a quello rappresentato dall'attribuzione del valore corrispondente all'arricchimento indebitamente ricavato ai suoi danni dal professionista, sia indotto ad intraprendere il più impegnativo e incerto percorso rimediale rivolto all'integrale risarcimento delle perdite subite in seguito alla violazione del divieto di pratiche commerciali scorrette da parte dello stesso professionista.

Seguendo un simile percorso d'indagine, si ritiene possa essere correttamente affrontato il problema della quantificazione dell'obbligazione risarcitoria [25], essendo anche possibile verificare, nell'ottica dell'effettività dei rimedi a tutela degli interessi del consuma-

---

per il *breach*, per cui la restituzione compete con la misura dell'aspettativa sul terreno della quantificazione del danno (...), nei sistemi di *civil law*, invece, la restituzione della prestazione eseguita è oggetto di una domanda autonoma (...) e la concorrenza con la tutela risarcitoria viene comunque in evidenza, ma sul diverso piano della cumulabilità dei rimedi".

[24] Riconosce che "meno agevole è (...) individuare una formula quantificatoria del rimedio risarcitorio nei casi in cui questo assuma portata integrativa rispetto a un ulteriore strumento avente (solitamente) natura conservativa, vale a dire alla riduzione della prestazione a carico della parte fedele" A. SARDINI, *op. cit.*, p. 59.

[25] Indagando sui criteri di quantificazione dell'obbligazione risarcitoria applicabili, si verificherà in particolare se e a quali condizioni la misura della somma dovuta possa eccedere quella che essa avrebbe avuto ove il risarcimento fosse stato rivolto alla compensazione dei danni derivanti dall'inadempimento del contratto sul cui sinallagma abbia inciso una pratica commerciale scorretta. Si sofferma sul tema del raffronto tra i parametri di quantificazione del danno rispettivamente noti come "interesse negativo" e "interesse positivo" A. SARDINI, *op. cit.*, p. 155 ss.

tore da pratiche commerciali scorrette, quali siano i reali margini di utilità del ricorso al risarcimento del danno in tutti i casi in cui contestualmente sia possibile azionare, in ragione delle preferenze di volta in volta manifestate dal consumatore, ora la risoluzione del contratto, ora la richiesta di riduzione del prezzo. In altri termini, muovendo dall'esatta individuazione dei contorni della lesione che il consumatore lamenti di un suo interesse soggettivo giuridicamente rilevante, occorrerà stabilire se e in quale misura essa possa eccedere il valore della pretesa restitutoria connessa, ora alla richiesta di riduzione del prezzo, ora alla manifestazione della volontà di risolvere il contratto; quando si possa, in questo senso, riconoscere la ricorrenza di un danno quantificabile nella misura della perdita subito e del mancato guadagno *ex* art. 1223 c.c.; infine, se e in quale misura si possano ritenere applicabili tecniche di contenimento delle pretese risarcitorie del consumatore, deducibili dal complesso di norme che nel codice civile presiede alla disciplina della corrispondente obbligazione.

In quest'ultimo contesto, d'altra parte, sarà indispensabile soffermarsi sul problema della natura della responsabilità di cui il professionista autore di una pratica commerciale scorretta sia chiamato a rispondere. Se cioè, in base al tradizionale schema dicotomico, sia più appropriato qualificare la natura di detta responsabilità come contrattuale o extracontrattuale o se, invece, sia plausibile intraprendere un percorso differente, che implichi la rinuncia a far discendere da quella rigida schematizzazione binaria la soluzione disciplinare ai problemi attinenti sia l'accertamento della responsabilità sia la definizione degli effetti che ne dovrebbero conseguire[26]. In quest'ottica, non essendo condizionata da una preliminare qualificazione della natura della responsabilità del professionista, l'indagine sarebbe piuttosto volta ad individuare la regola applicabile in base al tipo di problema sotteso di volta in vota alle pretese derivanti dagli effetti pregiudizievoli della pratica commerciale scorretta subita.

Tracciate così le coordinate entro le quali si ritiene debba svolgersi l'ultimo tratto del percorso di indagine avviato per individuare gli strumenti più idonei ad una tutela proporzionata ed effettiva degli interessi individuali del consumatore incisi da una pratica commer-

---

[26] Cfr. C. CAMARDI, *Note critiche sull'approccio dicotomico alla «natura» della responsabilità precontrattuale e sulle cosiddette «terre di nessuno»*, cit., p. 229 ss.

ciale scorretta, non rimane che procedere, richiamando in primo luogo i tratti che si sono considerati caratterizzanti l'interesse soggettivo di cui il consumatore può lamentare la lesione, in seguito all'esercizio di una pratica commerciale scorretta da parte del professionista.

3. *Pratiche commerciali scorrette e interesse individuale pregiudicato*

È noto che, nel diritto di matrice eurounitaria, l'obiettivo di una protezione elevata degli interessi del consumatore (art. 169 TFUE) viene perseguito innanzitutto attraverso la promozione di un mercato unico nel quale la libertà di circolazione delle merci, delle persone, dei servizi e dei capitali (art. 26 TFUE) e la correttezza delle dinamiche concorrenziali (artt. 101 ss. TFUE) assicurino incessante sviluppo e crescita del benessere sociale.

In questo quadro, il consumatore è senz'altro destinatario di norme specificamente indirizzate alla tutela dei suoi interessi soggettivi, in considerazione della posizione di strutturale svantaggio nella quale l'asimmetria informativa lo costringe nei riguardi dei professionisti e delle imprese con i quali egli intrattiene di volta in volta interazioni negoziali[27]. Ma, nella prospettiva del legislatore euro-

---

[27] Cfr. P. PERLINGIERI, *La tutela del consumatore tra liberismo e solidarismo*, in ID., *Il diritto dei contratti tra persona e mercato*, ESI, 2003, p. 305 ss., il quale, peraltro precisa che "una concezione contrattualistica o pancontrattualistica dei consumi non realizza la tutela dei soggetti deboli, sicché accanto ad un'impostazione mercatoria del diritto vi deve essere una prospettiva di depatrimonializzazione dei rapporti privati" (*Ivi*, pp. 314-315). Per quanto – richiamando il pensiero di H.W. MICKLITZ, *Le concept de règlementation européenne relative aux ventes en ligne b2c*, in *Revue des affaires européennes*, 3/2012, p. 541 ss. – riconosca che il diritto europeo dei contratti nasca come "*diritto regolatorio* del mercato" e che, in quel contesto, il consumatore rivesta essenzialmente il ruolo di "*cittadino del mercato*", S. PAGLIANTINI, (voce) *Contratti del consumatore*, in *Contratto, Enc. dir.*, I tematici, Giuffrè, 2021, p. 68, attribuisce all'art. 38 della Carta europea dei diritti fondamentali il merito della restituzione di un'immagine del diritto dell'Unione "nel quale convivono due anime, una mercatistica e l'altra tesa ad ottimizzare uno spazio di giustizia per il consumatore". Sicché, "in una prospettiva *deontologica*", la lettura di tale norma conferirebbe nuova centralità al "primato in sé del consumatore quale *persona*, i cui diritti andrebbero così riconosciuti non perché antidoto ad evitare il prodursi di quei fallimenti del mercato che sono

unitario, il consumatore è anche e soprattutto un operatore di mercato, chiamato a fornire il suo contributo al buon funzionamento di quel sistema complesso di interazioni concorrenziali tra imprese, dal quale pure ricavare la soddisfazione soggettiva dei suoi interessi e bisogni [28]. Per questa ragione, i meccanismi di protezione giuridica apprestati dal diritto di matrice eurounitaria sono sempre più chiaramente orientati a consentire al consumatore di raggiungere un grado di informazione e consapevolezza adeguato all'adozione di valutazioni e decisioni commerciali razionali, utili a stimolare il dinamismo di una concorrenza leale tra produttori di beni e servizi. Lo attestano, da un lato, il moltiplicarsi della previsione di obblighi d'informazione a carico del professionista, così come l'importanza strategica attribuita alla trasparenza [29], non solo

imputabili alle sue (diverse) forme di debolezza ma in quanto *necessari* a garantire una dignità di cui oggi il consumatore-persona è titolare". Sostiene che le norme del diritto dei contratti eurounitario a tutela del consumatore sarebbero antesignane dell'affermarsi nel nostro ordinamento di "un nuovo paradigma contrattuale" che, dalla categoria "speciale" dei contratti del consumatore, tenda ad estendere il suo ambito di applicabilità alla generalità dei contratti connotati da asimmetria di potere contrattuale tra i contraenti, al fine di assicurare il ripristino dell'equilibrio contrattuale, anche in senso economico, V. ROPPO, *Il contratto del 2000*, Giappichelli, 2020, pp. 121-122.

[28] Cfr. A. JANNARELLI, *La disciplina dell'atto e dell'attività*, cit., p. 18 ss.; G. ALPA, A. CATRICALÀ, *Diritto dei consumatori*, Il Mulino, 2016, p. 39 ss.; A. ZOPPINI, *Funzioni del diritto privato e tecniche di regolazione del mercato*, in M. R. MAUGERI, A. ZOPPINI (a cura di), *Funzioni del diritto privato e tecniche di regolazione del mercato*, Il Mulino, 2009, p. 9 ss.; A.M. BENEDETTI, (voce) *Contratto asimmetrico*, cit., pp. 374-375; G. D'AMICO, (voce) *Giustizia contrattuale*, cit., p. 592 ss.; S. MAZZAMUTO, *Il contratto di diritto europeo*, Giappichelli, 2020, p. 150 il quale, da ultimo, prende in considerazione la possibilità di aggiornare il paradigma regolatorio cui il diritto contrattuale europeo risponderebbe all'insegna della sostenibilità ambientale e sociale dell'offerta di consumo, affermando che "le diverse normative tese alla creazione di una produzione ecocompatibile testimoniano la tendenza del legislatore europeo a tutelare il consumatore avendo come obiettivo non già l'interesse del singolo, bensì l'interesse della comunità".

[29] L'ultima frontiera della trasparenza è oggi rappresentata dalle "asserzioni ambientali ingannevoli", conosciute anche con l'espressione *greenwashing*, e dalle "informazioni ingannevoli sulle caratteristiche sociali dei prodotti o delle imprese, degli operatori economici", oltre che dai marchi di sostenibilità. Cfr. *considerando* n. 1, direttiva 2024/825/UE. Un importante banco di prova della politica eurounitaria della trasparenza è dato altresì dalla fornitura di servizi di intermediazione *on line*, in relazione ai quali il regolamento UE 2019/1150, in vigore

formale [30], del regolamento contrattuale al quale si offre al consumatore di aderire; dall'altro, la valorizzazione normativa dello *standard* del consumatore medio [31], così come l'investitura dell'Autorità Garante della Concorrenza e del Mercato quale principale presidio a garanzia del corretto svolgimento delle interazioni negoziali tra consumatori e imprese [32].

Il divieto di pratiche commerciali scorrette è parte fondamentale

---

sul territorio dell'Unione dal 12 luglio 2020, promuove equità e trasparenza per gli utenti commerciali di quella tipologia di servizi ma anche, indirettamente per i consumatori. Sul tema, da ultimo cfr. C. CAMARDI, *Contratti digitali e mercati delle piattaforme. Un promemoria per il civilista*, in *Jus civile*, 4/2021, p. 870 e, sul Regolamento UE 2019/1150 in particolare, p. 902 ss.

[30] Tra le più note decisioni nelle quali la giurisprudenza eurounitaria puntualizza che il concetto di trasparenza sia da intendersi non solo in senso formale ma anche e soprattutto in senso sostanziale, cfr. Corte Giust., 30 aprile 2014, cit., punto 71 ss. La ridefinizione in quella sede della portata normativa dell'art. 4, par. 2, direttiva 93/13, con riguardo al significato attribuibile alla trasparenza, è evidenziata da S. PAGLIANTINI, *L'equilibrio soggettivo dello scambio (e l'integrazione) tra Corte di Giustizia, Corte costituzionale ed ABF: "il mondo di ieri" o un trompe l'oeil concettuale?*, cit., p. 859. In senso analogo, cfr. M. DELLACASA, *Il sindacato sui termini dello scambio nei contratti di consumo: nuovi scenari*, in *Nuova giur. civ. comm.*, II, 2015, p. 335.

[31] Sulla nozione di "consumatore medio", si veda *supra*, cap. I, nota 50.

[32] Cfr. art. 27 cod. cons. Anche il meccanismo dell'autodisciplina, formalizzato dall'art. 27 *ter* cod. cons., risponde alla logica regolativa del *public enforcement*, essendo principalmente rivolto, in un'ottica deflattiva, a prevenire la denuncia di una pratica commerciale scorretta all'Autorità garante della concorrenza e del mercato. Cfr. L. DI NELLA, *Il sistema delle tutele e dei rimedi nella disciplina delle pratiche commerciali scorrette*, cit., p. 882. Competente nel settore della comunicazione commerciale è l'Istituto dell'Autodisciplina Pubblicitaria, un organismo associativo che opera vigilando sul rispetto di un Codice di autodisciplina, vincolante per chiunque lo abbia accettato con un'apposita clausola al momento della conclusione di un contratto di inserzione pubblicitaria o aderisca ad un'associazione che vi abbia aderito. L'attività di vigilanza è svolta in prima battuta da un Comitato di controllo, il quale, ove valuti una comunicazione commerciale non conforme al Codice di autodisciplina può invitare in via informale l'autore della condotta a desistere dalla sua prosecuzione o può sottoporre la valutazione del caso ad un Giurì, il quale a sua volta potrà accertare in via definitiva la scorrettezza della comunicazione e ordinarne la cessazione. D'altra parte, trattandosi con ogni evidenza di uno strumento regolatorio di *soft law*, indipendentemente dall'esito della procedura, l'art. 27 *ter*, comma 2, cod. cons. riconosce, al singolo consumatore o all'associazione di consumatori o professionisti che abbiano adito l'organismo di autodisciplina, anche il diritto di adire l'Autorità Antitrust o la giurisdizione ordinaria.

di questa strategia regolativa, perseguendo l'obiettivo di contrastare la scorrettezza di "qualsiasi azione, omissione, condotta o dichiarazione, comunicazione commerciale, ivi compresa la pubblicità e la commercializzazione del prodotto, posta in essere da un professionista, in relazione alla promozione, vendita o fornitura di un prodotto ai consumatori" [33]. La scelta di valorizzare, accanto alla persistente centralità delle procedure di *public enforcement*, strumenti di *private enforcement*, compiuta dal legislatore eurounitario mediante l'integrazione dell'art. 11 *bis* nel testo della direttiva 2005/29/CE, dunque, non può che essere indirizzata a rafforzare l'effettività della tutela dell'interesse individuale ad una valutazione pienamente consapevole e ponderata dei vantaggi, dei sacrifici e dei rischi connessi alla decisione di natura commerciale di cui si intende prendere in considerazione l'adozione.

Pare invece si possa definitivamente escludere che il divieto di pratiche commerciali scorrette intenda tutelare l'interesse al conseguimento di un assetto di vantaggi, sacrifici e rischi congruo, mediante l'attivazione di strumenti di compensazione eteronomi rispetto alla regola contrattuale, operanti a favore della parte debole del contratto, indipendentemente dal riferimento allo specifico equilibrio sinallagmatico che, in assenza della pratica commerciale scorretta, si sarebbe dovuto realizzare sulla base di quanto concordato tra le parti. Una simile configurazione, infatti, rivelerebbe una connotazione assiologica fortemente ispirata da un approccio ad un tempo "paternalistico" nei riguardi del consumatore e punitivo nei riguardi del professionista, senza che, d'altra parte, la compressione della libertà negoziale che quest'ultimo in tal modo subirebbe a titolo sanzionatorio trovi una giustificazione, come nel caso dell'interpretazione delle norme a tutela dei consumatori in chiave deterrente praticata dalla Corte di Giustizia, nell'obiettivo della costruzione di un mercato unico, dinamico, concorrenziale e animato da attori economici responsabili [34].

---

[33] Cfr. art. 18, lett. d), cod. cons.

[34] È significativa in tal senso, d'altronde, la Proposta di direttiva che modifica le direttive 2005/29/CE e 2011/83/UE per quanto riguarda la responsabilizzazione dei consumatori per la transizione verde mediante il miglioramento della tutela dalle pratiche commerciali sleali e dell'informazione, la quale "mira a contribuire a un'economia dell'UE circolare, pulita e verde, consentendo ai consumatori di prendere decisioni di acquisto consapevoli e quindi *contribuire* (corsivo aggiunto) a una maggiore sostenibilità dei consumi".

Si vedrà se la rilevanza giuridica dell'interesse del singolo consumatore a conoscere, comprendere e valutare in modo libero e consapevole l'operazione economica proposta dalla controparte contrattuale trovi la sede più idonea alla sua formalizzazione nell'ambito del rapporto obbligatorio, facendo corrispondere al riconoscimento di una situazione giuridica soggettiva attiva a favore del consumatore la titolarità di un obbligo di protezione nei riguardi del professionista. O se, invece, sia più opportuno affidarsi allo strumento "monistico" del diritto soggettivo, il cui riconoscimento giustificherebbe l'istituzione di una relazione obbligatoria, di natura risarcitoria, solo in seguito alla sua infrazione. Per il momento pare sufficiente riconoscere la sicura rilevanza giuridica dell'interesse soggettivo del consumatore appena delineato.

Sul fronte dell'effettività della sua tutela, d'altra parte, si è visto come, alla luce delle indicazioni ricavabili dalla lettura della direttiva 2019/2161/UE[35], non basta più la semplice valorizzazione delle potenzialità normative insite in disposizioni già esistenti: l'operatività di specifici strumenti legali di protezione degli interessi del consumatore non può più considerarsi sufficiente ad una tutela adeguata della libertà del consumatore di adottare decisioni di natura commerciale libere, consapevoli e pienamente ponderate. Così, la nullità di protezione, sancita al fine di evitare che, per via dell'asimmetria informativa, il consumatore subisca gli effetti della vincolatività di clausole abusive inserite dal professionista tra le condizioni generali di contratto; il diritto di recesso, stabilito per consentire il recupero di una fase di attenta ponderazione della convenienza dello scambio che il professionista ha offerto a distanza o fuori dai locali commerciali, sfruttando l'effetto "sorpresa" nei riguardi del consumatore; o, infine, i rimedi predisposti nei riguardi della ricorrenza di un difetto di conformità del bene venduto dal professionista, rispetto alla presentazione fattane in contratto, sono tutti meccanismi di tutela che senz'altro contribuiscono a ridurre la congenita disparità di potere contrattuale, tipica delle contemporanee relazioni negoziali tra professionista e consumatore, ma che, allo stesso tempo, in vista della definizione di un sistema completo di tutele individuali, richiedono di essere associate alla previsione

---

[35] Cfr. direttiva 2019/2161/UE, *considerando* nn. 3, 16, 17.

di meccanismi giuridici in grado di "chiudere" il circuito di protezione degli interessi che muovono i singoli consumatori nell'arena del mercato. La strategia normativa della formalizzazione di un numero sempre crescente di obblighi informativi, d'altronde, rende ancora più avvertita l'esigenza di un intervento in tal senso, data la difficoltà ad assicurare, in assenza di specifiche sanzioni da applicare alla loro eventuale violazione, l'effettiva soddisfazione dell'interesse del consumatore a ricevere dalla propria controparte dati trasparenti e completi circa i profili essenziali dell'operazione economica oggetto del contratto che si intende concludere.

Il divieto di pratiche commerciali scorrette, grazie al respiro conferitogli dal ricorso allo strumento della clausola generale disposta dall'art. 20 cod. cons., si presta degnamente al perseguimento di tale obiettivo[36]. Osservato dal punto di vista del singolo consumatore, esso dovrebbe rappresentare il fondamento giustificativo della previsione di strumenti di tutela idonei a rimediare a qualsiasi tipo di scorrettezza del professionista, dalla quale sia scaturita, sul piano esogeno al contenuto formale del regolamento contrattuale, l'alterazione della cornice sinallagmatica entro la quale il consumatore abbia accettato di intraprendere lo scambio proposto. Il divieto di pratiche commerciali scorrette legittima l'attribuzione di rilevanza giuridica ad informazioni e condotte non immediatamente correlate all'insieme di utilità cui il regolamento contrattuale fa espresso riferimento, ma ugualmente decisive perché il consumatore sia oggettivamente posto nelle condizioni di manifestare una volontà negoziale libera, consapevole e ponderata. È proprio in funzione di tale divieto, dunque, che potranno definirsi i contenuti delle condotte dovute dal professionista e, per converso, i rischi, irriducibilmente connessi alla generalità delle interazioni negoziali, di cui il consumato-

[36] Cfr. M. LIBERTINI, *Clausola generale e disposizioni particolari nella disciplina delle pratiche commerciali scorrette*, cit., p. 73 ss. Se, d'altra parte il riferimento alla clausola generale della buona fede quale fonte di obblighi informativi «atipici», individuati in via interpretativa, consentirebbe "una loro limitazione entro l'ambito della ragionevolezza", cfr. L. REGAZZONI, *op. cit.*, p. 157, l'associazione, al divieto formulato nei termini generali disposti dall'art. 20 cod. cons., delle esemplificazioni tipologiche contenute dagli artt. 21 ss. cod. cons., di pratiche commerciali ingannevoli e aggressive, sembra scongiurare ancor di più il problema di un'incontrollata estensione in via interpretativa del novero degli obblighi di condotta di cui il professionista dovrebbe farsi carico.

re dovrà farsi carico. Sicché, può essere utile ribadirlo ancora, l'oggetto della lesione sul quale dovrebbe concentrarsi l'attenzione dell'interprete non sarebbe integrato dal mancato conseguimento di singole utilità che si riteneva di poter realizzare mediante l'esecuzione del contratto. Esso sarebbe da individuare, piuttosto, nella frustrazione di una valutazione pienamente libera e consapevole dell'affare – che quelle utilità pure ricomprende ma che in quelle utilità non necessariamente si esaurisce – al fine di verificarne la complessiva convenienza, prima di procedere al perfezionamento del vincolo negoziale. In seguito al verificarsi della pratica commerciale scorretta, pur avendo conseguito il valore d'uso desiderato o essendo in procinto di conseguirlo, il consumatore si troverebbe vincolato ad un assetto di vantaggi, costi e rischi in parte o del tutto diverso da quello prefiguratosi al momento della conclusione del contratto. Ovvero potrebbe costatare la mancata corrispondenza tra il complessivo valore di scambio che aveva ritenuto di poter realizzare attraverso la conclusione del contratto e il valore di scambio che invece ha potuto o potrebbe effettivamente realizzare [37].

Si sono così delineati i contorni, per un verso, dell'interesse soggettivo tutelato e, per altro verso, della sua lesione mediante l'esercizio di una pratica commerciale scorretta. È intorno a questi dati che sarà necessario riflettere per stabilire meccanismi di tutela quanto più possibile efficaci.

La descrizione dell'oggetto dell'interesse soggettivo considerato, di certo, ha evidenziato non solo la sua ampiezza, ma anche la sua complessità, stante le molteplici prospettive dalle quali una valutazione libera, consapevole e ponderata, può legittimamente essere assunta e le tante sfaccettature che ne possono contraddistinguere gli esiti. Di riflesso, anche la sua compromissione potrebbe assumere tratti oggettivamente differenziati: l'indebita alterazione della cornice sinallagmatica dello scambio da parte del professionista, come evidenziato nel precedente capitolo, potrebbe esaurire i suoi effetti nell'ingiustificata appropriazione da parte del professionista

---

[37] Emblematici a riguardo i casi considerati *supra*, cap. II, par. 3, al quale si rinvia anche per gli argomenti sviluppati al fine di precisare, in presenza della frustrazione di un interesse ideale che il singolo consumatore sia indotto a ritenere di poter realizzare attraverso la conclusione di un contratto, i presupposti della ricorrenza di un difetto di conformità dai presupposti utili, invece, a qualificare tale frustrazione quale effetto di una pratica commerciale scorretta.

di utilità di cui altrimenti il consumatore sarebbe stato legittimamente titolare, ma la scorrettezza fonte di quella stessa alterazione potrebbe anche aver provocato la distruzione di valori attuali o potenziali, patrimoniali o non patrimoniali della controparte, reintegrabili solo mediante lo strumento risarcitorio.

Alla lesione procurata da una pratica commerciale scorretta non pare possano in altri termini attribuirsi tratti peculiari univoci. Al contrario, data la strutturale complessità dell'interesse tutelato, essa, da un lato, potrà compromettere la persistente efficacia del vincolo negoziale, di cui potrebbe chiedersi la risoluzione, e, dall'altro, potrà di volta in volta giustificare la manifestazione di pretese restitutorie o di pretese risarcitorie, senza escludere che queste ultime si sommino ovvero operino in luogo delle prime.

4. *I contorni sfuggenti della lesione lamentata. La figura del danno meramente patrimoniale*

Se una pretesa risarcitoria può essere legittimamente azionata ogni volta che si dimostri la compromissione di un interesse soggettivo giuridicamente rilevante[38], dovrà ammettersi che la lesione procurata da

---

[38] Tale dato, inteso quale presupposto di una reazione normativa di tipo risarcitorio, non si ritiene possa essere condizionato dallo statuto, contrattuale o extracontrattuale, assegnato alla relativa responsabilità. Si veda in proposito E. NAVARRETTA, *L'ingiustizia del danno e i problemi di confine tra responsabilità contrattuale e extracontrattuale*, cit., p. 237, la quale, sottolineando la subordinazione normativa dell'accertamento della responsabilità extracontrattuale alla prova "della lesione non giustificata di un interesse giuridico" – prova non richiesta, invece, quando è il creditore che contesta la responsabilità per inadempimento del suo debitore – osserva puntualmente che "la ragione di questa differente prova risiede non nella mancata protezione di interessi giuridici nella responsabilità contrattuale, ma nella circostanza che in tale contesto la condotta «illecita» automaticamente e di per sé lede un interesse giuridico: quello del creditore alla prestazione". Sul punto si veda anche C. SALVI, (voce) *Responsabilità extracontrattuale*, in *Enc. dir.*, Giuffrè, 1988, pp. 1190-1191, ove si registra la tendenza ad attenuare, se non a superare, la rigida distinzione tra i due istituti normativi, in ragione di una "significativa trasformazione del modo di intendere i fatti costitutivi delle due figure di responsabilità". Il dato realmente discriminante tra l'una e l'altra ipotesi di responsabilità sarebbe che la responsabilità contrattuale "a differenza di quella aquiliana, non tanto persegue lo scopo di prevenire e reprimere *ex post* fatti dannosi, imputabili a colpa o dolo del soggetto, e ciò attraverso la rimo-

una pratica commerciale scorretta all'interesse del consumatore di adottare decisioni commerciali razionali, perché adeguatamente informate e ponderate [39], legittimi la pretesa risarcitoria del consumatore, alla cui soddisfazione dovrebbe corrispondere il sorgere di obbligazioni pecuniarie di consistenza necessariamente diversa rispetto alla misura attribuibile a pagamenti pretesi a titolo meramente restitutorio [40]. Sarebbe dunque plausibile il riconoscimento a carico del professionista scorretto di obbligazioni pecuniarie divergenti nelle funzioni e nelle modalità di calcolo, dipendendo la determinazione del rimedio più appropriato dal tipo di pregiudizio lamentato dal consumatore [41].

Il riconoscimento, della piena legittimità di una pretesa risarcitoria, che potrebbe sia operare in luogo di pretese restitutorie, sia affiancarle eccedendole [42], tuttavia, comporta il problema di una più precisa definizione dei contorni della lesione subita, utile successivamente alla sua concreta misurazione alla stregua dei criteri indicati dall'art. 1223 c.c. La natura peculiare del pregiudizio, che prescinde dalla compromissione di un'utilità materiale appartenente alla dotazione patrimoniale del danneggiato, corrispondendo piuttosto alla delusione di una legittima aspettativa circa la correttezza cooperativa della controparte nell'effettiva realizzazione del risultato negoziale atteso [43], infatti, sconta le stesse difficoltà maturate

zione del danno provocato (art. 2043 c.c.), ma di garantire al contraente e/o creditore entro i limiti della *possibilità* e/o *esigibilità* (della condotta), la corretta e puntuale esecuzione del contratto e/o dell'obbligazione". In senso analogo, cfr. A. Di Majo, *La tutela civile dei diritti*, cit., p. 193; R. Scognamiglio, *Responsabilità contrattuale ed extracontrattuale*, cit., p. 672.

[39] Cfr. G. Grisi, *L'obbligo precontrattuale di informazione*, cit., p. 67.

[40] Cfr. A. Di Majo, *La tutela civile dei diritti*, cit., p. 336, ove condivisibilmente si subordina la possibilità di integrare azione restitutoria e azione risarcitoria alla prova della sussistenza dei presupposti utili all'accertamento di ciascuna delle due tipologie di lesioni evocate. Sul punto, si veda anche P. Sirena, *Arricchimento ingiustificato e restituzioni*, cit., p. 672.

[41] In prospettiva comparativa, osserva che, a differenza di quanto si può constatare nei sistemi di *civil law*, "nel *common law* americano, la presenza di parametri diversi nella quantificazione del danno derivante da *breach of contract* è assolutamente pacifica, tanto in giurisprudenza quanto in dottrina. In particolare, si parla di: *expectation interest, reliance interest* e *restitutory interest*", M.R. Marella, *Il risarcimento per equivalente e il principio della riparazione integrale*, cit., p. 59.

[42] Cfr. C. Castronovo, *Responsabilità civile*, cit., p. 696 ss.

[43] Cfr. G. De Cristofaro, *«Rimedi» privatistici individuali e pratiche com-*

in relazione all'esatta determinazione dei contenuti della lesione derivante da una qualsiasi ipotesi di condotta contraria alla buona fede *ex* art. 1337 c.c.[44]. La questione merita di essere approfondita poiché, come di seguito si proverà a chiarire, appare dirimente in relazione alla formulazione di soluzioni agli interrogativi oggetto di indagine.

Un primo indice delle difficoltà di cui si è accennato è fornito, sovente, dal ricorso all'appellativo di "danno meramente patrimoniale"[45], per indicare la lesione di interessi soggettivi che, seppure dotati di sicura rilevanza giuridica, costituirebbero il fondamento di situazioni giuridiche soggettive dai contorni piuttosto sfuggenti[46]. Si allude, secondo un primo orientamento teorico, alla fru-

---

merciali scorrette. Il recepimento del diritto italiano dell'art. 11-bis *della direttiva 2005/29/CE. (Comma 15*-bis*, art. 27 c. cons.)*, cit., p. 476, ID., *Diritto italiano ed europeo dei consumatori*, cit., p. 236, secondo il quale, si tratterebbe di un interesse "cui certamente l'ordinamento giuridico italiano attribuisce rilevanza, considerandolo meritevole di tutela e protezione, ancorché debba (ancor oggi) escludersi, a nostro avviso, che tale tutela si sostanzi nel riconoscimento di un vero e proprio diritto soggettivo".

[44] Sintomatico appare a riguardo il richiamo di A. RAVAZZONI, *La formazione del contratto*, Giuffrè, 1974, p. 212 ss., alla necessità di indagare "quale interesse sia stato leso dalla trasgressione della regola di buona fede nel procedimento di formazione del contratto" (*Ivi*, p. 213), evitando l'automatismo che tradizionalmente contraddistingue l'identificazione del valore dell'obbligazione risarcitoria da responsabilità precontrattuale nella misura dell'interesse negativo.

[45] Così, secondo G. DE CRISTOFARO, *«Rimedi» privatistici individuali e pratiche commerciali scorrette. Il recepimento del diritto italiano dell'art. 11*-bis *della direttiva 2005/29/CE. (Comma 15*-bis*, art. 27 c. cons.)*, cit., p. 477, ID., *Diritto italiano ed europeo dei consumatori*, cit., p. 237, l'interesse del singolo consumatore leso dalla pratica commerciale scorretta "ha natura meramente economico-patrimoniale" e la sua violazione "legittima *ex* art. 2043 c.c. il consumatore a pretendere il risarcimento (per equivalente) di tutti e soltanto i pregiudizi di natura economica che ne siano derivati, attraverso la corresponsione di una somma di denaro di importo idoneo a conferire al patrimonio del consumatore la consistenza che avrebbe avuto se la pratica commerciale non fosse stata posta in essere".

[46] Cfr. M. BARCELLONA, *Trattato del danno e della responsabilità civile*, Utet, 2011, pp. 120-121, il quale, riportando criticamente la persistente descrizione del sistema della responsabilità civile quale meccanismo selettivo di tutela dei soli interessi "il cui perseguimento è presidiato da dispositivi (= un qualche divieto od obbligo) intesi a proteggerli", contrapposti a "interessi il cui perseguimento ancorché lecito non è tuttavia giuridicamente presidiato da alcuna garanzia", reputa

strazione dell'affidamento nutrito nell'altrui spirito di leale cooperazione ovvero alla perdita di utilità che si era programmato di conseguire, a causa di una condotta contraria al dovere di buona fede, potendosi quest'ultima materializzare non solo in fase precontrattuale, pur mancando ancora la formalizzazione di un rapporto obbligatorio primario tra i contraenti, ma anche in fase di esecuzione del contratto, in seguito al mancato rispetto degli obblighi di protezione che "naturalmente" accompagnerebbero gli adempimenti necessari alla realizzazione delle prestazioni "primarie" oggetto dell'operazione economica concordata [47]. Mentre, secondo un diverso orientamento teorico, si allude ad una perdita che, pur incidendo sul complesso delle utilità patrimonialmente apprezzabili di cui la parte lesa dispone, non comporta la compromissione o la distruzione del valore di una cosa o il pregiudizio alla persona del danneggiato [48].

A seconda della prospettiva teorica prescelta, dunque, tale tipologia di lesione ricorrerebbe ora nell'ambito di un rapporto di natura obbligatoria, pur non corrispondendo all'inadempimento di una prestazione primaria [49]; ora, indipendentemente da una relazione di cooperazione, integrando l'oggettiva compromissione degli interessi patrimoniali del soggetto che la subisce, non sempre direttamente riconducibile, però, ad una interferenza esterna nella sfera giuridica

---

"simmetrica (…) la distinzione tra «danno giuridico», che afferisce alla lesione di interessi giuridicamente protetti e che perciò attiva la tutela aquiliana, e «danno meramente patrimoniale» che, invece, afferisce alla lesione di interessi lecitamente perseguibili ma il cui perseguimento non appare giuridicamente garantito e che perciò sfuggirebbe alla tutela aquiliana".

[47] Cfr. C. CASTRONOVO, *Responsabilità civile*, cit., p. 309 ss., ove si rinviene il fondamento teorico del danno meramente patrimoniale nel rapporto obbligatorio, seppure "inteso come rapporto fondamentale, come struttura complessa". Ma si veda anche A. ALBANESE, *Responsabilità precontrattuale*, cit., p. 1708.

[48] Cfr. M. MAGGIOLO, *Il risarcimento della pura perdita patrimoniale*, cit., p. 2 ss. Ma, con specifico riferimento al danno procurato al consumatore da una pratica commerciale scorretta si rinvia nuovamente a G. DE CRISTOFARO, *«Rimedi» privatistici individuali e pratiche commerciali scorrette. Il recepimento del diritto italiano dell'art. 11*-bis *della direttiva 2005/29/CE. (Comma 15*-bis*, art. 27 c. cons.)*, cit., p. 476, *supra*, cap. III, nota 43.

[49] CFR. C. CASTRONOVO, *Responsabilità civile*, cit., pp. 542-543, il quale riporta poi una serie di esemplificazioni in proposito (*Ivi*, p. 599 ss.).

oggettivamente incisa [50]. In virtù della "bassa definizione" caratterizzante i contorni della figura giuridica di cui si tratta, i sostenitori della sua rappresentazione quale conseguenza di una particolare ipotesi di responsabilità da inadempimento hanno buon gioco nel limitare tale vaghezza contenutistica alle ipotesi in cui la perdita di cui si tratta sia individuata nella lesione all'«integrità del patrimonio» [51], ove con quest'ultima espressione si intenda indicare l'oggetto dell'interesse tutelato, di cui si lamenti la lesione [52]. Quanti viceversa sostengono che la perdita puramente patrimoniale ricorra per effetto di un'illecita interferenza, di natura extracontrattuale, nella sfera giuridica altrui riconducono all'opposto quella stessa vaghezza contenutistica alla presentazione del danno meramente patrimoniale quale effetto del mancato rispetto di un obbligo di cui manchi tuttavia l'oggetto primario, ovvero la prestazione dovuta [53].

---

[50] Con specifico riferimento all'ipotesi della lesione derivante da errata o omessa informazione, cfr. M. MAGGIOLO, *Il risarcimento della pura perdita patrimoniale*, cit., p. 38 ss. Riconducono in vario modo alla rilevanza extracontrattuale dell'interesse all'affidamento, la cui titolarità consentirebbe di selezionare i soggetti legittimati a richiedere il risarcimento del danno patito in seguito alla condotta contraria alla buona fede, lo stesso M. MAGGIOLO, *Il risarcimento della pura perdita patrimoniale*, p. 240 ss.; E. NAVARRETTA, *L'ingiustizia del danno e i problemi di confine tra responsabilità contrattuale e extracontrattuale*, cit., p. 250; M. ORLANDI, *Responsabilità precontrattuale*, (voce), in *Contratto*, *Enc. dir.*, I tematici, Giuffrè, 2021, p. 1015 ss.

[51] Il riferimento all'integrità del patrimonio come oggetto di un interesse soggettivo giuridicamente rilevante leso da una condotta scorretta è ricorrente soprattutto in giurisprudenza. Cfr. Cass. 4 maggio 1982, n. 2765, in *Giust. civ.*, 1982, I, p. 1745 ss. con nota di A. DI MAJO, *Ingiustizia del danno e diritti non nominati*; Cass. 25 luglio 1986, n. 4755, in *Nuova giur. civ. comm.*, 1987, I, p. 386 con nota di M. LIBERTINI. Più di recente, cfr. Cass. 16 maggio 2000, n. 6356, in *Banca Dati De Jure*. Non reputa persuasiva una formulazione giurisprudenziale che "sembra oscillare tra un'attribuzione immediata di rilevanza ai fini aquiliani dei doveri di solidarietà sociale *ex* art. 2 Cost. ed un'applicazione diretta della norma racchiusa nell'art. 41 Cost. al giudizio di ingiustizia del danno", C. SCOGNAMIGLIO, (voce) *Ingiustizia del danno*, in *Enc. Treccani*, XVIII, Roma, 1996, p. 15.

[52] Cfr. C. CASTRONOVO, *Responsabilità civile*, cit., p. 301 ss.

[53] Cfr. M. MAGGIOLO, *Il risarcimento della pura perdita patrimoniale*, cit., p. 152 ss. Ma si veda anche M. ORLANDI, *Responsabilità precontrattuale*, cit., p. 1013 ss. Ma, più che sull'assenza di un dovere primario di prestazione, richiamano l'attenzione sulle difficoltà connesse alla delimitazione soggettiva e oggettiva dell'obbligazione risarcitoria per inadempimento di obblighi di protezione, A. DI MAJO, *Il problema del danno al patrimonio*, cit., p. 330 ss.; E. NAVARRETTA,

Al di là di tali reciproci addebiti, tuttavia, né l'uno né l'altro orientamento interpretativo rinunciano all'utilizzo di una qualificazione del danno che appare rivelatrice di un'intrinseca ambiguità, che qualcuno autorevolmente fa risalire, più che all'oggettiva necessità di focalizzare le peculiarità della lesione subita, ad una "precomprensione" del sistema della responsabilità civile, mutuata da esperienze giuridiche distanti da quella sperimentata in materia dal nostro ordinamento [54]. Si tratterebbe, cioè, del riferimento ad una tipologia di danno concettualizzata nell'ambito dell'ordinamento tedesco, al fine di assicurare ad interessi soggettivi, comunque ritenuti giuridicamente rilevanti, margini di tutela risarcitoria più ampi di quelli concessi da un sistema della responsabilità civile, storicamente connotato da una rigida tipizzazione delle ipotesi di illecito [55]. Un'esigenza, quest'ultima, che, grazie anche alla marcata evoluzione interpretativa che ha interessato l'art. 2043 c.c. e, al suo interno, la formula del danno ingiusto, pare invece non essere particolarmente attuale nel nostro ordinamento [56].

Il riferimento alla formula del danno meramente patrimoniale, definito anche "pura perdita economica" [57], per questa ragione, pro-

---

L'ingiustizia del danno e i problemi di confine tra responsabilità contrattuale e extracontrattuale, cit., p. 250 ss.

[54] Ritenendo il danno meramente patrimoniale nient'altro che l'espressione della lesione extracontrattuale dell'affidamento, ascrive il "(falso) problema del danno meramente economico" all'esigenza, tipica dell'ordinamento civilistico tedesco – in verità, estranea al nostro – di porre un argine "all'eccessiva dilatazione della responsabilità contrattuale", a sua volta necessitata da "una normativa troppo restrittiva e di impronta tipizzante dell'illecito aquiliano", E. NAVARRETTA, *L'ingiustizia del danno e i problemi di confine tra responsabilità contrattuale e extracontrattuale*, cit., pp. 252-253. In senso analogo, F.D. BUSNELLI, *Itinerari europei nella «terra di nessuno tra contratto e fatto illecito»: la responsabilità da informazioni inesatte*, in F.D. BUSNELLI, S. PATTI, *Danno e responsabilità*, Giappichelli, 2013, p. 323 ss.

[55] Cfr. C.-W. CANARIS, *Norme di protezione, obblighi del traffico, doveri di protezione*, in *Riv. crit. dir. priv.*, 1983, p. 567 ss.

[56] Cfr. F.D. BUSNELLI, *Itinerari europei nella «terra di nessuno tra contratto e fatto illecito»*, cit., p. 345 ss.

[57] Cfr. C. CASTRONOVO, *Responsabilità civile*, cit., p. 301. Ma dissente da quella che ritiene una confusione tra la figura del danno meramente patrimoniale e la categoria della *pure economic loss*, tipica del *Common Law*, M. BARCELLONA, *Trattato del danno e della responsabilità civile*, cit., p. 121 ss.

durrebbe più l'effetto di disorientare che non quello di facilitare la definizione dei contorni della lesione subita dal consumatore e dei criteri utili alla sua traduzione in termini monetari. A fugare le difficoltà appena segnalate, d'altra parte, non contribuisce di certo il rinvio ad un parametro sovente utilizzato sia per qualificare l'interesse soggettivo pregiudicato da una violazione della buona fede precontrattuale sia per calcolare la relativa obbligazione risarcitoria [58]. Ci si riferisce al parametro del c.d. interesse negativo [59], cui tuttavia non sempre si attribuisce la medesima capacità selettiva [60].

Non sembra, insomma, che il rinvio ai meccanismi di calcolo del risarcimento per violazione della buona fede precontrattuale, al fine di determinare l'ammontare dell'obbligazione risarcitoria dovuta in seguito all'accertamento di una lesione da pratica commerciale scorretta, sia particolarmente fruttuoso, se non per la ragionevole certezza circa la suscettibilità di valutazione patrimoniale del pagamento dovuto.

---

[58] Cfr. A. SARDINI, *op. cit.*, p. 19 ss.; G. ANZANI, *Interesse positivo e interesse negativo nelle diverse forme di responsabilità civile*, cit., p. 1694 ss.

[59] Cfr. C. CASTRONOVO, *Responsabilità civile*, cit., p. 545, nota 74; A. ALBANESE, *Responsabilità precontrattuale*, cit., p. 1722; A. NICOLUSSI, *L'obbligazione oltre il principio del contratto. Comportamenti socialmente tipici e relazioni di affidamento,* in *Per i cento anni dalla nascita di Renato Scognamiglio*, Jovene, 2022, p. 697; M. ORLANDI, *Responsabilità precontrattuale*, cit., p. 1016 ss.

[60] Non mancano peraltro autorevoli voci, secondo le quali non vi sarebbe alcuna necessaria corrispondenza tra la ricorrenza di una responsabilità precontrattuale e l'equivalenza del valore dell'obbligazione risarcitoria all'interesse negativo. Cfr. A. LUMINOSO, *La lesione dell'interesse contrattuale negativo (e dell'interesse positivo) nella responsabilità civile*, in *Contr. e Impr.*, 1988, p. 792 ss., ove si manifesta l'opinione che "le espressioni *interesse contrattuale negativo e interesse contrattuale positivo* non indicano specifiche tipologie di interessi normativamente protetti, ma rappresentano semplici formule descrittive del contenuto economico della tutela risarcitoria degli interessi giuridicamente protetti che risultano lesi nei singoli casi" (*Ivi*, p. 802) mentre "la cosiddetta responsabilità precontrattuale non sembra costituire (…) un istituto funzionalmente omogeneo, ma un ampio «contenitore» che ricomprende (…) figure assai diverse tra loro di illeciti, ora costituenti violazione di un obbligo di buona fede (art. 1337 c.c.), ora realizzanti un fatto aquiliano (*ex* art. 2043 c.c.), ora nascenti dall'inadempimento di un contratto" (*Ivi*, p. 803).

5. *La quantificazione del risarcimento del danno meramente patrimoniale e il controverso rinvio alla misura dell'interesse negativo*

I fautori del danno meramente patrimoniale quale effetto della violazione di un obbligo di protezione precontrattuale suggeriscono di calcolarne il valore facendo riferimento alla misura dell'interesse negativo, così rimarcando la differenza di quest'ultima dalla tecnica di quantificazione fondata sulla misura dell'interesse positivo, adottata quando l'obbligazione risarcitoria deriva dall'inadempimento di una prestazione primaria[61]. L'idea che domina questa rappresentazione della compensazione dovuta in seguito all'accertamento di una responsabilità precontrattuale trae ispirazione, come è noto, dalla ricostruzione proposta da Rudolf von Jhering degli effetti giuridici di un comportamento scorretto, verificatosi nel momento del perfezionamento dell'accordo contrattuale e individuato paradigmaticamente nella colposa creazione dell'apparenza circa la validità del contratto oggetto di trattativa, essendo quest'ultimo in verità inidoneo a produrre effetti giuridicamente rilevanti[62]. L'obiettivo è quello di conferire legittimità ad un'ipotesi di responsabilità che, sfuggendo allo schema dell'interferenza dolosa o colposa nella sfera giuridica altrui tipica dell'illecito extracontrattuale[63], si accosti all'opposto schema della responsabilità contrattuale in forza della relazione di fatto testimoniata dall'affidamento maturato tra le parti; e, tuttavia, da quello stesso schema si discosti a causa dell'assenza di un vincolo giuridicamente rilevante, fonte di obbligazioni, di cui si possa lamentare l'inadempimento[64]. La rappresentazione dell'interesse soggettivo leso alla

---

[61] Cfr. C. TURCO, *L'interesse negativo nella* culpa in contrahendo, in *Riv. dir. civ.*, 2/2007, p. 165 ss.

[62] Cfr. R. VON JHERING, *Della culpa in contrahendo ossia del risarcimento del danno nei contratti nulli o non giunti a perfezione*, trad. it., Jovene, 2005, p. 51 ss., ove tuttavia si prendono in considerazione anche altre ipotesi di comportamento scorretto, idoneo a procurare la frustrazione dell'altrui affidamento nell'efficace perfezionamento di un accordo contrattuale.

[63] Cfr. M. ORLANDI, *Responsabilità precontrattuale*, cit., p. 999.

[64] Cfr. L. MENGONI, *La natura della responsabilità precontrattuale,* cit., p. 279; A. ALBANESE, *Responsabilità precontrattuale*, cit., p. 1701 ss.; C. CASTRONOVO, *Responsabilità civile*, cit., p. 540 ss., il quale, tuttavia, ripudia la rappre-

stregua di un interesse negativo facilita in questa quadro l'accostamento della responsabilità dell'autore della condotta scorretta allo schema della responsabilità contrattuale. La violazione della buona fede precontrattuale, infatti, non può di certo comportare una reazione rimediale che obblighi l'inadempiente all'esecuzione di un programma negoziale al quale costui non si è mai formalmente impegnato, ma può di contro fondare la pretesa della parte il cui affidamento sia stato deluso alla preservazione dell'assetto giuridico-patrimoniale goduto prima del verificarsi della scorrettezza [65].

Altra parte della dottrina, invece, collega la ricorrenza di un danno meramente patrimoniale all'ipotesi in cui la compromissione dell'interesse soggettivo all'altrui rispetto della buona fede assuma i tratti di un danno ingiusto, evocando in questo caso la figura dell'interesse negativo al fine di rimarcare la natura squisitamente reintegratoria della relativa obbligazione risarcitoria. Il riferimento a tale parametro di calcolo, cioè, condurrebbe esclusivamente al ripristino della condizione patrimoniale di cui godeva la persona danneggiata prima che il comportamento scorretto sortisse i suoi effetti [66]. In questa prospettiva, appare particolarmente valorizzata l'idoneità dell'espressione "interesse negativo" a considerare, tra gli effetti pregiudizievoli della condotta scorretta cui rimediare mediante l'obbligazione risarcitoria, le sole perdite subite dal patrimonio nella sua consistenza "statica" ovvero precedente al fatto lesivo [67], escludendo dal

---

sentazione di tale tipo di responsabilità alla stregua di un *tertium genus* tra responsabilità extracontrattuale e contrattuale.

[65] Cfr. A. ALBANESE, *Responsabilità precontrattuale*, cit., p. 1725, il quale precisa che "Se, infatti, nella responsabilità precontrattuale non può essere risarcito il danno che una delle parti ha subito per non aver concluso un valido contratto (interesse positivo), ciò non toglie che siano invece risarcibili tutti i pregiudizi derivanti dall'affidamento generato dal comportamento scorretto della controparte".

[66] Secondo M. ORLANDI, *Responsabilità precontrattuale*, cit., p. 1016, "chiunque sia nella materiale situazione di generare affidamento rende rilevante l'interesse negativo di protezione e risponde della frustrazione colpevole. Il carattere negativo dell'interesse di protezione sta nel designare esso non una *utilitas* additiva, propria della prestazione; ma il pericolo di perdere possibilità alternative in ragione dell'eventuale scorrettezza".

[67] Cfr. M. ORLANDI, *Responsabilità precontrattuale*, cit., p. 1018, ove si afferma che "il danno negativo è per così dire statico: danno al *vecchio* patrimonio, esistente *prima e a prescindere* dal rapporto con il danneggiante. Il danno positivo è dinamico: danno al *nuovo* patrimonio, derivante dal vincolo di credito con il danneggiante debitore".

novero dei pregiudizi risarcibili le utilità che il contratto avrebbe potuto procurare al danneggiato ove la condotta scorretta non si fosse verificata [68].

Sia tra quanti descrivono gli effetti della violazione di un obbligo precontrattuale di protezione alla stregua della lesione di un interesse soggettivo di natura creditoria, sia tra quanti, invece, riconducono quegli stessi effetti al modello del danno ingiusto di natura extracontrattuale, d'altra parte, non mancano voci rivolte a sfatare l'importanza sistematica del rinvio alla formula dell'interesse negativo [69]. Si evidenzia in particolare il rischio che esso veicoli nient'altro che un'aprioristica inclinazione alla limitazione dell'ammontare dell'obbligazione risarcitoria [70] e, in questa prospettiva, non di rado si ammettono alla dimensione del danno ingiusto risarcibile anche lesioni normalmente ritenute rilevanti solo nell'ottica di una quantificazione del danno ispirata dalla misura dell'interesse positivo [71].

Più in generale, si è osservato che, a lungo, la valorizzazione del profilo "statico" dell'interesse della vittima della scorrettezza ha osta-

---

[68] Cfr. C.M. BIANCA, *Il contratto*, cit., p. 176, il quale rileva che "il soggetto non lamenta la mancata o inesatta esecuzione del contratto ma piuttosto la lesione della sua libertà negoziale e, in relazione a questa lesione, può pretendere l'integrale risarcimento del danno".

[69] Tra i sostenitori della natura contrattuale della responsabilità derivante dalla violazione degli obblighi di protezione, S. MAZZAMUTO, *La responsabilità contrattuale in senso debole*, cit., p. 129 ss. definisce questi ultimi come "veri e propri imperativi di condotta tesi alla predisposizione dei mezzi necessari alla salvaguardia del patrimonio e della persona dell'altra parte del rapporto obbligatorio. (...) in tal modo, si arricchisce ulteriormente il contributo offerto dalla buona fede in funzione integrativa alla moderna dottrina delle obbligazioni e dei contratti" (*Ivi*, p. 137). Più in particolare, tale autorevole Dottrina propone di riconoscere anche nell'ambito della "responsabilità in senso debole", derivante dalla violazione di un obbligo di protezione, l'azionabilità di tutele in natura (*Ivi*, p. 146), accreditando così, almeno indirettamente, l'ipotesi di una possibile emancipazione del rimedio risarcitorio dall'automatico rinvio alla misura dell'interesse negativo.

[70] Cfr. R. SACCO, *Trattativa*, in *Digesto*, *Banca Dati One Legale*, Wolters Kluwer, 2012, p. 20; M. MANTOVANI, *op. cit.*, p. 173 ss.

[71] Cfr. G. PATTI, S. PATTI, *Responsabilità precontrattuali e contratti standard*, cit., pp. 121-122; P. GALLO, *Responsabilità precontrattuale e problemi di quantificazione del danno*, in *Studi in onore di Cesare Massimo Bianca*, IV, Giuffrè 2006, p. 520 ss.; F. PROSPERI, *Violazione degli obblighi di informazione nei servizi di investimento e rimedi contrattuali (a proposito di Cass. Sez. un. 19 dicembre 2007, nn. 26724 e 26725)*, in *Contr. e Impr.*, 2008, p. 973 ss.

colato la considerazione dell'eventualità che di quello stesso interesse si possa dimostrare anche un profilo dinamico, seppure riferito solo alla fase precedente l'assunzione formale dell'impegno contrattuale all'adempimento [72]. L'automatismo istituito tra la violazione della buona fede precontrattuale e il diritto al risarcimento del danno nella misura dell'interesse negativo, d'altra parte, ha finito per riprodurre la rigidità dicotomica già all'origine della ricostruzione della responsabilità da *culpa in contrahendo* quale causa della frustrazione di un affidamento maturato in un contesto che, seppure relazionale, non assume contorni di natura negoziale. Tale automatismo, in altri termini, riconduce ad uno schema unitario un fenomeno – quello della scorrettezza o slealtà preliminare alla conclusione del contratto – che, al contrario, può assumere i contorni più vari, essendo oltretutto suscettibile di incidere nella sfera giuridica della parte lesa anche quando la relazione instaurata con l'altra abbia raggiunto il momento della sua formalizzazione negoziale, seppure con contenuti distorti rispetto alle legittime aspettative di una delle parti [73]. La condotta contraria a buona fede, infatti, può anche incidere sul perfezionamento di un accordo del quale alteri il sinallagma contrattuale, senza tuttavia per questo rendere lo stesso accordo inidoneo alla produzione di effetti giuridicamente rilevanti. Di talché, il momento – precontrattuale [74] – della produzione della lesione è diverso da quello – contrattuale – nel quale essa fisiologicamente si manifesta, come tipicamente accade in seguito all'esercizio di pratiche commerciali scorrette ingannevoli o aggressive prima della conclusione di un contratto.

È per queste ragioni che, passando dalla prospettiva della qualificazione dell'interesse leso a quella della quantificazione della lesione, capita sovente di imbattersi in puntualizzazioni alla stregua delle quali sarebbe normativamente infondato, procedendo alla de-

---

[72] Il profilo dinamico dell'interesse deluso sarebbe in questo caso rappresentato dalle occasioni alternative di guadagno perse a causa della condotta contraria a buona fede della controparte. Sul punto cfr. A. SARDINI, *op. cit.*, p. 48 ss.

[73] Cfr. G. ANZANI, *Interesse positivo e interesse negativo nelle diverse forme di responsabilità civile*, cit., p. 1700; G. AFFERNI, *Il quantum del danno nella responsabilità extracontrattuale*, cit., p. 187 ss.; A. SARDINI, *op. cit.*, p. 79.

[74] Cfr. G. PATTI, S. PATTI, *Responsabilità precontrattuale e contratti standard*, cit., p. 95 ss.

terminazione della somma dovuta, considerare la misura ricavabile dall'applicazione del parametro dell'interesse positivo una soglia comunque invalicabile [75]. L'affermazione è senz'altro condivisibile ove si intenda così evitare il rischio di un'inammissibile deroga al principio dell'integrità del risarcimento dovuto [76]; tuttavia richiede di chiarire quali siano i presupposti utili ad evitare che attraverso l'esercizio del diritto al risarcimento del danno si legittimi l'attribuzione alla parte lesa di una quantità di risorse eccedenti quelle perse per via della condotta contraria a buona fede della controparte.

Nelle ipotesi tipiche di responsabilità precontrattuale, connotate dalla mancata formalizzazione di un impegno negoziale giuridicamente rilevante, sarà necessario valutare la qualità dell'interesse soggettivo da tutelare, distinguendo l'ipotesi in cui l'aspirazione della parte lesa ad essere ricollocato nella situazione patrimoniale precedente agli effetti pregiudizievoli della condotta scorretta sia circoscritta alla semplice restituzione delle spese inutilmente sostenute, dall'ipotesi in cui a questa pretesa si aggiunga anche la richiesta di compensare per equivalente monetario il valore delle occasioni alternative di guadagno, mancate proprio a causa della scorrettezza subita [77]. A quest'ultimo proposito, è senz'altro necessaria un'accu-

---

[75] Cfr. G. GRISI, *L'obbligo precontrattuale di informazione*, cit., p. 337 ss.; F. BENATTI, *La responsabilità precontrattuale*, cit., p. 151; V. CUFFARO, (voce) *Responsabilità precontrattuale*, in *Enc. dir.*, XXXIX, Giuffrè, 1988, p. 1274. Lo stesso R. VON JHERING, d'altronde, non escludeva che la misura dell'obbligazione risarcitoria dovuta per violazione della buona fede precontrattuale nella misura interesse negativo potesse essere pari o addirittura superare quella che si sarebbe potuto ricavare applicando il parametro dell'interesse positivo. Cfr. R. VON JHERING, *op. cit.*, p. 43 ss. Lo riconosce anche C. TURCO, *L'interesse negativo nella* culpa in contrahendo, cit., pp. 175-176.

[76] Cfr. G. GRISI, *L'obbligo precontrattuale di informazione*, cit., p. 340. Ma si veda anche C. TURCO, *Interesse negativo e responsabilità precontrattuale*, Giuffrè, 1990, p. 86 ss.

[77] In particolare, registra che in giurisprudenza si è ritenuto risarcibile, a titolo di lucro cessante, la perdita di altre opportunità di guadagno di valore pari o superiore all'occasione di guadagno mancata, purché si sia provata la loro "ragionevole probabilità" P. GALLO, *Responsabilità precontrattuale e problemi di quantificazione del danno*, cit., p. 550. Sulla base di tale opinione si è riconosciuto che "il risarcimento, anche solo a titolo di lucro cessante senza contare le spese, possa addirittura superare l'interesse positivo, vale a dire il lucro perso". D'altronde, si osserva anche che in presenza di condizioni perfettamente concorrenziali non vi sarebbe comunque alcuna differenza tra l'ammontare della somma dovuta in virtù

rata valutazione dell'attendibilità della prova addotta a proposito delle occasioni alternative perse, data la loro inevitabile ipoteticità [78]. Ma, al contempo, come già evidenziato, non pare munita di solide fondamenta l'aprioristica indicazione del valore ascrivibile al mancato guadagno – considerato in relazione all'inadempimento della prestazione contrattuale che si contava di poter ricevere – alla stregua di una soglia invalicabile del risarcimento calcolato, invece, con riferimento alle occasioni alternative di guadagno che siano state perse [79]. La definizione di un simile vincolo quantitativo, infatti, non terrebbe nella dovuta considerazione il carattere puramente teorico del presupposto fattuale sul quale esso pare reggersi, consistente, dal punto di vista oggettivo, nella ricorrenza di condizioni di perfetta concorrenzialità del mercato e, dal punto di vista soggettivo, di piena razionalità delle scelte effettuate dalla parte danneggiata [80]. Al contrario, le relazioni di mercato sarebbero nella realtà condizionate da una molteplicità di fattori idonei a rendere oggettivamente plausibile che tra le occasioni di guadagno alternative, tralasciate dalla vittima della scorrettezza per dedicarsi alla conclusione del contratto "abortito" o concluso a condizioni sconvenienti, vi siano anche occasioni, dal punto di vista strettamente economico, più convenienti di quella oggetto del contratto non validamente perfezionato o efficace ma

---

del riferimento rispettivamente al parametro dell'interesse negativo e dell'interesse positivo. Cfr. P. TRIMARCHI, *Interesse positivo e interesse negativo nella risoluzione del contratto per inadempimento*, in *Riv. dir. civ.*, 2002, p. 639; A. SARDINI, *op. cit.*, p. 161.

[78] Argomentando, nella prospettiva dell'analisi economica del diritto, in merito alle ragioni per le quali è opportuno che ad un'ipotesi di inadempimento imputabile consegua l'obbligo di risarcire il danno nella misura dell'interesse positivo, P. TRIMARCHI, *Interesse positivo e interesse negativo nella risoluzione del contratto per inadempimento*, cit., p. 639; ID., *Il contratto: inadempimenti e rimedi*, Giuffrè, 2010, p. 86, rileva che la prova di "affari alternativi trascurati e perduti (...) è normalmente molto difficile, o impossibile, perché si tratta di sviluppi che sono rimasti totalmente ipotetici, proprio perché sono stati trascurati per l'affidamento suscitato dal contratto effettivamente stipulato".

[79] Cfr. V. ROPPO, *Il contratto*, cit., p. 187, ove l'Autore non esclude che il valore del guadagno perso a causa della scorrettezza precontrattuale possa essere anche superiore al valore di quello che si sarebbe potuto ricavare dalla regolare esecuzione del contratto "mancato", ma afferma che "in tal caso è ragionevole che l'eccedenza non venga riconosciuta, per il principio che impedisce di collocare il danneggiato in una posizione migliore di quella in cui si sarebbe trovato senza l'illecito".

[80] Cfr. A. SARDINI, *op. cit.*, p. 157 ss.

dotato di un sinallagma alterato nei suoi contenuti effettivi, per via della condotta contraria a buona fede della controparte.

E, invero, ove dall'ipotesi della trattativa infruttuosa si passi a considerare quella del perfezionamento di un contratto valido ma sconveniente tra il consumatore e un professionista resosi responsabile di una condotta scorretta, un simile assunto appare ancora più convincente, stante la congenita asimmetria informativa che caratterizza tale tipologia di relazioni negoziali e l'estraneità di finalità lucrative alle decisioni di natura commerciale del consumatore. In queste ipotesi, come del resto in quella paradigmatica della conclusione di un contratto sulla base di una manifestazione di volontà di una delle parti viziata da dolo incidente [81], appare connotato da un'inutile rigidità l'orientamento interpretativo che, al fine di definire la misura dell'obbligazione risarcitoria dovuta dalla parte scorretta, continua a reputare determinante la collocazione temporale della condotta illecita prima dello spartiacque della stipulazione del contratto, ritenendo pertanto l'ammontare della relativa obbligazione risarcitoria l'esito di una quantificazione doverosamente effettuata alla stregua dell'interesse negativo [82]. Piuttosto, si ritiene di dover condividere l'orientamento interpretativo, ormai consolidato anche in giurisprudenza, secondo il quale la proiezione degli effetti della scorrettezza precontrattuale nell'ambito della fase esecutiva del rapporto contrattuale impone di accordare alla parte lesa un risarcimento equivalente alle utilità che si sarebbero realizzate in assenza dell'alterazione del sinallagma concordato, procurata dalla condotta contraria a buona fede [83].

---

[81] Cfr. G. PATTI, S. PATTI, *Responsabilità precontrattuale e contratti standard*, cit., p. 110 ss.

[82] Riferendosi alle peculiarità dell'interesse leso nel caso di risarcimento del danno connesse all'accertamento di una responsabilità da dolo incidente *ex* art. 1440 c.c., afferma che tale articolo "contempla pur sempre una ipotesi di risarcimento dell'interesse «*negativo*», conseguente ad una fattispecie di responsabilità *precontrattuale*", seppure "*ai limiti della funzione che questo tipo di responsabilità (la responsabilità precontrattuale) può assumere*", G. D'AMICO, *La responsabilità precontrattuale*, cit., p. 1138. Secondo G. PATTI, S. PATTI, *Responsabilità precontrattuale e contratti standard*, cit., p. 115, invece, al verificarsi dell'illecito precontrattuale integrato dalla fattispecie del dolo incidente, è dovuto "solo l'interesse negativo ove si ritenga il contratto annullabile e ne sia stato ottenuto l'annullamento; l'effettivo danno subito nel caso in cui il contratto venga ritenuto valido, ovvero quando venga ritenuto annullabile e non ne sia chiesto l'annullamento".

[83] Si tratta dell'indirizzo secondo il quale, ove alla condotta contraria alla buona

6. *Gli equivoci legati alla contrapposizione tra interesse negativo e interesse positivo alla luce del principio dell'integrale risarcimento del danno. La centralità del dato probatorio*

Volgendo rapidamente lo sguardo proprio all'esperienza giurisprudenziale, anche in questa sede non sono mancate incertezze circa i contorni della lesione procurata da un illecito precontrattuale e i criteri applicabili alla sua quantificazione per equivalente monetario [84].

In particolare, il superamento dell'orientamento interpretativo volto a quantificare l'obbligazione risarcitoria da responsabilità precontrattuale escludendo in ogni caso la considerazione del mancato guadagno [85], da un lato, ha comportato che il danno derivante da un comportamento scorretto nel corso delle trattative fosse valutato, oltre che in relazione alle perdite subite per le spese inutilmente sostenute, anche in relazione al lucro cessante, ovvero al valore di occasioni di guadagno perse, alternative a quella inutilmente coltivata nel corso delle trattative [86]. Dall'atro, però, ha anche condotto

---

fede segua la conclusione di un contratto valido ma svantaggioso, il contraente vittima della scorrettezza, facendo valere la responsabilità precontrattuale della controparte, potrebbe chiedere il risarcimento del danno nella misura del «minor vantaggio» o del «maggiore aggravio» patito. Cfr. Cass. 29 settembre 2005, n. 19024, cit.; Cass. 8 ottobre 2008, n. 24795, in *Foro it.*, 2/2009, I, p. 439 ss., con nota di E. SCODITTI, *Responsabilità precontrattuale e conclusione di contratto valido: l'area degli obblighi di informazione*; in *Nuova giur. civ. comm.*, 3/2009, I, p. 205 ss., con nota di M. CONFORTI, *Responsabilità precontrattuale e dovere di informazione*; Cass. 11 giugno 2010, n. 14056, cit.; Cass. 16 aprile 2012, n. 5965, in *Contratti*, 11/2012, p. 888 ss., con nota di F. VALENTI, *Il dolo omissivo incidente nel prisma della responsabilità precontrattuale*; Cass. 23 marzo 2016, n. 5762, in *Nuova giur. civ. comm.*, 7-8/2016, p. 1063, con nota di F. SCAGLIONE, *Responsabilità precontrattuale e flessibilità del sistema rimediale*; in *Contratti*, 11/2016, p. 986, con nota di S. ALBERTI, *La conclusione di un valido contratto non esclude la responsabilità precontrattuale*; Cass. 14 febbraio 2022, n. 4715, in *Banca Dati De Jure*, Giuffrè.

[84] Cfr. P. PARDOLESI, *Interesse negativo e responsabilità contrattuale: di paradossi e diacronie*, in *Foro it.*, 2004, I, c. 3010.

[85] Cfr. P. GALLO, *Responsabilità precontrattuale e problemi di quantificazione del danno*, cit., p. 527; ID., *Il quantum nella responsabilità precontrattuale*, in *Giur. it.*, 5/2022, p. 1087.

[86] Cfr. G. AFFERNI, *Il quantum del danno nella responsabilità extracontrattuale*, cit., p. 82 ss.

ad un riconoscimento spesso troppo generico dell'eventualità che il lucro cessante possa assumere un valore uguale o superiore alla misura del guadagno che si sarebbe potuto conseguire dalla conclusione del contratto, in assenza della condotta scorretta [87].

Siffatte evoluzioni giurisprudenziali denotano certamente l'accoglimento delle giuste sollecitazioni dottrinarie a modulare la consistenza dell'obbligazione risarcitoria, dovuta per condotte contrarie alla buona fede *ex* art. 1337 c.c., in base alla specifica configurazione dell'interesse soggettivo di volta in volta leso [88]. Il linguaggio utilizzato a tal fine, tuttavia, è spesso ambiguo e impreciso nel tracciare in modo limpido le coordinate entro le quali realizzare l'obiettivo del risarcimento integrale della lesione [89]. Sarebbe stata

---

[87] Da ultimo cfr. Cass. 27 ottobre 2021, n. 30186, in *Giur. it.*, 2022, p. 1084 con nota di P. GALLO. Nella giurisprudenza di merito, cfr. App. Venezia, 2 agosto 2022, n. 469. Si è rilevato che un simile orientamento, così formulato, "non ha senso e contraddice in pieno la logica della commisurazione del danno all'interesse negativo. Applicando meccanicamente questa massima si arriva al risultato paradossale per cui un soggetto ottiene il risarcimento del mancato guadagno solo se, confidando nella futura conclusione del contratto, esso ha trascurato una occasione migliore di quella che si accingeva a concludere". Cfr. G. AFFERNI, *Il quantum del danno nella responsabilità extracontrattuale*, cit., p. 84. Ugualmente critico a riguardo, G. D'AMICO, *La responsabilità precontrattuale*, cit., p. 1126 ss.

[88] Cfr. A. RAVAZZONI, *La formazione del contratto*, cit., p. 213 ss.; G. GRISI, *L'obbligo precontrattuale di informazione*, cit., p. 334 ss.; G. PATTI, S. PATTI, *Responsabilità precontrattuali e contratti standard*, cit., p. 122; R. SACCO, *Trattativa*, cit., p. 21; M. MANTOVANI, *op. cit.*, p. 181 ss.

[89] L'imprecisione viene ricondotta all'errore materiale nell'originaria formulazione del dispositivo di Cass. 7 febbraio 1966, n. 402, in *Giur. it.*, 1967, I, 1, c. 101, ove, in relazione all'ammontare dell'obbligazione risarcitoria dovuta dal falso rappresentante per l'inefficacia del contratto di locazione concluso con il terzo, si legge che costui "avrebbe dovuto dimostrare che, quando trattò col C., aveva la possibilità di concludere altro contratto, alle stesse o anche migliori condizioni. Solo in tal caso si potrebbe porre a carico di C. la differenza tra canone relativo al contratto che l'attore avrebbe potuto concludere e quello che, svanite quelle favorevoli prospettive, è stato costretto, in mancanza di meglio, a concludere". Cfr. G. AFFERNI, *Il quantum del danno nella responsabilità extracontrattuale*, cit., p. 85, il quale evidenzia che il contratto ugualmente o più vantaggioso, non sarebbe, invero, tale in relazione a quello preceduto da una trattativa scorretta, ma lo sarebbe piuttosto rispetto a quello sul quale il danneggiato ha dovuto ripiegare in seguito al fallimento dell'affare che la condotta contraria a buona fede di controparte avrebbe determinato. Lo stesso Autore nota, d'altra parte, che si sarebbe dovuto fare riferimento solo al diverso contratto "più vantaggioso" e non anche a quello che avrebbe procurato utilità in misura uguale a quello concluso, poiché in que-

confusa l'assicurazione del diritto ad un risarcimento integrale della lesione subita, realizzabile solo mediante l'applicazione completa di tutte le norme dettate in ordine alla determinazione della relativa obbligazione (artt. 1223-1227 c.c.)[90], con l'«inglobamento» dell'interesse positivo[91], sovente, però, senza tenere nel debito conto l'irriducibile distanza esistente tra gli interessi di cui si lamenti la lesione quando ad essere "inadempiuto" è il dovere di buona fede nel corso delle trattative che precedono il perfezionamento del vicolo contrattuale e quando invece a non essere osservato è l'obbligo di dare esecuzione alla prestazione cui ci si è vincolati[92]. Sicché, dal punto di vista squisitamente quantitativo le somme dovute, rispettivamente nella misura dell'interesse negativo, a titolo di responsabilità precontrattuale per una condotta scorretta precedente alla conclusione di un contratto, e nella misura dell'interesse posi-

---

st'ultimo caso non sussisterebbe alcun danno. In proposito, si vedano anche V. CUFFARO, *Responsabilità precontrattuale*, cit., p. 1274; P. PARDOLESI, *Interesse negativo e responsabilità contrattuale: di paradossi e diacronie*, cit., c. 3011.

[90] Cfr. R. SCOGNAMIGLIO, *Dei contratti in generale*, in *Comm. cod. civ. Scialoja Branca*, *sub* art. 1337 c.c., Zanichelli, 1970, p. 213. Suggerisce di applicare al calcolo del lucro cessante, riguardante ipotesi di occasioni perdute a causa delle trattative poi fallite per la scorrettezza di controparte, il criterio della prevedibilità del danno disposto dall'art. 1225 c.c., proprio al fine di "contenere il risarcimento del danno ad una misura tale da non superare l'interesse che la parte aveva a concludere il contratto o alla validità del contratto, essendo prevedibile dalle parti solo la lesione di tale interesse", G. VISINTINI, *La reticenza nella formazione dei contratti*, cit., p. 323.

[91] Cfr. P. GALLO, *Il quantum nella responsabilità precontrattuale*, cit., p. 1088.

[92] Rileva che "Anche l'interesse tutelato dall'art. 1337 c.c. si qualifica come interesse all'adempimento: ma non di un'obbligazione *ex contractu*, bensì di una «diversa» obbligazione (il cui contenuto consiste in una pretesa ad un contegno altrui conforme a buona fede)", M. MANTOVANI, *op. cit.*, p. 185, concludendo quindi che "diversi sono i titoli della responsabilità, la quale nell'un caso ha titolo nel contratto concluso; nell'altro, trova invece diretto fondamento nell'avvio delle trattative". A proposito del principio dell'integrale risarcimento del danno, osserva correttamente A. ALBANESE, *Responsabilità precontrattuale*, cit., p. 1726, "risulterebbe inspiegabile una mera reintegrazione del patrimonio esistente, che non rimedi al mancato incremento causato dalla medesima condotta scorretta, diversamente da quanto previsto nei casi di inadempimento contrattuale e di fatto illecito". Puntualizzando però subito dopo che "L'unica limitazione che si giustifica è (...) quella derivante dal fatto che l'obbligo precontrattuale (...) non ammette di ricomprendere nella tutela risarcitoria utilità che il danneggiato avrebbe potuto conseguire solo in virtù di una prestazione specificamente rivolta a tale scopo".

tivo, a titolo di responsabilità contrattuale per inadempimento della prestazione oggetto dello stesso contratto, potrebbero pure coincidere o addirittura essere l'una superiore all'altra [93]. Ma, dal punto di vista qualitativo, esse saranno comunque l'esito dell'applicazione di parametri differenti nell'applicazione dei criteri legali di misurazione del danno, in quanto rispondenti ciascuna ad un diverso fondamento giustificativo [94]. In questa prospettiva, nell'ambito dei

---

[93] Soffermandosi sull'ammissibilità che il contraente deluso a causa dell'inadempimento di controparte chieda, oltre alla risoluzione del contratto, il risarcimento del danno nella misura dell'interesse negativo, piuttosto che dell'interesse positivo, P. TRIMARCHI, *Interesse positivo e interesse negativo nella risoluzione del contratto per inadempimento*, cit., p. 644 giunge alla conclusione dell'inesistenza di ostacoli sistematici a riguardo, precisando però, per un verso, che normalmente le spese sostenute in vista della conclusione del contratto "sono inferiori ai valori e ai ricavi che sarebbero stati conseguiti se il contratto fosse stato regolarmente eseguito"; per altro verso, che i casi in cui il riferimento all'interesse negativo sia utile in quanto produttivo di valori superiori a quelli corrispondenti all'interesse positivo possano essere sostanzialmente limitati ai casi in cui "il contratto sia rivolto a soddisfare interessi non valutabili in denaro, oppure (...) il lucro cessante sia di difficile dimostrazione".

[94] Esistono casi paradigmatici in cui, invero, l'obbligazione risarcitoria dovuta a titolo di responsabilità precontrattuale potrà di certo eguagliare l'ammontare del danno emergente oggetto di pretesa nel caso di un inadempimento contrattuale. Si pensi all'ipotesi del danno subito dal terzo per l'inefficacia del contratto stipulato con il falso rappresentante (art. 1398 c.c.) o all'ipotesi della revoca non sostenuta da valide motivazioni – cfr. G. PATTI, S. PATTI, *Responsabilità precontrattuale e contratti standard*, cit., p. 78 – che divenga conoscibile all'accettante quando costui abbia già iniziato in buona fede a dare esecuzione al contratto. Qui, la somma dovuta a titolo risarcitorio dovrà di certo comprendere, rispettivamente, la somma di denaro inutilmente presa in prestito per l'acquisto dell'immobile proposto da un *falsus procurator* o, ad esempio, il costo di una camera d'albergo regolarmente prenotata disponibile all'uso e non utilizzata. Ma l'eventuale identità delle somme dovute a titolo risarcitorio a quelle che sarebbero state dovute in seguito all'accertamento di una responsabilità da inadempimento non consente comunque di assimilare l'interesse positivo all'interesse negativo, diversi rimanendo i dati fattuali cui fare riferimento per la loro rispettiva quantificazione. Si veda Cass. 29 settembre 2000, n. 12969, per il caso del risarcimento preteso dal terzo in buona fede nei riguardi del rappresentante senza potere del proprietario di un immobile di cui il terzo intendeva rinnovare la locazione e Cass. 27 ottobre 2006, n. 23289, per la mancata conclusione di un contratto di prestazione d'opera intellettuale con una compagnia teatrale a ridosso della messa in scena degli spettacoli precedentemente concordati. In quest'ultimo caso, si riconosce bensì il diritto delle maestranze teatrali, oltre che al mancato guadagno per le altre occasioni contrattuali perdute – debitamente dimostrate – ad una "congrua retribuzione", ma "della sola opera intellettuale eventualmente anticipata (alla stregua delle spese in ipotesi sostenute durante le trattative)".

richiami giurisprudenziali alla risarcibilità dello "stretto interesse negativo", indicativo appare il rinvio alla necessità di un "rigoroso giudizio di probabilità (e non di mera possibilità)" [95], al fine di dimostrare l'effettiva ricorrenza di occasioni alternative di guadagno perse e la misura della loro maggiore vantaggiosità rispetto a quelle oggetto dell'accordo con la controparte sul quale si era fatto affidamento [96].

Il riconoscimento teorico della legittimità di pretese risarcitorie che, in presenza di illeciti precontrattuali, eguaglino o addirittura eccedano la misura dell'interesse positivo, dunque, contribuisce di certo a chiarire e delimitare sensibilmente, il rilievo giuridico del tradizionale rinvio, in sede di determinazione del risarcimento del danno, all'interesse negativo. Ma non autorizzano a sminuire la centralità del dato probatorio al fine di consentire alla vittima della condotta scorretta di conseguire l'integrale risarcimento del danno subito.

Proprio a questo proposito, ritornando all'ipotesi della lesione derivante da una pratica commerciale scorretta, non può tacersi il timore che il chiarimento teorico così guadagnato non serva comunque a superare le oggettive difficoltà cui il consumatore andrebbe incontro nella concreta dimostrazione dell'entità del danno subito.

---

[95] Prima ancora dell'attribuzione di una misura determinata a tale voce dell'obbligazione risarcitoria, una delle maggiori difficoltà riscontrabili nella quantificazione del valore delle occasioni di guadagno alternative perse risiede nella prova della loro effettiva ricorrenza, oltre che del nesso di causalità tra l'infruttuoso impegno relativo al contratto e la loro mancata considerazione. Richiede espressamente la prova del nesso di causalità in tal senso, Cass. 12 marzo 1993, n. 2973, in *Corr. Giur.*, 5/1993, p. 560, con nota di V. CARBONE, *Mutamenti giurisprudenziali alla tradizionale limitazione della tutela precontrattuale*. In dottrina, cfr. G. PATTI, S. PATTI, *Responsabilità precontrattuale e contratti standard*, cit., p. 90.

[96] Secondo Cass. 13 ottobre 2005, n. 19883, in *Banca Dati De Jure,* ai fini del risarcimento dello "stretto interesse negativo", sono necessarie "adeguate deduzioni probatorie della parte che si assume danneggiata", non essendo utili ad ottenere il ristoro dei danni lamentati "astratte enunciazioni circa la necessità del ricorso alla liquidazione equitativa del danno (art. 1226 c.c.), subordinata all'impossibilità o alla rilevante difficoltà, in concreto, dell'esatta quantificazione di un pregiudizio ontologicamente certo nella sua concreta ed effettiva esistenza". Si veda anche Trib. Grosseto, 13 luglio 2018, n. 680, in *Banca Dati De Jure*. È richiesto invece "un rigoroso giudizio di probabilità (e non di mera possibilità)", in App. L'Aquila, 24 gennaio 2022, n. 118, in *Banca Dati One Legale*; Trib. Arezzo, 9 marzo 2018, n. 296, in *Banca Dati De Jure*.

Il ridimensionamento del rilievo pratico della formula dell'interesse negativo potrebbe, cioè, non essere dirimente al fine di definire e distinguere l'ambito di operatività del rimedio risarcitorio rispetto a quello dei rimedi rivolti alla restituzione parziale o totale delle risorse inutilmente impegnate o indebitamente sottratte dalla controparte scorretta. Sia la condizione di strutturale asimmetria informativa in cui si trova sul mercato il consumatore, sia l'estraneità delle sue finalità al conseguimento di profitti, infatti, rendono invero poco verosimile che costui riesca a dimostrare l'esistenza di occasioni alternative di soddisfazione dei suoi bisogni – pure più convenienti – mancate per via della pratica commerciale scorretta subita[97]. A ciò si aggiunga che, come meglio si vedrà più avanti, anche accogliendo la tesi dell'inapplicabilità del limite della prevedibilità del danno disposta dall'art. 1225 c.c. in relazione al calcolo dell'obbligazione risarcitoria[98], difficilmente il consumatore sarebbe nelle condizioni di provare il nesso di causalità immediata e diretta che, ai sensi dell'art. 1223 c.c., deve comunque ricorrere tra la specifica lesione lamentata e la condotta antigiuridica contestata alla controparte.

Da ultimo, a proposito dell'auspicato superamento della distinzione tra interesse negativo e interesse positivo, può essere utile mettere in guardia dal rischio di equivocare la legittima aspirazione all'integrale risarcimento del danno con la pretesa della parte danneggiata da una condotta precontrattuale scorretta di realizzare per equivalente monetario le utilità che essa avrebbe potuto ipoteticamente conseguire ove quella stessa condotta non avesse impedito la

---

[97] Cfr. G. De Cristofaro, *«Rimedi» privatistici individuali e pratiche commerciali scorrette*, cit., p. 477, nota 75.

[98] Come è noto, il limite della prevedibilità del danno nel momento in cui è sorta l'obbligazione inadempiuta, disposto dall'art. 1225 c.c., non è mai applicabile ove l'obbligazione risarcitoria da quantificare derivi da un fatto illecito. Esso, tuttavia, è inapplicabile anche in ipotesi di inadempimento contrattuale, ove si dimostri la natura dolosa di quest'ultimo. A quest'ultimo proposito, si è sostenuto che, nel contesto delle relazioni di mercato asimmetriche, l'accertamento dello stato soggettivo del dolo dovrebbe prescindere dal dato dell'intenzionalità dell'autore della condotta, per assumere il significato oggettivo di mera "consapevolezza di non adempiere". Cfr. A. Sardini, cit., p. 205 ss., il quale, aderendo così all'orientamento interpretativo formulato da C. Romeo, *Inadempimento doloso e danno imprevedibile*, in *Resp. civ. prev.*, 4/5 2004, p. 992, auspica una considerevole estensione delle ipotesi in cui il debitore inadempiente sia chiamato a rispondere anche dei danni imprevedibili nel tempo in cui è sorta l'obbligazione.

conclusione di un valido contratto [99], ovvero – come nel caso della lesione derivante da una pratica commerciale scorretta – non avesse condizionato la qualità degli effetti del regolamento contrattuale validamente perfezionato [100].

Giustifica questo monito la singolare simmetria tra l'indirizzo interpretativo che altrimenti potrebbe affermarsi e l'opinione, piuttosto diffusa, secondo la quale un'adeguata valorizzazione della clau-

---

[99] Appaiono orientate in questo senso le considerazioni di T. FEBBRAJO, *La «nuova» responsabilità precontrattuale*, in *Riv. dir. priv.*, 2/2011, p. 228, ove si afferma che "La conclusione di un regolamento contrattuale che non appaia conforme, in tutto o in parte, all'interesse di uno dei contraenti, rivelandosi poco vantaggioso o addirittura iniquo, laddove l'iniquità sia dipesa, in qualche misura, dalla condotta scorretta dell'atro, non rimane più (...) nell'ambito del giuridicamente irrilevante", in quanto "la vicenda acquista un preciso significato in relazione alla buona fede precontrattuale, comportando, a seconda dei casi, l'obbligo per la parte scorretta di risarcire il danno, l'inefficacia della clausola frutto di scorrettezza ovvero la *conformazione* (corsivo nostro) della regola contrattuale alle aspettative legittimamente create dalla informazioni preliminari".

[100] In questo senso, nel caso esemplare del risarcimento del danno dovuto a seguito di un comportamento scorretto che, insieme al fallimento dell'operazione negoziale nella cui conclusione si era fatto affidamento, comporti la perdita definitiva dell'opportunità di realizzare per vie alternative la stessa tipologia di operazione negoziale, la probabile coincidenza dell'entità del risarcimento con quella che si sarebbe potuto pretendere nell'ipotesi di un inadempimento successivo al perfezionamento del vincolo contrattuale è di natura meramente quantitativa e non qualitativa. Essa, cioè, integra la misura della perdita (definitiva) di occasioni alternative di guadagno, come accade quando "l'oste abbia riservato invano una stanza per un cliente" o "una lettrice di tedesco in trattative con l'università per essere assunta, aveva perso l'opportunità di trovare impieghi alternativi per quello stesso anno accademico". Per gli esempi appena riportati, cfr. P. GALLO, *Responsabilità precontrattuale e problemi di quantificazione del danno*, cit., p. 551. Ma si veda anche G. MERUZZI, *La quantificazione dell'interesse contrattuale negativo nella responsabilità* in contrahendo ex *art. 1338 c.c.*, in *Corr. Giur.*, 8/2005, p. 1106, ove si afferma che "L'equivalenza tra interesse positivo e negativo è qui meramente economica, ed è per l'appunto determinata dal confronto con l'interesse positivo alla conclusione di un *contratto diverso* da quello non concluso o invalido". Successivamente, lo stesso Autore aggiunge che "va però rilevato che l'equivalenza non solo economica, ma anche tecnica tra interesse negativo e positivo assume rilevanza in casi diversi" come quello in cui "l'azienda oggetto di trattativa costituisca, per tipologia o dimensione, l'unica oggetto potenziale di acquisizione" (*Ibidem*). In questi casi, la misura del lucro cessante dovrà equivalere all'utilità che si sarebbe conseguita ove il contratto fosse stato concluso o non fosse stato viziato (*Ivi*, p. 1107). Una simile conclusione è considerata "logica conseguenza della sussunzione della responsabilità *in contrahendo* nell'area operativa della regola di correttezza" (*Ibidem*).

sola generale di buona fede quale strumento di contrasto normativo di qualsivoglia ipotesi di indebita alterazione del processo di formazione della volontà negoziale possa integrare, se non addirittura rimpiazzare, la disciplina codicistica dei vizi del consenso, ora ammettendo la legittimità di inedite ipotesi di annullabilità [101], ora estendendo, sul modello di quanto disposto dall'art. 1440 c.c., il riconoscimento del diritto alla risarcibilità del danno anche alla conclusione di contratti validi ma sconvenienti [102]. Seppure in misura diversa, infatti, sia una troppo generica invocazione del superamento della distinzione tra interesse negativo e interesse positivo, sia la proposta di trasformare il sistema normativo di contrasto al fenomeno dell'indebita alterazione del processo di formazione della volontà negoziale, fondandolo sull'atipicità dei presupposti utili al suo azionamento, sembrano accreditare, attraverso la valorizzazione del rimedio risarcitorio [103], la legittimità di un inedito meccanismo di controllo e correzione giudiziale del regolamento contrattuale con-

---

[101] Tra i più autorevoli fautori di tale idea, cfr. R. SACCO, *Il contratto*, cit., p. 617 ss., il quale riconosce nella "formulazione elastica" dell'art. 1337 c.c. lo strumento idoneo a "reprimere l'abuso o l'approfittamento di qualsiasi processo formativo distorto della volontà contrattuale" (p. 620).

[102] Cfr. M. MANTOVANI, *op. cit.*, p. 187 ss.; P. GALLO, *I vizi del consenso*, cit., Utet, 2006, p. 468 ss.

[103] In alcuni casi, la valorizzazione del rimedio risarcitorio si realizzerebbe in modo del tutto inedito, attraverso l'invocazione del risarcimento in forma specifica, *ex* art. 2058 c.c., da parte della vittima di un comportamento contrario alla buona fede precontrattuale, disposta dall'art. 1337 c.c., non integrante alcuno dei vizi legali del consenso. In particolare, tale meccanismo risarcitorio, producendo l'effetto della rimozione del contratto ovvero la sua annullabilità, condurrebbe alla reintegrazione materiale dell'interesse leso. Cfr. R. SACCO, G. DE NOVA, *Il contratto*, cit., p. 621. In proposito, reputa "discutibile la configurazione dell'annullamento come mezzo di risarcimento in forma specifica", anche perché "contraddetta dalla semplice considerazione che il legislatore non sembra subordinare l'operatività del rimedio invalidatorio alla sussistenza di un concreto pregiudizio economico", G. D'AMICO, *La responsabilità precontrattuale*, cit., p. 998. Secondo M. BARCELLONA, *Responsabilità extracontrattuale e vizi della volontà contrattuale*, cit., p. 6, nota 14, "l'esito discutibile di questa impostazione è che la fattispecie dei vizi della volontà si riducono al dovere generale di buona fede, e quindi appaiono – al limite – superflue, e che l'apparato dei rimedi si riduce al risarcimento del danno somministrabile per equivalente o in forma specifica, e che quindi le stesse discipline delle invalidità appaino – al limite – anch'esse superflue; sicché tutta questa parte della disciplina generale del contratto potrebbe essere interamente assorbita dall'art. 2043 c.c.".

cordato. Il rischio che si vuole scongiurare è quello di una fiducia eccessiva nell'efficacia protettiva di un sistema di sanzionamento della scorrettezza precontrattuale che, attraverso l'accertamento giudiziale della relativa responsabilità e la conseguente imposizione di un'obbligazione risarcitoria, si candidi a riportare in equilibrio lo scambio tra le parti [104].

Ebbene, le perplessità che suscita il favore verso simili pretese risarcitorie, azionabili in occasione del perfezionamento di un accordo valido ma inidoneo all'effettiva realizzazione dell'assetto di interessi sul quale il consumatore aveva maturato il suo affidamento riguardano essenzialmente due profili, tra loro connessi. Il primo va individuato nella sottovalutazione dell'onere probatorio a carico della vittima della condotta scorretta circa il complesso delle utilità che si sarebbero potute realizzare, in assenza della pratica commerciale scorretta, attraverso la conclusione di un diverso contratto [105].

---

[104] Cfr. F. PIRAINO, *La natura contrattuale della responsabilità precontrattuale (ipotesi sull'immunità)*, cit., p. 54, ove l'Autore afferma che l'applicazione della teoria dei vizi incompleti tenderebbe al "riequilibrio economico del regolamento valido ma preceduto dalla scorrettezza rappresentata dall'omissione di informazioni determinanti o addirittura dalla comunicazione di informazioni false o incomplete". In tal modo, "la responsabilità precontrattuale si sposta dal tradizionale ambito costituito dalla riparazione del c.d. interesse negativo e si approssima in maniera significativa alla riparazione dell'interesse positivo". Senonché, prosegue lo stesso Autore, "interesse positivo e negativo non sono semplici criteri di determinazione del danno, ma integrano prima ancora due posizioni soggettive tutelate" (*Ibidem*), delle quali quella rilevante, anche nell'ipotesi della conclusione di un contratto valido ma sconveniente, sarebbe individuabile nell'interesse negativo ovvero nella salvaguardia e nel rispetto del patrimonio e della sfera personale dei contraenti. A questo tipo d'interesse sarebbe invece estranea "qualunque forma di accrescimento del patrimonio o della sfera personale programmata mediante il contratto, concluso validamente o meno, e poi sfumato" (*Ivi*, p. 55). Tuttavia, di diverso avviso è G. VILLANACCI, *L'interpretazione adeguatrice nella dinamica contrattuale*, ESI, 2023, p. 243, il quale ricorda che il timore di "un indefinito controllo sull'equilibrio contrattuale da parte del giudice", nel calcolare l'entità di una pretesa risarcitoria per rimediare ai pregiudizi causati da vizi incompleti in fase precontrattuale, "si scontra con la circostanza che, in questo caso, vi sarebbe la revisione di un assetto di interessi adulterato dall'inosservanza di un obbligo precontrattuale di informazione".

[105] La parte senz'altro più impegnativa dell'onere probatorio riguarderebbe, soprattutto per il consumatore, l'entità del lucro cessante, indipendentemente dalla circostanza che esso sia inteso come espressione specifica dell'interesse positivo o dell'interesse negativo.

Il secondo rimanda all'impraticabilità sistematica di un criterio di misurazione dell'obbligazione risarcitoria che, in alternativa, si giustifichi ora in chiave perequativa, ora in chiave sanzionatoria.

Nell'ipotesi di un contratto di cui il consumatore intenda conservare l'efficacia, malgrado i pregiudizi prodotti dalla pratica commerciale scorretta, ricorrendo o meno alla richiesta di riduzione del prezzo, proprio l'idoneità del contratto a produrre comunque effetti giuridicamente rilevanti implica che solo parte delle utilità attese non potranno essere realizzate mediante l'esecuzione del contratto di cui la pratica commerciale scorretta ha alterato il sinallagma. Sicché, al fine di impedire inammissibili duplicazioni di pretese [106], quella eventualmente volta al risarcimento del danno non potrà che essere parametrata al dato fattuale dell'assetto di vantaggi, svantaggi e rischi sul quale l'accordo tra le parti è maturato ed è divenuto efficace [107].

Ove, invece, si scelga la liberazione dal vincolo contrattuale, chiedendone la risoluzione, il sopravvenuto disinteresse alla realizzazione di quello stesso programma negoziale, per via dell'alterazione prodotta dalla pratica commerciale scorretta, non potrà che comportare, oltre alle restituzioni connesse allo scioglimento del contratto, un risarcimento che riporti la vittima della pratica commerciale scorretta nella situazione patrimoniale in cui si trovava prima di subire il danno. Come si è provato sin qui ad argomentare, il pagamento così dovuto potrebbe essere parametrato indifferentemente al valore delle utilità mancate a causa dell'effetto caducatorio della scorrettezza subita dal consumatore o, in alternativa e per la stessa causa, al valore delle spese inutilmente sostenute e delle occasioni perse [108]. Ma, sia nell'uno che nell'altro caso deter-

---

[106] Contestando la solidità della teoria dei c.d. vizi incompleti, rileva che, ammettendo la legittimità della pretesa risarcitoria da parte del contraente che abbia concluso un contratto valido ma sconveniente per via della scorrettezza precontrattuale di controparte, si potrebbe pervenire ad un risultato particolarmente favorevole per il contraente "debole", "perché alla «correzione» dello «squilibrio» (attraverso il risarcimento del danno) si sarebbe aggiunto sempre il vantaggio di poter mantenere in vita il contratto", G. D'AMICO, *La responsabilità precontrattuale*, cit., pp. 1020-1021.

[107] Cfr. A. SARDINI, *op. cit.*, p. 60.

[108] Cfr. A. LUMINOSO, *Della risoluzione per inadempimento. Art. 1453 c.c.*, in *Comm. cod. civ. Scialoja Branca*, Zanichelli 1990, p. 194, ove, quanto al pregiu-

minante rimarrebbe la prova della corrispondenza dell'obbligazione risarcitoria all'entità della lesione procurata dalla pratica commerciale scorretta.

In caso contrario, il disallineamento "in esubero" rispetto al sinallagma del contratto risolto condurrebbe ad una connotazione punitiva dell'obbligazione risarcitoria a carico del professionista, difficilmente giustificabile in assenza di un fondamento normativo positivo. La questione sarà ripresa e approfondita più avanti, indagando una recente proposta di quantificazione del lucro cessante applicabile in relazione al danno procurato da una condotta illecita nell'ambito di una relazione contrattuale "asimmetrica" e in assenza di dati che ne consentano altrimenti una verosimile determinazione [109].

Qui interessa piuttosto evidenziare che, anche volendo osservare l'ipotesi di una determinazione giudiziale dell'obbligazione risarcitoria nella prospettiva, invero solo parzialmente diversa, della perequazione tra le parti, si perverrebbe ugualmente a risultati poco convincente. Infatti, il rinvio alle utilità che il consumatore avrebbe ipoteticamente potuto realizzare dalla conclusione di un diverso accordo stipulabile in assenza degli effetti della pratica commerciale scorretta, condurrebbe di fatto il professionista responsabile della pratica commerciale scorretta ad impegnarsi ad uno scambio fondato su un assetto di interessi in precedenza non ipotizzato, senza che, tuttavia, a costui sia offerta preliminarmente l'opportunità di manifestare in proposito il proprio consenso. L'azionamento dello strumento risarcitorio si tradurrebbe, cioè, in una limitazione positiva dell'autonomia privata del professionista [110], di cui, malgrado l'illi-

---

dizio patrimoniale subito dal contraente fedele in caso di risoluzione, afferma che "la risoluzione può cagionare (...) un danno positivo e contemporaneamente un danno negativo, ciascuno dei due astrattamente risarcibili. Ognuno di questi due tipi di danno è autonomo e indipendente dall'altro sia sotto il profilo dell'*an* che sotto quello del *quantum* e va determinato mediante la consueta tecnica c.d. differenziale, prendendo però a base nelle due ipotesi dati di calcolo completamenti differenti". Precisandosi tuttavia, criticamente, che "ove (...) si ritenesse che il contraente fedele è legittimato a domandare in via cumulativa il risarcimento di entrambi i tipi di danno, il medesimo verrebbe a conseguire un lucro complessivo che non avrebbe sicuramente avuto né in caso di buon fine dell'operazione né in caso di mancata stipulazione del contratto".

[109] Cfr. A. SARDINI, *op. cit.*, p. 155 ss.

[110] Secondo T. FEBBRAJO, *La «nuova» responsabilità precontrattuale*, cit., p. 228, tuttavia "per tutelare il libero esercizio dell'autonomia privata (...) sembra

ceità della condotta contestata, sarebbe del tutto incerta la legittimità [111]. Mentre la connessa attività di controllo e correzione eteronoma del contratto validamente concluso ma sconveniente sarebbe espressiva di una sostanziale alterazione della funzione normativa tipica dell'istituto risarcitorio, che, invero, neanche il diritto eurounitario sembra sollecitare [112].

In conclusione, allora, l'obiettivo di evitare "una «fuga in avanti» dell'interprete" dagli esiti "sistematicamente discutibili" [113], sarebbe perseguibile non tanto negando la risarcibilità di lesioni derivanti dal perfezionamento di un contratto valido ma sconveniente, quanto individuando scrupolosamente i contorni dell'interesse leso, al fine di escludere dal computo dell'obbligazione risarcitoria il valore di aspettative non supportate da adeguate conferme negoziali così come il valore di vantaggi di cui non vi è alcuna certezza che il consumatore avrebbe avuto modo di godere effettivamente.

7. *Pratiche commerciali scorrette e quantificazione dell'obbligazione risarcitoria nel caso di conservazione del contratto*

Nel precedente paragrafo si è provato a chiarire le ragioni per le quali sia auspicabile evitare qualsiasi automatismo nell'individua-

---

logico ritenere che il principio dell'insindacabilità di ciò che le parti hanno deciso debba operare soltanto quando il contratto sia stato concluso nel rispetto della regola di correttezza e non anche al cospetto di una slealtà deliberatamente volta a turbare il processo decisionale della controparte".

[111] In senso critico nei riguardi dell'ipotesi che mediante il risarcimento si realizzi "una sorta di *rettifica per equivalente* del contratto", M. BARCELLONA, *Responsabilità extracontrattuale e vizi della volontà contrattuale*, cit., p. 29, richiama correttamente il dato positivo rappresentato dall'art. 1432 c.c., "il quale, rimettendo al potere della controparte il mantenimento del contratto rettificato, *a contrariis* esclude che la «rettifica» dello scambio possa essere imposta, seppure per via risarcitoria".

[112] In proposito, si è più volte ricordato che in diverse sedi il legislatore eurounitario, pur invocando l'adozione da parte degli Stati nazionali di meccanismi di tutela idonei ad una effettiva protezione degli interessi del consumatore, invita ad evitare la previsione di risarcimenti punitivi a carico del professionista, considerandola contraria al principio di proporzionalità. La giurisprudenza della Corte di Giustizia è a tal riguardo più ambigua, come attestano soprattutto le più recenti decisioni in materia di restituzioni contrattuali, sulle quali si veda *supra*, cap. I, nota 53.

[113] Cfr. G. D'AMICO, *La responsabilità precontrattuale*, cit., p. 1020.

zione dei criteri applicabili al calcolo dell'obbligazione risarcitoria dovuta per rimediare ai pregiudizi prodotti da una condotta contraria a buona fede durante il processo di formazione del vincolo contrattuale. In particolare, il rinvio alla formula dell'interesse negativo, si è rivelato più utile a descrivere la modalità di quantificazione di una tipologia di lesioni [114], che non a delimitare rigidamente l'entità del *quantum* risarcitorio dovuto ove l'affidamento maturato dal consumatore nella realizzazione di uno scambio in virtù di un certo assetto d'interessi risulti frustrato dalla scorrettezza precontrattuale di controparte. Come è apparso evidente, infatti, a seconda dei contorni della lesione subita, la misura della somma da corrispondere potrebbe eguagliare o superare il pagamento ipoteticamente dovuto in conseguenza della pretesa di rimediare all'inadempimento delle prestazioni oggetto dell'operazione di scambio programmata dal consumatore con la controparte [115].

Giova ora tornare alle esemplificazioni proposte nel precedente capitolo, al fine di osservare più da vicino le lesioni, procurate al consumatore da una pratica commerciale scorretta, alle quali si è ritenuto potersi efficacemente reagire attivando lo strumento del risarcimento del danno. L'obiettivo è quello di distinguere così il criterio di quantificazione dell'obbligazione di volta in volta dovuta dal professionista responsabile della lesione.

Occorrerà dunque considerare separatamente le ipotesi in cui la lesione lamentata riguardi un'utilità "ideale", di cui potrebbe essere disagevole stabilire il valore in termini patrimoniali, e le ipotesi di lesioni relative invece ad interessi a contenuto indiscutibilmente economico. Tra queste ultime, occorrerà individuare il criterio di quantificazione dell'obbligazione risarcitoria applicabile a seconda che

---

[114] Cfr. A. LUMINOSO, *La lesione dell'interesse contrattuale negativo (e dell'interesse positivo) nella responsabilità civile*, cit., p. 794 ss.; P.G. MONATERI, *La responsabilità contrattuale e precontrattuale*, Utet, 1998, p. 470, ove si concorda con l'osservazione di autorevole Dottrina, secondo la quale "la locuzione interesse negativo è solo un'espressione meramente descrittiva per indicare il danno nascente dalla violazione dei doveri precontrattuali e non presenta alcun valore in ordine all'entità di tale danno e ai criteri attraverso cui debba essere specificato". Cfr. F. BENATTI, *Culpa in contrahendo*, in *Contr. e Impr.*, 1/1987, p. 306.

[115] Cfr. P. GALLO, *Il quantum nella responsabilità precontrattuale*, cit., p. 1088; ID., *Responsabilità precontrattuale e problemi di quantificazione del danno*, cit., p. 541 ss.

essa operi come unico strumento di tutela o affianchi gli strumenti di tutela della riduzione del prezzo o della risoluzione del contratto. Infine, bisognerà dedicare attenzione alle ipotesi in cui il risarcimento del danno da pratica commerciale scorretta sia azionabile al fine di completare la tutela che l'ordinamento appresta nei riguardi degli interessi del consumatore mediante la predisposizione di meccanismi rimediali specifici, quali quelli finalizzati a garantire la conformità dei beni di consumo al contratto o la nullità di protezione di clausole abusive; così come sarà necessario affrontare il problema del trattamento giuridico da riservare alle ipotesi in cui il professionista con il quale il consumatore ha stipulato il contratto sia diverso dal soggetto riconosciuto responsabile della pratica commerciale scorretta fonte della lesione patita.

Data la loro più complessa articolazione, si considereranno innanzitutto le ipotesi in cui, l'interesse leso abbia un contenuto suscettibile di valutazione economica, ovvero le ipotesi in cui, a fronte di una perdita patrimonialmente apprezzabile, il consumatore abbia facoltà di reagire chiedendo, in aggiunta o in sostituzione della riduzione del prezzo o della risoluzione del contratto, il risarcimento del danno.

I contenuti della pratica commerciale scorretta possono essere i più vari, per la maggior parte sono anche tipizzati come ingannevoli o aggressivi dal codice del consumo, rispettivamente, agli artt. 23 e 26. Essi, come già sottolineato, sono integrati da una condotta sleale, idonea più ad interferire sul valore delle utilità effettivamente ricavabili dalla conclusione del contratto (rispetto a quanto atteso dalla parte vittima della scorrettezza), che non a compromettere la validità del processo di formazione dell'atto [116]. In simili circostanze, ai fini del calcolo dell'obbligazione risarcitoria, pare innanzitutto opportuno verificare se indicazioni utili possono essere tratte dall'orientamento giurisprudenziale che, in relazione ai danni lamentati per la conclusione di un contratto valido ma sconveniente, commisura la somma dovuta a titolo risar-

---

[116] Si pensi, solo per ricordare alcuni dei casi di cui si è riferito nel precedente capitolo, ad attestazioni ingannevoli circa l'adesione a codici di condotta, al ricorso a meccanismi o dispositivi idonei a falsare dati relativi alle modalità di funzionamento del bene o del servizio oggetto dello scambio, o all'omessa informazione circa l'assenza, nell'ambito del processo di approvvigionamento del bene offerto in vendita, di un magazzino per le scorte e della conseguente incertezza sui tempi di effettiva fornitura del bene al consumatore.

citorio al minor vantaggio o al maggior aggravio patito dalla controparte [117].

Nel caso in cui il consumatore preferisca continuare comunque a godere degli effetti del contratto, si potrebbe ritenere che, seppure l'interesse soggettivo di cui si lamenta la lesione riguardi l'acquisizione di tutte le informazioni necessarie ad una adeguata ponderazione della convenienza dell'affare oggetto del contratto, essendo stato quest'ultimo validamente perfezionato, il calcolo dell'obbligazione risarcitoria dovuta dal responsabile della condotta scorretta non possa fondarsi sul rinvio alle spese sostenute in vista della conclusione del contratto e al valore delle eventuali occasioni alternative di guadagno perse [118]: dovrebbe apparire pacifico che, essendo stato raggiunto l'obiettivo del perfezionamento dell'accordo, le prime debbano considerarsi giustificate dalla realizzazione dello scambio programmato, mentre eventuali alternative di guadagno non dovrebbero più essere oggetto di un interesse apprezzabile da parte del consumatore. La premessa logica di tale conclusione risiede, come anticipato, nella considerazione dello specifico profilo della lesione lamentata, in ragione del quale dovrebbe convenirsi che l'obiettivo perseguito mediante il risarcimento non sia tanto quello di realizzare le utilità che, in assenza di una piena consapevolezza del reale stato delle cose, si era programmato di conseguire mediante lo scambio [119]; ma sia piuttosto quello di affiancare alle utilità comunque conseguite dal perfezionamento del contratto la reintegrazione delle eventuali perdite subite a causa della condotta colposamente o dolosamente scorretta di controparte in fase precontrattuale. In altri ter-

---

[117] Per riferimenti giurisprudenziali, si veda *supra*, cap. III, nota 83.

[118] Cfr. C. TURCO, *Interesse negativo e responsabilità precontrattuale*, cit., p. 179 ss.

[119] Cfr. G. D'AMICO, *La responsabilità precontrattuale*, cit., p. 1135 ss., il quale ritiene che, nel caso in cui la vittima dell'inganno preferisca conservare l'efficacia del contratto, chiedendo il risarcimento del danno subito, in virtù di quanto disposto dall'art. 1440 c.c., si verificherebbe, in sostanza, "una «rettifica» del contratto, rimessa alla decisione del *deceptus* (a differenza di quanto avviene nel caso preso in considerazione dall'art. 1432, il quale – in caso di errore – attribuisce *alla controparte dell'errante* il diritto di mantenere in vita il contratto offrendo di *eseguirlo in modo conforme al contenuto e alle modalità che l'altro contraente avrebbe convenuto* in mancanza dell'errore, che ha inficiato il processo formativo della volontà)"(*Ivi*, p. 1136, nota 39).

mini, dando per il momento per assodata la volontà ascrivibile alla parte vittima della scorrettezza di mantenere in vita il contratto [120], l'obbligazione risarcitoria tenderebbe a cancellare gli effetti pregiudizievoli della violazione della buona fede patita dal consumatore, ripristinando la sua piena consapevolezza circa l'effettivo vantaggio conseguibile dall'operazione economica dedotta in contratto. Sicché, attraverso il risarcimento del danno, l'assetto di vantaggi, svantaggi e rischi divisato dovrebbe essere riportato a quanto le stesse parti avrebbero concordato ove il reale stato delle cose fosse stato palese fin dall'inizio [121]. In quest'ottica, d'altra parte, la somma dovuta a titolo risarcitorio differirebbe anche da quella determinabile sulla base del parametro dell'interesse positivo, poiché il valore del minor vantaggio o del maggior aggravio patito per la

---

[120] In realtà, sovente, la giurisprudenza di legittimità, chiamata ad affrontare il problema della responsabilità derivante da errata, ambigua o mancata informazione, ha negato l'applicabilità della disciplina dei vizi del consenso e, di conseguenza, l'annullabilità dei relativi contratti. Cfr. Cass. 8 ottobre 2008, n. 24795, cit.; Cass. 11 giugno 2010, n. 14056; Cass. 23 marzo 2016, n. 5762, cit. Ad analoghe conclusioni potrebbe giungersi a proposito degli effetti della pratica commerciale scorretta adottata dal professionista sull'integrità della volontà negoziale del consumatore, ritenendosi il più delle volte piuttosto disagevole assimilarli alla ricorrenza di una delle circostanze alle quali il nostro ordinamento associa la rilevabilità di un vizio del consenso, utile a contestare la validità del contratto.

[121] In proposito G. AFFERNI, *Il quantum del danno nella responsabilità precontrattuale*, cit., p. 200 ss., pur non evocando il carattere determinante o incidente del dolo, ipotizza tre scenari. Il primo si riferirebbe all'ipotesi in cui, nonostante il vizio di informazione, il contratto sarebbe stato concluso alle medesime condizioni. Il secondo riguarderebbe il caso in cui il vizio di informazione sia stato determinante del consenso, mentre l'ultimo comprenderebbe le ipotesi in cui la conoscenza delle informazioni omesse o erroneamente riferite avrebbe condotto alla conclusione del contratto a condizioni diverse. Nel primo scenario, l'eventuale risarcimento andrebbe evidentemente a compensare lesioni che, seppure derivanti dal vizio di informazione, non riguarderebbero la misura delle utilità scambiate (per es., ritardi o spese di negoziazione evitabili). L'utilità della distinzione degli altri due scenari, invece, non è del tutto chiara. La soluzione rimediale in virtù della quale alla parte che ha subito la scorrettezza sia dovuta la differenza tra il prezzo pagato o promesso e il valore reale del bene, infatti (*Ivi*, p. 204; ID., *Il quantum del danno nella responsabilità precontrattuale per violazione di un obbligo di informazione*, cit., p. 29), si ritiene sia pertinente sia all'ipotesi di informazione viziata determinante del consenso (nella quale, in verità, sarebbe più coerente chiedere la risoluzione del contratto, associandovi il risarcimento del danno) sia all'ipotesi di informazione viziata solo "incidente". Sul punto esprime analoghe perplessità F. OLIVIERO, *La riduzione del prezzo nel contratto di compravendita*, cit., p. 387.

condotta scorretta di controparte non assicura di certo al consumatore il conseguimento delle utilità che egli avrebbe potuto realizzare in assenza della pratica commerciale scorretta [122].

La lesione da risarcire allora corrisponderebbe alla differenza tra l'utilità effettivamente conseguita e quella che si sarebbe potuto conseguire ove fosse stata possibile la conoscenza e l'adeguata ponderazione dello stato reale delle cose. Volendo qualificare la perdita che l'obbligazione risarcitoria sarebbe chiamata in tal modo a compensare e nella quale la stessa obbligazione potrebbe di fatto esaurirsi, dovrebbe farsi riferimento alla categoria del danno emergente. Un eventuale lucro cessante dovrebbe viceversa riferirsi alle perdite di eventuali opportunità di guadagno ulteriore, sfuggite in seguito al divario tra quanto da costui effettivamente realizzato e quanto costui confidava in buona fede di realizzare, sebbene la prova, a riguardo, non sarà di certo agevole.

Ebbene, considerate le indicazioni ricavabili, ai fini della determinazione del *quantum* risarcibile per lesioni conseguenti dall'adozione di una pratica commerciale scorretta, dall'applicazione dell'indirizzo interpretativo relativo alla risarcibilità del minor vantaggio o del maggior aggravio patito in seguito alla conclusione di un contratto valido ma sconveniente, si rende inevitabile constatare l'estrema vicinanza tra i criteri di quantificazione adottabili per stabilire l'entità della lesione dell'interesse soggettivo da risarcire e quelli azionabili al fine di definire, indipendentemente dall'accertamento di una lesione risarcibile, l'obbligazione restitutoria derivante dalla richiesta di riduzione del prezzo, nella misura dell'ingiustificata sottrazione di utilità che il professionista avrebbe ottenuto ai

---

[122] Formulando una serrata critica nei riguardi dell'orientamento dottrinario che individua nell'art. 1440 c.c. il fondamento normativo utile al riconoscimento di una più generale tutela risarcitoria a favore di chi, avendo accettato di concludere un contratto, lamenti di aver subito un'alterazione del processo di formazione della propria volontà negoziale a causa della ricorrenza di un c.d. "vizio incompleto", M. BARCELLONA, *Responsabilità extracontrattuale e vizi della volontà contrattuale*, cit., p. 28, osserva invece che "se il risarcimento si prendesse sul serio, allora il suo ammontare dovrebbe coincidere con l'interesse positivo rimasto deluso dalla mancanza nell'oggetto del contratto o della prestazione del contenuto dell'utilità per la propria economia che il contraente erroneamente loro attribuiva, e quindi consistere nell'equivalente pecuniario del pregiudizio che verrebbe da un inadempimento del contratto quale lo aveva inteso l'errante".

danni del consumatore, mettendo in atto nei suoi riguardi una pratica commerciale scorretta [123].

A tale constatazione [124], potrebbe aggiungersi altresì che, dal punto di vista dell'efficacia rimediale, il meccanismo di quantificazione della riduzione del prezzo può in realtà rivelarsi addirittura più adeguato di quello del risarcimento del danno [125], stante le già segnalate difficoltà attinenti la valutazione per equivalente monetario dell'entità delle diverse componenti dell'obbligazione risarcitoria.

In questa prospettiva, si può argomentare, infatti, che mentre le pretese relative all'obbligazione risarcitoria possono essere soddisfatte solo se ne risulti adeguatamente provato sia il fondamento, quale che sia la disciplina della responsabilità applicata al caso in specie, sia l'esatto ammontare, una volta accertata la ricorrenza di

---

[123] Come osserva limpidamente A. DI MAJO, *La tutela civile dei diritti*, cit., p. 302, infatti, "con il rimedio risarcitorio si intende reagire massimamente *contro il danno prodotto* nella sfera patrimoniale del soggetto, assicurando ad esso una forma di compensazione pecuniaria che, più che eliminare materialmente il danno, lo neutralizzi in senso economico (...) Invece con il rimedio restitutorio non si ha riguardo al danno (né importa che danno patrimoniale siasi prodotto) ma *alla sola alterazione di una situazione di fatto e/o di diritto*, alterazione che occorre rimuovere ristabilendo la situazione originaria e con ciò ripristinando il vigore delle norme".

[124] Cfr. G. AFFERNI, *Il quantum del danno nella responsabilità precontrattuale,* cit., pp. 204-205; ID., *Il quantum del danno nella responsabilità precontrattuale per violazione di un obbligo di informazione*, in *Danno e resp.*, 2010, p. 29. La Dottrina citata, con specifico riguardo all'ipotesi di un danno relativo alla misura delle utilità ricavabili dall'esecuzione di un contratto valido ma sconveniente, osserva che alla sua quantificazione si potrebbe pervenire per strade diverse, accomunate però dall'essere entrambe rappresentabili nei termini di una riduzione del prezzo. Una prima modalità coinciderebbe con quella già descritta, consistente nella determinazione della differenza tra il valore dell'impegno patrimoniale sostenuto e il valore effettivo dell'utilità conseguita. Una seconda modalità consisterebbe invece nell'adozione di un criterio di calcolo proporzionale, che consenta di ripristinare lo specifico equilibrio di vantaggi svantaggi e rischi sul quale in origine si è perfezionato l'accordo tra le parti. Nella seconda ipotesi, come ammette la stessa Dottrina, si tratterebbe proprio del criterio di calcolo normalmente adottato per quantificare la riduzione del prezzo, ricordando anche l'utilizzo in chiave reintegratoria che di tale rimedio viene sovente proposto dalla giurisprudenza tedesca, malgrado le critiche di parte della dottrina che in ciò riconosce un tentativo di disancorare l'obbligazione risarcitoria da responsabilità precontrattuale dalla misura dell'interesse negativo. (*Ivi*, p. 30).

[125] Cfr. A. LUMINOSO, *Della risoluzione per inadempimento. Art. 1453 c.c.*, cit., p. 37.

una pratica commerciale scorretta, l'accoglimento della richiesta della riduzione del prezzo corrisposto per la realizzazione dello scambio oggetto del contratto implicherebbe l'attivazione di un criterio di calcolo – quello definito espressamente "proporzionale" *ex* art. 135 *quater* cod. cons., in relazione alla riduzione del prezzo dovuta per rimediare alla presenza di un vizio di conformità del bene venduto – in sé idoneo ad assicurare l'automatico recupero, non solo della perdita intesa come minor vantaggio o maggiore aggravio, ma anche, seppure parzialmente, di un ipotizzabile mancato guadagno [126]. Proprio perché siffatto criterio di calcolo è esclusivamente rivolto al ripristino della proporzione originariamente concordata tra le utilità che le parti avrebbero dovuto scambiarsi, tuttavia, il risultato descritto risponderà ad un'esigenza meramente restitutoria, la quale, se di certo si realizza in parte secondo modalità coincidenti con quelle rivolte a soddisfare anche esigenze risarcitorie [127], non per questo può condurre al mutamento della funzione normativa che nel nostro ordinamento è assegnata allo strumento rimediale della riduzione del prezzo [128].

Il ricorso a tale rimedio, in altri termini, consentirà alla parte vittima della lesione il recupero delle utilità di cui il professionista si sarebbe indebitamente appropriato mediante la pratica commerciale scorretta, sottraendole alla disponibilità del consumatore. Di contro, il risarcimento del danno, in quanto rivolto alla compensazione integrale delle utilità di cui si dimostri la perdita, potrebbe consen-

---

[126] Al fine di chiarire una simile affermazione, si riporta per semplicità l'esempio proposto da F. OLIVIERO, *La riduzione del prezzo nel contratto di compravendita*, cit., p. 379, nota 39, seppure esso sia formulato con specifico riferimento alla vendita di un bene che si riveli viziato. Si ritiene infatti che, rimanendo immutata la logica operativa del calcolo della riduzione del prezzo, lo stesso esempio assolva utilmente la sua funzione descrittiva anche in questa sede: "Si immagini che Tizio e Caio concludano un contratto di compravendita in forza del quale il primo aliena al secondo il diritto di proprietà su un bene del valore obiettivo di 300 per il corrispettivo di 240 e che i difetti del bene in questione ne portino il valore a 180. (…) L'esercizio della riduzione del prezzo consente a Caio di pagare 144 – così conservando un rapporto tra valore effettivo e prezzo pagato di 5:4 ed eliminando integralmente il danno consistente nella differenza di valore (pari a 240-180 = 60)".

[127] Cfr. M.R. MARELLA, *Il risarcimento per equivalente e il principio della riparazione integrale*, cit., p. 85 ss.

[128] In questo senso, con argomentazioni tanto chiare quanto dettagliate, cfr. F. OLIVIERO, *La riduzione del prezzo nel contratto di compravendita*, cit., p. 378 ss.

tire di recuperare, anche utilità eccedenti la misura di quelle attribuibili in base ad una proporzionata riduzione del prezzo, purché però se ne provi l'entità e si dimostri altresì che la loro mancata realizzazione sia dipesa dalla frustrazione dell'interesse a conoscere e comprendere pienamente l'assetto di interessi entro il quale il professionista iscrive l'operazione economica oggetto dell'offerta contrattuale [129].

Ciò precisato, dovrebbe risultare facilmente comprensibile che nel caso in cui l'utilità effettivamente conseguita dallo scambio sarà inferiore al valore che, facendo affidamento sulla correttezza di controparte, si era programmato di conseguire, la richiesta della riduzione del prezzo renderà possibile ottenere sia la differenza di valore tra l'utilità in vista della quale ci si era impegnati e quella effettivamente realizzata, sia una parte del vantaggio di cui si era ottenuto il riconoscimento al momento della conclusione del contratto [130]. Mentre, nel caso in cui l'utilità ricavabile dall'esecuzione del contratto, il cui sinallagma sia stato alterato dalla pratica commerciale scorretta, risulti essere comunque superiore al sacrificio sostenuto, la richiesta di riduzione del prezzo, in quanto finalizzata a ristabilire l'originario rapporto di corrispettività tra le utilità scambiate, sarà limitata proprio al recupero proporzionale del guadagno che si era riusciti a negoziare, al momento della conclusione di un affare comunque particolarmente vantaggioso [131]. Essa, cioè, si ri-

---

[129] È proprio con riferimento alla mancata prova del danno patito dagli acquirenti di autoveicoli dotati di un dispositivo idoneo ad alterare illecitamente i dati relativi alle emissioni inquinanti prodotte dalla loro circolazione che App. Venezia, 16 novembre 2023, n. 2260, cit., punto 22, ha riconosciuto la ricorrenza del *danno evento*, integrato dalla lesione del diritto all'autodeterminazione dei consumatori acquirenti ma, disconoscendo la rilevabilità di un *danno conseguenza*, ha riformato la sentenza di primo grado con specifico riguardo al risarcimento del danno patrimoniale subito.

[130] Ove si consideri nuovamente l'esempio riportato in precedenza (*supra*, cap. III, nota 126), sarà agevole constatare che la rideterminazione del prezzo conseguente alla sua riduzione proporzionale conduce al duplice risultato di "riassorbire" interamente la differenza di valore tra l'utilità attesa e l'utilità effettiva ricavabile dal contratto e di ristabilire anche, seppure solo nella misura parziale di 36 (180-144) il valore del guadagno (60) che si era programmato di realizzare (300-240).

[131] Si immagini la diversa ipotesi in cui l'utilità attesa dalla conclusione del contratto sia pari a 300 e il valore dell'impegno corrispettivo sia pari a 210, mentre, in seguito agli effetti pregiudizievoli della pratica commerciale scorretta, l'uti-

solverà nella parziale restituzione di un vantaggio che, azionando lo strumento del risarcimento del danno, sarebbe conseguibile solo sostenendo un onere probatorio ben più consistente [132].

Alla luce di quanto finora precisato, d'altra parte, dovrebbe emergere con chiarezza che, assumendo la sostanziale equivalenza tra gli effetti rimediali della riduzione del prezzo e quelli del risarcimento del danno – calcolato nella misura del minor vantaggio o del maggior aggravio subito dal consumatore – contorni prevalentemente quantitativi, la possibilità di un ricorso cumulativo o alternativo ai rimedi della riduzione del prezzo e/o del risarcimento del danno non dovrebbe incontrare ostacoli [133]. L'idoneità del meccanismo giuridico della riduzione del prezzo ad assicurare una tutela effettiva e proporzionata degli interessi lesi del consumatore non esclude, cioè, l'ammissibilità che il risarcimento del danno possa comunque essere richiesto in aggiunta o in via sostitutiva. Piuttosto, tale costatazione conduce all'inevitabile considerazione che, ove il risarcimento del danno si aggiunga alla richiesta di riduzione del

---

lità effettivamente conseguibile o conseguita dall'esecuzione del contratto sia pari a 250. Malgrado la persistente convenienza in termini assoluti dell'affare oggetto del contratto, in seguito all'accertamento della ricorrenza di una pratica commerciale scorretta da parte del professionista, si potrebbe comunque azionare il rimedio della riduzione del prezzo, che in questo caso permetterebbe una riduzione proporzionale dell'impegno corrispettivo di 35 (300:210 = 250:X).

[132] In proposito, con riferimento alla responsabilità da prospetto, in Cass. 11 giugno 2010, n. 14056, cit., si è sostenuto che, data la funzione assegnata dal legislatore al prospetto informativo "quale documento senza il quale la sollecitazione – al pubblico risparmio (n.d.r.) – non può aver luogo", la sua non veridicità "*naturalmente* – corsivo aggiunto – implica vi sia stata un'indebita distorsione nella scelta che il destinatario dell'offerta è stato indotto a compiere", a meno che, si precisa subito dopo, si tratti di "inesattezze del prospetto limitate e marginali". Condivisibilmente si è osservato che in tali ultimi casi "non si può presumere l'esistenza del nesso di causalità, ma sarà l'investitore eventualmente a dovere dimostrare che per ragioni fuori dal comune egli ha fatto affidamento proprio sulla corrispondenza alla realtà di quella certa informazione contenuta nel prospetto". Cfr. G. AFFERNI, *Responsabilità da prospetto: natura, danno risarcibile e nesso di causalità*, in *Danno e resp.*, 6/2011, p. 628.

[133] Cfr. F. OLIVIERO, *La riduzione del prezzo nel contratto di compravendita*, cit., p. 375, il quale a riguardo registra l'assenza di opinioni difformi sia in dottrina che in giurisprudenza. Di recente, tuttavia, commentando i contenuti dell'art. 27, co. 15 *bis*, cod. cons., A. PURPURA, Private enforcement *delle pratiche commerciali scorrette*, cit., p. 847 e ss., esclude l'ammissibilità del ricorso cumulativo a risarcimento del danno e riduzione del prezzo.

prezzo, superato l'eventuale ostacolo probatorio, esso sarà destinato molto probabilmente alla produzione di effetti residuali, onde evitare l'inammissibile duplicazione di poste rimediali, dal punto di vista dei loro esiti, pur sempre, almeno in parte, sovrapponibili [134]. Ove invece esso sia azionato in via autonoma, l'effetto rimediale potrà presentare una consistenza uguale o di poco superiore a quella conseguibile attraverso l'azionamento della riduzione del prezzo ma, diversamente da quanto accade in quest'ultimo caso, sulla parte lesa incomberanno oneri procedurali e probatori più gravosi. Il consumatore, prima di essere chiamato a provare l'entità del danno, potrebbe altresì subire l'eccezione del professionista convenuto circa la propria colpevolezza [135], oltre ad essere gravato dall'onere di dimostrare l'esistenza di un nesso di causalità tra l'esercizio della pratica commerciale scorretta e la lesione lamentata [136].

---

[134] Per questa ragione, ad esempio, l'eventuale dimostrazione di un lucro cessante superiore al valore di quanto rimediabile mediante il meccanismo della riduzione del prezzo potrà legittimare solo la pretesa della differenza tra la misura del danno lamentato e quanto già riconosciuto in seguito alla riduzione del prezzo. Con riferimento alla responsabilità del venditore *ex* art. 1494 c.c., osserva che, parametrando l'entità della lesione alla misura dell'interesse negativo, "Il contenuto della domanda risarcitoria avviata in abbinamento all'*aestimatoria* (...) si riduce di ampiezza in maniera considerevole e viene a concentrarsi, oltre che in eventuali danni da ritardo, in quelli relativi alle eventuali spese sostenute per la cosa rivelatesi inutili", F. OLIVIERO, *La riduzione del prezzo nel contratto di compravendita*, cit., p. 388.

[135] Ritiene che la colpa del professionista si possa presumere *ex* art. 2600, comma 3, c.c. G. DE CRISTOFARO, *«Rimedi» privatistici individuali e pratiche commerciali scorrette. Il recepimento del diritto italiano dell'art. 11*-bis *della direttiva 2005/29/CE. (Comma 15*-bis, *art. 27 c. cons.)*, cit., p. 481, ID., *Diritto italiano ed europeo dei consumatori*, cit., p. 242.

[136] Cfr. G. DE CRISTOFARO, *«Rimedi» privatistici individuali e pratiche commerciali scorrette. Il recepimento del diritto italiano dell'art. 11*-bis *della direttiva 2005/29/CE. (Comma 15*-bis, *art. 27 c. cons.)*, cit., p. 479, nota 78, ID., *Diritto italiano ed europeo dei consumatori*, cit., p. 240, ove l'Autore si dichiara dubbioso circa l'ammissibilità dell'applicazione, anche nel caso di responsabilità da danni per pratiche commerciali scorrette, dell'indirizzo giurisprudenziale inaugurato da Cass. 6 maggio 2015, n. 9131, con riguardo a giudizi su pretese risarcitorie relative a lesioni derivanti dalla conclusione di contratti a "valle" di intese anticoncorrenziali, secondo il quale dal provvedimento di accertamento e sanzione dell'AGCM si potrebbe ricavare, non solo la prova della natura anticoncorrenziale della condotta, ma anche la presunzione del nesso di causalità tra questa e il pregiudizio subito dal consumatore. Lo stesso Autore, tuttavia, non esclude che "ad

8. *Pratiche commerciali scorrette e quantificazione dell'obbligazione risarcitoria nel caso di risoluzione del contratto*

Il ridimensionamento dell'efficacia rimediale della tutela risarcitoria, emerso dal raffronto con le modalità operative della riduzione del prezzo, potrebbe essere smentito ove si consideri la diversa ipotesi in cui il risarcimento del danno affianchi la richiesta di risoluzione del contratto. In questo caso, infatti, si potrebbe accedere alla formulazione di una proposta di quantificazione dell'obbligazione risarcitoria, ispirata dalle riflessioni dottrinarie condotte sull'ammissibilità che le pretese reintegratorie della vittima di un illecito comprendano anche l'arricchimento ingiustificato tratto mediante la commissione dell'illecito dal responsabile [137]. Si dovrebbe, cioè,

---

un'estensione siffatta potrebbe plausibilmente spingere la necessità di costruire i contenuti e il *modus operandi* (anche processuale) del rimedio risarcitorio in conformità al requisito dell'*effettività*".

[137] Cfr. R. SACCO, *L'arricchimento ottenuto mediante fatto ingiusto*, Utet, 1959, p. 112, il quale riconosce l'esistenza nel nostro ordinamento di un principio non scritto in virtù del quale "il soggetto, che compie atti di disposizione efficaci nella sfera giuridica altrui, deve comunque riversare il proprio arricchimento al soggetto, il cui diritto fu leso". In senso analogo cfr. P. TRIMARCHI, *Il contratto: inadempimenti e rimedi*, cit., p. 108, il quale, richiamando la previsione contenuta dall'art. 125, comma 3, d.lgs. 10 febbraio 2005, n. 30, concorda con l'esistenza del principio, delimitandone tuttavia l'operatività all'arricchimento tratto da "utilità che possano considerarsi comprese in un diritto di natura «proprietaria» dell'altro contraente, [il quale], in applicazione diretta o analogica dell'art. 2032 cod. civ., potrà ratificare l'operazione compiuta dall'inadempiente, appropriandosene il risultato utile netto". Lo stesso Autore, d'altronde, quanto alla misura dell'eventuale pretesa pecuniaria della vittima dell'illecito, aveva precisato in precedenza che, ove l'arricchimento derivi da un'attività "che avrebbe potuto essere svolta lecitamente con modalità diverse, [esso] consiste nelle spese risparmiate evitando di adottare quelle misure che avrebbero reso l'attività non dannosa, oltre che nell'eventuale maggior profitto ottenuto come conseguenza specifica delle caratteristiche illecite dell'attività. Ogni ulteriore arricchimento non va riversato, perché deve essere attribuito all'aspetto lecito dell'attività". Cfr. ID., *L'arricchimento derivante da atto illecito*, in P. CENDON (a cura di), *Scritti in onore di Rodolfo Sacco*, II, Giuffrè, 1994, p. 1158. In virtù di una sostanziale equiparazione della nozione di ingiustizia, evocata sia dall'art. 2041 c.c. che dall'art. 2043 c.c., considera l'azione di ingiustificato arricchimento uno strumento di "integrazione della responsabilità civile" che, nei casi di lesione degli altrui diritti non imputabili a colpa o dolo, consentirebbe "di ottenere ristoro per lo meno nei limiti dell'arricchimento" P. GALLO, *L'arricchimento senza causa*, in *Comm. cod. civ. Schlesinger*, Giuffrè, 2003, p. 59. Leggono invece in chiave re-

riconoscere, in prima battuta, che, in seguito alla risoluzione del contratto, al fine di collocare il consumatore nella situazione nella quale si sarebbe trovato in assenza della pratica commerciale scorretta, alle obbligazioni restitutorie sia possibile sommare un'obbligazione risarcitoria volta alla compensazione delle spese inutilmente sostenute e del mancato guadagno ricavabile da opportunità alternative di scambio [138]. Stante l'oggettiva difficoltà sovente connessa alla quantificazione di tale ultima componente del danno, tuttavia, i suoi contorni dovrebbero essere accertati rinviando alla misura dei profitti che il professionista, autore della pratica commerciale scorretta, avrebbe ricavato dall'impiego delle risorse indebitamente sot-

---

stitutoria il già citato meccanismo di tutela contemplato dal Codice della proprietà industriale, sulla scorta di una più puntuale distinzione funzionale tra responsabilità civile e arricchimento ingiustificato A. NICOLUSSI, *Le restituzioni*, cit., p. 200 ss. e C. CASTRONOVO, *Responsabilità civile*, cit., p. 716. Quest'ultimo Autore, in particolare chiarisce che "ciò che va restituito non trova disciplina nella responsabilità civile, la quale è invece riparazione di una perdita; la restituzione di un incremento patrimoniale ingiustificato abbisogna di una ragione giuridica diversa, quella che soggiace all'arricchimento (...) Il quale deve essere «senza causa», il che significa (...) che tutto quanto di esso sia da ricondurre ad una causa, abbia cioè una giustificazione esclusivamente nella sfera giuridica dell'agente, a quest'ultimo dovrà essere lasciato".

[138] È noto che, al contrario, il risarcimento connesso alla risoluzione del contratto *ex* art. 1453 c.c. si ritiene normalmente debba essere commisurato alla misura del c.d. interesse positivo. Cfr. A. LUMINOSO, *Della risoluzione per inadempimento. Art. 1453 c.c.*, cit., p. 158 ss.; A. NICOLUSSI, *Le restituzioni de iure condendo*, cit., p. 792 ss. Tra i sostenitori della tesi minoritaria secondo la quale il risarcimento del danno conseguente alla risoluzione del contratto dovrebbe essere parametrato all'interesse negativo, nel tentativo di "riportare il rimedio risolutorio nell'alveo di una tutela della sinallagmaticità delle prestazioni più strettamente intesa", cfr. M.R. MARELLA, *Tutela risarcitoria nella risoluzione del contratto per inadempimento*, in *Giur. it.*, 1985, I, p. 375. Nel caso in cui la risoluzione sia invece l'esito di un'azione redibitoria, gli orientamenti interpretativi non sono univoci. Con specifico riferimento all'ipotesi del risarcimento del danno derivante da vizi del bene oggetto della vendita, l'opinione maggioritaria ritiene che la misura della relativa obbligazione vada parametrata all'interesse positivo. Tra i tanti, cfr. A. LUMINOSO, *La compravendita*, Giappichelli, 2021, p. 353 ss.; L. MENGONI, *Profili di una revisione della teoria sulla garanzia per i vizi nella vendita*, cit., p. 406; D. RUBINO, *La compravendita*, cit., p. 639; C.M. BIANCA, *La vendita e la permuta*, cit., p. 978 ss. Sostengono invece la tesi della risarcibilità dell'interesse negativo, seppure variamente argomentando, C. CASTRONOVO, *Problema e sistema nel danno da prodotti*, cit., p. 451; G. VISINTINI, *La reticenza nella formazione del contratto*, cit., p. 160 ss.; G. GORLA, (voce) *Azione redibitoria*, in *Enc. dir.*, IV, Giuffrè, 1959, p. 880.

tratte alla disponibilità del consumatore [139].

Si perverrebbe così alla compensazione di una lesione che riguarderebbe, per un verso, l'inutile impiego di risorse e, per altro verso, la privazione della *chance* [140], per il consumatore, di scegliere la miglior cornice soggettiva di vantaggi, svantaggi e rischi entro la quale realizzare lo scambio programmato con il professionista. L'operatività dello strumento risarcitorio, azionato in seguito alla risoluzione di un contratto concluso validamente ma a condizioni svantaggiose, verrebbe in tal modo emancipato dal tradizionale riferimento alla misura dell'interesse positivo, per valorizzare invece il riferimento alla misura alternativa dell'interesse negativo [141], indipendentemente dall'entità che per questa via l'obbligazione risarcitoria potrebbe assumere [142].

---

[139] In particolare, ove si scelga di calcolare l'obbligazione risarcitoria alla stregua dell'interesse negativo, la sua componente «dinamica» – ovvero il lucro cessante – potrà essere ricavata dalla "retroversione degli utili" conseguiti dalla parte che con la propria condotta ha tradito la fedeltà al vincolo contrattuale. Tra i più recenti sostenitori di un simile meccanismo di quantificazione del danno, cfr., A. SARDINI, cit., p. 212, il quale evidenzia come in tal modo si ancorerebbe il risarcimento "a un parametro certo e, soprattutto, prevedibile dal debitore".

[140] Cfr. S. MAZZAMUTO, *La responsabilità contrattuale in senso debole*, cit., p. 152.

[141] Secondo G. ANZANI, *Interesse positivo e interesse negativo nelle diverse forme di responsabilità civile*, cit., pp. 1704-1705, invero, "non è affatto da escludere che l'inadempimento, oppure quantomeno la «violazione di un contratto» (il *breach of contract* di *common law*), comportino l'impiego di un criterio corrispondente all'interesse negativo (...) qualora rimangano pregiudicati beni dotati di propria individualità nel patrimonio del creditore o, comunque, di una parte contrattuale, nonostante la loro estraneità funzionale all'attuazione, in alternativa, del rapporto obbligatorio discendente dal negozio piuttosto che dell'assetto economico in esso divisato (senza la mediazione di alcuna obbligazione)". Così come, d'altronde, lo stesso Autore rileva che non "non si capisce come mai il criterio dell'interesse positivo appaia inappropriato nella responsabilità aquiliana" (*Ivi*, p. 1706). Pur dissentendo dall'opinione dottrinaria secondo la quale la commisurazione all'interesse negativo non impedirebbe che l'obbligazione risarcitoria superi l'ammontare del pregiudizio calcolato alla stregua dell'aspettativa di profitto ovvero dell'interesse positivo, M.R. MARELLA, *Il risarcimento per equivalente e il principio della riparazione integrale*, cit., p. 61 ss., riconosce che "i contorni della distinzione tra le due misure di danno tendono, nella pratica, a sfumare e ciò è dovuto principalmente alla costruzione delle opportunità perdute (o costi-opportunità) come voce di danno ricompresa nell'interesse negativo".

[142] Si osserva criticamente che "la mancanza di un'esplicita alternativa in or-

A sostegno dell'ammissibilità di una simile proposta ricostruttiva, si rileva in primo luogo che il possibile disallineamento dell'esito di tale meccanismo di calcolo del rimedio risarcitorio, rispetto all'equilibrio sinallagmatico del contratto risolto, sarebbe giustificato dalla necessità di reagire ad una condotta illecita, operando una sorta di redistribuzione degli effetti attributivi cui quest'ultima avrebbe dato luogo [143]. Più precisamente, l'ammissibilità di un lucro cessante – connesso al mancato esperimento di opportunità alternative di scambio – calcolato in misura maggiore rispetto al valore realizzabile attraverso l'esecuzione del contratto di cui si pretenderebbe lo scioglimento, si spiegherebbe in virtù del carattere meramente ideale di una condizione di perfetta concorrenzialità del mercato. Sicché, ove risulti che esigenze soggettive insuscettibili di valutazione economica del consumatore, così come condizioni di asimmetria informativa, siano state opportunisticamente sfruttate dalla controparte per pervenire alla conclusione del contratto sconveniente, altre possibili opzioni, in precedenza tralasciate anche se oggettivamente più vantaggiose per il consumatore, sarebbero inevitabilmente destinate a riacquistare rilevanza ai fini della quantificazione del mancato guadagno.

D'altra parte, quanto all'onere probatorio circa l'esatto ammontare del mancato guadagno che il consumatore potrebbe lamentare, si propone di aggirare l'ostacolo rappresentato dalla regola della delimitazione dell'obbligazione risarcitoria al danno prevedibile nel

---

dine al parametro cui raffrontare il *quantum* risarcitorio è espressione di un approccio che assegna alla ricerca dell'efficienza economica il tentativo di nascondere problemi diversi o di legittimare comportamenti opportunistici i quali, considerati in una logica di stretto diritto, dovrebbero ritenersi inaccettabili, oltre che sistematicamente inefficienti con riguardo alla stabilità delle relazioni economiche". Cfr. A. SARDINI, *op. cit.*, p. 180.

[143] Cfr. A. SARDINI, *op. cit.*, p. 185 ss. A conclusione della riflessione condotta a sostegno della proposta ricostruttiva volta a definire la misura del risarcimento del danno da risoluzione del contratto rinviando, a seconda dell'interesse da proteggere, ora alla misura dell'interesse positivo, ora alla misura dell'interesse negativo, senza che l'entità del primo sia considerata soglia invalicabile del secondo, l'Autore citato afferma in particolare che "il risarcimento del danno non può (...) essere rigidamente 'preconfinato' entro il valore dell'aspettativa della parte fedele, potendo assumere, nell'ottica di rimedio alla violazione del sinallagma esecutivo, una funzione di perequazione della sopravvenuta alterazione degli equilibri contrattuali e, al contempo, di garanzia di effettività degli scambi" (*Ivi*, pp. 209-210).

tempo in cui è sorta l'obbligazione [144], estendendo in via interpretativa il significato della nozione di dolo del debitore, evocata proprio dalla norma disposta dall'art. 1225 c.c. al fine di definire i casi in cui disapplicare il limite della prevedibilità del danno. Si accoglierebbe, cioè, una rappresentazione del dolo come mera «consapevolezza di non adempiere» [145], rispetto alla quale poco rileva il carattere soggettivo o oggettivo dell'impedimento all'adempimento [146], limitando così drasticamente le ipotesi di applicabilità del criterio di prevedibilità del danno anche nel caso in cui l'obbligazione risarcitoria si fondi sull'accertamento di una responsabilità contrattuale. Ne discenderebbe la possibilità di un risarcimento disallineato rispetto al valore delle utilità attese dalla realizzazione dello scambio programmato, il cui fondamento di legittimità sarebbe da ricercare nella possibilità di compensare in tal modo la scorrettezza di cui controparte sarebbe stata vittima [147]. Il carattere oggettivamente determinabile del valore dell'altrui ingiustificato arricchimento, per un verso, renderebbe misurabile un dato meramente ipotetico, altrimenti difficilmente suscettibile di valutazione economica; e, per altro verso, proprio in ragione della sua determinatezza, sottrarrebbe l'esito della quantificazione del mancato guadagno patito dal consumatore al rilievo di una discutibile coloritura sanzionatoria [148].

---

[144] Illuminante sulla funzione normativa di tale disposizione la lettura di A. D'Adda, *Riflessioni sul risarcimento del danno (im) prevedibile*, in *Riv. dir. civ.*, 6/2019, p. 1295 ss.

[145] Cfr. C. Romeo, *Inadempimento doloso e risarcimento del danno imprevedibile*, cit., p. 989, ove si legge che "Se (...) la limitazione dei danni a quelli prevedibili è da rinvenire nel calcolo dei rischi che debitore e creditore operano al momento del sorgere dell'obbligazione e nel proporzionamento tra sanzione e utilità della prestazione per il creditore, un atteggiamento che volontariamente decida di riponderare le obbligazioni cui essere soggetto, modifica la valutazione dei rischi e falsa la prospettiva di proporzionalità tra sanzione e *quantum* del risarcimento compiuti allora".

[146] Cfr. A. Sardini, *op. cit.*, p. 205.

[147] In questa prospettiva, si tende ad evidenziare "la necessità di superare l'idea che la parte di un contratto possa, sulla base delle risultanze negoziali, predeterminare il «costo» della propria responsabilità in funzione della prestazione attesa dalla controparte e così valutare, nel corso dell'esecuzione, la permanenza o meno della convenienza all'adempimento". Cfr. A. Sardini, *op. cit.*, p. 209.

[148] Cfr. A. Sardini, *op. cit.*, pp. 211-212.

La "sostenibilità" sistematica di una simile proposta si presta, tuttavia, alla formulazione di qualche osservazione critica.

La prima, attiene agli argomenti utilizzati al fine di contrastare l'impressione di una conformazione dello strumento risarcitorio piuttosto sbilanciata in senso punitivo. Anche ammettendo – come è stato autorevolmente proposto [149] – di assegnare una connotazione equitativa alla valutazione giudiziale tesa a determinare la misura del mancato guadagno patito dal consumatore, mediante il rinvio alla misura del vantaggio che il professionista abbia ingiustificatamente tratto dalla commissione dell'illecito, infatti, non convince l'idoneità del criterio di quantificazione dell'obbligazione risarcitoria indicato a rappresentare l'entità delle perdite c.d. dinamiche subite dal consumatore in seguito alla condotta illecita del professionista [150].

Stante la loro incertezza, si comprende bensì la necessità di ovviare all'impossibilità di una misurazione diretta – per equivalente monetario – mediante la ricerca di un criterio alternativo di calcolo; sfugge, però, tra la condotta illecita e la misura del mancato guadagno riconosciuto al consumatore, il collegamento causale, che pure, ai sensi dell'art. 1223 c.c., dovrebbe servire a delimitare in prima battuta l'ambito del danno risarcibile. Non è chiaro, cioè, come si possa ritenere verosimile una corrispondenza causale tra i profitti eventualmente ricavati dal professionista nell'esercizio della propria attività economica e quelli che un soggetto estraneo all'esercizio di quella stessa attività economica e portatore di interessi economici affatto diversi avrebbe potuto comunque realizzare in assenza della condotta scorretta della controparte.

---

[149] Cfr. S. MAZZAMUTO, *La responsabilità contrattuale in senso debole*, cit., p. 153.

[150] Come già in precedenza segnalato, nel calcolo dell'obbligazione risarcitoria, la distinzione tra perdite "statiche" e perdite "dinamiche" è sovente utilizzata per denotare rispettivamente l'entità delle risorse già acquisite alla disponibilità patrimoniale del danneggiato prima dell'evento dannoso, da reintegrare in seguito al verificarsi di quest'ultimo, e l'entità delle risorse aggiuntive, attese sotto forma di altrettanti guadagni, in seguito ad una disposizione coerente alla logica economica del mercato delle prime, mancata, tuttavia, proprio a causa dell'evento dannoso. Cfr. M. ORLANDI, *Responsabilità contrattuale*, cit., p. 1018. Con specifico riferimento al parametro dell'interesse negativo, A. SARDINI, *op. cit.*, p. 192, precisa invero che quest'ultimo dovrebbe ricomprendere "un momento prospettico, ma non meramente ipotetico, coincidente con quello che si sarebbe con ogni probabilità verificato laddove il contratto rimasto ineseguito non fosse mai stato stipulato".

In quest'ottica, dunque, non pare basti a smentire la coloritura sanzionatoria di un risarcimento commisurato alla misura dell'altrui ingiustificato arricchimento neanche l'auspicata disapplicazione del limite della prevedibilità del danno disposto dall'art. 1225 c.c., in ragione del carattere *oggettivamente* doloso che si potrebbe riconoscere alla condotta del professionista autore di una pratica commerciale scorretta. Accogliendo infatti l'orientamento interpretativo ampiamente maggioritario secondo il quale il quesito circa l'applicabilità di siffatto criterio selettivo diviene attuale solo dopo che sia stato definito l'ambito delle conseguenze lesive connesse in via immediata e diretta all'illecito [151], l'insuccesso nella dimostrazione della ricorrenza di un nesso di causalità giuridica impedirebbe *ab origine* la risarcibilità del danno corrispondente ai guadagni ipoteticamente perduti dal consumatore, rendendo vano il riferimento alla imprevedibilità dello stesso danno per giustificarne la commisurazione, seppure in via equitativa, all'altrui ingiustificato arricchimento.

Infine, più in generale, non può omettersi di considerare che, se accolta, la proposta di un simile criterio di quantificazione dell'obbligazione risarcitoria, proprio perché asseritamente estranea a finalità sanzionatorie, potrebbe produrre ricadute sistematiche difficilmente coniugabili con l'esigenza di tutelare gli interessi del consumatore. Non pare contestabile, infatti, che il rinvio alla misura dell'ingiustificato arricchimento tratto dall'impiego illegittimo di risorse altrui dovrebbe operare, non solo come criterio di determinazione equitativa del lucro cessante subito dal consumatore in seguito alla frustrazione del suo affidamento, ma anche – e a maggior ragione – in tutte le ipotesi in cui, chi agisca per la restituzione di risorse che gli siano state indebitamente sottratte – compreso il professionista nei riguardi del consumatore [152] – sia in grado di dimo-

---

[151] Sul punto, si veda *infra*, cap. IV, par. 5.

[152] Emblematiche a riguardo le conclusioni di Corte Giust., 15 giugno 2023, C-520/21, cit. Proprio al fine di impedire che il riconoscimento – giudicato conforme alle diritto eurounitario – del diritto del consumatore di chiedere una compensazione eccedente il rimborso delle rate mensili versate e delle spese pagate, in esecuzione di un contratto di mutuo rivelatosi nullo per l'estensione della invalidità di alcune sue clausole abusive all'intero regolamento negoziale, legittimi di riflesso un'analoga pretesa da parte del professionista nei riguardi del consumatore, la Corte nega si possano trarre vantaggi economici o si possa essere risarciti

strare il vantaggio che la parte convenuta avrebbe tratto dalla disponibilità delle risorse da restituire [153].

In conclusione, nulla sembra impedire, *de iure condito*, una quantificazione dell'obbligazione risarcitoria eventualmente dovuta al consumatore, che abbia scelto di azionare il rimedio della risoluzione del contratto, alla stregua del valore delle lesioni abitualmente evocate dal riferimento al c.d. interesse negativo. All'opposto, non pare esistano i presupposti normativi per calcolare la misura del mancato guadagno dello stesso consumatore in base ai vantaggi che il professionista abbia indebitamente tratto dalla propria con-

per gli svantaggi derivanti da un comportamento illecito, secondo il principio ricavabile dal brocardo *nemo auditur propriam turpitudinem allegans*. La Corte di Giustizia esclude il rischio che l'accoglimento di una siffatta sperequazione interpretativa comprometta il rispetto del principio di certezza del diritto, poiché essa non rappresenterebbe altro che l'attuazione concreta del divieto di clausole abusive previsto dalla direttiva 93/13, seppure connotata in chiave chiaramente deterrente nei riguardi del professionista. In tal modo, tuttavia, i giudici di Lussemburgo accreditano un'interpretazione piuttosto estensiva di quel principio, sulla falsariga della giurisprudenza di legittimità interna, la quale, con riferimento alla regola disposta dall'art. 2035 c.c., ha ritenuto che «le prestazioni contrarie al buon costume non sono soltanto quelle che contrastano con le regole della morale sessuale o della decenza, ma sono anche quelle che non rispondo ai principi e alle esigenze etiche costituenti la morale sociale in un determinato ambiente e in un certo momento storico», includendo in tale perimetro anche prestazioni tipicamente integranti una violazione dell'ordine pubblico economico. Cfr. Cass. 5 agosto 2020, n. 16706, in *Nuova giur. civ. comm.*, 2/2021, p. 283 ss., con nota di A. MAGER, *In tema di buon costume e relazioni di «mercato»*. A ragione, rilevando che «per Cass. 16706/2020 l'ordine pubblico economico funge da *ratio* giustificativa dell'irripetibilità», richiama l'attenzione sui rischi connessi ad «un'interpretazione estensiva tratteggiante l'art. 2035 all'insegna di un creativismo giurisprudenziale principialista», S. PAGLIANTINI, Lex perfecta, *trionfo dell'ordine pubblico e morte presunta del buon costume: appunti per una ristampa della Teoria del negozio illecito nel diritto civile italiano*, in *Persona e mercato*, 4/2021, 679 ss.

[153] In questo senso, l'arricchimento ingiustificato potrebbe anche cessare di fungere da parametro per il calcolo del lucro cessante dovuto a titolo risarcitorio, per tornare ad assumere il valore autonomo di misura della restituzione dovuta da chi abbia goduto dell'attribuzione di una risorsa altrui non mediata dal consenso dell'interessato, *ex* art. 2041 c.c. Quanti sostengono l'opportunità di rivalutare l'efficacia rimediale della fattispecie disposta da quest'ultimo articolo, ne auspicano proprio un simile impiego, invocando contestualmente il superamento di un'interpretazione ritenuta eccessivamente restrittiva del carattere sussidiario dell'azione di arricchimento, sancito dall'art. 2042 c.c. Per riferimenti bibliografici relativi al dibattito sul tema del trattamento da riservare all'indebito vantaggio patrimoniale derivante dalla commissione di un illecito, si veda *supra*, cap. III, nota 137.

dotta illecita, ove in particolare, non vi sia traccia di un verosimile nesso di causalità tra la commissione dell'illecito e la pretesa misura della perdita lamentata. In questi casi, infatti, il richiamo dell'arricchimento ingiustificato del professionista potrebbe surrogare il rinvio al valore oggettivamente apprezzabile delle opportunità di guadagno tralasciate – a causa della conclusione di un contratto il cui sinallagma si sia rivelato inciso da una pratica commerciale scorretta – solo ove si dimostrasse l'esistenza di un fondamento giuridico positivo, al momento non dato, a supporto del ricorso ad un simile criterio di quantificazione del danno. E ciò sia che a codesto criterio si voglia attribuire il compito di forfettizzare in via equitativa la misura presumibile di un danno altrimenti difficilmente dimostrabile, sia che invece in tal modo si voglia connotare in senso sanzionatorio il rimedio risarcitorio [154].

---

[154] In proposito, P. TRIMARCHI, *Responsabilità civile punitiva?*, in *Riv. dir. civ.*, 4/2020, p. 692 ss., evidenzia che diverse disposizioni positive, sovente additate come possibili fonti di prestazioni risarcitorie con coloritura punitiva, mantengano in realtà una funzione squisitamente risarcitoria. Tra queste, quelle previste dagli artt. 2 e 5 del d.lgs. n. 231/2002 e dall'art. 3, comma 3, l. n. 192/1998, sulla misura degli interessi moratori dovuti per ritardi di pagamenti nelle transazioni commerciali, che esplicherebbero la loro indubbia funzione dissuasiva attraverso la forfettizzazione di un risarcimento di natura pur sempre compensativa, o la disposizione riportata dall'art. 4, d.l. n. 259/2006, convertito in l. n. 281/2006, volta a rimediare alla divulgazione di illecite intercettazioni telefoniche o altre informazioni raccolte illegalmente, mediante la previsione a carico dei responsabili in solido di una prestazione "riparatoria" commisurata invero alla gravità e alla diffusione del danno, piuttosto che alla riprovevolezza della condotta del responsabile. Pertanto, si conclude, "diverse disposizioni di legge rendono manifesto che l'ordinamento giuridico italiano non solo non accoglie il risarcimento punitivo, ma positivamente lo rifiuta" (*Ivi*, p. 708). Nell'escludere, a dispetto della formulazione linguistica, la funzione risarcitoria dei *punitive damages* che negli ordinamenti di *common law* possono affiancare la determinazione di *nominal damages* (disposti in seguito all'accertamento di una responsabilità per lesione di un diritto soggettivo senza che risulti provata la ricorrenza di un danno) o di *compensatory damages* (disposti invece al fine di reintegrare per equivalente monetario la lesione che sia stata provata quale effetto della condotta illecita), C. DE MENECH, *op. cit.*, p. 261 ss. esclude altresì l'ammissibilità nel nostro ordinamento di una coloritura afflittiva delle prestazioni risarcitorie dovute dal responsabile di un illecito civile. In chiave teleologica, l'Autrice argomenta correttamente che "l'intervento punitivo (di qualsiasi natura esso sia) deve rappresentare un monito per il trasgressore della norma e per la collettività; il che significa che il suo esito deve risultare ben visibile agli occhi dell'uno e dell'altra. (…) Ciò (…) non può dirsi per l'inserzione surrettizia di componenti punitive all'interno del risarcimen-

9. *Pratiche commerciali scorrette e quantificazione del risarcimento per lesione degli interessi del consumatore. Ancora qualche ipotesi particolare*

Prima di proseguire l'indagine finora condotta a proposito del rimedio risarcitorio, concentrando l'attenzione sulla ragione giustificativa del suo azionamento ovvero sullo statuto giuridico della responsabilità del professionista autore di una pratica commerciale scorretta, giova da ultimo interrogarsi sull'operatività del rimedio risarcitorio in relazione ad alcune ipotesi particolari di impatto lesivo di una pratica commerciale scorretta sugli interessi del consumatore.

Si allude, in primo luogo, all'ipotesi in cui la pratica commerciale scorretta incida sull'interesse del consumatore alla soddisfazione di un interesse etico o politico, comunque di natura ideale, di cui si è detto non essere sempre agevole la determinazione del valore in termini patrimoniali. In secondo luogo, si allude all'ipotesi in cui dalla pratica commerciale scorretta derivino effetti pregiudizievoli per il consumatore che siano già oggetto di specifica considerazione giuridica, come potrebbe essere il caso della vendita sistematica di beni che presentino uno o più difetti di conformità attinenti alle caratteristiche materiali o alla funzionalità del bene, o il

---

to" (*Ivi*, p. 262). In una prospettiva analitica di più squisita politica del diritto, d'altra parte, la stessa Autrice osserva che, comportando la previsione di una misura afflittiva un sacrificio patrimoniale per il suo destinatario, fondata sul perseguimento di "una tutela adeguata di interessi di carattere generale e di beni di rilievo preminente", solo il legislatore potrebbe assicurare una selezione di questi ultimi sorretta da "una veduta d'insieme e da una coerenza di indirizzo". "Di contro, ammettere la liquidazione giudiziale di risarcimenti punitivi significherebbe affidare la salvaguardia di quei beni e di quegli interessi alla logica del caso per caso, accettando (...) probabili violazioni del principio di uguaglianza ed esiti totalmente incerti" (*Ibidem*). Ritiene impossibile "piegare la responsabilità civile a finalità sanzionatorie", anche L. NIVARRA, *Brevi considerazioni a margine dell'ordinanza di rimessione alle sezioni unite sui «danni punitivi»*, in *Dir. civ. contemp.*, rivista *on line*, 1/2017. Infine, secondo M. BARCELLONA, *Funzione compensativa della responsabilità e* private enforcement *della disciplina* antitrust, in *Contr. e Impr.*, 1/2008, p. 135 ss., poiché "la *ratio* compensativa della disciplina del risarcimento non è un accidente né risponde soltanto ad un'istanza di *proporzionalità* tra l'offesa subita e la sua sanzione", ma "risponde ad un paradigma normativo specificamente cognitivo", la sua disciplina non è affatto bisognosa dell'integrazione di nuove *rationes* fondative.

caso di un altrettanto sistematico inserimento di clausole abusive nell'ambito del regolamento contrattuale relativo alla fornitura di un dato bene o servizio. E si allude, infine all'ipotesi in cui il professionista controparte contrattuale del consumatore non sia l'autore della pratica commerciale scorretta, che pure ha inciso sull'alterazione dello scambio di utilità accettato dalle parti, e non intrattenga alcuna relazione negoziale con il soggetto imprenditoriale che invece di quella pratica si sia avvalso. In tutti questi casi potrebbero sorgere ulteriori incertezze riguardanti, per un verso, la questione della quantificazione dell'obbligazione risarcitoria e, per altro verso, la delimitazione dell'ambito di operatività del rimedio di cui si tratta.

Ebbene, si considerino innanzitutto i casi indicati nel precedente capitolo come paradigmatici della mancata soddisfazione di un interesse del consumatore di carattere etico o politico che, per quanto non contrattualmente formalizzato, sia stato sollecitato dal professionista attraverso una pratica commerciale scorretta fondata su informazioni ingannevoli o fuorvianti [155]. Stante le frequenti difficoltà relative ad una quantificazione per equivalente monetario della riduzione delle utilità ricavabili dalla conclusione di un contratto in tal modo inciso dalla pratica commerciale scorretta [156], così come la possibile inefficacia della tutela dell'interesse soggettivo compromesso realizzabile ricorrendo alla risoluzione del contratto – soprattutto se quest'ultimo sia stato già eseguito – si è ipotizzato che il risarcimento del danno possa essere individuato come il meccanismo rimediale più appropriato alla tutela dell'interesse inciso del

---

[155] Si rinvia a riguardo ai casi esaminati dall'AGCMal par. 3 del precedente capitolo.

[156] Si è già evidenziato, a riguardo, che la difficoltà della quantificazione per equivalente monetario della misura della riduzione del prezzo potrebbe derivare proprio dalla mancata incidenza della pratica commerciale scorretta sul valore di scambio del bene o del servizio formalmente concordato tra le parti. L'informazione ingannevole o fuorviante potrebbe essere rappresentata, in particolare, da una descrizione omissiva o ambigua non tanto delle utilità materiali conseguibili dall'impiego del prodotto scambiato, quanto delle sue connotazioni rilevanti in relazione ai valori e agli obiettivi etici perseguiti dal consumatore. Sicché, esse potrebbero condizionare la scelta del consumatore, indipendentemente dal corrispettivo richiesto, conducendo a preferire ad altre l'offerta commerciale del professionista scorretto.

consumatore, sia se azionato in costanza degli effetti del contratto, sia se associato alla risoluzione del contratto [157].

Pare opportuno, a questo proposito, distinguere tra la componente della lesione senz'altro integrante un danno insuscettibile di valutazione economica – rilevata ad esempio dalle pronunce riguardanti l'azione di classe relativa al "*dieselgate*" italiano e liquidata in via equitativa, stante l'«astratta sussumibilità» della pratica commerciale scorretta specificamente adottata nella fattispecie del reato di frode in commercio, *ex* art. 515 c.p. [158] – e la componente patrimonialmente apprezzabile della lesione, corrispondente alle eventuali ripercussioni economiche che appaiano procurate dall'interferenza nel diritto del consumatore di manifestare in modo libero, informato e ponderato la propria volontà negoziale. Alla base di tale diritto, come più volte evidenziato, si colloca un interesse di indubbia rilevanza giuridica, essendo presentato come oggetto di un diritto fondamentale del consumatore dall'art. 2, comma 2, lett. c), c *bis*) e d), cod. cons. e rientrando altresì tra gli interessi fondamentali dei consumatori cui l'art. 38 della Carta dei diritti fondamentali dell'Unione Europea richiede sia garantito un livello elevato di protezione. Una volta accertata la sua compromissione, dunque, non sembra che la reintegrazione del diritto violato possa essere messa in discussione, ancorché invocando la mancata produzione di prove sufficientemente attendibili

---

[157] Il travisamento delle implicazioni "ideali" dell'affare così provocato ai danni del consumatore legittimerebbe una pretesa risarcitoria che, sia nel caso di una contestuale conservazione dell'efficacia del contratto, sia in quello di risoluzione del contratto, corrisponderebbe alla compromissione dell'interesse economico del consumatore a valutare la convenienza dell'offerta commerciale anche in relazione alle proprie priorità ideali e potrebbe essere soddisfatta dal pagamento di una somma di denaro da liquidare, alternativamente, in base al valore di scambio praticato da professionisti concorrenti mediante l'offerta sul mercato di un prodotto equivalente, che, tuttavia, sia anche dotato delle connotazioni ideali ricercate dal consumatore - senza successo - con la conclusione del contratto, o secondo equità, in assenza di parametri di mercato certi cui commisurare il valore dell'interesse frustrato.

[158] Si veda in proposito il dispositivo della sentenza del Trib. Venezia, 7 luglio 2021, cit. confermata sul punto da App. Venezia, 16 novembre 2023, cit. In dottrina, tuttavia, osserva che l'esercizio di una pratica commerciale scorretta integri un illecito amministrativo e non un reato penale, G. DE CRISTOFARO, *«Rimedi» privatistici individuali e pratiche commerciali scorrette*, cit., p. 477; ID., *Diritto italiano ed europeo dei consumatori*, cit., p. 238.

del *quantum* delle corrispondenti conseguenze lesive [159]. Qui, il richiamo alla frammentazione qualificatoria del pregiudizio in *danno-evento* e *danno-conseguenza* si mostra, invero, alquanto artificioso [160], in quanto, essendo incontestata la violazione da parte del pro-

---

[159] Riconosce, viceversa, nella lesione del diritto all'autodeterminazione dei consumatori la ricorrenza di un danno-evento ma nega il diritto al risarcimento della componente patrimoniale del danno, descritto come danno-conseguenza, reputando a riguardo non raggiunta la prova, App. Venezia, 16 novembre 2023, cit.

[160] La distinzione tra danno-evento e danno-conseguenza, in virtù della quale solo la prova della produzione di "una perdita di tipo analogo a quello indicato dall'art. 1223 c.c., costituita dalla diminuzione o privazione di un valore personale (non patrimoniale)" consente di associare all'evento della lesione una corrispondente obbligazione risarcitoria, risale ad una notissima decisione della Corte costituzionale – cfr. Corte cost., 27 ottobre 1994, n. 372 – in materia di risarcibilità del danno da lesione dell'integrità psicofisica con immediato effetto letale ed è stata elaborata al fine di tracciare il perimetro entro il quale riconoscere la legittimità di pretese risarcitorie fondate su illeciti produttivi di danni non patrimoniali – nella specie di un danno biologico – data la strutturale inidoneità di siffatta tipologia di danni alla proiezione esteriore dei loro contenuti. Con specifico riferimento alla materia della risarcibilità del danno non patrimoniale, tale indirizzo interpretativo è stato successivamente fatto proprio dalla giurisprudenza di legittimità – per tutte, cfr. Cass. 31 maggio 2003, n. 8827 e 8828, Cass., Sez. Un., 11 novembre 2008, n. 26972 – la quale, tuttavia, nel confermarlo, di recente ha significativamente valorizzato la funzione probante delle presunzioni, allo scopo evidente di alleggerire il peso, altrimenti difficilmente sostenibile, dell'onere della prova a carico della vittima di lesioni a valori intimamente connessi alla persona umana, di cui è chiaramente disagevole formalizzare i contorni. Da ultimo, cfr. Cass. 18 novembre 2022, n. 34026, sulla quale si soffermano F. MEZZANOTTE, G. PARISI, *La prova presuntiva del danno (-conseguenza) non patrimoniale*, in *Nuova giur. civ. comm.*, 3/2023, p. 598 ss. I due Autori, rilevando l'inammissibilità di una logica causalistica rivolta a negare la risarcibilità del danno non patrimoniale di cui sia provato la violazione quando non sia viceversa dimostrabile l'entità della perdita realmente patita, richiamano, a suggello di tale valutazione, Cass., Sez. Un., 15 novembre 2022, n. 33645, in *Danno e resp.*, 1/2023, p. 37 ss., con note di F. MEZZANOTTE, F. RUGGIERO, F. PIAIA, nella quale, peraltro, la materia è affrontata con riferimento alla risarcibilità di un danno "schiettamente patrimoniale (quale quello patito dal proprietario di un immobile illegittimamente occupato da terzi)". Cfr. F. MEZZANOTTE, G. PARISI, *op. ult. cit.*, p. 599. Nella stessa direzione muove Cass. 12 maggio 2023, n. 13073, in *Nuova giur. civ. comm.*, 5/2023, p. 1133, ove, pur negandosi la risarcibilità *in re ipsa* del danno per "mera violazione delle prescrizioni formali in tema di trattamento del dato", si afferma che "induce sempre al risarcimento quella violazione che concretamente offenda la portata effettiva del diritto alla riservatezza", auspicandosi così, secondo G.M. RICCIO, *Dati personali e rimedi: diritti degli interessati e profili risarcitori*, in *Nuova giur. civ. comm.*, 5/2023, p. 1129, "una valutazione casistica, che tenga conto non

fessionista del diritto all'autodeterminazione del consumatore mediante una pratica commerciale scorretta, la negazione di effetti pregiudizievoli a carico del consumatore, apprezzabili con certezza per equivalente monetario, rischia di rivelarsi il frutto della confusione tra un argomento procedurale – la mancata o insufficiente soddisfazione dell'onere probatorio, l'illegittimità della valutazione equitativa effettuata dal giudice – e un argomento sostanziale – l'esistenza o meno del pregiudizio [161]. Appurata la ricorrenza della lesione e l'imputabilità della responsabilità al professionista, occorrerebbe piuttosto riflettere, per un verso, sulla ripartizione dell'onere della prova più appropriata alla condizione di oggettiva asimmetria informativa ed economica in cui il contratto è stato concluso e, per altro verso, sui contenuti e sui margini di legittimità della valutazione equitativa che l'art. 1226 c.c. affida al giudice, ove non sia possibile provare l'entità del danno nel suo preciso ammontare [162].

---

solo della concreta lesione, ma anche dell'esposizione al rischio della posizione del danneggiato". Una ferma critica all'orientamento secondo il quale il danno-evento non sarebbe di per sé risarcibile è stata di recente formulata da P. SIRENA, *Danno-evento, danno-conseguenza e relativi nessi causali. Una storia di superfetazioni interpretative e ipocrisie giurisprudenziali*, in *Resp. civ. prev.*, 1/2023, p. 68 ss. In diversa prospettiva, con specifico riferimento alla violazione di diritti fondamentali della persona determinati da un illecito trattamento dei dati personali, si è altresì affermato che "la condotta illecita che produce lesione del diritto della persona è danno evento e al tempo stesso danno conseguenza, perché la «natura» del diritto leso, il valore personale non patrimoniale, postula che l'ordinamento debba garantire la sua integrità a fronte di condotte illecite interferenti, e non (...) a fronte di perdite patrimoniali; le quali peraltro nemmeno sono concepibili rispetto ad un valore primario e inviolabile: salvo che si voglia negare la distinzione tra persona e mercato". Cfr. C. CAMARDI, *Illecito trattamento dei dati e danno non patrimoniale. Verso una dogmatica europea*, in *Nuova giur. civ. comm.*, 5/2023, p. 1144.

[161] Come già segnalato, a rendere ancora meno convincenti gli argomenti proposti da App. Venezia, 26 novembre 2023, cit., è l'indicazione di un'"azione riparativa", quale rimedio "risolutivo", in forma specifica, del danno patrimoniale lamentato dal consumatore, stante l'evidenza della suscettibilità di valutazione economica della soluzione suggerita in alternativa al risarcimento del danno.

[162] Del tutto condivisibile appare in proposito la conclusione in base alla quale "l'esito sul punto del riconoscimento di un danno patrimoniale avrebbe forse potuto essere diverso se la Corte avesse valorizzato tecniche di agevolazione probatoria dell'esistenza, e della concreta misura, di un danno risarcibile, basate su presunzioni o su nozioni di comune esperienza che in altri ambiti sono frequentemente alla base delle decisioni". Cfr. C. SCOGNAMIGLIO, *Il risarcimento del dan-*

Dovrebbe giungersi a conclusioni opposte, viceversa, riguardo alla legittimità di una domanda risarcitoria volta ad ottenere la compensazione della frustrazione di un preteso diritto soggettivo alla effettiva realizzazione dell'utilità "ideale" perseguita attraverso il contratto concluso con il professionista. Si è già osservato, in proposito, che solo l'esplicitazione di un simile obiettivo e la sua formalizzazione nella determinazione del sinallagma contrattuale potrebbe ammantarlo di rilevanza giuridica, consentendo l'eventuale riconoscimento di un difetto di conformità *ex* art. 129, comma 3, lett. d), cod. cons. e l'applicabilità di uno dei rimedi a tale scopo predisposti dal legislatore. Viceversa, in assenza di dati attestanti la sua rilevanza nella definizione del programma negoziale concordato, non pare ammissibile invocare a fondamento della pretesa risarcitoria la lesione di un diritto fondamentale costituzionalmente garantito. Anche considerando le recenti modifiche agli artt. 9 e 41 Cost., volte al riconoscimento della tutela dell'ambiente, della biodiversità e degli ecosistemi, così come alla definizione del divieto di esercitare l'iniziativa economica privata in danno all'ambiente e alla salute, non pare che la lesione di interessi soggettivi rivolti alla condivisione e al perseguimento personale di quegli obiettivi pos-

---

no e la sua prova nell'azione di classe (a proposito del c.d. Dieselgate), cit., p. 176. Quanto alla valutazione equitativa del giudice, F. MEZZANOTTE, G. PARISI, *La prova presuntiva del danno (-conseguenza) non patrimoniale*, cit., p. 605, vedono, con specifico riguardo al danno non patrimoniale, nella valutazione equitativa "una tecnica attraverso cui (…) l'art. 1226 cod. civ. detta la soglia ultima di risarcibilità del sistema, fissando una regola di giudizio che orienta a favore dell'attore le sorti di una controversia nella quale egli sia in grado di dimostrare l'inesigibilità di una più puntuale documentazione della lamentata situazione pregiudizievole rispetto a quella compiuta con le proprie memorie difensive". Sempre con specifico riguardo alla risarcibilità del danno non patrimoniale, ma nell'ambito di una riflessione che si reputa ricca di spunti anche sul fronte della risarcibilità del danno patrimoniale di cui non sia provato il preciso ammontare, A.M. BENEDETTI, *Sanzionare compensando? Per una liquidazione non ipocrita del danno non patrimoniale*, in *Riv. dir. civ.*, 1/2019, p. 234, manifestando il proprio favore per una connotazione chiaramente sanzionatoria del risarcimento liquidato in via equitativa, sostiene che "la condotta dell'agente è elemento su cui si può costruire la determinazione equitativa del danno non patrimoniale, proprio per tararne la liquidazione non solo e non tanto sul danno (effettivo o presunto) patito dalla vittima, quanto sull'antigiuridicità del fatto (appunto: illecito) da cui sorge la necessità di una reazione più (o meno) intensa a danno del suo autore".

sano essere ritenuti oggetto di altrettanti diritti fondamentali [163]. Né pare si possa pervenire a conclusioni diverse, ove, attribuendo natura contrattuale alla responsabilità fonte dell'eventuale obbligazione risarcitoria, si argomenti che la natura complessa dell'obbligazione consenta di riconoscere, tra le componenti dell'interesse creditorio frustrato, anche profili attinenti a valori non patrimonialmente apprezzabili [164].

È indubbio, d'altra parte, che il grado di effettività e di efficacia della tutela così apprestata nei riguardi delle lesioni individuali procurate da pratiche commerciali scorrette dirette a sollecitare in-

---

[163] Cfr. C. CAMARDI, *Diritto civile e nuovi valori costituzionali*, cit., p. 561, la quale a riguardo non a caso richiama ad una "controllata applicazione dei principi costituzionali ai rapporti privati". Ma si veda anche M. MELI, *In tema di ricadute privatistiche della riforma degli artt. 9 e 41 Cost.*, in *Riv. crit. dir. priv.*, 4/2022, p. 549 ss., che, interrogandosi sulle implicazioni del recente intervento del legislatore costituzionale, segnala soprattutto l'attribuzione di una rinnovata attualità alla riflessione intorno al rapporto tra "Stato e mercato, tra Diritto ed Economia", nell'ambito della quale "un primo elemento di novità è rappresentato dal tentativo di definire un nuovo modello di interazione tra Stato/imprese (...) in cui lo Stato interviene non solo con un rafforzamento delle misure di regolazione pubblica, ma imponendo un diverso modo di «fare impresa», ben al di là della prospettiva della responsabilità sociale che, com'è noto, poggia su basi volontaristiche". Mentre "un secondo elemento di novità, direttamente connesso al primo, attiene ai meccanismi di controllo del sistema concorrenziale di mercato", considerato che le imprese, "in nome della sostenibilità", potranno dar vita a nuove forme di concertazione, "pur se in linea di principio vietate".

[164] Cfr. C. CASTRONOVO, *Responsabilità civile*, cit., p. 208 e ss. Aderisce a quest'orientamento interpretativo, A. PURPURA, *Private enforcement delle pratiche commerciali scorrette*, cit., pp. 839-840. In giurisprudenza, Cass. sez. un., 11 novembre 2008, n. 26972 ha ammesso la risarcibilità del danno non patrimoniale derivante dall'accertamento di una responsabilità di natura contrattuale proprio sulla base del rinvio all'art. 1174 c.c., il quale, richiedendo che la prestazione oggetto di obbligazione sia suscettibile di valutazione economica e corrisponda ad un interesse anche non patrimoniale del creditore, autorizza a considerare tra gli interessi creditori delusi dalla condotta della controparte anche quelli di matrice non patrimoniale cui la causa del relativo contratto attribuisce oggettiva rilevanza. Anche in questo caso, tuttavia, il giudice potrà riconoscere la risarcibilità delle sole conseguenze pregiudizievoli, debitamente provate, di lesione di diritti inviolabili della persona costituzionalmente garantiti. Sul punto, tra i tanti, M. FRANZONI, *Il danno non patrimoniale del diritto vivente*, in *Corr. Giur.*, 1/2009, p. 13 e ss.; F.D. BUSNELLI, *Le sezioni unite e il danno non patrimoniale*, in *Riv. dir. civ.*, 1/2009, p. 97 e ss.; S. MAZZAMUTO, *Il rapporto tra gli artt. 2059 e 2043 c.c. e le ambiguità delle Sezioni unite a proposito della risarcibilità del danno non patrimoniale*, in *Contr. e Impr.*, 3/2009, p. 589 e ss.

debitamente la sensibilità etica del singolo consumatore non possa raggiungere livelli particolarmente intensi. Nelle more del raggiungimento di una intensificata frequenza del ricorso ad azioni collettive e in assenza di interventi legislativi di espresso riconoscimento della legittimità di una connotazione non solo compensativa ma anche punitiva dell'obbligazione risarcitoria, dunque, non può che costatarsi, in quest'ambito, una certa fragilità dello strumento risarcitorio, come, d'altronde, sovente capita quando più in generale ci si soffermi sull'idoneità di strumenti privatistici di natura patrimoniale ad assicurare la tutela di interessi soggettivi non pienamente suscettibili di valutazione economica [165].

Si consideri ora la diversa ipotesi in cui una pratica commerciale scorretta si riveli fonte di pregiudizi nei riguardi dei quali l'ordinamento mette a disposizione del consumatore meccanismi "dedicati" di tutela. A questo riguardo, non pare improprio affrontare gli interrogativi sull'applicabilità di un rimedio ulteriore evocando la funzione di "chiusura" del sistema di tutele contrattuali assolta dalle norme disposte oggi dal diritto eurounitario per contrastare le lesioni individuali procurate da una pratica commerciale scorretta [166].

Giova innanzitutto ribadire che l'ambito di operatività dei rimedi individuali di cui si discorre interessi esclusivamente effetti pregiudizievoli per il consumatore irriducibili a quelli già oggetto di attenzione da parte dell'ordinamento giuridico mediante eventuali strumenti di tutela "dedicati". Nondimeno, potrebbero residuare margini di compatibilità tra l'azionamento di uno di questi strumenti di

---

[165] Non a caso, in una prospettiva volta a indagare, *de iure condendo*, la possibilità che il diritto dei consumatori divenga strumento davvero determinante di regolazione del mercato, si è considerata la pretesa di ritiro dal mercato quale strumento "particolarmente adatto a soddisfare il consumatore che consideri le proprie scelte d'acquisto rilevanti non solo di per sé, ma per tutto il mercato e per la società in generale". Cfr. A. QUARTA, *op. cit.*, p. 540. Rimane tuttavia da stabilire se e in che misura sia opportuno che il soggetto privato, con i suoi interessi particolari e cangianti, sia investito di un potere così intenso di selezione degli attori economici ammessi ad operare sul mercato.

[166] Da ultimo tale funzione di "chiusura" è espressamente assegnata alle norme relative all'attuazione della direttiva 2005/29/CE oltre che della direttiva 2011/83/UE – dalla relazione introduttiva alla proposta di modifica di tali due provvedimenti finalizzata alla responsabilizzazione dei consumatori per la transizione verde mediante il miglioramento della tutela dalle pratiche commerciali sleali e dell'informazione del 30 marzo 2022.

tutela – si pensi alla nullità di protezione o alla riparazione/sostituzione del bene con difetti di conformità – e il risarcimento del danno comunque procurato dalla pratica commerciale scorretta fonte dell'impiego sistematico di clausole abusive o dell'offerta di beni non conformi al contratto. Data la laconicità della normativa nazionale e sovranazionale sul punto [167], tuttavia, sembra opportuno analizzare distintamente le due ipotesi prese in considerazione.

Il riformato assetto del sistema "integrato" di *public* e *private enforcement* pare allo stato escludere che la dichiarazione della nullità di una clausola di cui sia stata accertata l'abusività legittimi la contestuale qualificazione come pratica commerciale scorretta dell'attività di predisposizione unilaterale della medesima clausola abusiva. Tantomeno pare ipotizzabile, in assenza di prove sull'entità del danno che si lamenti di aver subito, l'ammissibilità di una pretesa risarcitoria evocativa di un danno *in re ipsa* [168]. Piuttosto, si registra

---

[167] Come si vedrà nel paragrafo successivo, qualche indicazione normativa è invero ricavabile dalla lettura dell'art. 135 *septies*, cod. cons. con riferimento al diritto al risarcimento del danno subito dal consumatore acquirente di un bene che presenti difetti di conformità. Ciò, tuttavia, non contribuisce a diradare i dubbi relativi all'eventuale concorrenza di tale diritto con il diritto alla reintegrazione della lesione eventualmente procurata allo stesso soggetto dalla pratica commerciale scorretta che ha contribuito a conformare l'assetto di vantaggi, svantaggi e rischi definito dal contratto di vendita del bene con difetti di conformità, alterandone l'equilibrio sinallagmatico accettato dalle parti.

[168] La considerazione formulata nel testo, tuttavia, potrebbe oggi essere revocata in dubbio dalla lettura di Corte Giust., 15 giugno 2023, C-520/21 che, come già accennato *supra*, cap. III, nota 152, in seguito all'annullamento di un contratto di mutuo con il consumatore contenente clausole abusive, giudica conforme al diritto eurounitario "un'interpretazione del diritto nazionale, secondo la quale il consumatore ha diritto di chiedere all'istituto di credito una compensazione eccedente il rimborso delle rate mensili versate e delle spese pagate a titolo dell'esecuzione di tale contratto, nonché il pagamento degli interessi di mora al tasso legale a decorrere dalla domanda di pagamento, purché gli obiettivi della direttiva 93/13 e il principio di proporzionalità siano rispettati". Secondo il giudice del rinvio, infatti, il diritto polacco si sarebbe prestato ad un'interpretazione delle nozioni di ingiustificato arricchimento e di prestazione indebita utile a riconoscere al consumatore anche il diritto alla corresponsione di eventuali vantaggi conseguiti da parte del professionista per il tempo in cui abbia disposto delle prestazioni indebitamente ricevute in virtù dell'efficacia delle clausole abusive. La questione sottoposta alla valutazione della Corte di Giustizia, come visto *supra*, cap. III, nota 137, è di grande attualità anche nel contesto nazionale, considerata la rimessione di Cass. civ., Sez. III, 20 febbraio 2023, n. 5222 alle Sezioni Unite della connessa questione attinente al rilievo da attribuire al principio della sussi-

diarietà dell'azione di arricchimento senza causa, sancito dall'art. 2042 c.c., sulla quale, cfr. D. CARUSI, *Buone notizie dalla Cassazione: l'interpretazione dell'art. 2042 c.c. verso l'esame delle Sezioni unite*, in *Giur it.*, 7/2023, 1531 ss.; P. GALLO, *Verso il superamento della sussidiarietà dell'azione di arricchimento*, in *Nuova giur. civ. comm.*, 3/2023, p. 678 ss. Quest'ultimo Autore, in particolare, auspicando il superamento dell'indirizzo interpretativo restrittivo, favorevole ad applicare la regola della sussidiarietà tutte le volte in cui sia possibile in astratto il ricorso ad un'azione alternativa, sostiene invece l'opportunità di una verifica "in concreto" dell'esperibilità di un'azione alternativa. Cass., Sez. Un., 5 dicembre 2023, n. 26259 ha ora parzialmente disatteso tali auspici, enunciando il principio di diritto secondo il quale la regola di sussidiarietà non opera e l'azione di arricchimento è proponibile "ove la diversa azione, fondata sul contratto, su legge ovvero su clausole generali, si riveli carente *ab origine* del titolo giustificativo. Viceversa, quella stessa azione resta preclusa nel caso in cui il rigetto della domanda alternativa derivi da prescrizione o decadenza del diritto azionato, ovvero nel caso in cui discenda dalla carenza di prova circa l'esistenza del pregiudizio subito, ovvero in caso di nullità del titolo contrattuale, ove la nullità derivi dall'illiceità del contratto per contrasto con norme imperative o con l'ordine pubblico". Si è osservato, d'altronde – cfr. C. CASTRONOVO, *Responsabilità civile*, cit., p. 714 – che "la sussidiarietà rende evidente che l'arricchimento è collocato dall'ordinamento su un piano più basso, di istituto di secondo momento cioè, al quale si può approdare se ed in quanto non ci sia uno strumento alternativo prioritario. Ne consegue che, rispetto al medesimo danno non è possibile mettere la responsabilità civile, che sussidiaria non è, in alternativa con l'arricchimento: teorizzare il concorso tra le due azioni (…) appare incoerente con le premesse". La pronuncia delle Sezioni Unite, dunque, non riconosce all'azione di ingiustificato arricchimento una funzione integrativa della responsabilità civile. Non sembra, tuttavia, riservata miglior sorte all'indirizzo interpretativo volto, di contro, a valorizzare l'autonomia funzionale della fattispecie disposta dall'art. 2041 ss.; indirizzo secondo il quale la relativa azione sarebbe finalizzata alla restituzione del profitto tratto dall'indebito impiego di risorse altrui in via extracontrattuale, come ora pare suggerire pure la giurisprudenza eurounitaria. L'efficacia preclusiva del principio di sussidiarietà, infatti, sarebbe giustificata tutte le volte in cui, a fronte del vantaggio che certamente l'arricchito avrebbe tratto dall'utilizzo di risorse altrui, non sarebbe adeguatamente provata la ricorrenza di un altro elemento costitutivo della fattispecie, ovvero il correlativo impoverimento di chi intenda esercitare il diritto alla restituzione. Seppure, dunque, i sostenitori di tale indirizzo, anche sulla scorta di Cass., Sez. Un., 11 settembre 2008, n. 23385, rimarchino l'estraneità funzionale della pretesa restitutoria del lucro tratto dall'ingiustificato impiego di risorse altrui alla contestazione di un danno mediante la diversa azione aquiliana, cfr. A. ALBANESE, *L'arricchimento senza causa è, dunque, una clausola generale autonoma dalla clausola di ingiustizia del danno*, in *Contr. e Impr.*, 4-5/2009, p. 828, è dubbio che siffatta estraneità funzionale possa spingersi al punto da legittimare una pretesa restitutoria indipendentemente dalla prova dell'esistenza di una correlazione tra l'arricchimento mediante l'utilizzo di risorse altrui e l'impoverimento del loro titolare. Per questa via, infatti, potrebbe pervenirsi più al sostanziale ridimensionamento dell'onere probatorio circa il danno da lucro cesl'estensione delle pesanti sanzioni pecuniarie, che l'AGCM può disporre a carico del professionista responsabile di pratiche commerciali scorrette ai sensi dell'art. 27, comma 9-9 *ter*, cod. cons., anche alle ipotesi di accertamento di clausole abusive. E si registra altresì, in forza della designazione dell'AGCM quale "autorità competente responsabile dell'applicazione della direttiva 93/13/CEE del Consiglio del 5 aprile 1993", disposta dall'art. 37 *bis*, comma 1, cod. cons., con riferimento ai relativi accertamenti e procedimenti sanzionatori, l'attribuzione alla stessa autorità dei poteri in origine previsti dall'art. 27 cod. cons. con esclusivo riferimento alle pratiche commerciali scorrette, tra i quali rientra anche il potere di eliminare gli effetti degli illeciti accertati [169].

Analogamente, quanto all'interrogativo circa l'ammissibilità che una pretesa risarcitoria da pratica commerciale scorretta affianchi l'azionamento di uno dei rimedi disposti per ovviare al difetto di conformità del bene, dovrebbe potersi rispondere in senso affermativo solo nel caso in cui fosse accertabile che per questa via si persegue la compensazione di un pregiudizio distinto da quello al quale intendono rimediare gli strumenti di tutela "dedicati" alla garanzia della conformità dei beni venduti dal professionista al consumatore [170]. In ogni caso, la misura della relativa obbligazione risarcitoria dovrebbe essere resa compatibile, di volta in volta, con gli effetti prodotti dallo strumento di tutela specificamente azionato al fine

---

sante di chi sia stato vittima di un fatto illecito, che non al riconoscimento di una possibilità di cumulo, giustificato dalla diversità della *causa petendi*, dell'azione risarcitoria e di quella restitutoria. Non a caso, del resto, con la loro ordinanza di rimessione, i giudici di legittimità della III sezione hanno evidenziato che «la finalità della regola – di residualità dell'azione [di arricchimento ingiustificato] – sta nella necessità di evitare aggiramenti, ossia evitare che, inutilmente esperita o esperibile l'azione principale, l'interessato ottenga per altre vie il risultato negato in primis».

[169] Sul punto, cfr. G. DE CRISTOFARO, *Vessatorietà e trasparenza delle clausole dei contratti B-to-C e procedimenti amministrativi di competenza AGCM. Il novellato art. 37-bis C. Cons.*, in *Nuove leggi civ. comm.*, 3/2023, p. 5333 ss. il quale, seppure in formula dubitativa, ritiene plausibile che la rimozione degli effetti pregiudizievoli di clausole abusive si sostanzi nella disposizione da parte dell'Autorità di altrettanti ordini restitutori – non risarcitori – a favore dei singoli consumatori.

[170] Cfr. A. VENTURELLI, *I rimedi esperibili dal consumatore: il risarcimento del danno e l'*exceptio inadimpleti contractus, in G. DE CRISTOFARO (a cura di), *La nuova disciplina della vendita mobiliare nel codice del consumo*, cit., p. 376.

di rimediare al difetto di conformità, in modo da scongiurare inammissibili ipotesi di duplicazione delle tutele accordate al consumatore. Sicché, come già visto a proposito delle ipotesi di cumulo di riduzione del prezzo o restituzioni dovute a risoluzione del contratto e risarcimento del danno per lesione da pratica commerciale scorretta [171], anche in questo caso la somma di denaro eventualmente dovuta al singolo consumatore a titolo compensativo pare destinata ad assumere, in genere, una rilevanza piuttosto residuale.

Infine, ove una pratica commerciale scorretta sia stata adottata a vantaggio di un professionista diverso e privo di legami economici con quello che ha perfezionato l'accordo con il consumatore, l'obiettivo dell'effettività e della proporzionalità della tutela sembra contrastare con una concentrazione delle eventuali pretese rimediali della vittima della pratica commerciale scorretta nei riguardi di uno solo dei due professionisti.

Nel caso considerato, dunque, il professionista che di quella pratica si sia avvalso dovrebbe essere esposto alle pretese risarcitorie del consumatore, ma anche all'eventuale regresso, *ex* art. 134 cod. cons., dell'omologo che, avendo stipulato con il consumatore, anche grazie agli effetti della stessa pratica commerciale scorretta, dovrebbe comunque rimanere esposto all'azionamento di uno dei rimedi individuali contro gli effetti pregiudizievoli di una pratica commerciale scorretta diversi dal risarcimento del danno [172].

È possibile, naturalmente, che il responsabile della pratica commerciale scorretta, all'esito delle dovute procedure di accertamento, sia altresì destinatario di un provvedimento sanzionatorio da par-

---

[171] Si veva *supra*, parr. 7 e 8.

[172] Secondo G. De Cristofaro, *«Rimedi» privatistici individuali e pratiche commerciali scorrette. Il recepimento del diritto italiano dell'art. 11*-bis *della direttiva 2005/29/CE. (Comma 15*-bis, *art. 27 c. cons.)*, cit., p. 491, invece, il consumatore in questi casi avrebbe titolo solo ad azionare il risarcimento del danno nei riguardi del professionista autore della pratica commerciale scorretta, poiché "se (...) ne venisse ammessa l'esperibilità da parte del consumatore, i rimedi della risoluzione del contratto e della riduzione del prezzo si rivelerebbero palesemente e ingiustificatamente «sproporzionati» per il professionista che ha instaurato il rapporto contrattuale (...), il quale si troverebbe a dover subire (...) le conseguenze del comportamento di soggetti terzi che hanno agito al di fuori della sua sfera di controllo e in assenza di qualsivoglia rapporto o legale economico idoneo a legittimarli ad agire per suo conto".

te dell'AGCM. Pare tuttavia lecito dubitare che l'insieme delle misure di *private* e *public enforcement* che pure potrebbero essere adottate nei suoi riguardi siano sufficienti a garantire una tutela adeguata al consumatore interessato nell'immediato a gestire il destino del vincolo negoziale.

Proprio per questa ragione, si ritiene che gli eventuali effetti pregiudizievoli subiti, non solo giustifichino pretese risarcitorie nei riguardi del responsabile della pratica commerciale scorretta, ma al contempo rappresentino altrettanti rischi contrattuali di cui anche il professionista controparte contrattuale, nell'ambito della sua attività d'impresa e a prescindere dall'accertamento di una sua responsabilità personale, debba farsi carico [173]. D'altronde, come in precedenza si è provato a dimostrare, è proprio la sostanziale identità delle ragioni appena esposte con quelle che fondano la previsione di un obbligo di garanzia a carico del venditore di beni non conformi – indipendentemente dalla circostanza che costui ne sia il produttore – a rendere plausibile l'applicazione di gran parte delle norme che di quella garanzia disciplinano gli effetti anche all'ipotesi che il singolo consumatore intenda tutelarsi dagli effetti pregiudizievoli di una pratica commerciale scorretta, senza che sia necessario l'accertamento della responsabilità del professionista con il quale egli abbia contrattato.

---

[173] Cfr. U. SALANITRO, (voce) *Rischio contrattuale*, in *Contratto*, diretto da G. D'AMICO, *I tematici*, I, *Enc. dir.*, Giuffrè, 2021, p. 1050 ss.

Capitolo IV

La lesione individuale da pratica commerciale scorretta: natura e disciplina della responsabilità del professionista

Sommario: 1. Lo statuto giuridico della responsabilità da pratiche commerciali scorrette del professionista. Cenni introduttivi. – 2. Natura della responsabilità precontrattuale da condotta scorretta e disciplina applicabile: i limiti del tradizionale approccio dicotomico al problema. – 3. La disciplina applicabile alla responsabilità da pratica commerciale scorretta, oltre l'approccio dicotomico. – 4. Imputabilità della responsabilità al professionista e relativi oneri probatori. – 5. Il problema della limitazione dell'obbligazione risarcitoria ai danni prevedibili e la prescrizione delle relative pretese.

1. *Lo statuto giuridico della responsabilità da pratiche commerciali scorrette del professionista. Cenni introduttivi*

La riflessione sinora condotta rivela una chiave di lettura al problema dell'applicabilità del rimedio risarcitorio da lesione procurata al consumatore da una pratica commerciale scorretta differente da quella adottata per argomentare, non solo l'ammissibilità, ma anche l'efficacia del ricorso alla risoluzione del contratto e alla riduzione del prezzo, quali strumenti tanto agili quanto adeguati di tutela effettiva degli interessi individuali del consumatore.

In quel caso, data la singolarità del richiamo a tali strumenti, operato dal diritto di matrice eurounitaria in relazione a lesioni degli interessi dei consumatori le cui cause non sono assimilabili né ad un inadempimento contrattuale né alla ricorrenza di un difetto di conformità del bene eventualmente oggetto dello scambio, se ne è individuato l'ambito di applicabilità e si è proposto di verificare se e in quale misura una reazione giuridica effettiva e proporzionata alla compromissione dell'interesse del consumatore potesse essere ricavata dalla disciplina dei rimedi che rendono operativo l'istituto della garanzia nella vendita di beni di consumo.

Nel caso del rimedio risarcitorio, invece, individuata la situazione giuridica soggettiva interferita e accantonato il problema dell'imputabilità della relativa responsabilità – sulla quale pure occorrerà tornare – ci si è soffermati, innanzitutto, sulla misura del pregiudizio provocato, allo scopo di chiarire definitivamente le differenze funzionali caratterizzanti ora gli effetti rimediali del risarcimento del danno ora quelli della risoluzione del contratto e della riduzione del prezzo. In quest'ultima prospettiva, premesso il carattere alquanto articolato della lesione lamentata, l'indagine è stata altresì rivolta a saggiare concretamente costi e benefici connessi all'azionamento dei rimedi cui è riconosciuta funzione restitutoria e dei rimedi cui invece è assegnata funzione compensativa. Si è così verificato che, per quanto una pretesa risarcitoria possa senz'altro essere esercitata sia in luogo di un rimedio a vocazione restitutoria, sia in concorso con quello, l'esito del suo azionamento potrebbe comportare, in punto di tutela dell'interesse del consumatore leso, effetti concretamente equiparabili a quelli di natura restitutoria prodotti dalla richiesta della riduzione del prezzo o della risoluzione del contratto, se non addirittura meno appaganti.

Nulla invece è stato ancora accertato a proposito della natura della responsabilità addebitabile al professionista, così come della disciplina applicabile. Ebbene, alla luce dei risultati raggiunti, è tempo di rivolgere l'attenzione proprio all'analisi di tali profili.

Si potrebbe in primo luogo guardare al percorso interpretativo che larga parte della dottrina segue al fine di definire la natura della responsabilità del professionista/venditore di un bene che risulti affetto da un difetto di conformità [1], rivisitandolo nella misura in cui

---

[1] Il legislatore eurounitario, malgrado la recente riforma della disciplina della vendita di beni di consumo non conformi, ha sempre omesso di normare, delegandone il compito ai legislatori nazionali, la materia degli obblighi risarcitori di cui il professionista potrebbe essere chiamato a rispondere, ove i vizi di conformità del bene siano stati all'origine di un danno al consumatore. L'interrogativo sulla natura e sulla disciplina applicabile alla relativa responsabilità è pertanto divenuto parte dell'annoso dibattito circa il novero dei diritti previsti dall'ordinamento nazionale, di cui il consumatore potrebbe avvalersi contestualmente ai di-

ciò possa apparire funzionale alla formulazione di risposte che, in questa sede, si ricercano con specifico riguardo al tema della responsabilità per lesioni prodotte al singolo consumatore da pratiche commerciali scorrette.

In questa prospettiva non sembra tuttavia di particolare utilità addentrarsi nel dibattito circa la riconducibilità della responsabilità per lesioni da difetti di conformità del bene all'ambito di operatività dell'art. 1494 c.c. o, alternativamente, all'ambito di operatività dell'art. 1218 c.c.[2]. Il dissidio appare infatti inscindibilmente connesso al contrasto teorico circa lo statuto giuridico della garanzia dovuta dal venditore. L'obbligo di garanzia del venditore è rappresentato, da una parte della dottrina, alla stregua di un'ipotesi particolare di responsabilità contrattuale, avvalorata dalla previsione

---

ritti di matrice eurounitaria. Cfr. A. LUMINOSO, *La compravendita*, cit., p. 440 ss.; T. DALLA MASSARA, *I rimedi a favore del consumatore tra codice civile e codice del consumo*, in T. DALLA MASSARA (a cura di), *La vendita di beni mobili*, cit., p. 443 ss.; A. MANIACI, *Rimedi e limiti di tutela dell'acquirente*, cit., p. 166 ss. Oggetto del dibattito è stata a lungo anche l'interpretazione dell'art. 135 cod. cons., nella formulazione precedente al recepimento della direttiva 2019/771/UE, ai sensi del quale "*1. Le disposizioni del presente capo non escludono né limitano i diritti che sono attribuiti al consumatore da altre norme dell'ordinamento giuridico. 2. Per quanto non previsto dal presente titolo, si applicano le disposizioni del codice civile in tema di contratto di vendita*". Per un'analisi più approfondita del dibattito sul tema e maggiori riferimenti bibliografici, cfr. F. OLIVIERO, *La riduzione del prezzo nel contratto di compravendita*, cit., p. 403 ss. Il d.lgs. 4 novembre 2021, n. 170, in attuazione della direttiva 2019/771/UE, ha riformulato tale ultima disposizione, sicché oggi l'art. 135 *septies* cod. cons. recita che: "*1. Per quanto non previsto dal presente capo, si applicano le disposizioni del codice civile in tema di formazione, validità ed efficacia dei contratti, comprese le conseguenze della risoluzione del contratto e il diritto al risarcimento del danno. 2. Per gli aspetti disciplinati dal presente capo non si applicano altre disposizioni aventi l'effetto di garantire al consumatore un diverso livello di tutela*". Omettendo il riferimento alla disciplina del contratto di vendita, presente in precedenza, la novella sembra confermare l'opinione, invero già maggioritaria, secondo la quale la responsabilità del professionista deve considerarsi un'ipotesi di responsabilità per inadempimento contrattuale *ex* art. 1218 c.c. Sul punto, cfr. F. OLIVIERO, *La riduzione del prezzo nella vendita*, cit., p. 393 ss.

[2] In proposito, cfr. F. OLIVIERO, *La riduzione del prezzo nel contratto di compravendita*, cit., p. 370 ss. Quanto alla disciplina del risarcimento del danno subito dal consumatore acquirente di un bene con difetti di conformità, successiva al recepimento della direttiva 2019/771/UE, cfr. A. VENTURELLI, *I rimedi esperibili dal consumatore: il risarcimento del danno e l'*exceptio inadimpleti contractus, cit., p. 357 ss.

contenuta dall'art. 1494 c.c. e disciplinata alla stregua dell'art. 1218 c.c. [3]. Da altra parte della dottrina, l'istituto della garanzia è descritto, invece, come uno specifico effetto del contratto di compravendita, cui potrebbe cumularsi l'ipotesi di responsabilità per lesioni disposta dall'art. 1494 c.c., a sua volta presentata, ora come fonte di un'obbligazione risarcitoria nella misura dell'interesse positivo [4], ora come fonte di un'obbligazione risarcitoria nella misura dell'interesse negativo [5].

Nel caso di lesioni di interessi individuali del consumatore prodotte da una pratica commerciale scorretta, al contrario, data l'autonomia funzionale dei singoli strumenti rimediali predisposti a tu-

---

[3] Secondo quanti considerano la garanzia dovuta dal venditore una ipotesi particolare di responsabilità, l'art. 1494, comma 1, c.c. servirebbe solo a sancire l'obbligo al risarcimento del danno nella misura dell'interesse positivo, ove l'inadempimento rappresentato dalla presenza del vizio sia imputabile al venditore, cfr. A. RAVAZZONI, *La formazione del contratto*, cit., p. 30; C.M. BIANCA, *La vendita e la permuta*, cit., p. 976. L'art. 1494 c.c. sancirebbe invece un'ipotesi di responsabilità extracontrattuale del venditore, da affiancare alla reazione, rappresentata dalla garanzia, contro la violazione degli obblighi di informazione imposti dalla buona fede precontrattuale, nel caso di conoscenza effettiva o ignoranza colposa dei vizi da parte di "un esercente un'attività professionale dedita alla produzione e commercio della cosa del tipo di quella venduta" per G. VISINTINI, *La reticenza nella formazione dei contratti*, cit., p. 186.

[4] Cfr. L. MENGONI, *Profili di una revisione della teoria sulla garanzia per i vizi nella vendita*, cit., p. 404, secondo il quale il risarcimento prescritto dall'art. 1494, comma 1, c.c. sarebbe dovuto dal venditore nella misura dell'interesse positivo, trattandosi di "un aspetto, sia pure qualificato, della garanzia", la quale, rappresentata come "surrogato della pretesa di adempimento" includerebbe già "il pieno risarcimento del danno, cioè il risarcimento dell'interesse *positivo* del compratore". L'Autore precisa in proposito che, "nel caso di ignoranza, o almeno di ignoranza scusabile dei vizi, appare iniquo accollare al venditore l'intero rischio per la mancanza delle qualità considerate nel contratto" (*Ivi*, p. 407), mentre tale rischio graverebbe sul venditore nel caso di mala fede, seppure "intesa alla stregua di un puro stato intellettivo" (*Ivi*, p. 408). In senso analogo, cfr. F. BENATTI, *La responsabilità precontrattuale*, cit., p. 75 ss.

[5] Secondo parte della dottrina, l'art. 1494 c.c. sancirebbe una responsabilità derivante da un comportamento contrario alla buona fede *ex* art. 1337 c.c. Tale responsabilità discenderebbe in particolare dall'inadempimento di un'obbligazione di protezione e imporrebbe un'obbligazione risarcitoria da calcolare nella misura dell'interesse negativo, che andrebbe disciplinata secondo il regime disciplinare della responsabilità contrattuale. Cfr. C. CASTRONOVO, *Problema e sistema nel danno da prodotto*, cit., p. 450 ss.; più di recente G. GRISI, *L'obbligo precontrattuale di informazione*, cit., p. 221 ss.; M. MANTOVANI, *op. cit.*, p. 172.

tela degli interessi del consumatore, il percorso da intraprendere per ricercare i riferimenti normativi utili a definire lo statuto giuridico della responsabilità del professionista appare più lineare [6]. Il riferimento all'istituto della garanzia in occasione di una pratica commerciale scorretta, adottata nella fase del perfezionamento di un accordo contrattuale, d'altronde, è servito unicamente a definire le modalità operative dei rimedi della risoluzione del contratto e della riduzione del prezzo, in relazione alla tutela di un interesse la cui lesione, però, può sempre richiedere in via concorrente o in via sostitutiva anche l'autonomo azionamento del rimedio risarcitorio [7]. La questione della responsabilità del professionista, dunque, nell'ipotesi di pratiche commerciali operanti nella fase di formazione del regolamento contrattuale, va circoscritta all'accertamento del mancato rispetto del dovere di correttezza precontrattuale, rimanendo incerta semmai l'intensità del vincolo giuridico derivante dal richiamo disposto dall'art. 1337 c.c. al dovere di buona fede.

La specifica ipotesi di responsabilità oggetto di indagine può considerarsi espressione particolare di una responsabilità precontrattuale [8], alla stregua della responsabilità "da prospetto" o "da er-

[6] Diversamente, nella vendita di un bene con difetti di conformità, come puntualmente osserva L. REGAZZONI, *La garanzia nel diritto dei contratti*, cit., pp. 356-357, "è possibile che la legge moduli diversamente l'*estensione del rischio garantito*, limitandolo alla sola entità del corrispettivo (ed allora la garanzia assume un carattere meramente restitutorio) ovvero anche ai risarcimento dei costi sostenuti per la conclusione e l'esecuzione del contratto (nella prospettiva dell'interesse negativo) o dei danni derivati dalla mancata attuazione del risultato stesso (in quella, diversa, dell'interesse positivo)". Secondo lo stesso Autore, la diversa modulazione degli effetti rimediali della garanzia andrebbe giustificata "in considerazione dell'esigenza di attuare una *ripartizione equilibrata dei rischi* tra le parti del contratto; e, dunque, (...) può risultare preferibile limitare gli effetti rimediali [della garanzia] al ristoro soltanto di alcune voci di pregiudizio e non di altre, così da non gravare eccessivamente la posizione del garante" (*Ivi*, pp. 357-358).

[7] Un'ipotesi nella quale il risarcimento del danno opera indipendentemente dalla garanzia, costituendo l'effetto "di un'ordinaria responsabilità da inadempimento di obblighi di *facere* del garante", si riscontra anche nella disciplina dell'appalto (art. 1668 c.c.). Cfr. L. REGAZZONI, *La garanzia nel diritto dei contratti*, cit., p. 355.

[8] La rappresentazione teorica della responsabilità del professionista, da questo punto di vista, coincide con quella che autorevole Dottrina sostiene a proposito della responsabilità del venditore prevista dall'art. 1494 c.c. Si veda *supra*, cap. IV, nota 4.

rata o omessa informazione"[9]. In quest'ottica, spunti utili possono essere ricavati dall'ipotesi di responsabilità sovente accertata in giurisprudenza con riferimento alla fornitura di informazioni scorrette, ambigue o reticenti nella fase di perfezionamento del vincolo contrattuale[10].

La connotazione dell'interesse soggettivo interferito, il quale trova la sua principale sede di espressione nella fase che precede il perfezionamento dell'accordo, ove massima è l'esigenza del consumatore di conoscere, comprendere e valutare la reale portata dell'affare oggetto del contratto e, quindi, i vantaggi, i rischi e i costi che ne possono derivare, spiegherebbe l'esclusione della ricorrenza di una responsabilità da inadempimento, quantomeno intendendo quest'ultimo come mancato o inesatto adempimento della prestazione principale oggetto del contratto[11]. Tale interesse, d'altra par-

---

[9] Il contenuto del dovere di informazione è considerato variabile da G. MERUZZI, *La trattativa maliziosa*, Cedam 2002, p. 224, in quanto la sua estensione sarebbe "direttamente proporzionale alla complessità dei rapporti intercorrenti tra le parti e del modello commerciale utilizzato. (...) Alla stregua di tale criterio colui che, per la complessità tecnologica dei beni oggetto del futuro contratto o per il livello tecnico della prestazione e il grado di specializzazione necessario per la sua esecuzione, sia a conoscenza di informazioni difficilmente acquisibili dalla controparte, sarà tenuto ad informarla di tutti gli elementi e le circostanze che possono frustrare la realizzazione dell'interesse perseguito tramite la sua conclusione" (*Ivi*, p. 225).

[10] G. GRISI, *L'obbligo precontrattuale di informazione*, cit., p. 377 ss.; G. AFFERNI, *Il quantum del danno nella responsabilità precontrattuale*, cit., p. 159 ss.; G. MERUZZI, *La trattativa maliziosa*, cit., p. 229 ss. In giurisprudenza, oltre al *leading case* Cass., Sez. Un., 19 dicembre 2007, n. 26724, in *Nuova giur. civ. comm.*, 2008, I, p. 432 ss. con nota di U. SALANITRO, *Violazione della disciplina dell'intermediazione finanziaria e conseguenze civilistiche:* ratio decidendi *e* obiter dicta *delle sezioni unite*, da ultimo cfr. Cass. 31 maggio 2021, n. 15099; Cass. 10 aprile 2014, n. 8462.

[11] La precisazione nulla toglie all'opinione dottrinaria – sulla quale si tornerà *infra* – secondo la quale la responsabilità derivante dalla violazione della buona fede precontrattuale vada considerata come una ipotesi specifica di responsabilità contrattuale. Tra i tanti, qui, cfr. F. PIRAINO, *La natura contrattuale della responsabilità precontrattuale (ipotesi sull'immunità)*, cit., p. 52, secondo il quale "L'intera area degli obblighi *ex fide bona* può essere ricondotta alla legge, nel quadro della funzione integrativa di natura cogente esplicata dalla buona fede, sebbene la natura indeterminata dei suoi precetti e la loro formulazione in termini valutativi comportino che la concreta determinazione dell'obbligo vada affidata all'opera di specificazione dell'interprete, sicché gli obblighi di buona fede trovano

te, si connota per la sua assoluta funzionalità alla realizzazione di un'operazione economica quanto più possibile rispondente alle esigenze e agli interessi del consumatore. Il che, come si è già avuto modo di mostrare con riferimento alla quantificazione dell'obbligazione risarcitoria derivante dall'accertamento della responsabilità da errata o ambigua informazione precontrattuale [12], contribuisce a rendere controverso il profilo della rigorosa delimitazione alla misura dell'interesse negativo del risarcimento eventualmente dovuto.

Ebbene, si tratta di un interesse soggettivo la cui lesione si colloca in quella "terra di mezzo tra contratto e torto" di cui la fase preliminare alla conclusione di un contratto è espressione tipica e che da sempre solleva interrogativi circa la disciplina applicabile alla relativa responsabilità [13].

Si è soliti fornire risposte a riguardo indagando la qualità del rilievo giuridico accordato all'interesse soggettivo leso, per poi ricavare dall'esito di tale indagine il tipo di responsabilità, ora da inadempimento contrattuale, ora da illecito extracontrattuale, che, per statuto teorico, meglio si presti a giustificare e a governare l'obbligazione risarcitoria riconosciuta in capo alla persona responsabile della lesione da riparare [14]. L'indagine circa il rilievo giuridico da accordare all'interesse leso, finora condotta allo scopo di procedere ad una corretta quantificazione dell'obbligazione risarcitoria, allora, si rivela essenziale anche al fine di stabilire, a monte, il regime disciplinare cui sottoporre la responsabilità eventualmente imputabile al professionista. La soluzione ai quesiti riguardanti l'assolvimento degli oneri probatori – utili all'attestazione della fondatezza delle pretese del consumatore – il perimetro della lesione risarcibile e l'inizio e la fine dell'intervallo temporale in cui il consumatore sia legittimato ad agire, dovrebbe discendere proprio dalla considerazione del rilievo giuridico accordato all'interesse leso e dalla con-

---

nella legge la loro fonte e nel giudizio di valore dell'interprete, specie del giudice, la loro concretizzazione".

[12] Cfr. G. MERUZZI, *La quantificazione dell'interesse contrattuale negativo nella responsabilità* in contrahendo ex *art. 1338 c.c.*, cit., p. 1104 ss.

[13] Cfr. C. CASTRONOVO, *Responsabilità civile*, cit., p. 301.

[14] Con specifico riferimento alla responsabilità da informazioni inesatte, tuttavia, segnala "la crisi della distinzione tra responsabilità contrattuale e responsabilità extracontrattuale", F.D. BUSNELLI, *Itinerari europei nella «terra di nessuno tra contratto e fatto illecito»: la responsabilità da informazioni inesatte*, cit., p. 321 ss.

seguente connotazione della responsabilità del professionista come espressione particolare di una responsabilità alternativamente di natura contrattuale o extracontrattuale.

Se non che, così come si è evidenziata la fallacia di una rigida contrapposizione dei parametri di misurazione applicabili al calcolo dell'obbligazione risarcitoria, a seconda che la condotta scorretta preceda o segua la conclusione del contratto, allo stesso modo potrebbe non apparire del tutto appagante costringere la responsabilità del professionista da pratica commerciale scorretta alternativamente tra le maglie della responsabilità contrattuale o extracontrattuale.

Potrebbe non rivelarsi improprio, al contrario, procedere alla definizione dello statuto disciplinare della specifica ipotesi di responsabilità oggetto di analisi continuando ad indagare i problemi connessi all'esigenza di tutelare gli interessi individuali del consumatore, quando essi risultino incisi dagli effetti di una pratica commerciale scorretta. Si potrebbe, cioè, stabilire quali norme applicare alla disciplina dell'ipotesi di responsabilità di cui si tratta esaminando, nelle sfaccettature non ancora considerate, la richiesta di tutela manifestata dalla vittima della pratica commerciale scorretta, sempre che – si intende – il valore delle utilità recuperabili in via meramente restitutoria non risulti sufficiente ad una soddisfazione piena, effettiva e proporzionata del tipo di pregiudizio lamentato [15].

---

[15] Come più volte segnalato, del resto, il *considerando* n. 37 della direttiva 2020/1828 relativa alle azioni rappresentative a tutela degli interessi collettivi dei consumatori, attribuendo ai benefici che il consumatore dovrebbe poter ottenere grazie ad azioni rappresentative "la forma di rimedi, quali indennizzo, riparazione, sostituzione, riduzione del prezzo, risoluzione del contratto o rimborso del prezzo pagato", mostra chiaramente, per un verso, che il fenomeno della lesione dei diritti del consumatore sia inteso dal diritto eurounitario in senso estremamente ampio e che, per altro verso, il riferimento all'adozione di provvedimenti risarcitori assuma un significato del tutto atecnico, al quale sembra addirittura estranea la definizione di un'obbligazione risarcitoria, da liquidarsi, alla stregua dell'art. 1223 c.c., nella misura della perdita subita e del mancato guadagno, in quanto ne siano conseguenza immediata e diretta. L'ipotesi di lavoro in questa sede indagata potrebbe trovare conforto nell'idea secondo la quale, nell'ambito del diritto speciale dei contratti del consumatore, non sarebbe ammissibile "fondare sulla *clausola generale* di cui all'art. 1337 una serie di «obblighi di comportamento» (soprattutto sul terreno dell'*informazione precontrattuale*), che solo le recenti ed esplicite previsioni *del legislatore* consentono oggi di riconoscere come sussistenti in capo ad un contraente (generalmente, il c.d. «professionista») nei confronti dell'altro («consumatore»)". Cfr. G. D'AMICO, *La responsabilità precontrattuale*, cit., p. 994. È

In questa diversa prospettiva, si potrebbero rivelare appropriate soluzioni disciplinari non del tutto coerenti a quelle ricavabili da un approccio che si limiti all'esame dell'assimilabilità della responsabilità del professionista ora al polo normativo della responsabilità contrattuale, ora al polo normativo della responsabilità extracontrattuale [16].

Per scegliere con maggiore sicurezza di imprimere questa direzione all'ultima parte della presente indagine, tuttavia, pare opportuno svolgere prima qualche approfondimento sulle implicazioni di una lettura della responsabilità precontrattuale del professionista, autore di una pratica commerciale scorretta nei riguardi del consumatore, che, invece, nel solco della tradizione, sia svolta all'insegna di una logica rigorosamente dicotomica, volta ad indagarne la deducibilità in una delle due modalità di manifestazione della responsabilità civile.

2. *Natura della responsabilità precontrattuale da condotta scorretta e disciplina applicabile: i limiti del tradizionale approccio dicotomico al problema*

Secondo un primo orientamento, a lungo maggioritario e ancora oggi largamente diffuso soprattutto nella giurisprudenza di merito [17], il comportamento contrario alla buona fede *ex* art. 1337 c.c.

---

opportuno precisare che l'orientamento interpretativo appena citato è formulato con specifico riferimento alle ipotesi di violazione di obblighi informativi legalmente disposti a carico del professionista, senza alcuna attinenza agli effetti lesivi provocati da pratiche commerciali scorrette. Tuttavia, come in quel caso si ritiene che operino rimedi "alquanto distanti dal «risarcimento» del danno, connaturato all'istituto della responsabilità precontrattuale" (*Ivi*, p. 991), che si ritiene altresì istituto funzionalmente appropriato a contrastare scorrettezze consumate nell'ambito della contrattazione *individuale* e non standardizzata, allo stesso modo si potrebbe argomentare a proposito dell'individuazione di meccanismi giuridici, diversi dal risarcimento del danno, ma in ipotesi capaci di assicurare adeguata protezione agli interessi del consumatore lesi da una pratica commerciale scorretta.

[16] Illuminante in proposito la riflessione di C. CAMARDI, *Note critiche sull'approccio dicotomico alla «natura» della responsabilità precontrattuale e sulle cosiddette «terre di nessuno»*, cit., p. 249 ss.

[17] Da ultimo, cfr. Trib. Milano, 22 luglio 2022, n. 6539; Trib. Milano, 4 marzo 2022, n. 1914; Trib. Bolzano, 30 aprile 2020, n. 391; Trib. Milano, 17 luglio 2019, n. 7191; Trib. Bergamo, 19 gennaio 2018, n. 183. Affermano invece la natura contrattuale della responsabilità precontrattuale Trib. Pavia, 27 aprile 2022, n. 582;

integrerebbe un illecito extracontrattuale, stante la sua consumazione nella fase precedente il perfezionamento dell'accordo ovvero in una fase in cui alcun legame giuridicamente rilevante sarebbe sorto tra le parti. Ricorrerebbe dunque la lesione di un interesse la cui rilevanza giuridica andrebbe parametrata, a seconda delle circostanze concrete, alla misura del legittimo affidamento che si possa ritenere ragionevolmente riposto nel rispetto del generale dovere precontrattuale di buona fede *ex* art. 1337 c.c. [18].

La tesi è da tempo vivacemente osteggiata in dottrina e da più di un decennio non pare più essere oggetto di unanime condivisione da parte della giurisprudenza di legittimità [19].

Si contesta la rappresentazione del dovere di correttezza precontrattuale alla stregua di una espressione specifica del divieto di in-

---

Trib. Brindisi, 30 aprile 2020, n. 542; Trib. Ravenna, 21 febbraio 2019, n. 186. Riferimenti tratti da *Banca Dati One Legale* e *De Jure*.

[18] Cfr. F.D. BUSNELLI, *Itinerari europei nella «terra di nessuno tra contratto e fatto illecito»: la responsabilità da informazioni inesatte*, cit., p. 343 ss., il quale, richiamando il criterio dell'affidamento incolpevole previsto dall'art. 1338 c.c. e coniugandolo alla lettura dell'art. 5, comma 1, lett. b) del d.P.R. n. 224/1988 – la cui formulazione oggi è riproposta dall'art. 117, comma 1, lett. b), cod. cons. – ricava, con specifico riferimento all'ipotesi di informazioni inesatte, dall'indicazione normativa "«generalizzabile», che può trarsi dalle «circostanze» aventi per oggetto «l'uso al quale il prodotto può essere ragionevolmente destinato e i comportamenti che in relazione ad esso, si possono ragionevolmente prevedere», (...) un canone di *destinatarietà ragionevolmente prevedibile*, plausibilmente riferibile tanto alla circolazione di prodotti difettosi quanto alla diffusione di informazioni inesatte". Ma si vedano anche M. BARCELLONA, *Trattato del danno e della responsabilità civile*, cit., p. 452 ss., il quale prospetta in particolare la ricorrenza di una "responsabilità modale"; C.M. BIANCA, *Il contratto*, cit., p. 157 ss.; G. PATTI, S. PATTI, *Responsabilità precontrattuale e contratti standard*, cit., p. 45 ss.; E. NAVARRETTA, *L'ingiustizia del danno e i problemi di confine tra responsabilità contrattuale e extracontrattuale*, cit., p. 246 ss.; F. CAFAGGI, *Profili di relazionalità della colpa*, Cedam, 1996, p. 154 ss.

[19] Cfr. Cass. 20 dicembre 2011, n. 27648, in *Contratti*, 4/2012, p. 235 ss. con nota di F. DALLA NEGRA, *Culpa in contrahendo, contatto sociale e modelli di responsabilità*; Cass. 12 luglio 2016, 14188, in *Corr. Giur.*, 12/2016, p. 1504 ss., con nota di C. CICERO, *La responsabilità (pre)contrattuale come responsabilità da contatto sociale*; in *Nuova giur. civ. comm.*, 11/2016, p. 1451 ss., con nota di A. IULIANI, *La Cassazione riafferma la natura contrattuale della responsabilità precontrattuale.* Seguono invece l'orientamento incline ad attribuire natura extracontrattuale alla responsabilità precontrattuale Cass. 10 gennaio 2013, n. 477, in *Danno e resp.*, 7/2013, p. 754, con nota di F. DALLA NEGRA, *La natura della responsabilità precontrattuale: la quiete dopo la tempesta?*; Cass. 3 ottobre 2019, n. 24738.

terferire nella sfera giuridica altrui e la correlativa descrizione della consistenza giuridica dell'interesse soggettivo eventualmente interferito in funzione della prova di una "relazionalità" tra danneggiante e danneggiato, fonte dell'affidamento deluso dalla condotta scorretta [20]. Al contrario, si reputa che il dovere di osservare una condotta conforme a buona fede, nella fase di confronto tra le parti che precede la conclusione del contratto, si configuri come un'estensione del dovere di correttezza disposto dall'art. 1175 c.c., proponendosi per questa ragione come una fonte *ex lege* di obbligazione ogni volta che quel confronto si instauri tra le parti e indipendentemente dal suo esito [21]. Sicché, non sarebbe la misura della rilevanza giuridica dell'interesse leso in funzione della qualità della "relazionalità" tra danneggiato e danneggiante a condizionare in modo determinante la qualificazione della natura della responsabilità precontrattuale. Rilevante a tal fine sarebbe piuttosto la preesistenza di un obbligo legale, alla cui violazione corrisponderebbe la mancata soddisfazione di un correlativo interesse soggettivo, dotato in questo specifico contesto obbligatorio di rilevanza giuridica certa [22]. La responsabilità che in seguito a tale violazione potrebbe essere accertata si fonderebbe allora su un'ipotesi di inadempimento e, pertanto, non potrebbe che assumere natura contrattuale. Poiché, tuttavia,

---

[20] Cfr. C. CASTRONOVO, *La relazione come categoria essenziale dell'obbligazione e della responsabilità contrattuale*, in *Eur. dir. priv.*, 1/2011, p. 72, ove si afferma che, in seguito al riconoscimento giurisprudenziale della figura dell'obbligazione senza prestazione, "la responsabilità c.d. contrattuale non è più responsabilità per inadempimento ma responsabilità per violazione della relazione. In questo senso l'intero diritto privato si riconfigura secondo una *summa divisio* tra situazioni relazionali, caratterizzate da obblighi tra le parti e la cui violazione dà origine a responsabilità appunto relazionale alla stregua della responsabilità da inadempimento e situazioni non relazionali, le quali sul terreno della responsabilità assumono le caratteristiche della responsabilità aquiliana".

[21] Cfr. L. MENGONI, *Sulla natura della responsabilità contrattuale*, cit., p. 272 ss.

[22] Non altrettanto certa, tuttavia, dato il contenuto indeterminato *ex ante* della clausola generale di buona fede, sarebbe la specifica connotazione che tale interesse assumerebbe di volta in volta. Sarebbe proprio questa la ragione di un'inevitabile articolazione disciplinare della responsabilità precontrattuale rispetto al modello ordinario della responsabilità da inadempimento, la quale riguarderebbe in particolare l'entità dell'onere probatorio a carico della parte lesa. Cfr. C. SCOGNAMIGLIO, *Tutela dell'affidamento, violazione dell'obbligo di buona fede e natura della responsabilità contrattuale*, cit., p. 185.

essa discenderebbe dal mancato rispetto di un'obbligazione di protezione della sfera giuridica altrui [23], e non già – come normalmente accade in occasione dell'inadempimento di un'obbligazione – dal mancato adempimento di una prestazione generatrice di utilità positive per la controparte [24], l'interesse interferito si riferirebbe solo all'aspettativa della correttezza di controparte nello svolgimento delle trattative, mentre la misura della sua eventuale lesione, come già

[23] Cfr. C. CASTRONOVO, *La relazione come categoria essenziale dell'obbligazione e della responsabilità contrattuale*, cit., p. 67, il quale scrive a riguardo di obblighi "funzionali allo scopo" e non di obblighi "accessori", in quanto questi ultimi ricorrerebbero solo in presenza di un obbligo di prestazione, che non necessariamente è innestato ancora nel rapporto obbligatorio quando quest'ultimo sorge *ex lege* tra le parti in virtù di un contatto sociale qualificato ovvero di una relazione che andrebbe riconosciuta come "qualificazione primaria dell'obbligatorio".

[24] Un profilo di debolezza dell'orientamento interpretativo descritto attiene all'oggettiva difficoltà nella quale ci si imbatte ove si intenda stabilire il momento a partire dal quale il contatto creatosi tra le parti sia idoneo a generare reciproci obblighi di protezione tra le parti. A questo proposito, si è provato a superare l'*impasse*, proponendo di distinguere la fase delle trattative, nella quale la buona fede presiederebbe alla soddisfazione di una prevalente esigenza di informazioni utili alla valutazione della convenienza dell'affare trattato, dalla fase della formazione del regolamento contrattuale, ove "è presente qualcosa (...) in più di una generica tensione alla progettazione di un futuro contratto", fondandosi dunque la buona fede su un legittimo affidamento, oggettivamente apprezzabile, dell'una nella correttezza dell'altra parte. Cfr. G. GRISI, *L'obbligo precontrattuale di informazione*, cit., p. 69 ss. Più di recente, altri Autori, in considerazione delle incertezze connesse alla definizione del grado di affidamento utile a fondare il dovere di buona fede *ex* art. 1337 c.c., hanno proposto di individuare quale ragione giustificatrice del dovere di buona fede disposto dal legislatore la condizione oggettiva di prossimità intenzionale che si crea tra le parti nella fase del contatto sociale precontrattuale, la quale, a causa dell'innalzamento dell'esposizione al rischio di interferenze nelle rispettive sfere giuridiche soggettive che proprio l'instaurazione di quella relazione determina, genererebbe "una situazione giuridica di vantaggio che garantisce al titolare una tutela rafforzata contro i danni rispetto a quella approntata dalla responsabilità aquiliana". Essa dovrebbe essere definita «immunità», indicando "una situazione inattiva di attesa, giuridicamente fondata, che controparte adotti misure di preservazione dai danni". Cfr. F. PIRAINO, *La natura contrattuale della responsabilità precontrattuale (ipotesi sull'immunità)*, cit., pp. 57-58. Tuttavia, altri fautori della natura contrattuale della responsabilità precontrattuale segnalano criticamente che "la semplice prossimità delle sfere giuridiche nella formazione del contratto, non è di per sé in grado di far emergere gli interessi meritevoli di una tutela rafforzata rispetto a quella aquiliana in ragione di un determinato pericolo di lesione al quale essi vengono esposti". Cfr. A. ALBANESE, *Responsabilità precontrattuale*, cit., p. 1720.

ampiamente anticipato, dovrebbe essere calcolata alla stregua del solo interesse negativo.

Non pare utile, in questa sede ripercorrere ulteriormente la dinamica del confronto, invero mai sopito, tra i sostenitori dell'uno e dell'altro orientamento, anche perché i punti di contatto tra i due fronti si palesano molto più numerosi di quanto si potrebbe immaginare. Entrambi, nel descrivere i principi che governano il funzionamento del sistema giuridico della responsabilità civile, rivelano approcci culturali che, per quanto divergenti, trovano riconoscimento e dignità nel nostro ordinamento: da un lato l'approccio tipicamente liberale di quanti riconducono la responsabilità precontrattuale all'alveo di quella extracontrattuale, senza d'altra parte per questo mostrare minore attenzione alla connotazione etica delle interazioni sociali. Dall'altro, l'approccio "deontico"[25] di quanti invece riconoscono, nella reciproca "compromissione" delle sfere giuridiche dei contraenti, indotta dalla relazione precontrattuale, la specifica manifestazione di un rapporto obbligatorio, evocatrice della pressante esigenza di individuare un presidio etico cui sottoporre il governo del "contatto sociale" instaurato tra le parti in fase precontrattuale. Entrambi, in coerenza con l'approccio culturale adottato, si mostrano fondati su argomenti solidi e spesso condivisibili. Entrambi, al netto delle rigidità ideologiche, propongono soluzioni applicative che appaiono ben più convergenti di quanto si sostenga sbandierando la distanza delle rispettive posizioni teoriche[26]. Né l'uno, né l'al-

---

[25] La definizione è mutuata da M. ORLANDI, *Responsabilità precontrattuale*, cit., p. 998 ss.

[26] Cfr. G. D'AMICO, *La responsabilità precontrattuale*, cit., p. 1107 ss. Indicativa a riguardo anche la circostanza che gli argomenti utilizzati al fine di dimostrare la superiorità teorica dell'una sull'altra tesi – nella specie dell'opzione extracontrattuale su quella contrattuale – finiscano per evidenziare più i punti di contatto tra le due opzioni teoriche che non le divergenze. Cfr. F. DALLA NEGRA, *Culpa in contrahendo, contatto sociale e modelli di responsabilità*, cit., p. 238 ss. Del resto, come già in precedenza rilevato, manifestano un convinto sostegno nei riguardi della legittimità dell'accertamento di una responsabilità da contratto valido ma sconveniente sia fautori della natura contrattuale che, all'opposto, fautori di una lettura in chiave extracontrattuale della responsabilità precontrattuale. Tra i primi, per tutti, cfr. L. MENGONI, *Sulla natura della responsabilità contrattuale*, cit., p. 273 ss.; F. BENATTI, *La* culpa in contrahendo *da Rudolf Jhering ai giorni nostri*, in *Banca, borsa, tit. cred.*, 4/2021, p. 499 ss. Tra i secondi, per tutti cfr. R. SACCO, G. DE NOVA, *Il contratto*, cit., p. 625. Sia gli uni che gli altri, piuttosto, si

tro, tuttavia, osservati nella specifica prospettiva che qui interessa – l'individuazione di un meccanismo di tutela efficace e proporzionato dell'interesse del consumatore leso da una pratica commerciale scorretta – offrono risposte del tutto esaurienti al problema indagato.

L'affermazione può essere meglio argomentata restringendo ancora una volta il campo dell'indagine alla contrapposizione teorica tra quanti ravvisano nel dovere di buona fede *ex* art. 1337 c.c. lo strumento per dilatare, in via extracontrattuale e oltre i rigorosi confini fissati dalla normativa sui vizi del consenso, la tutela accordabile alla vittima di un'alterazione del processo di formazione della sua volontà negoziale nel perfezionamento dell'atto; e quanti invece indicano la stessa norma quale fonte di un rapporto obbligatorio *ex lege*, costatandosi nella fase prodromica alla conclusione del contratto l'esistenza tra le parti di un "contatto sociale qualificato"[27]. Il dovere di buona fede disposto dall'art. 1337 c.c., che nella precedente prospettiva interpretativa, alla stregua del dovere generale del *neminem laedere*, presiedeva alla generalità delle interazioni rivolte alla definizione di un atto negoziale, diviene qui fonte di una condotta obbligatoria, oggetto dell'altrui affidamento, legittimando, in caso di inadempimento imputabile, una pretesa risarcitoria fondata su una responsabilità di natura contrattuale.

Ebbene, sia nell'uno che nell'altro caso sembra emergere una comune propensione a ricercare efficaci soluzioni normative al problema della tutela dell'interesse soggettivo ad una libera e consapevole ponderazione della effettiva convenienza dell'operazione economica dedotta in contratto, ora tra le pieghe della "atipicità" dell'interesse soggettivo giuridicamente rilevante, ora nella determinabilità giudiziale solo *ex post* dei contenuti normativi ascrivibili alla clausola generale della buona fede[28].

---

dividono al loro interno, tra quanti intendano ancorare il risarcimento del danno eventualmente dovuto alla misura dell'interesse negativo e quanti invece in varia misura ridimensionano la differenza tra interesse negativo e interesse positivo. Il tema è stato ampiamente svolto *supra*, nell'ambito dei precedenti paragrafi, ai quali si rinvia.

[27] Cfr. A. IULIANI, *La Cassazione riafferma la natura contrattuale della responsabilità precontrattuale*, cit., p. 1459.

[28] In questa prospettiva, la clausola generale della buona fede si propone come uno strumento normativo strutturalmente estraneo alla tecnica della sussunzione, perché privo di fattispecie. Cfr. F. DI MARZIO, *La ricerca del diritto*, Laterza, 2021, p. 94, secondo il quale la concretizzazione della clausola generale richiederebbe l'individuazione e l'attribuzione di rilevanza giuridica ad una regola di con-

Da un lato si persegue l'obiettivo di stemperare i tratti dei requisiti che attualmente consentono di riconoscere rilevanza giuridica al vizio del consenso, rendendo più agevole rimediare agli effetti sgraditi di un atto negoziale mediante la dimostrazione della scorrettezza del comportamento precontrattuale della controparte e del nesso di causalità intercorrente tra questo e la frustrazione dell'aspettativa in ragione della quale il contraente vittima dell'altrui slealtà abbia accettato di impegnarsi [29]. Dall'altro, l'attenzione si sposta più decisamente sulla condotta del contraente di cui si lamenti la violazione del precetto della buona fede precontrattuale, al fine di accertare un'ipotesi del tutto peculiare, o se si vuole di nuovo "atipica", di inadempimento imputabile. La condotta contestata, infatti, sarebbe estranea a quella che avrebbe dovuto procurare la soddisfazione dell'interesse in funzione del quale il contratto sarebbe stato concluso. Essa sarebbe meramente strumentale al raggiungimento di un accordo sull'operazione economica da realizzare e, so-

---

dotta "di natura non giuridica, ma morale e in realtà in qualche misura anche tecnica, economica, ecc.". Diversamente, osserva che "nella norma a clausola generale (...) la formulazione della fattispecie è affidata al giudice che, però, deve muoversi entro il campo di esperienza evocato dal legislatore" L. NIVARRA, *"Dentro" e "fuori". Lo strano caso delle clausole e dei principi generali*, in *Eur. dir. priv.*, 1/2022, p. 67, nota 17, il quale a sua volta trae spunto da M. BARCELLONA, *Clausole generali e giustizia contrattuale*, Giappichelli, 2006, p. 32 ss. Indagando "in positivo" il rilievo giuridico attribuito dall'ordinamento alle relazioni precontrattuali e, in tale contesto, al dovere di comportarsi secondo buona fede, osserva che "Soccorre a tal fine (...) la prospettiva dell'interpretazione sistematica, la quale dovrebbe dire entro quale latitudine il giudice può spingere la clausola generale e dove fermarsi nell'attribuzione di rilevanza in termini di scorrettezza ai comportamenti posti in essere da una parte e ritenuti lesivi dall'altra", C. CAMARDI, *Note critiche sull'approccio dicotomico alla «natura» della responsabilità precontrattuale e sulle cosiddette «terre di nessuno»*, cit., p. 240. Sul punto si veda anche M. LIBERTINI, *Ancora a proposito di principi e clausole generali a partire dall'esperienza del diritto commerciale*, in *Orizzonti dir. comm.*, 2/2018, p. 22 ss.

[29] Tuttavia, si rileva criticamente, la norma disposta dall'art. 1337 c.c. non presenta le caratteristiche necessaria a fungere da filtro selettivo delle ipotesi di vizio della volontà giuridicamente rilevante seppure «incompleto». Sicché essa sarebbe norma di chiusura, volta a «colmare tutti gli spazi vuoti lascati dalla regola di validità», attribuendo al rimedio risarcitorio "una funzione «sussidiaria» rispetto alla tutela *per invaliditatem*", a prescindere da un'indagine circa la «misura» di scorrettezza impiegata. Così, richiamando M. MANTOVANI, *«Vizi incompleti del contratto e rimedio risarcitorio*, cit., p. 195, A. RENDA, *Obblighi informativi e responsabilità da contratto valido*, in *JUS*, 1/2020, p. 117.

prattutto, non sarebbe assistita da previsioni negoziali o legali che ne possano conformare *ex ante* i contorni.

Al fine di centrare l'obiettivo comune della protezione della parte lesa, sembra, in altri termini, si utilizzi ora il grimaldello dell'atipicità, ora quello qualitativamente analogo del ricorso alla clausola generale, per "mobilizzare" le categorie giuridiche cui storicamente l'ordinamento ha affidato il compito di governare l'esercizio dell'autonomia privata, coniugando il rispetto della libertà individuale con il principio di autoresponsabilità ed il dovere della lealtà nei confronti della controparte.

In questo contesto, le divergenze tra i criteri disciplinari suggeriti per accertare la responsabilità del comportamento scorretto e l'estensione della lesione risarcibile, come si vedrà, sembrano piuttosto marginali, mentre l'uno e l'altro orientamento interpretativo sarebbero accomunati dal problema della misura in base alla quale disporre la reintegrazione, per equivalente monetario, del valore dell'interesse soggettivo interferito [30]. Senonché, anche in questo caso, l'ancoraggio dogmatico a rigidi parametri di quantificazione dell'obbligazione risarcitoria, tra loro di nuovo alternativi, non condurrebbe, come si è visto, a soluzioni particolarmente convincenti. Il riferimento esclusivo alla misura dell'interesse negativo, invero trasversalmente condiviso tra i sostenitori della natura extracontrattuale e contrattuale della responsabilità maturata nella fase preliminare al perfezionamento dell'accordo negoziale, sembra esporsi al rischio di mancare l'obiettivo dell'integrale risarcimento del danno. Viceversa, una contestazione troppo disinvolta della differenza qualitativa che operativamente distingue l'interesse negativo dall'interesse positivo potrebbe condurre ad assegnare alla liquidazione giudiziale dell'obbligazione risarcitoria una funzione satisfattoria tanto inedita quanto sistematicamente dubbia, potendo comportare un vantaggio "ultracompensativo" a favore del consumatore e, correlativamente un'indebita compressione del principio di autonomia privata a carico del professionista.

---

[30] Attribuendo, come già ricordato, natura extracontrattuale alla responsabilità da informazioni inesatte, F.D. BUSNELLI, *Itinerari europei nella «terra di nessuno tra contratto e fatto illecito»: la responsabilità da informazioni inesatte*, cit., p. 342, riconosce che "il vero problema è quello di selezionare, alla stregua del criterio dell'ingiustizia, i danni risarcibili, evitando il pericolo di una incontenibile proliferazione di pretese risarcitorie".

3. *La disciplina applicabile alla responsabilità da pratica commerciale scorretta, oltre l'approccio dicotomico*

Prima di procedere all'esposizione dell'indirizzo ricostruttivo che in questa sede si propone di adottare a proposito delle questioni della ripartizione dell'onere della prova, dell'estensione dell'eventuale obbligazione risarcitoria, entro o oltre la soglia della prevedibilità del danno, e del termine di prescrizione del relativo diritto di credito, giova accennare ancora, seppure brevemente, al modo in cui esse sono affrontate dai fautori della natura extracontrattuale e dai fautori della natura contrattuale della responsabilità precontrattuale.

Quanto alla prima delle tre questioni appena ricordate, può osservarsi che, seppure la valutazione giudiziale della condotta precontrattuale contestata fosse operata alla stregua dell'interpretazione dell'art. 1218 c.c. che nega la connotazione colposa della responsabilità contrattuale [31], al ricorrente non basterebbe provare il danno ma sarebbe necessaria anche la dimostrazione della specifica deviazione dei comportamenti della parte convenuta dal canone della buona fede [32], oltre che del nesso di causalità tra la scorrettezza consumata e la produzione del danno [33]. Sicché, per quanto la parte lesa non sarebbe onerata dalla prova della colpevolezza della condotta del professionista, al fine di dimostrare la fondatezza delle proprie pretese, essa sarebbe comunque chiamata ad attestare la non conformità oggettiva di tale condotta agli obblighi di protezione dai quali, in virtù del richiamo ai "principi generali di correttezza e buona fede" *ex* art. 18, lett. h), cod. cons., la sua controparte sarebbe gravata in vista del-

---

[31] Cfr. L. MENGONI, (voce) *Responsabilità contrattuale*, in *Enc. dir.*, XXXIX, Giuffrè, 1988, pp. 1090-1091; F. PIRAINO, *Sulla natura non colposa della responsabilità contrattuale*, in *Eur. dir. priv.*, 4/2011, p. 1060 ss.

[32] Ci si riferisce in particolare alle ipotesi – che si ritengono invero di gran lunga prevalenti – in cui manchino accertamenti da parte dell'AGCM circa la scorrettezza della pratica commerciale dalla cui adozione il consumatore lamenti di aver subito una lesione. In caso contrario, infatti, riscuote crescenti consensi l'orientamento interpretativo in virtù del quale le risultanze di un provvedimento sanzionatorio dell'AGCM consentirebbero la presunzione della colpa del professionista anche nella relazione negoziale con il singolo consumatore. Si veda *supra*, cap. II, nota 112.

[33] Cfr. F. DALLA NEGRA, *Culpa in contrahendo, contatto sociale e modelli di responsabilità*, cit., p. 243.

la garanzia di condizioni utili alla manifestazione libera, consapevole e ponderata della volontà negoziale del consumatore.

In altri termini, indipendentemente dalla qualificazione della responsabilità del professionista come contrattuale o extracontrattuale, si assisterebbe ad una ripartizione dell'onere della prova che in apparenza sarebbe più prossima a quella tipica della responsabilità contrattuale [34], ma che, almeno dal punto di vista "quantitativo", riprodurrebbe, invece, il tratto distintivo della responsabilità aquiliana. Infatti, l'oggetto della prova dovuta dalla vittima della scorrettezza, al fine di ottenere il riconoscimento della responsabilità del professionista, pur in apparenza meno gravoso, non si discosterebbe dal regime dominante l'accertamento della responsabilità extracontrattuale, in quanto sarebbe pressoché immutata la quantità di dati da produrre a carico della parte lesa. D'altra parte, alla valorizzazione, nella prospettiva contrattuale, della preesistenza di una legittima aspettativa – ovvero di un affidamento giuridicamente rilevante [35] – nella correttezza e reciproca lealtà delle parti impegnate nella fase di formazione della volontà negoziale, farebbe da contraltare il fenomeno di progressiva oggettivazione della colpa quale criterio di imputazione della responsabilità extracontrattuale, sempre più spesso attestato dalla previsione di un'inversione dell'onere della prova a carico del convenuto [36].

La distanza tra i due regimi disciplinari dell'onere della prova sarebbe misurabile, dunque, soprattutto in funzione del rilievo giu-

---

[34] Secondo A. Di Majo, *Contratto e torto: la responsabilità per il pagamento di assegni non trasferibili*, cit., p. 1710 ss., nell'ipotesi di responsabilità contrattuale da «contatto sociale», "La più severa responsabilità (a fronte di quella aquiliana) in cui si incorre è il contrappeso della diversa fonte da cui essa sorge, che non è un non – rapporto con un «passante» ma un rapporto finalisticamente orientato".

[35] Descrive efficacemente lo stato soggettivo maturato dalle parti entrate in contatto in vista della conclusione di un contratto, rilevando che esse, "entrando in contatto con l'aspettativa (…) di perfezionare un contratto, vantano reciprocamente l'interesse alla conduzione *affidabile* del rapporto e quello all'integrità della loro sfera giuridica patrimoniale, da realizzarsi attraverso l'osservanza di comportamenti corretti", C. Camardi, *Note critiche sull'approccio dicotomico alla «natura» della responsabilità precontrattuale e sulle cosiddette «terre di nessuno»*, cit., p. 250.

[36] Cfr. G. D'Amico, *La responsabilità precontrattuale*, cit., p. 1118. In senso analogo, cfr. F.D. Busnelli, *Itinerari europei nella «terra di nessuno tra contratto e fatto illecito»: la responsabilità da informazioni inesatte*, cit., p. 350 ss.

ridico assegnato alla colpa quale criterio di imputazione della responsabilità, essendo destinata a crescere o, all'opposto, a diminuire in ragione della maggiore o minore propensione alla valorizzazione del profilo soggettivo della condotta oggetto di indagine [37].

Anche con riferimento alla norma, disposta dall'art. 1225 c.c., che limita l'obbligazione risarcitoria ai danni prevedibili nel tempo in cui è sorta l'obbligazione [38], da più parti si reputa che essa non sia decisiva ai fini della distinzione del regime disciplinare cui sottoporre, secondo quanto precisa un'autorevole dottrina [39], non tanto l'accertamento della responsabilità ma le conseguenze della lesione imputabile. Nell'ambito dell'indagine che qui si conduce, rileva in particolare che a sostenere l'inapplicabilità dell'art. 1225 c.c. in sede di liquidazione dell'obbligazione risarcitoria, a dispetto della coerenza alle indicazioni che dovrebbero dedursi dall'opzione interpretativa prescelta, siano proprio alcuni dei fautori della natura contrat-

---

[37] Cfr. A. RAVAZZONI, *La formazione del contratto*, cit., p. 175 ss.; G. D'Amico, *La responsabilità precontrattuale*, cit., p. 1117. In modo significativo, afferma che "dire inadempimento del debitore o negligenza del danneggiante mette capo per logica necessità alla medesima struttura del giudizio conformativo", M. Orlandi, *Responsabilità precontrattuale*, cit., p. 1024, il quale successivamente, soffermandosi sulla misura della diligenza pretendibile dalle parti impegnate nel confronto precontrattuale, dichiara di aderire ad una rappresentazione del concetto di impossibilità "non già naturale, bensì giuridico", in virtù del quale "lo sforzo esigibile non potrebbe superare una (più) ragionevole misura d'ordinaria diligenza, in linea speculare rispetto all'«onere» di evitare danni, imposto al creditore dal secondo comma dell'art. 1227 c.c.".

[38] Descrive puntualmente i dissidi interpretativi sviluppatisi intorno alla regola che limita l'entità dell'obbligazione risarcitoria derivante da un inadempimento contrattuale alla misura del danno prevedibile al momento in cui è sorta l'obbligazione inadempiuta E. TUCCARI, *La prevedibilità del danno come criterio di equilibrio contrattuale*, in *Nuova giur. civ. comm.*, 2012, II, p. 565 ss.

[39] Cfr. A. BELFIORE, *Dissesto economico da inadempimento (o da fatto illecito) e risarcimento del danno: la figura del «danno estrinseco» e il sistema degli artt. 1223, 1225, e 1227, co. 2, c.c.*, in *Eur. dir. priv.*, 2/2019, p. 357 ss., il quale, per un verso, si sofferma sulla distinzione tra il fondamento normativo della risarcibilità del danno "intrinseco" (o danno evento), individuabile nella regola di responsabilità disposta dall'art. 1218 c.c. (o art. 2043 c.c.), e il fondamento normativo della risarcibilità del danno "estrinseco" (o danno conseguenza), individuabile nelle regole disposte dagli artt. 1223, 1225, 1227, comma 2, c.c. Per altro verso, distingue puntualmente la regola della causalità giuridica, cui si riferisce l'art. 1223 c.c., dalla regola della prevedibilità del danno, cui si riferisce invece l'art. 1225 c.c.

tuale della responsabilità precontrattuale [40]. Qualcuno, richiamando l'eccezione alla regola della prevedibilità contemplata dall'art. 1225 c.c., si appella in proposito alla natura dolosa che il più delle volte connoterebbe l'inadempimento della prestazione dovuta, rappresentata, nell'ipotesi considerata, dalla violazione del precetto della buona fede *ex* art. 1337 c.c. [41]. Il significato da attribuire al relativo stato soggettivo sarebbe qui mutuato dal riferimento al dolo quale criterio di imputazione della responsabilità aquiliana, concretizzandosi nella volontà consapevole di produrre, attraverso la condotta tenuta, un'interferenza dannosa nella sfera giuridica altrui [42]. Altri, alla constatazione della natura solitamente dolosa della condotta scorretta fonte di pregiudizio, aggiungono il rilievo secondo il quale la regola disposta dall'art. 1225 c.c. sarebbe "chiaramente legata al presupposto dell'esistenza di un'obbligazione (intesa come *dovere di una prestazione*)" [43]. Ne conseguirebbe che, non essendo possibile, nel caso dell'interazione instaurata tra le parti nella fase precontrattuale, l'assegnazione *ex ante* di un contenuto definito al comportamento al quale comunque le parti sono tenute *ex* art. 1337 c.c., non sussisterebbero neanche i presupposti di una limitazione dell'obbligazione risarcitoria ai danni "prevedibili" nel momento in cui è sorta l'obbligazione [44].

---

[40] Cfr. G. D'AMICO, *La responsabilità precontrattuale*, cit., p. 1130 ss. Al contrario, richiamandosi alla *ratio* dell'art. 1225 c.c., afferma la piena applicabilità della disposizione nel procedimento di quantificazione dell'obbligazione risarcitoria da responsabilità precontrattuale, C. TURCO, *Interesse negativo e responsabilità precontrattuale*, cit., p. 751.

[41] Cfr. A. RAVAZZONI, *La formazione del contratto*, cit., pp. 191-192. La Dottrina citata manifesta la convinzione che "le ipotesi di inadempimento non doloso sono decisamente marginali", convinzione quest'ultima supportata dallo spirito "dell'intero nostro sistema di diritto privato", dal quale si ricaverebbe il carattere "della volontarietà e della consapevolezza del comportamento" in cui la fattispecie delineata dall'art. 1218 c.c. sostanzia l'inadempimento del debitore.

[42] Cfr. A. RAVAZZONI, *La formazione del contratto*, cit., p. 188. Reputa "opinione generalmente condivisa che il dolo, rilevante ai fini della responsabilità extracontrattuale, si identifica con la nozione penalistica del dolo generico, che prescinde da elementi specifici di intenzionalità o di frode, risolvendosi nella volontà di cagionare il danno", C. SALVI, (voce) *Responsabilità extracontrattuale*, cit., , p. 1225.

[43] Cfr. G. D'AMICO, *La responsabilità precontrattuale*, cit., p. 1131.

[44] *Ibidem*. La considerazione è pienamente condivisa da M. ORLANDI, *Respon-*

Quanto, infine, al termine prescrizionale al quale condizionare l'esercizio di una pretesa risarcitoria legittima da parte della vittima di un comportamento precontrattuale scorretto, è noto che tale termine dovrebbe equivalere a dieci anni, ove si optasse per applicare le norme dettate in relazione al diritto di credito vantato da chi abbia subito un inadempimento contrattuale. In base a quanto disposto dall'art. 2947 c.c., dovrebbe invece equivalere a cinque anni ove si optasse per il diverso regime disposto dal codice civile in ordine alle obbligazioni derivanti da un illecito extracontrattuale. Anche a questo riguardo, tuttavia, non mancano voci autorevoli che, pur inquadrando la *culpa in contrahendo* nell'ambito della responsabilità contrattuale, sottraggono il diritto di credito che può essere vantato nei riguardi del responsabile della scorrettezza all'applicazione della prescrizione decennale, preferendo indicare, con particolare riferimento all'ipotesi in cui la violazione della buona fede sia stata fonte di un vizio del consenso idoneo a determinare l'annullamento del contratto, il più breve termine quinquennale [45]. E, d'altronde, potrebbe osservarsi che, se, per un verso, l'indicazione dell'uno o dell'altro termine di prescrizione potrebbe rappresentare in concreto il più rilevante discrimine tra i due modelli disciplinari della responsabilità – rispettivamente contrattuale ed extracontrattuale – per altro verso, la rilevanza di tale discrimine potrebbe ancora una volta essere ridimensionata osservando che lo stesso legislatore, con riguardo a specifiche ipotesi di obbligazione – prevalentemente di natura professionale – di cui di volta in volta il creditore abbia il potere di pretendere l'adempimento, non esiti affatto a disporre termini legali di prescrizione ben più brevi di quelli ordinari [46].

Ebbene, le considerazioni finora svolte pare forniscano argomenti sufficienti a legittimare il tentativo di affrontare la questione

---

sabilità precontrattuale, cit., pp. 1027-1028, il quale tuttavia propone una lettura del fenomeno della responsabilità precontrattuale in chiave decisamente extracontrattuale.

[45] Cfr. L. ROVELLI, *La responsabilità precontrattuale*, cit., p. 335.

[46] In questo senso, cfr. A. RAVAZZONI, *La formazione del contratto*, cit., p. 204. Come riportato da F. ROSSELLI, P. VITUCCI, *La prescrizione e la decadenza*, in *Tratt. Diritto Privato*, diretto da P. RESCIGNO, 20, t. II, Utet, 1998, p. 556, la giurisprudenza di legittimità esclude il carattere eccezionale delle norme sulle prescrizioni brevi disposte dal codice civile, ammettendone l'interpretazione analogica. Cfr. Cass. 4 luglio 1983, n. 4461, in *Giur. it.*, 1984, I, 1, p. 66.

del trattamento disciplinare da riservare agli effetti della lesione dell'interesse del consumatore, procurata nella fase precedente il perfezionamento dell'accordo da una pratica commerciale scorretta, accantonando la prospettiva dicotomica, dalla quale tradizionalmente è stato osservato il problema del regime disciplinare applicabile all'accertamento della responsabilità precontrattuale ed ai suoi effetti. Si adotterà un differente punto di vista [47], in virtù del quale le soluzioni disciplinari alle questioni appena considerate saranno ricercate ricorrendo allo strumento interpretativo dell'analogia. Si persegue così l'obiettivo di ricavare indicazioni normative adeguate da disposizioni che appaiono rivolte a disciplinare tipi di problemi analoghi a quelli presupposti dalla specifica connotazione *in positivo* dell'interazione intercorrente tra professionista e consumatore nella fase di ponderazione dell'operazione economica precedente il perfezionamento dell'accordo contrattuale [48].

---

[47] Cfr. C. CAMARDI, *Note critiche sull'approccio dicotomico alla «natura» della responsabilità precontrattuale e sulle cosiddette «terre di nessuno»*, cit., p. 238 ss., ove, si chiarisce che, al fine di stabilire la disciplina cui sottoporre la responsabilità precontrattuale, non si può che partire dall'indagine circa il significato normativo della buona fede nello specifico contesto relazionale osservato, in quanto "imponendo l'obbligo della buona fede nelle trattative e nella formazione del contratto il legislatore [ha] inteso realizzare l'obiettivo esattamente contrario a quello che si suole evidenziare (...), non *cacciare* questa fase nella terra di nessuno, ma all'opposto estrarla da questa terra ed evitarne la condanna all'irrilevanza, assegnandole per contro un suo territorio proprio nel contesto delle relazioni che possono precedere il perfezionamento di un contratto".

[48] La proposta interpretativa cui ci si ispira esclude, invero, dal proprio ambito operativo l'ipotesi della conclusione di un contratto valido ma sconveniente, che è invece al centro dell'attenzione nella presente indagine. Cfr. C. CAMARDI, *Note critiche sull'approccio dicotomico alla «natura» della responsabilità precontrattuale e sulle cosiddette «terre di nessuno»*, cit., pp. 254-255, ove si afferma che, una volta concluso il contratto, gli unici interventi rimediali applicabili sono quelli coincidenti con le tutele contrattuali tipiche. Tuttavia, nell'ipotesi di violazione del divieto di pratiche commerciali scorrette, come si è provato a dimostrare, la causa della lesione degli interessi del consumatore, non pare essere tanto il mancato rispetto di un impegno che il professionista abbia prospettato di voler assumere in fase precontrattuale e che sia o possa considerarsi trasfuso nel regolamento contrattuale, una volta perfezionato l'accordo. Fonte di responsabilità pare piuttosto essere una condotta intrasparente e/o fuorviante, che induca a travisare i contenuti del regolamento negoziale al quale ci si vincola, alterandone *di fatto* il sinallagma, senza, tuttavia, lasciare alcuna traccia formalmente apprezzabile dell'incidenza così esercitata dalla stessa condotta sulla conformazione dello scambio contrattuale. L'interesse del consumatore da tutelare riguarda dunque la formazione di una volontà negoziale libera,

4. *Imputabilità della responsabilità al professionista e relativi oneri probatori*

Si è già più volte evidenziata, nel corso della presente indagine, il carattere del tutto peculiare della relazione intercorrente tra il singolo consumatore e il professionista, autore della pratica commerciale scorretta, nel tempo che precede la conclusione del contratto. Può innanzitutto ribadirsi che, al contrario di quanto si è talvolta sostenuto in giurisprudenza[49], l'impersonalità di siffatta relazione e l'assenza di un confronto equiparabile ad una trattativa tra pari non sembra affatto escludere la ricorrenza di una interazione tra le parti. Semmai, tale dato pare denotare l'incontestabile trasformazione qualitativa della relazione ove essa si instauri nell'ambito della contrattazione di massa, ancor di più se mediata – come oggi accade in una percentuale crescente di casi – dalla tecnologia digitale. È vero, dunque, che il consumatore sovente non interagisce con la controparte per acquisire tutte le informazioni utili alla valutazione dell'assetto di interessi entro il quale gli si propone di realizzare l'operazione di scambio oggetto del contratto, avendo solo la possibilità di reperirle "sul mercato" o, tutt'al più, dalla consultazione del materiale informativo asetticamente standardizzato, messo a disposizione della generalità dei consumatori interessati, più che del singolo consumatore. Ma proprio per questa ragione, è vero anche che, in linea con una simile radicale trasformazione della qualità delle interazioni negoziali tra privati, il legislatore eurounitario e nazionale hanno ormai da tempo avviato, sul fronte della trasparen-

---

consapevole e adeguatamente ponderata e il momento in cui si compie e si consuma la lesione si colloca nella fase precedente la conclusione del contratto. Semmai, come pure si è provato a dimostrare, il successivo perfezionamento del vincolo contrattuale può incidere, da un lato, sulla determinazione dell'entità dell'integrale risarcimento del danno e, dall'altro, come di seguito si proverà a dimostrare, sulla definizione dello specifico statuto giuridico della responsabilità.

[49] Cfr. Cass. 11 giugno 2010, n. 14056, cit., pp. 622-623, la quale, in relazione al caso di "offerte pubbliche di acquisto, vendita o scambio di strumenti finanziari" esclude si possa rilevare tra la ricorrente e la convenuta una relazione precontrattuale alla stregua dell'art. 1337 c.c., poiché in simili situazioni "nessuna trattativa è concepibile e l'aderente all'offerta è in grado di determinare la propria scelta contrattuale (…) unicamente alla luce delle informazioni reperibili sul mercato", per concludere dunque che "si configura un'ipotesi di violazione del dovere di *neminem laedere*".

za dell'informazione precontrattuale, un'opera di decisa responsabilizzazione degli operatori economici professionali [50]. Sicché è difficile negare che, a fronte del diffuso richiamo al rispetto di *standard* sempre più rigorosi di buona fede e trasparenza precontrattuale, in capo al consumatore maturi un legittimo affidamento nei riguardi della completezza e correttezza dei dati informativi rilasciati

---

[50] Da ultimo, muove nella direzione del potenziamento degli obblighi informativi e della trasparenza nella comunicazione pubblicitaria il DdL del governo sulla trasparenza nelle iniziative di beneficenza approvato in Consiglio dei ministri il 25 gennaio 2024, anche in seguito all'adozione da parte dell'AGCM di provvedimenti sanzionatori nei riguardi dell'azienda produttrice di pandori Balocco e delle società responsabili rispettivamente dei marchi "Chiara Ferragni" e dei diritti relativi alla personalità e all'identità personale della sig.ra Ferragni. Il disegno di legge introduce in particolare una serie di obblighi informativi nel caso in cui la vendita di un prodotto risulti collegata ad un'iniziativa benefica, in quanto si richiede l'indicazione del soggetto destinatario dei fondi, della finalità perseguita mediante la loro raccolta, dell'importo oggetto della donazione o della percentuale dei ricavi ottenuti dalla vendita del prodotto che si intende donare. L'insieme di queste informazioni dovrebbero essere comunicate anche all'AGCM, insieme al termine stabilito per il versamento dei fondi oggetto dell'iniziativa benefica e alla data dell'effettivo adempimento. Di più ampio respiro sono, inoltre, le numerose integrazioni della direttiva 2011/83/UE disposte dalla recente direttiva 2024/825/UE. Rilevanti sono anche le sollecitazioni della giurisprudenza della Corte di Giustizia finalizzate all'attribuzione di un significato sostanziale e non solo formale alle nozioni di chiarezza e comprensibilità dei dati informativi forniti al consumatore dal professionista nella redazione unilaterale delle clausole che compongono il contenuto essenziale del regolamento contrattuale. Sul punto, cfr. M. LAMICELA, *Estensione della nullità della clausola abusiva all'intero contratto ed effetti restitutori*, cit., p. 396 ss. Giova segnalare, tuttavia, come in specifici ambiti settoriali – tra questi, l'ambito degli obblighi informativi relativi al trattamento dei dati personali e alle conseguenze che ne scaturiscono – non pare che la giurisprudenza della Corte di Giustizia si sia consolidata su posizioni altrettanto avanzate circa il carattere sostanziale della chiarezza e comprensibilità delle informazioni rese quale presupposto di un effettivo rispetto degli obblighi di trasparenza imposti al titolare del trattamento. Cfr. Corte Giust., 11 novembre 2020, C-61/19, *Orange Romania*, sulla quale si sofferma criticamente C. ANGIOLINI, *A proposito del caso* Orange Romania *deciso dalla corte di giustizia dell'UE: il rapporto tra contratto e consenso al trattamento dei dati personali*, *Nuove leggi civ. comm.*, 1/2021, p. 247 e 252 ss. Si rileva, in particolare, uno scarto tra l'invocazione di un'informazione idonea a far comprendere le conseguenze della prestazione del consenso al trattamento dei dati personali e il rinvio esclusivo all'art. 13 del Regolamento UE 2016/679 relativo alla protezione delle persone fisiche con riguardo al trattamento dei dati personali, nonché alla libera circolazione di tali dati, lamentandosi la vaghezza della Corte quanto all'indicazione dei "criteri per definire le conseguenze della prestazione del consenso che l'interessato deve poter individuare attraverso le informazioni fornite" (*Ivi*, p. 254).

dal professionista. I quali, del resto, rappresentano sovente l'unica fonte cui attingere al fine di conoscere e comprendere il valore connesso alla conclusione dello scambio contrattuale proposto. Per questo, il momento che precede la conclusione del contratto, a maggior ragione se caratterizzato dall'esercizio di una pratica commerciale scorretta da parte del professionista rivolta a lucrare vantaggi non dichiarati dall'adesione del consumatore al regolamento contrattuale, non può di certo essere equiparato ad un contatto occasionale tra due "passanti".

Piuttosto, in sede giudiziale, sarà necessario accertare di volta in volta l'intensità della relazione oggettivamente instaurata, avuto riguardo alle specifiche interazioni intrattenute dalle parti, al tipo di operazione economica dedotta in contratto e all'eventuale presenza di pertinenti indicazioni legali. Si potrà così calibrare, per un verso, lo *standard* di trasparenza e lealtà al quale il professionista dovrà attenersi nella presentazione delle utilità, dei costi e dei rischi connessi alla realizzazione dell'affare oggetto del contratto e, per altro verso, il correlativo grado di affidamento che il singolo consumatore potrà riporre nell'idoneità delle informazioni messe a disposizione dal professionista a fornire una rappresentazione completa dell'effettiva convenienza dello scambio proposto [51].

Sulla base di tali risultanze, potrà dunque avviarsi, ancora una volta caso per caso, un'attenta verifica circa l'imputabilità della responsabilità al professionista per aver adottato in fase precontrattuale una pratica commerciale scorretta fonte di pregiudizio nei riguardi del consumatore. A questo proposito, come si è più volte osservato, ove la condotta contestata sia già stata oggetto di valutazione ed eventuale sanzione da parte dell'autorità Antitrust o di altra autorità garante della concorrenza in specifici settori di mercato, l'accertamento del fatto fonte della lesione di cui si tratta dovrebbe considerarsi agevo-

[51] Tale accertamento risulterà di certo più agevole nel caso in cui sul professionista gravino precisi obblighi informativi precontrattuali, come nel caso degli intermediari finanziari impegnati nell'offerta al pubblico di prodotti di investimento finanziario. Significativo, in proposito, è l'orientamento giurisprudenziale ormai consolidato, enunciato da Cass. 29 settembre 2005, n. 19024 e poi confermato da Cass., Sez. Un., 19 dicembre 2007, n. 26724, che sancisce la responsabilità del professionista per violazione degli obblighi informativi e il conseguente obbligo al risarcimento del danno, malgrado la validità del contratto, nella misura del minor vantaggio o del maggior aggravio.

lato, soprattutto ove si considerasse applicabile il d.lgs. 19 gennaio 2017, n. 3, art. 4, sull'esibizione delle prove contenute nel relativo fascicolo e art. 7, comma 1, ai sensi del quale "*si ritiene definitivamente accertata, nei confronti dell'autore, la violazione del diritto della concorrenza constata da una decisione dell'autorità garante della concorrenza e del mercato di cui all'art. 10 della l. 10 ottobre 1990, n. 287, non più soggetta ad impugnazione davanti al giudice del ricorso o da una sentenza del giudice del ricorso passata in giudicato*" [52]. La stessa disposizione, tuttavia, precisa che "*quanto previsto (...) riguarda la natura della violazione e la sua portata materiale, personale, temporale e territoriale, ma non il nesso di causalità e l'esistenza del danno*". Sicché, se l'acquisizione della certezza della violazione potrà senz'altro considerarsi sufficiente a riconoscere la legittimità di pretese restitutorie – azionate mediante la richiesta di riduzione del prezzo corrisposto o conseguenti alla risoluzione del contratto – ove il consumatore, in seguito a tale violazione, lamenti di aver subito un'indebita sottrazione di risorse dalla propria disponibilità patrimoniale a vantaggio altrui, non altrettanto potrà dirsi ove il consumatore pretenda il risarcimento dei danni conseguenti all'interferenza subita. In questo secondo caso, a costui spetterà dimostrare, non solo l'entità della lesione subita, ma anche il nesso di causalità tra la violazione del diritto della concorrenza e l'incidenza dannosa di tale violazione sugli interessi individuali del consumatore.

Per quanto attiene, più specificamente, alla questione dei criteri di imputazione della responsabilità, indipendentemente dall'esistenza o meno di un pregresso accertamento dell'AGCM circa l'eventuale illiceità della condotta del professionista, non pare che, per le ragioni sinora esposte, la responsabilità del professionista per l'adozione di una pratica commerciale scorretta, che abbia prodotto conseguenze pregiudizievoli nei confronti del singolo consumatore, possa assumere una connotazione tipicamente colposa [53], quantomeno

---

[52] L'art. 7, comma 2, dello stesso atto normativo, prevede invece che, ove la decisione definitiva di accertamento di una violazione del diritto della concorrenza sia attribuibile ad altra autorità nazionale della concorrenza o al giudice del ricorso di altro Stato membro, essa "*costituisce prova, nei confronti dell'autore, della natura della violazione e della sua portata materiale, personale, temporale e territoriale, valutabile insieme ad altre prove*".

[53] Seppure la colpa sia, *ex* art. 2043 c.c., il principale criterio di imputazione

ove, il riferimento al corrispondente stato soggettivo richieda la commisurazione del contegno del professionista alla cura e alla perizia normalmente dovute nello specifico settore economico nel quale si colloca la sua attività [54].

Come già rilevato, sia nell'ambito di un procedimento di accertamento della ricorrenza di una pratica commerciale scorretta da parte dell'AGCM, sia nell'ambito di un procedimento giudiziale relativo alle pretese risarcitorie del singolo consumatore, di certo al professionista è riconosciuto il diritto di produrre prove finalizzate a smentire la ricorrenza dell'illecito a lui contestato. Ma l'oggettivizzazione del parametro della diligenza professionale, operata dall'art. 18, lett. h), cod. cons. al fine di definirne i contenuti mediante il rinvio ai principi di correttezza e buona fede [55], da un lato, impedisce di calibrare la responsabilità allo sforzo massimo soggettivamente dovuto dal professionista, assimilando piuttosto la valutazione da effet-

---

della responsabilità extracontrattuale – cfr. C. CASTRONOVO, *Responsabilità civile*, cit., p. 403 ss. Di colpa in senso oggettivo ovvero di "un comportamento che esponga a un rischio non consentito un interesse che sia protetto contro quel tipo di lesione non intenzionale" tratta P. TRIMARCHI, *La responsabilità civile: atti illeciti, rischio, danno*, cit., p. 76 ss. – non mancano, com' è noto, i tentativi di valorizzare l'analisi di tale stato soggettivo anche in relazione all'accertamento di una responsabilità di tipo contrattuale. Cfr. C.M. BIANCA, *Dell'inadempimento delle obbligazioni*, in *Comm. Scialoja-Branca*, *sub* art. 1218-1229, Zanichelli, 1979, p. 166 ss. e, in senso adesivo, F.D. BUSNELLI, *Danno e responsabilità civile*, cit., p. 212 ss. Per G. D'AMICO, *La responsabilità* ex recepto *e la distinzione tra obbligazioni "di mezzi" e "di risultato"*, ESI, 1999, pp. 212-213, dalla differente distribuzione dell'onere della prova nelle ipotesi di obbligazioni di «mezzi» e di «risultato» si evince "una diversità di *fondamento* che, in definitiva, connota nelle due ipotesi la responsabilità contrattuale, la quale si atteggerà come responsabilità «soggettiva» (fondata sulla «colpa») nel caso delle obbligazioni di «mezzi» e come responsabilità «oggettiva» nel caso delle obbligazioni di risultato".

[54] La precisazione presuppone, come si vedrà, una rappresentazione dei criteri di imputazione della responsabilità del professionista molto distante da quella proposta da quanti pure osservano che "l'obbligo della buona fede vieta un comportamento sleale, e, oltre, impone di salvaguardare l'utilità della controparte, ma non giunge a richiedere un impegno elevato fino alla soglia dello sforzo diligente". Cfr. C.M. BIANCA, *La nozione di buona fede quale regola di comportamento contrattuale*, cit., p. 210.

[55] Cfr. F. PIRAINO, *Diligenza, buona fede e ragionevolezza nelle pratiche commerciali scorrette. Ipotesi sulla ragionevolezza nel diritto privato*, cit., p. 1127; L. GUFFANTI PESENTI, *Scorrettezza delle pratiche commerciali e rapporto di consumo*, cit., p. 149 ss.

tuarsi ad un giudizio di conformità a *standard* comportamentali oggettivamente predefiniti e, dall'altro, irrigidisce notevolmente i contorni della prova liberatoria a carico del professionista, alleggerendo correlativamente l'onere probatorio della vittima della lesione.

Pertanto, anche nei casi in cui la contestazione della responsabilità del professionista da parte del singolo consumatore non sia assistita da un preliminare accertamento della violazione del diritto della concorrenza da parte dell'AGCM, di altra autorità nazionale garante della concorrenza in specifici settori di mercato o di un organo giurisdizionale straniero, si reputa che, una volta allegata la scorrettezza della pratica commerciale contestata, l'imputabilità possa considerarsi presunta, quale che sia la tipologia di responsabilità alla quale si ritiene riconducibile quella contestata dal consumatore al professionista [56]. Del resto – lo si è già visto – da un lato l'indubbio processo di oggettivazione che ha interessato la valutazione della colpa nei riguardi di soggetti impegnati nell'offerta sul mer-

---

[56] Ad analoghe conclusioni perviene C. CAMARDI, *Note critiche sull'approccio dicotomico alla «natura» della responsabilità precontrattuale e sulle cosiddette «terre di nessuno»*, cit., p. 258, la quale, valorizzando la diversità, dalla "prestazione contrattuale primaria", della prestazione di correttezza, sulla quale la controparte avrebbe maturato il suo affidamento in fase precontrattuale, afferma che "l'attore dovrà provare (...) il comportamento della controparte che assume essere stato scorretto e le ragioni di tale scorrettezza", mentre "non occorre dare la prova di uno stato soggettivo di colpa, ma al contrario sarà il contraente scorretto a dare la prova della conformità del suo comportamento al canone della buona fede". Quanto alla misura dello sforzo massimo dovuto dall'obbligato, la Dottrina citata ritiene appropriata l'applicazione dell'art. 1176 c.c. e non dell'art. 1218 c.c., sebbene – è utile rammentarlo – tale opinione sia espressa dall'Autrice con riguardo al caso dell'abbandono ingiustificato delle trattative, nel quale, condivisibilmente, la considerazione del legittimo interesse a non concludere il contratto, malgrado le trattative intercorse, andrebbe a mitigare il rigore da adottare nel valutare la condotta dell'obbligato. Diversamente, nel caso dell'accertamento di una responsabilità da pratica commerciale scorretta azionata in relazione alla valida conclusione di un contratto, stante il comune interesse delle parti al perfezionamento dell'accordo, non pare ricorrano i presupposti perché la tutela dell'interesse a conoscere e comprendere tutti i fattori che concorrono alla determinazione dell'effettivo valore di scambio ricavabile dalla conclusione del contratto sia bilanciata dalla considerazione di diversi interessi di controparte. Per questa ragione si ritiene che la prova fornita dall'obbligato debba riguardare l'impedimento oggettivo che abbia reso impossibile il rispetto dell'obbligo di correttezza e buona fede, indipendentemente dalla circostanza che esso attenga ad una condotta dovuta in fase precontrattuale e non ad una "prestazione contrattuale primaria".

cato della propria attività professionale [57], dall'altro, il moltiplicarsi, in ambito extracontrattuale, di ipotesi di responsabilità con onere della prova esimente a carico del danneggiante, tanto più se connesse ancora una volta allo svolgimento di un'attività professionale [58], ridimensionano notevolmente il rilievo discriminante tradizionalmente assegnato alla disciplina dell'onere probatorio rispettivamente nel caso di responsabilità contrattuale o extracontrattuale.

5. *Il problema della limitazione dell'obbligazione risarcitoria ai danni prevedibili e la prescrizione delle relative pretese*

La formulazione di una risposta all'interrogativo circa l'applicabilità della regola sulla prevedibilità del danno disposta dall'art. 1225 c.c., in sede di determinazione dell'entità dell'obbligazione risarcitoria derivante dall'imputazione al professionista di una responsabilità precontrattuale da pratica commerciale scorretta, richiede una riflessione senz'altro più articolata.

Pare innanzitutto opportuno procedere, a questo proposito, ad

---

[57] Cfr. L. GUFFANTI PESENTI, *Scorrettezza delle pratiche commerciali e rapporto di consumo*, cit., p. 131 ss.

[58] Scorgendo nell'ordinamento europeo un processo di edificazione *in fieri* di un sistema della responsabilità civile con caratteristiche peculiari rispetto a quelli presenti nei diversi contesti nazionali, riconduce allo stesso schema la disciplina della responsabilità per trattamento illecito di dati personali, disposta dall'art. 82 del Regolamento UE 2016/679 U. SALANITRO, *Illecito trattamento dei dati personali e risarcimento del danno nel prisma della Corte di Giustizia*, in *Riv. dir. civ.*, 3/2023, p. 426 ss. Tale Autore propone un'interpretazione del dato normativo orientata a cogliere e valorizzare una complessa opera legislativa di bilanciamento tra la tutela dei diritti e delle libertà fondamentali dei titolari dei dati e la tutela dell'affidabilità e della circolazione dei dati. Riconduce invece la stessa ipotesi di responsabilità al modello della responsabilità oggettiva per rischio d'impresa, già espressamente richiamato, mediante la menzione dell'art. 2050 c.c., dall'art. 15 del d.lgs. 30 giugno 2003, n. 196 (codice in materia di protezione dei dati personali), successivamente abrogato dal d.lgs. 10 agosto 2018, n. 101, C. CAMARDI, *Note critiche in tema di danno da illecito trattamento dei dati personali*, in *Jus civile*, 3/2020, p. 786 ss. Sul punto si vedano anche G. AMORE, Fairness, Trasparency e Accountability *nella protezione dei dati personali*, in *Studium Iuris*, 4/2020, p. 414 ss.; R. SENIGAGLIA, *Regolamento UE 2016/679 e diritto all'oblio nella comunicazione telematica. Identità, informazione e trasparenza nell'ordine della dignità personale*, in *Nuove leggi civ. comm.*, 5/2017, p. 1023 ss.

una definitiva puntualizzazione circa il differente significato normativo attribuibile rispettivamente al criterio della prevedibilità e al principio della causalità giuridica disposto dall'art. 1223 c.c. [59]. Giova, cioè, precisare che il criterio della connessione immediata e diretta del danno al fatto fonte di responsabilità – che sia quest'ultimo inadempimento o illecito extracontrattuale poco importa – tende a selezionare, attribuendovi rilevanza giuridica, tra i pregiudizi patiti dal danneggiato quelli che, in assenza del fatto non si sarebbero verificati o che, comunque, avrebbero dovuto essere considerati come rischi inevitabili [60]. Viceversa, il giudizio relativo alla pre-

---

[59] In proposito si rinvia alle puntuali considerazioni di A. D'ADDA, *Riflessioni sul risarcimento del danno (im) prevedibile*, cit., p. 1304 ss. Da ultimo, si veda anche N. RIZZO, *La causalità civile*, Giappichelli, 2022, p. 332, il quale, nell'ambito di un'approfondita analisi del rilievo normativo assolto dal concetto di causalità giuridica in relazione all'accertamento della responsabilità, precisa che "mentre l'art. 1223 opera una selezione qualitativa dell'area del danno risarcibile, l'art. 1225 produce una selezione quantitativa del pregiudizio ancorandolo ai valori in gioco nel contratto".

[60] In proposito M. ORLANDI, *Responsabilità precontrattuale*, cit., p. 1025, chiarisce plasticamente la sequenza: "All'origine, il fatto difforme dal paradigma applicabile (diligenza, prestazione); da tale fatto la perdita, come lesione di un primo interesse; dalla perdita il venir meno di un secondo interesse." Poiché "l'interesse del creditore parrebbe declinarsi in due sensi: *interesse primo*, o alla *prestazione in sé data* (comunemente denominata primaria); *interesse secondo* o all'*impiego della prestazione*". Sul tema si veda diffusamente C. CASTRONOVO, *Responsabilità civile*, cit., p. 389 ss.; C. SALVI, *La responsabilità civile*, cit., p. 223 ss. Per una efficace rivisitazione del tema, tuttavia, cfr. A. BELVEDERE, *Causalità* giuridica*?*, in *Riv. dir. civ.*, 1/2006, p. 7 ss., il quale, evidenziando i limiti del tradizionale sdoppiamento del problema della causalità a seconda che esso sia riferito alla produzione dell'evento dannoso (causalità di fatto) o, invece alla produzione delle c.d. conseguenze dannose (causalità giuridica), ne propone una rilettura che, definendo in modo più chiaro l'ambito di pertinenza del fenomeno della causalità, sgomberi il campo da equivoci, considerato che "una volta imputato ad un soggetto un fatto (dannoso), la stima del danno da riservare viene fatta con strumenti concettuali che nulla hanno a che vedere con la causalità" (*Ivi*, p. 21). Di recente, P. SIRENA, *Danno-evento, danno-conseguenza e relativi nessi causali*, cit., p. 79, rileva che "l'art. 1223 c.c. introduce una specifica limitazione alla risarcibilità dei danni che, a partire da quello ingiusto ai sensi dell'art. 2043 c.c., si riverberano nel patrimonio del danneggiato come conseguenza del fatto illecito", precisandosi successivamente, nell'ambito di una riflessione tesa, invero, a contestare il condizionamento della risarcibilità del danno ingiusto alla prova della ricorrenza di un danno-conseguenza, che "l'esigenza di proteggere il danneggiante da una responsabilità risarcitoria potenzialmente illimitata (...) rende dunque opportuno porre un limite «ortopedico» alla naturale propagazione del

vedibilità interviene solo dopo che quella prima selezione sia stata compiuta, operando in particolare ove esista un titolo cui risalire al fine di determinare, in relazione all'interesse leso, l'estensione del rischio del verificarsi di interferenze dannose cui le parti abbiano scelto consapevolmente di esporsi [61]. Sicché, dovrebbe apparire naturale la delimitazione dell'ambito di operatività della regola della prevedibilità all'accertamento dell'entità del danno risarcibile patito dal creditore insoddisfatto [62], non ricorrendo alcun parametro cui commisurare la prevedibilità o meno dei pregiudizi procurati, ove questi ultimi derivino dalla commissione di un illecito extracontrattuale [63]. Tale conclusione trova peraltro conferma nella formulazione dell'art. 2056 c.c., il quale, al comma 1, esclude l'art. 1225 c.c. da quelli cui pure si rinvia allo scopo di indicare i criteri applicabili alla quantificazione dell'obbligazione risarcitoria da responsabilità aquiliana [64]; e, al secondo comma, individua nell'equo apprezza-

---

danno meramente patrimoniale risarcibile come conseguenza del danno-ingiusto che è ricompreso nell'atto illecito".

[61] Cfr. A. D'ADDA, *Riflessioni sul risarcimento del danno (im) prevedibile*, cit., p. 1298, il quale, prendendo le distanze dalla tradizionale lettura "volontaristica" della regola della prevedibilità, spiega che "non è quindi la ricerca di una supposta volontà tacita, bensì il senso oggettivo (desumibile anche dai costi sostenuti in via corrispettiva dal creditore) dell'operazione economica voluta dalle parti, a suggerire quali siano i rischi assunti dal debitore e quindi i danni da lui prevedibili".

[62] Cfr. C. ROMEO, *Inadempimento doloso e danno imprevedibile*, cit., p. 982, il quale, rifacendosi al pensiero di P. Trimarchi, puntualmente osserva che la prevedibilità "assolve ad una duplice funzione: da un lato consente al debitore di valutare il livello di rischio oltre il quale non ritiene conveniente impegnarsi in un affare, disincentivando di fatto operazioni avventate, ma proteggendo e favorendo al contempo un "sano" spirito di iniziativa economica; dall'altro evita che il creditore sfrutti una situazione di difficoltà del debitore ottenendo un risarcimento sproporzionato e che assume in definitiva i connotati di un premio della lotteria".

[63] Non manca tuttavia un orientamento interpretativo – cfr. G. VISINTINI, *Responsabilità contrattuale ed extracontrattuale (Una distinzione in crisi?)*, in *Rass. dir. civ.*, 4/1983, p. 1085 – di cui criticamente dà conto E. TUCCARI, *La prevedibilità del danno come criterio di equilibrio contrattuale*, cit., p. 576, che, nell'ambito di una complessiva svalutazione delle distanze normative tra responsabilità contrattuale ed extracontrattuale, ritiene applicabile la regola della prevedibilità anche in relazione al computo dell'obbligazione risarcitoria derivante da responsabilità aquiliana.

[64] Offre una diversa chiave di lettura dell'art. 2056 c.c. C. CASTRONOVO, *Responsabilità civile*, cit., p. 395 ss. L'Autore citato trae spunto dal commento dell'art. 2056 contenuto nella Relazione al codice (n. 801), per sostenere che il condi-

mento delle circostanze del caso da parte del giudice un diverso criterio di contenimento della misura dell'obbligazione risarcitoria, con specifico riferimento alla voce del lucro cessante [65].

A risolvere la questione dell'applicabilità della disposizione di cui si tratta all'obbligazione risarcitoria derivante dall'accertamento di una responsabilità da pratica commerciale scorretta, dunque, non giova invocare, nella prospettiva dell'uniformazione dei criteri di determinazione dell'obbligazione risarcitoria, la discutibile assimilabilità del meccanismo selettivo della causalità giuridica, disposto dall'art. 1223 c.c., al criterio della prevedibilità [66], né tantomeno giova richiamare l'evoluzione giurisprudenziale in materia e, in particolare, il tentativo di uniformare, nel segno della limitazione prevista dalla regola sulla prevedibilità del danno, il regime disciplinare cui sottoporre la procedura di quantificazione dell'obbliga-

---

zionamento ivi stabilito della risarcibilità dei danni derivanti da fatto illecito, prevedibili e non, alla ricorrenza tra fatto e danno del nesso di causalità, non commisurandosi così il risarcimento al grado della colpa, contrasti con l'esclusione dell'attribuzione alla responsabilità civile di una funzione sanzionatoria. La mancata menzione dell'art. 1225 c.c. tra quelli applicabili al fine di determinare l'estensione dell'obbligazione risarcitoria derivante da fatto illecito, dunque, sarebbe, secondo l'Autore, frutto di un equivoco, superabile ritenendo la regola della prevedibilità applicabile in tutti i casi in cui l'imputazione della responsabilità da fatto illecito derivi dall'accertamento di una condotta colposa e inapplicabile, come anche nel caso della responsabilità da inadempimento, ove l'illecito si sia rivelato doloso. Traspare da tale ricostruzione la propensione ad assimilare la valutazione di prevedibilità del danno alla valutazione della c.d. causalità giuridica ovvero alla considerazione della immediata e diretta correlazione della conseguenza dannosa al fatto lesivo che lo ha prodotto. In tal modo, però, sembra si travisi, per un verso, la specifica funzione selettiva attribuibile a ciascuna delle norme evocate e, per altro verso, si svaluti, tra le due, quella che dispone il criterio della prevedibilità.

[65] Per N. RIZZO, *La causalità civile*, cit., p. 334, l'equo apprezzamento giudiziale delle circostanze del caso, disposto dall'art. 2056, comma 2, c.c. in relazione alla determinazione del lucro cessante procurato dall'illecito aquiliano, sarebbe un diverso parametro "molto elastico" di "moderazione quantitativa" dell'obbligazione risarcitoria.

[66] Cfr. C.M. BIANCA, *Dell'Inadempimento delle obbligazioni*, cit., p. 379. Nello stesso senso, A. RAVAZZONI, *La formazione del* contratto, cit., p. 185. L'identificazione del nesso di regolarità causale con la prova della prevedibilità è piuttosto diffusa in giurisprudenza. Cfr. Cass. 28 maggio 1983, n. 3694, Cass. 19 gennaio 1985, n. 164. Più di recente, Cass. 31 luglio 2014, n. 17460; Cass. 14 novembre 2019, n. 29566. Per la qualificazione della prevedibilità quale criterio autonomo di determinazione del danno risarcibile, cfr. Cass. 21 maggio 1993, n. 5778.

zione risarcitoria [67], indipendentemente dalla natura contrattuale o extracontrattuale della responsabilità sulla quale quest'ultima si fonderebbe [68]. Piuttosto, appare opportuno evidenziare che un fenomeno di uniformazione del trattamento da riservare all'obbligazione risarcitoria potrebbe derivare, in senso opposto alle opinioni appena richiamate, dalla valorizzazione dell'eccezione che lo stesso art. 1225 c.c. dispone, escludendo l'operatività del relativo criterio di limitazione del danno risarcibile nel caso di inadempimento doloso.

Non potendosi in questa sede ripercorre l'annoso dibattito che ha riguardato il significato da assegnare allo stato soggettivo del dolo e alla eventuale "extracontrattualizzazione" dell'inadempimento doloso [69], pare sufficiente ricordarne gli esiti: essi possono considerarsi ormai abbastanza consolidati intorno ad una nozione di dolo integrata ogni volta che il debitore "si renda consapevolmente inadempiente", non essendo invece rilevante l'accertamento della specifica volontà di costui di arrecare danno. Ma, se così è, una simile oggettivizzazione della nozione di dolo potrebbe favorire, come già accennato, un allineamento del meccanismo di quantificazione dell'obbligazione risarcitoria, indipendentemente dalla natura contrattuale o extracontrattuale della responsabilità che la origina, giustificando un'inibizione senz'altro più diffusa dell'operatività del criterio della

---

[67] Cfr. F. GIARDINA, *Responsabilità contrattuale e extracontrattuale*, Giuffrè, 1993, p. 157.

[68] L'identificazione giurisprudenziale del criterio selettivo della regolarità causale con quello della prevedibilità sembra rivelare, invero, una sovrapposizione del problema relativo all'imputabilità della responsabilità del fatto – dalla soluzione del quale deriva la possibilità di riconoscere o meno la ricorrenza di un illecito – al problema della quantificazione del danno risarcibile. In questo senso, se la prevedibilità del carattere dannoso del fatto può senz'altro concorrere ad affrontare la questione dell'imputabilità della responsabilità extracontrattuale, contribuendo così a giustificare la rilevanza giuridica dell'evento dannoso, nel caso di un inadempimento contrattuale non può operare allo stesso modo, finendo per condizionare alla prevedibilità del danno l'*an* della sua risarcibilità. Qui, infatti, la rilevanza giuridica della violazione dell'impegno obbligatorio è indiscussa – cfr. F. PIRAINO, *Sulla natura non colposa della responsabilità contrattuale*, cit., p. 1056, ove si precisa che "l'inadempimento non è di per sé un fatto ma la qualificazione di un fatto" – essendo invece da stabilire, in base agli artt. 1223 c.c., se all'inadempimento sia causalmente riconducibile un danno giuridicamente rilevante e, in base all'art. 1225 c.c., in quale misura esso vada risarcito.

[69] Cfr. G. ANZANI, *La prevedibilità del danno: un dibattito aperto*, in *Resp. civ. prev.*, 2/2017, p. 609 ss.

prevedibilità disposto dall'art. 1225 c.c. E ciò potrebbe accadere, evidentemente, non a causa di una rinnovata propensione sanzionatoria nei riguardi dell'inadempiente, ma più semplicemente in seguito alla constatazione della scelta compiuta da costui di operare deliberatamente in contrasto con l'impegno obbligatorio precedentemente assunto, rinunciando al filtro della prevedibilità ed esponendosi così al rischio di un maggior onere risarcitorio [70].

Ora, anche da queste ultime notazioni, dovrebbe emergere con sufficiente chiarezza che la regola della prevedibilità serva più ad assicurare una razionale allocazione dei rischi di volta in volta associabili alla specifica qualità del "contatto" intercorso tra responsabile del fatto dannoso e danneggiato, che non a calibrare il peso dell'obbligazione risarcitoria in chiave sanzionatoria, valorizzando cioè il carattere più o meno "delittuoso" della condotta fonte di interferenza nella sfera giuridica altrui. Sicché, in conclusione, la limitazione dell'estensione del risarcimento ai danni prevedibili disposta dall'art. 1225 c.c., può dirsi applicabile tutte le volte in cui è possibile individuare un parametro – che non necessariamente deve essere di natura contrattuale – cui commisurare la quantità di rischi accettata da ciascuna delle parti, nel momento in cui esse hanno avviato la loro interazione, in relazione all'ipotesi che quest'ultima abbia un esito insoddisfacente [71]. Non sarà applicabile, invece, tutte

---

[70] Cfr. A. D'ADDA, *Riflessioni sul risarcimento del danno (im) prevedibile*, cit., p. 1314, il quale considera "ragionevole che il beneficio venga meno in ogni caso in cui il debitore scelga di non adempiere e si ponga così consapevolmente (con l'accettazione del danno che ne deriva) fuori dal programma negoziale, che quindi cessa di misurare l'obbligo risarcitorio" (*Ivi*, p. 1315).

[71] Considera il "sacrificio del creditore" indotto dall'applicazione del criterio della prevedibilità giustificato in quanto "non basta tutelare l'interesse della parte adempiente ad ottenere il risarcimento, ma l'ordinamento ritiene opportuno anche consentire al debitore, seppure colposamente inadempiente, di mantenere l'equilibrio originario tra le prestazioni, senza aumentare il rischio contrattuale assunto col sorgere dell'obbligazione", E. TUCCARI, *La prevedibilità del danno come criterio di equilibrio contrattuale*, cit., p. 578. Secondo A. BELFIORE, *Dissesto economico da inadempimento (o da fatto illecito) e risarcimento del danno: la figura del «danno estrinseco» e il sistema degli artt. 1223, 1225, e 1227, co. 2, c.c.*, cit., pp. 367-368, d'altra parte, "Il vaglio dell'art. 1225 (…) si giustifica vuoi perché è in gioco, e a danno del debitore, la rilevanza di *interessi, il cui soddisfacimento non è stato dedotto in prestazione né in via negoziale, né in via normativa*, vuoi per la ragione che l'evento di danno, che acquisisce rilievo in forza dell'art. 1223, non è stato valutato, né è valutabile, me-

le volte in cui il riferimento ad un simile parametro non sia disponibile, ora perché prima dell'imposizione dell'obbligazione risarcitoria non sia rilevabile l'esistenza di alcun contatto tra le parti, ora perché, pur essendo intercorsa una relazione tra le parti, quella resasi responsabile della lesione abbia deliberatamente scelto di perseguire il proprio interesse senza più avvalersi del filtro rappresentato dalla preventiva programmazione dei rischi connessi allo svolgimento dell'interazione con la controparte.

Alla luce di siffatte considerazioni generali, è possibile allora ipotizzare qualche conclusione anche con riferimento allo specifico problema dell'applicabilità dell'art. 1225 c.c. alla quantificazione dell'obbligazione risarcitoria derivante da responsabilità del professionista per l'adozione, prima della conclusione del contratto con il consumatore, di una pratica commerciale scorretta lesiva degli interessi di quest'ultimo.

Occorre innanzitutto rilevare che, al fine di stabilire se il criterio della prevedibilità del danno sia applicabile o meno al calcolo dell'obbligazione risarcitoria che ci occupa, un peso decisivo pare si debba assegnare all'indirizzo interpretativo che si scelga di adottare a proposito del significato da attribuire alla nozione di diligenza professionale, richiamata dall'art. 20, comma 2, nella formulazione del divieto di pratiche commerciali scorrette, e definita dall'art. 18, lett. h), cod. cons. come "*il grado della specifica competenza ed attenzione che ragionevolmente i consumatori attendono da un professionista nei loro confronti rispetto ai principi generali di correttezza e buona fede nel settore di attività del professionista*" [72].

Tanto maggiore, infatti, sarà il rilievo riconosciuto al rinvio ai principi di correttezza e buona fede nella determinazione delle regole cui parametrare la condotta del professionista, quanto più probabile sarà la disponibilità ad accreditare, nell'ambito di un regime disciplinare della responsabilità del professionista fondato sull'operatività di una colpa intesa in senso rigorosamente oggettivo, anche una rivisitazione della nozione di dolo che, nel riconoscerne la ricorrenza, limiti l'incidenza della componente soggettiva alla "mera consapevolezza

---

diante il criterio di responsabilità (la colpa o il criterio oggettivo) che entra in gioco con riferimento al danno evento".

[72] Per riferimenti al dibattito sviluppatosi in dottrina sul tema, si veda *supra*, cap. I, nota 70.

e volontà di non adempiere" [73]. Di tal che, soprattutto nei casi in cui la condotta indagata si sia manifestata, come espressione particolare dell'esercizio di un'attività d'impresa, in una relazione asimmetrica tra professionista e consumatore [74], ad una più agevole rilevabilità di ipotesi di responsabilità di matrice dolosa corrisponderà un più diffuso favore verso una modalità di calcolo dell'obbligazione risarcitoria comprensiva anche dei danni imprevedibili, seppure procurati dalla violazione di una regola di condotta che si ritenga istitutiva di una relazione obbligatoria tra danneggiante e danneggiato.

Viceversa, una caratterizzazione della diligenza richiesta al professionista in termini marcatamente soggettivi favorirà una più spiccata propensione a distinguere i casi in cui, essendosi imputata al professionista una responsabilità colposa, nel calcolo dell'entità dell'obbligazione risarcitoria si ritenga operativo il limite della prevedibilità del danno, dai casi – in questa diversa prospettiva statisticamente meno frequenti anche perché più difficili da provare – in cui, essendosi appurata la connotazione dolosa della condotta scorretta, quello stesso limite normativo sia destinato a rimanere inapplicabile.

Può pure osservarsi, tuttavia, che, anche qualora si intenda aderire all'indirizzo interpretativo più incline a comprendere nella determinazione dell'obbligazione risarcitoria sia i danni prevedibili che quelli imprevedibili, ove riconducibili alla condotta scorretta in virtù di un nesso di causalità immediata e diretta, ciò non smentirebbe l'opinione già più volte manifestata secondo la quale difficilmente la misura del rimedio risarcitorio potrebbe superare di molto quella delle pretese restitutorie comunque azionabili dal consumatore in tempi e con oneri probatori di certo meno gravosi.

A quest'ultimo riguardo, si rammentino gli argomenti in virtù dei quali si è valutata criticamente la sostenibilità sistematica dell'indirizzo interpretativo che, sulla scorta dell'estensione del risarcimento –

---

[73] Cfr. C. ROMEO, *Inadempimento doloso e risarcimento del danno imprevedibile*, cit., p. 993.

[74] Cfr. A. SARDINI, *op. cit.*, p. 206 ss., il quale, proprio sulla base di simili argomentazioni, sostiene la necessità di estendere il calcolo dell'obbligazione risarcitoria ai danni imprevedibili in tutti i casi in cui il mancato rispetto di una regola di condotta fonte di responsabilità abbia riguardato un'interazione connotata da asimmetria informativa tra le parti.

nella specie parametrato all'interesse negativo – ai pregiudizi imprevedibili nel momento in cui è stata avviata l'interazione tra le parti, accrediti l'idea che il risarcimento del lucro cessante, ove altrimenti la sua dimostrazione non sia agevole, possa essere parametrato alla misura dei guadagni conseguiti dal debitore grazie alla condotta illecita della quale è chiamato a rispondere [75]. E si consideri altresì che, pure ammettendo l'inapplicabilità della regola disposta dall'art. 1225 c.c., perché essa sortisca l'effetto di incrementare la posta risarcitoria dovuta dal professionista senza assumere tratti sanzionatori, sarà comunque necessario che il consumatore provi, sia il carattere doloso e non semplicemente colposo della condotta del professionista, sia, soprattutto, l'effettiva ricorrenza e l'entità del pregiudizio imprevedibile, con tutte le difficoltà del caso già più volte segnalate [76].

Quanto infine al termine prescrizionale, tra l'opzione rappresentata da quello quinquennale, previsto nei riguardi del diritto di credito della vittima di un illecito extracontrattuale dall'art. 2947 c.c., e quello decennale previsto per la generalità dei diritti di credito dall'art. 2946 c.c., pare preferibile far ricadere la scelta sul primo. Ciò, ancora una volta, in ragione della particolare natura della relazione che, nel contesto della contrattazione di massa contemporanea, intercorre tra il professionista e il consumatore. Si tratta infatti di una relazione che, non solo presenta i connotati tante volte evocati dell'impersonalità e, sovente, della distanza, ma che è anche dominata da una dilagante e condivisa esigenza di celerità nel conseguimento delle utilità attese dalla realizzazione dello scambio in relazione al quale l'interazione si instaura. Celerità motivata, per quanto riguarda il professionista, da evidenti ragioni di ottimizzazione dei ricavi, inscindibilmente connesse con la logica dell'attività d'impresa; per quanto riguarda il consumatore, da altrettanto

[75] Cfr. A. SARDINI, *op. cit.*, p. 183 ss. Più diffusamente *supra*, cap. III, par. 8.

[76] Tra quanti sostengono convintamente la tesi secondo la quale il risarcimento delle occasioni perse a causa del comportamento scorretto in fase precontrattuale potrebbe eguagliare o anche superare la misura dell'interesse positivo – cfr. P. GALLO, *Il quantum nella responsabilità precontrattuale*, cit., p. 1088 – si considera che un serio ostacolo alla effettiva risarcibilità di pregiudizi imprevedibili, quali potrebbero essere quelli integrati dalla perdita di *chance* alternative di guadagno, sia rappresentato, altresì, dall'applicabilità dell'art. 1227, comma 2, c.c., che esclude il risarcimento per danni che il creditore avrebbe potuto evitare usando l'ordinaria diligenza.

evidenti ragioni di adattamento della manifestazione dei suoi bisogni alla qualità e quantità dell'offerta di beni e servizi sul mercato (anche e soprattutto digitale).

Una conferma dell'ammissibilità di tempi di prescrizione diversi e correlati allo specifico grado di dinamismo di volta in volta caratterizzante l'ambito economico nel quale il singolo diritto è destinato ad operare proviene, del resto, dalla stessa articolazione codicistica della disciplina delle prescrizioni brevi; e proviene altresì, sia dal termine di prescrizione di tre anni del diritto al risarcimento del danno da responsabilità per prodotto difettoso, disposto dall'art. 125 cod. cons., sia dal tempo di prescrizione di ventisei mesi, disposto dall'art. 133, comma 3, cod. cons., nei riguardi del diritto ad agire del consumatore, acquirente di un bene mobile che presenti difetti di conformità al contratto, per far valere la relativa responsabilità nei confronti del venditore.

D'altronde, se la brevità dei termini di prescrizione disposti per l'azionamento dei rimedi rivolti a rendere operativa la garanzia per difetto di conformità è stata opportunamente giustificata rinviando alla specificità funzionale dell'istituto della garanzia rispetto a quello della responsabilità da inadempimento [77], ove si rifletta sul termine di prescrizione del diritto al risarcimento del danno da pratica commerciale scorretta non pare comunque irragionevole che il consumatore possa azionare le proprie pretese nei confronti del professionista entro un tempo di certo più ampio dei due anni previsti per far valere i propri diritti restitutori, ma più contenuto dei dieci anni sanciti dalla legge per la prescrizione ordinaria [78]. E, invero, una dilatazione dei tempi utili per promuovere un eventuale ricorso oltre il tempo, già sufficientemente lungo [79], previsto dall'art. 2947 c.c., si

---

[77] Cfr. L. REGAZZONI, *La garanzia nel diritto dei contratti*, cit., p. 63.

[78] Seppure dalla diversa prospettiva del riconoscimento a carico del professionista di una responsabilità di natura senza dubbio extracontrattuale, sostiene l'applicabilità del termine prescrizionale di cinque anni anche G. DE CRISTOFARO, *«Rimedi» privatistici individuali e pratiche commerciali scorrette. Il recepimento del diritto italiano dell'art. 11-*bis *della direttiva 2005/29/CE. (Comma 15-*bis, *art. 27 c. cons.)*, cit., p. 482, ID., *Diritto italiano ed europeo dei consumatori*, cit., p. 244.

[79] Le differenze dei termini di prescrizione disposti dal codice civile in relazione alle due diverse tipologie di responsabilità sono considerati "meri accidenti normativi, causa di distorsioni interpretative e fonte di espedienti razionalmente e logicamente non giustificabili" da F. GIARDINA, *Responsabilità contrattuale e responsabilità extracontrattuale*, cit., p. 160.

porrebbe in palese contrasto con l'incessante obsolescenza, per un verso, dei beni e dei servizi offerti sul mercato contemporaneo e, per altro verso, degli stessi bisogni umani che, di quei beni e di quei servizi, il più delle volte seguono la medesima traiettoria vitale.

Piuttosto, può rilevarsi l'indiscutibile vantaggio che il consumatore potrebbe ricavare dalla possibilità di richiedere il risarcimento del danno da pratica commerciale scorretta verificatasi nella fase precedente la conclusione di un valido contratto con il professionista, ben oltre il termine che si è ritenuto applicabile ad una eventuale pretesa restitutoria derivante dalla richiesta di riduzione del prezzo o di risoluzione del contratto.

Infine, quanto al momento a partire dal quale dovrebbe decorrere il tempo necessario alla prescrizione del diritto, si ritiene condivisibile il suggerimento di rinviare, con riferimento alle pretese risarcitorie di cui qui si tratta, ad un recente orientamento giurisprudenziale, formatosi, a proposito della prescrizione del diritto al risarcimento nella diversa ipotesi di danni patiti a causa di illeciti *antitrust*[80]. A questa stregua, il *dies a quo* per il calcolo del termine prescrizionale dovrebbe essere individuato non nel momento in cui il fatto illecito si è verificato ma in quello successivo in cui la vittima della lesione ha acquisito consapevolezza – o avrebbe potuto acquisirla usando l'ordinaria diligenza – degli effetti pregiudizievoli cui

---

[80] Il suggerimento cui si allude è tratto da G. DE CRISTOFARO, *«Rimedi» privatistici individuali e pratiche commerciali scorrette. Il recepimento del diritto italiano dell'art. 11*-bis *della direttiva 2005/29/CE. (Comma 15*-bis, *art. 27 c. cons.)*, cit., p. 483, ID., *Diritto italiano ed europeo dei consumatori*, cit., p. 244, il quale, invero, lo formula in termini dubitativi, individuando in Cass. 19 ottobre 2022, n. 30783, Cass. 3 aprile 2020, n. 7677 e Cass. 5 luglio 2019, n. 18176 altrettante espressioni del citato orientamento. In particolare, in quelle decisioni, ove le ricorrenti erano altrettante imprese concorrenti di quella sanzionata per abuso di posizione dominante, si è ritenuto che la condizione di effettiva o quantomeno ragionevole certezza circa la consapevolezza dell'illecito e della sua idoneità a procurare un danno ingiusto si potesse presumere maturata con l'avvio dell'istruttoria da parte dell'AGCM. Ciò in quanto, quando la ricorrente sia un'impresa concorrente, può ragionevolmente presumersi, "secondo l'ordinaria diligenza, che essa osservi e vigili sulle condotte delle altre imprese, miranti ad escluderla dalla competizione", sicché "il *dies a quo* della prescrizione può essere anticipato, rispetto alla data di pubblicazione del provvedimento sanzionatorio". In linea con simili argomentazioni, dunque, nel caso in cui la parte ricorrente sia un consumatore, all'opposto, il termine prescrizionale dovrebbe decorrere da un momento successivo.

l'illecito anticoncorrenziale l'aveva esposta. Se, d'altra parte, con riferimento alle pretese risarcitorie di imprese concorrenti della condannata per abuso di posizione dominante esso, secondo il richiamato orientamento giurisprudenziale, è individuabile nel momento di avvio dell'istruttoria da parte dell'AGCM, nei riguardi del consumatore il *dies a quo* dovrebbe coincidere con il momento successivo della pubblicazione del provvedimento sanzionatorio, stante la propensione, senz'altro inferiore rispetto a quella di un'impresa, che si può presumere muova il consumatore a conoscere e soprattutto a comprendere la qualità delle condotte tenute dal professionista [81].

---

[81] Sembra ora spingersi ancora oltre tali conclusioni Corte Giust., 25 gennaio 2024, da C-810/21 a C-813/21, in *Banca Dati De Jure*. Nella specie, con riferimento alla prescrizione del diritto alla restituzione di quanto indebitamente pagato da un consumatore nell'esecuzione di una clausola abusiva di cui sia stata dichiarata la nullità, pur ribadendosi il principio dell'autonomia procedurale degli ordinamenti nazionali, si riconosce la contrarietà al diritto eurounitario di norme interne che non siano in grado di garantire – alla luce del principio di effettività – per un verso, la conoscenza da parte del consumatore dei diritti derivanti dalla direttiva 93/13 e, per altro verso, il tempo necessario alla preparazione e alla presentazione di un ricorso giudiziale. Pare opportuno rilevare che la mancata conoscenza da parte del consumatore dei diritti di cui potersi avvalere non deriverebbe, come nel caso di un illecito antitrust o di una pratica commerciale scorretta, da una oggettiva difficoltà a riconoscere la ricorrenza dei presupposti necessari al loro esercizio, ma sarebbe piuttosto originata, secondo i giudici di Lussemburgo, dall'asimmetria informativa tipica dei rapporti contrattuali tra consumatore e professionista. Sembra dunque accreditarsi l'ipotesi che la strutturale diversità del bagaglio di informazioni a disposizione delle parti, non pregiudicherebbe più solo la formazione di una volontà negoziale libera e consapevole del consumatore intenzionato a concludere un contratto con un professionista, ma implicherebbe di fatto anche la giustificazione di un più basso *standard* di "responsabilità civica" del consumatore rispetto alla conoscenza dei propri diritti. Quanto al *dies a quo* del termine prescrizionale, da tali argomentazioni la Corte deduce che l'esistenza di una giurisprudenza nazionale consolidata relativa alla nullità di clausole abusive dello stesso genere di quelle impugnate dai ricorrenti non sia sufficiente a dimostrare, almeno in via presuntiva, la ricorrenza delle condizioni utili affinché il consumatore interessato acquisisca consapevolezza dell'azionabilità dei connessi diritti restitutori. Onde evitare il protrarsi *sine die* della soggezione del professionista alle eventuali pretese restitutorie della sua controparte – sembra allora concludere la Corte in base ad un approccio che si mostra, almeno ad una prima lettura, alquanto *naif* – basterebbe che costui si impegnasse a contrastare anche queste manifestazioni dello svantaggio informativo del consumatore, in particolare evitando di commettere gli illeciti alle cui conseguenze pregiudizievoli l'azionamento di quelle pretese dovrebbe rimediare.

Bibliografia

ADDIS F., *Spunti esegetici sugli aspetti dei contratti di vendita di beni regolati nella nuova direttiva (UE) 2019/771*, in *Nuovo dir. civ.*, 2/2020.

AFFERNI G. *Il quantum del danno nella responsabilità precontrattuale*, Giappichelli, 2008.

AFFERNI G., *La responsabilità precontrattuale per violazione di obblighi di informazione*, in *Inadempimento e Rimedi*, I, *Tratt. Resp. Contratt.*, diretto da Visintini G., Cedam, 2009.

AFFERNI G., *Il quantum del danno nella responsabilità precontrattuale per violazione di un obbligo di informazione*, in *Danno e resp.*, 2010.

AFFERNI G., *Responsabilità da prospetto: natura, danno risarcibile e nesso di causalità*, in *Danno e resp.*, 6/2011.

ALBANESE A., *Contratto mercato responsabilità*, Giuffrè, 2008.

ALBANESE A., *L'arricchimento senza causa è, dunque, una clausola generale autonoma dalla clausola di ingiustizia del danno*, in *Contr. e Impr.*, 4-5/2009.

ALBANESE A., *La lunga marcia della responsabilità precontrattuale:* dalla culpa in contrahendo *alla violazione di obblighi di protezione*, in *Eur. dir. priv.*, 3/2017.

ALBANESE A., *Responsabilità precontrattuale*, in *Le parole del diritto – Scritti in onore di Carlo Castronovo*, III, Jovene, 2018.

ALBERTI S., *La conclusione di un valido contratto non esclude la responsabilità precontrattuale*, in *Contratti*, 11/2016.

ALESSANDRI D., *Dalla Corte di Giustizia un "test" per valutare l'assoggettabilità delle clausole contrattuali al sindacato di abusività*, in *Corr. Giur.*, 6/2018.

ALESSI R., *L'attuazione della direttiva sulla vendita dei beni di consumo nel diritto italiano*, in *Eur. dir. priv.*, 3/2004.

AL MUREDEN E., DE PAMPHILIS M., *Valutazione dei danni*, in P. MANZINI (a cura di), *Il risarcimento del danno nel diritto della concorrenza*, Giappichelli, 2017.

AL MUREDEN E., *L'apertura delle Sezioni Unite ai punite damages tra limiti del diritto interno e nuove prospettive di armonizzazione*, in *Giur. comm.*, 6/2018.

ALPA G., CATRICALÀ A., *Diritto dei consumatori*, Il Mulino, 2016.

ALPA G., *Aspetti della nuova disciplina delle vendite nell'Unione europea*, in *Contr. e Impr.*, 3/2019.

AMADIO G., *Proprietà e consegna nella vendita di beni di consumo*, in *Riv. dir. civ.*, 1/2004.

AMORE G., Fairness, Trasparency *e* Accountability *nella protezione dei dati personali*, in *Studium Iuris*, 4/2020.

ANGIOLINI C., *A proposito del caso* Orange Romania *deciso dalla corte di giustizia dell'UE: il rapporto tra contratto e consenso al trattamento dei dati personali, Nuove leggi civ. comm.*, 1/2021.

ANZANI G., *La prevedibilità del danno: un dibattito aperto*, in *Resp. civ. prev.*, 2/2017.

ANZANI G., *Interesse positivo e interesse negativo nelle diverse forme di responsabilità civile*, in *Resp. civ. prev.*, 5/2019.

BARATELLA M.G., *Le pene private*, Giuffrè, 2006.

BARCELLONA M., *Clausole generali e giustizia contrattuale*, Giappichelli, 2006.

BARCELLONA M., *Funzione compensativa della responsabilità e* private enforcement *della disciplina* antitrust, in *Contr. e Impr.*, 1/2008.

BARCELLONA M., *Trattato del danno e della responsabilità civile*, Utet, 2011.

BARCELLONA M., *Responsabilità extracontrattuale e vizi della volontà contrattuale*, in www.judicium.it, 2011.

BARCELLONA M., *Responsabilità contrattuale e responsabilità extracontrattuale: dalle dogmatiche alle «rationes» dei rispettivi regimi*, in *Riv. crit. dir. priv.*, 2015.

BARCELLONA M., *Norme e prassi giuridiche. Giurisprudenze usurpative e interpretazione funzionale*, Mucchi Ed., 2022.

BARCELLONA P., *Note critiche in tema di rapporti tra negozio e giusta causa dell'attribuzione*, in *Riv. trim. dir. proc. civ.*, 1965.

BARCELLONA P., (voce) *Errore*, in *Enc. dir.*, XV, Giuffrè, 1966.

BARCELLONA P., *Intervento statale e autonomia privata nella disciplina dei rapporti economici*, Giuffrè, 1969.

BARCELLONA P., CAMARDI C., *Le istituzioni del diritto privato contemporaneo*, Jovene, 2002.

BARELA M., *La consapevolezza del consumatore nella costruzione giuridica del mercato (rileggendo la pagina di Tullio Ascarelli)*, in *Riv. dir. ind.*, 3/2019.

BARENGHI A., *Osservazioni sulla nuova disciplina delle garanzie nella vendita di beni di consumo*, in *Contr. e Impr.*, 2/2020.

BARGELLI E., *«Sinallagma rovesciato» e ripetizione dell'indebito. L'impossibilità della restitutio in integrum nella prassi giurisprudenziale*, in *Riv. dir. civ.*, 1/2008.

BARGELLI E., *Il sinallagma rovesciato*, Giuffrè, 2010.

BAZZONI G., *Il vizio di armonizzazione dei c.d. obblighi di protezione della Direttiva 2019/770/UE*, in *Giur. it.*, 10/2023.

BELFIORE A., *Risoluzione del contratto e obbligazioni restitutorie*, in *Scritti in onore di Auletta G.*, II, Giuffrè, 1988.

BELFIORE A., *Dissesto economico da inadempimento (o da fatto illecito) e risarcimento del danno: la figura del «danno estrinseco» e il sistema degli artt. 1223, 1225, e 1227, co. 2, c.c.*, in *Eur. dir. priv.*, 2/2019.

BELVEDERE A., *Causalità* giuridica*?*, in *Riv. dir. civ.*, 1/2006.

BENACCHIO G., *Diritto privato dell'Unione europea*, Wolters Kluwer, 2016.

BENACCHIO G., CARPAGNANO M., *Il private antitrust enforcement in Italia e nell'Unione Europea: scenari applicativi e le prospettive del mercato*, Quaderni della Facoltà di Giurisprudenza, 43, Università degli studi di Trento, 2019, https://iris.unitn.it/retrieve/handle/11572/249792/297966/COLLANA%20QUADERNI%20VOLUME%2043.pdf.

BENATTI F., *La responsabilità precontrattuale*, Giuffrè, 1963.

BENATTI F., *Culpa in contrahendo*, in *Contr. e Impr.*, 1/1987.

BENATTI F., *La* culpa in contrahendo *da Rudolf Jhering ai giorni nostri*, in *Banca, borsa, tit. cred.*, 4/2021.

BENEDETTI A.M., (voce) *Contratto asimmetrico*, in *Enc. dir.*, Annali, V, Giuffrè, 2012.

BENEDETTI A.M., *Sanzionare compensando? Per una liquidazione non ipocrita del danno non patrimoniale*, in *Riv. dir. civ.*, 1/2019.

BERTELLI F., *L'armonizzazione massima della direttiva 2019/771/UE e le sorti del principio di maggior tutela del consumatore*, in *Eur. dir. priv.*, 4/2019.

BERTELLI F., *I* green claims *tra diritti del consumatore e tutela della concorrenza*, in *Contr. e Impr.*, 1/2021.

BERTELLI F., *Dieselgate e tutela risarcitoria del consumatore*, in *Foronews*, 4 marzo 2021.

BIANCA C.M., *Dell'inadempimento delle obbligazioni*, in *Comm. Scialoja-Branca*, *sub* art. 1218-1229, Zanichelli, 1979.

BIANCA M.C., *La nozione di buona fede quale regola di comportamento contrattuale*, in *Riv. dir. civ.*, I, 1983.

BIANCA M.C., *La vendita e la permuta*, Utet, 1993.

BIANCA M.C., *Il contratto*, in *Diritto civile*, III, Giuffrè, 2000.

BOCCHINI F., *La vendita di cose mobili*, in *Comm. cod. civ. Schlesinger*, Giuffrè, 2004.

BONFANTE G., CAGNASSO O., *Risoluzione del contratto ed «azione di adempimento» quali strumenti di tutela del consumatore o dell'impresa?*, in *Contr. e Impr. Eur.*, 1/2001.

BONILINI G., *Pena privata e danno non patrimoniale*, in F.D. BUSNELLI, G. SCALFI (a cura di), *Le pene private*, Giuffrè, 1985.

BUSNELLI F.D., *Le sezioni unite e il danno non patrimoniale*, in *Riv. dir. civ.*, 1/2009.

BUSNELLI F.D., *Deterrenza, responsabilità civile, fatto illecito, danni punitivi*, in *Eur. dir. priv.*, 4/2009.

BUSNELLI F.D., PATTI S., *Danno e responsabilità civile*, Giappichelli, 2013.

BUSNELLI F.D., *Itinerari europei nella «terra di nessuno tra contratto e fatto illecito»: la responsabilità da informazioni inesatte*, in F.D. BUSNELLI, S. PATTI, *Danno e responsabilità*, Giappichelli, 2013.

CABELLA PISU L., *Garanzia e responsabilità nelle vendite commerciali*, Giuffrè, 1983.

CAFAGGI F., *Profili di relazionalità della colpa*, Cedam, 1996.

CAFAGGI F., *Tutela amministrativa, tutela giurisdizionale e principio di effettività*, in P. IAMICELI (a cura di), *Effettività delle tutele e diritto europeo. Un percorso di ricerca per e con la formazione giudiziaria*, Un. Trento, 2020.

CALVO R., *Le pratiche commerciali «ingannevoli»*, in G. DE CRISTOFARO (a cura di), *Pratiche commerciali scorrette e codice del consumo*, Giappichelli, 2008.

CALVO R., *Luci e ombre nella cornice del congedo dalla garanzia edilizia*, in *Giur. it.*, 7/2019.

CAMARDI C., *Pratiche commerciali scorrette e invalidità*, in *Obbl. e contr.*, 6/2010.

CAMARDI C., *La protezione dei consumatori tra diritto civile e regolazione del mercato. A proposito dei recenti interventi sul codice del consumo*, in *Jus civile*, 6/2013.

CAMARDI C., *Prime osservazioni sulla Direttiva (UE) 2019/770 sui contratti per la fornitura di contenuti e servizi digitali. Operazioni di consumo e circolazione di dati personali*, in *Giust. civ.*, 3/2019.

CAMARDI C., *Note critiche in tema di danno da illecito trattamento dei dati personali*, in *Jus civile*, 3/2020.

CAMARDI C., *Contratti digitali e mercati delle piattaforme. Un promemoria per il civilista*, in *Jus civile*, 4/2021.

CAMARDI C., *Note critiche sull'approccio dicotomico alla «natura» della responsabilità precontrattuale e sulle cosiddette «terre di nessuno»*, in *Per i cento anni dalla nascita di Renato Scognamiglio*, Jovene, 2022.

CAMARDI C., *Diritto civile e nuovi valori costituzionali*, in *Jus civile*, 3/2023.

CAMARDI C., *Illecito trattamento dei dati e danno non patrimoniale. Verso una dogmatica europea*, in *Nuova giur. civ. comm.*, 5/2023.

CAMILLERI E., *Qualità pubblicizzate e affidamento del consumatore. Spunti per il caso* Dieselgate*?*, in *Nuova giur. civ. comm.*, 5/2016.

CAMILLERI E., *La direttiva 2020/1828/UE sulle azioni rappresentative e il "sistema delle prove". La promozione dell'interesse pubblico attraverso la tutela degli interessi collettivi dei consumatori: verso quale modello di enforcement?*, in *Nuove leggi civ. comm.*, 4/2022.

CAMPAGNA M.F., *Negozi con effetti novativi e clausole abusive*, in *Nuova giur. civ. comm.*, 2/2021.

CANARIS C.W., *Norme di protezione, obblighi del traffico, doveri di protezione*, in *Riv. crit. dir. priv.*, 1983.

CARBONE V., *Mutamenti giurisprudenziali alla tradizionale limitazione della tutela precontrattuale*, in *Corr. Giur.*, 5/1993.

CAREDDA V., *Adempimento ritardato e riduzione della controprestazione*, in *Giur. it.*, 2/2000.

CARUSI D., *Buone notizie dalla Cassazione: l'interpretazione dell'art. 2042 c.c. verso l'esame delle Sezioni unite*, in *Giur it.*, 7/2023.

CASTRONOVO C., *Problema e sistema nel danno da prodotti*, Giuffrè, 1979.

CASTRONOVO C., (voce) *L'obbligo di protezione*, in *Enc. giur. Treccani*, XXIV, Roma, 1991.

CASTRONOVO C., *La relazione come categoria essenziale dell'obbligazione e della responsabilità contrattuale*, in *Eur. dir. priv.*, 1/2011.

CASTRONOVO C., *Responsabilità civile*, Giuffrè, 2018.

CASTRONOVO C., *Il diritto italiano delle obbligazioni dal codice civile del 1942 a oggi. Profili di un'evoluzione*, in *Eur. dir. priv.*, 3/2021.

CATERINA E., *Psicologia della decisione e tutela del consumatore*, in *Analisi giuridica dell'economia*, 1/2012, p. 82.

CICERO C., *La responsabilità (pre)contrattuale come responsabilità da contatto sociale*, in *Corr. Giur.*, 12/2016.

COGNOLATO M., *Contratti del consumatore e «diritto delle restituzioni» (secondo la Corte di Giustizia CE)*, in *Obbl. e contr.*, 2011.

COLOMBO C., *Il dolo nei contratti: idoneità del mezzo fraudolento e rilevanza della condotta del* deceptus, in *Riv. dir. comm.*, I, 1993.

CONFORTI M., *Responsabilità precontrattuale e dovere di informazione*, in *Nuova giur. civ. comm.*, 3/2009, I.
CONFORTINI C., *Il recesso di pentimento*, in *Corr. Giur.*, 1/2014.
CONFORTINI C., *A proposito del ius poenitendi del consumatore e della sua discussa natura*, in *Eur. dir. priv.*, 4/2017.
CORAPI E., *Il risarcimento del danno antitrust. La direttiva n. 104/2014 UE e la sua attuazione. Modelli a confronto*, Jovene, 2017.
CORSI G., *Le Sezioni Unite: via libera al riconoscimento di sentenze comminatorie di punitive damages*, in *Danno e resp.*, 4/2017.
CUFFARO V., (voce) *Responsabilità precontrattuale*, in *Enc. dir.*, XXXIX, Giuffrè, 1988.

D'ADDA A., *Gli obblighi conseguenti alla pronuncia di risoluzione del contratto per inadempimento tra restituzione e risarcimento, in Riv. dir. civ.,* 4/2000.
D'ADDA A., *Giurisprudenza comunitaria e "massimo effetto utile per il consumatore": nullità (parziale) necessaria della clausola abusiva e integrazione del contratto*, in *Contratti*, 1/2013.
D'ADDA A., *Il giudice nazionale può rideterminare il contenuto della clausola abusiva essenziale applicando una disposizione di diritto nazionale di natura suppletiva*, in www.dirittocivilecontemporaneo.com, 1/2014.
D'ADDA A., *Riflessioni sul risarcimento del danno (im) prevedibile*, in *Riv. dir. civ.*, 6/2019.
DALIA C., *Sanzioni e rimedi individuali "effettivi" per il consumatore in caso di pratiche commerciali scorrette: le novità introdotte dalla direttiva 2161/2019/UE*, in *Riv. dir. ind.*, 6/2020.
DALLA MASSARA T., *L'onere della prova dei vizi del bene venduto al vaglio delle sezioni Unite: resistenza e resilienza del modello della garanzia*, in *Contratti*, 4/2019.
DALLA MASSARA T., *I rimedi a favore del consumatore tra codice civile e codice del consumo*, in T. DALLA MASSARA (a cura di), *La vendita di beni mobili*, Pacini Giuridica, 2020.
DALLA NEGRA F., *Culpa in contrahendo, contatto sociale e modelli di responsabilità*, in *Contratti*, 4/2012.
DALLA NEGRA F., *La natura della responsabilità precontrattuale: la quiete dopo la tempesta?*, in *Danno e resp.*, 7/2013.
D'AMICO G., *La responsabilità* ex recepto *e la distinzione tra obbligazioni "di mezzi" e "di risultato"*, ESI, 1999.
D'AMICO G., *La responsabilità precontrattuale*, in *Tratt. del Contratto*, diretto da Roppo V., V, t. II, Giuffrè, 2006.
D'AMICO G., *Responsabilità precontrattuale anche in caso di contratto valido?*, in *GiustiziaCivile.com*, 2014.

D'AMICO G., *Nullità e risoluzione per inadempimento: restituzioni e risarcimento del danno*, in *Nuove leggi civ. comm.*, 4/2014.

D'AMICO G., *La Corte di giustizia e la vicenda (ungherese) dei mutui in valuta estera stipulati con un consumatore*, in *Contratti*, 1/2020.

D'AMICO G., (voce) *Giustizia contrattuale*, in *Contratto*, *Enc. dir.*, I tematici, Giuffrè, 2021.

D'ANTONIO V., SCIANCALEPORE G., *Le pratiche commerciali*, in P. STANZIONE, A. MUSIO (a cura di), *La tutela del consumatore*, in *Tratt. Dir. Priv.*, diretto da Bessone M., XXX, Giappichelli, 2009.

DE CRISTOFARO G., *La nuova disciplina codicistica dei contratti per la fornitura di beni mobili conclusi da consumatori e professionisti (seconda parte)*, in *Studium Iuris*, 2002.

DE CRISTOFARO G., *Le conseguenze privatistiche della violazione del divieto di pratiche commerciali sleali: analisi comparata delle soluzioni accolte nei diritti nazionali dei Paesi UE*, in *Rass. dir. civ.*, 3/2010.

DE CRISTOFARO G., *La nozione generale di pratica commerciale «scorretta»*, in G. DE CRISTOFARO (a cura di), *Pratiche commerciali scorrette e codice del consumo*, Giappichelli, 2008.

DE CRISTOFARO G., *L'attuazione della direttiva 2005/29/CE nell'ordinamento italiano: profili generali*, in G. DE CRISTOFARO (a cura di), *Pratiche commerciali scorrette e codice del consumo*, Giappichelli, 2008.

DE CRISTOFARO G., *L'interruzione del termine prescrizionale del diritto del compratore «alla garanzia per vizi»*, in *Riv. dir. civ.*, 4/2020.

DE CRISTOFARO G., *Verso la riforma della disciplina delle vendite mobiliari b-to-c: L'attuazione della direttiva EU 2019/771*, in *Riv. dir. civ.*, 2/2021.

DE CRISTOFARO G., *Il regime privatistico "speciale" delle c.d. forniture non richieste: la prima presa di posizione della Suprema Corte*, in *Nuova giur. civ. comm.*, 3/2021.

DE CRISTOFARO G., *Rimedi privatistici "individuali" dei consumatori e pratiche commerciali scorrette: l'art. 11-bis direttiva 2005/29/CE e la perdurante (e aggravata) frammentazione dei diritti nazionali dei paesi UE*, in *Jus civile*, 2/2022.

DE CRISTOFARO G., *Azioni "rappresentative" e tutela degli interessi collettivi dei consumatori*, in *Nuove leggi civ. comm.*, 4/2022.

DE CRISTOFARO G., *«Rimedi» privatistici individuali e pratiche commerciali scorrette. Il recepimento del diritto italiano dell'art. 11*-bis *della direttiva 2005/29/CE. (Comma 15*-bis, *art. 27 c. cons.)*, in *Nuove leggi civ. comm.*, 2/2023, p. 449.

DE CRISTOFARO G., *Vessatorietà e trasparenza delle clausole dei contrat-*

ti B-to-C e procedimenti amministrativi di competenza AGCM. Il novellato art. 37-bis C. Cons., in *Nuove leggi civ. comm.*, 3/2023.
De Cristofaro G., *Diritto italiano ed europeo dei consumi*, Wolters Kluwer-Cedam, 2024.
De Cupis A., (voce) *Danno (dir. vig.)*, in *Enc. dir.*, XI, Giuffrè, 1962.
Dellacasa M., *Il sindacato sui termini dello scambio nei contratti di consumo: nuovi scenari*, in *Nuova giur. civ. comm.*, II, 2015.
Dellacasa M., *Restituzioni e regimi dei rimedi contrattuali: un'analisi critica del diritto applicato*, in *Contr. e Impr.*, 3/2018.
Dellacasa M., *Breve indagine sull'azione di restituzione del prezzo: ovvero, sulla rilevanza dello scambio a seguito della risoluzione*, in *Riv. dir. civ.*, 1/2022.
De Menech C., *Le prestazioni pecuniarie sanzionatorie. Studio per una teoria dei «danni punitivi»*, Cedam, 2019.
Denozza F., *Principle vs. Policy: spunti sui contratti a valle e sulla nullità virtuale "regolatoria"*, in *Nuova giur. civ. comm.*, 3/2022.
De Poli M., *I mezzi dell'attività ingannatoria e la reticenza da Alberto Trabucchi alla stagione della «trasparenza contrattuale»*, in *Riv. dir. civ.*, 5/2011.
De Santis B., *La scomparsa del danno patrimoniale nel* Dieselgate. *La Corte d'Appello di Venezia e l'esito infelice della* class action *italiana*, in *Nuova giur. civ. comm.*, 1/2024.
Di Majo A., *Ingiustizia del danno e diritti non nominati*, in *Giust. civ.*, 1982, I.
Di Majo A., *Il problema del danno al patrimonio*, in *Riv. crit. dir. priv.*, 2/1984.
Di Majo A., *L'obbligo senza prestazione approda in cassazione*, in *Corr. Giur.*, 4/1999.
Di Majo A., *La tutela civile dei diritti*, Giuffrè, 2001.
Di Majo A., *Garanzia e inadempimento nella vendita di beni di consumo*, in *Eur. dir. priv.*, 1/2002.
Di Majo A., *Contratto e torto: la responsabilità per il pagamento di assegni non trasferibili*, in *Corr. Giur.*, 12/2007.
Di Majo A., *Le tutele contrattuali*, Giappichelli, 2009.
Di Majo A., *Principio di legalità e di proporzionalità nel risarcimento con funzione punitiva*, in *Giur. it.*, 9/2017.
Di Majo A., (voce) *Rimedi contrattuali*, in *Contratto*, *Enc. dir.*, I tematici, Giuffrè, 2021.
Di Marzio F., *La ricerca del diritto*, Laterza, 2021.
Di Nella L., *Le pratiche commerciali «aggressive»*, G. De Cristofaro (a cura di), *Pratiche commerciali scorrette e codice del consumo*, Giappichelli, 2008.

Di Nella L., *Il sistema delle tutele e dei rimedi nella disciplina delle pratiche commerciali scorrette*, in *Studi in onore di Giorgio Cian*, I, Cedam, 2010.

Faccioli M., *La nuova disciplina europea della vendita di beni ai consumatori (direttiva (UE) 2019/771): prospettive di attuazione delle disposizioni sui termini*, in *Nuove leggi civ. comm.*, 1/2020.

Faccioli M., *La durata della responsabilità del venditore e la prescrizione dei diritti del consumatore*, in G. De Cristofaro (a cura di), *La nuova disciplina della vendita mobiliare nel codice del consumo*, Giappichelli, 2022.

Fachechi A., *Pratiche commerciali scorrette e rimedi negoziali*, ESI, 2012.

Fachechi A., *Pratiche commerciali scorrette e (apparente) gap normativo: il "sistema" dei rimedi negoziali*, in *Studium Iuris*, 2/2015.

Falzea A., *La condizione e gli elementi dell'atto giuridico*, Giuffrè, 1941.

Febbrajo T., *La «nuova» responsabilità precontrattuale*, in *Riv. dir. priv.*, 2/2011.

Febbrajo T., *Il private enforcement del divieto di pratiche commerciali scorrette*, ESI, 2018.

Federici I., *Dolo incidente e regole di correttezza*, ESI, 2010.

Ferrante E., *La direttiva 19/771/UE in materia di vendita al consumo: primi appunti*, in *Annuario del Contratto*, 2018.

Foresta D., *La possibile nullità della clausola di doppia indicizzazione dei mutui fondiari Barclays*, in *Giur. it.*, 4/2022.

Fragali M., (voce) *Garanzia*, in *Enc. dir.*, XVIII, Giuffrè, 1969.

Franzoni M., *Un vizio del consenso: il dolo*, in *Studi in onore di Pietro Rescigno*, III.2, *Diritto Privato*, Giuffrè, 1998.

Franzoni M., *Il danno non patrimoniale del diritto vivente*, in *Corr. Giur.*, 1/2009.

Franzoni M., *Stefano Rodotà e gli studi sulla responsabilità civile*, in *Riv. trim. dir. e proc. civ.*, 2018.

Funaioli C.A., (voce) *Dolo*, in *Enc. dir.*, XIII, Giuffrè, 1964.

Gabrielli E., Federico A. (a cura di), *I danni punitivi dopo le Sezioni Unite*, in *Giur. it.*, 10/2018.

Gabrielli G., Padovini F., (voce) *Recesso*, in *Enc. dir.*, XXXIX, Giuffrè, 1998.

Galli F., *La pubblicità mirata al tempo dell'intelligenza artificiale: quali regole a tutela dei consumatori?*, in *Contr. e Impr.*, 2022.

Gallo P., *Pene private e responsabilità civile*, Giuffrè, 1996.

GALLO P., *L'arricchimento senza causa*, in *Comm. cod. civ. Schlesinger*, Giuffrè, 2003.
GALLO P., *Responsabilità precontrattuale e problemi di quantificazione del danno*, in *Studi in onore di Cesare Massimo Bianca*, IV, Giuffrè 2006.
GALLO P., *I vizi del consenso*, in E. GABRIELLI (a cura di), *I contratti in generale*, I, *Tratt. dei Contratti Rescigno, Gabrielli*, Utet, 2006.
GALLO P., *Il contratto*, Giappichelli, 2017.
GALLO P., *I mutui indicizzati al franco svizzero al vaglio della Cassazione*, in *Giur. it.*, 3/2022.
GALLO P., *Il quantum nella responsabilità precontrattuale*, in *Giur. it.*, 5/2022.
GALLO P., *Verso il superamento della sussidiarietà dell'azione di arricchimento*, in *Nuova giur. civ. comm.*, 3/2023.
GARACI I., *Il dieselgate. Riflessioni sul private e public enforcement nella disciplina delle pratiche commerciali scorrette*, in *Riv. dir. ind.*, 2/2018.
GAROFALO A.M., *Il ruolo dell'affidamento nella responsabilità precontrattuale*, in *Teoria e storia del diritto privato*, 2018.
GAROFALO L., *Garanzia per vizi e azione redibitoria nell'ordinamento italiano*, in *Riv. dir. civ.*, 2/2001.
GATTI S., *Polifunzionalità della responsabilità civile e scostamenti dal danno effettivo: un primo bilancio a tre anni dalle sezioni unite sui cc.dd. danni punitivi"*, in *Jus civile*, 1/2021.
GATTI S., *Limiti europei all'integrazione (e all'interpretazione) del contratto contenente clausole vessatorie: Marginalizzazione o mutata centralità del giudice?*, in *Pactum*, 2/2022.
GENTILI A., (voce) *Dolo*, in *Enc. giur. Treccani*, Roma, 1989.
GENTILI A., *Nullità annullabilità inefficacia (nella prospettiva del diritto europeo)*, in *Contratti*, 2/2003.
GENTILI A., *Codice del consumo ed esprit de géométrie*, in *Contratti*, 2/2006.
GENTILI A., *Pratiche sleali e tutele legali: dal modello economico alla disciplina giuridica*, in *Riv. dir. priv.*, 3/2010.
GENTILI A., *La «nullità di protezione»*, in *Eur. dir. priv.*, 1/2011.
GENTILI A., CINTIO V., *I nuovi vizi del consenso*, in *Contr. e Impr.*, 1/2018.
GERVASI M.P., *Clausole abusive e mutui ipotecari secondo la giurisprudenza della Corte di giustizia*, in *Giur. it.*, 7/2021.
GIARDINA F., *Responsabilità contrattuale e extracontrattuale*, Giuffrè, 1993.
GIROLAMI M., (voce) *Nullità di protezione*, in *Contratto*, *Enc. dir.*, I tematici, Giuffrè, 2021.

GIROLAMI M., *La conformità del bene al contratto di vendita: criteri "soggettivi" e criteri "oggettivi"*, in G. DE CRISTOFARO, *La nuova disciplina della vendita mobiliare nel codice del consumo*, Giappichelli, 2022.

GORLA G., (voce) *Azione redibitoria*, in *Enc. dir.*, IV, Giuffrè, 1959.

GRANELLI C., *Le "pratiche commerciali scorrette" tra imprese e consumatori: l'attuazione della direttiva 2005/29/CE modifica il codice del consumo*, in *Obbl. e contr.*, 10/2007.

GRANELLI C., *Pratiche commerciali scorrette: le tutele individuali nel disegno di legge delega di riforma del codice civile*, in *Contratti*, 5/2019.

GRANELLI C., *Pratiche commerciali scorrette: tutele individuali*, in *Nuova giur. civ. comm.*, 5/2019.

GRANELLI C., *Pratiche commerciali scorrette: alla vigilia del recepimento della direttiva 2019/2161/UE*, in *Contratti*, 5/2021.

GRANELLI C., (voce) *Pratiche commerciali scorrette: le tutele*, in *Contratto, Enc. dir.*, I tematici, Giuffrè, 2021.

GRANELLI C., *L'art. 11-bis della direttiva 2005/29/CE: ratio, problemi interpretativi e margini di discrezionalità concessi agli stati membri ai fini del recepimento*, in *Jus civile*, 2/2022.

GRISI G., *L'obbligo precontrattuale di informazione*, Jovene, 1990.

GRISI G., *Rapporto di consumo e pratiche commerciali*, in *Eur. dir. priv.*, 1/2013.

GUERRINI L., *Le restituzioni contrattuali*, Giappichelli, 2012.

GUERRINI L., *Risoluzione del contratto di vendita e restituzioni: la Cassazione dice addio all'indebito e sdogana la lettura organica degli artt. 1453, 1458, 1492 e 1493 c.c.*, in *Foro it.*, 5/2021, I.

GUFFANTI PESENTI L., *Scorrettezza delle pratiche commerciali e rapporti di consumo*, Jovene, 2020.

GUFFANTI PESENTI L., *Pratiche commerciali scorrette e invalidità del contratto nel d.d.l. delega n. 1151 2019*, in *Jus*, 1/2020.

GUFFANTI PESENTI L., *Pratiche commerciali scorrette e rimedi nuovi. La difficile trasposizione dell'art. 3 co. 1, n. 5) direttiva 2019/2161/UE*, in *Eur. dir. priv.*, 4/2021.

GUFFANTI PESENTI L., *Note in tema di piattaforme digitali e pratiche commerciali scorrette*, in https://jus.vitaepensiero.it/news-papers-note-in-tema-di-piattaforme-digitali-e-pratiche-commerciali-scorrette-5764. html.

IMBRUGLIA D., *Mercato unico sostenibile e diritto dei consumatori*, in *Persona e mercato*, 3/2021.

IRTI C., *"Consenso negoziato" e circolazione dei dati personali*, Giappichelli, 2021.

IRTI N., *Scambi senza accordo*, in *Riv. trim. dir. proc. civ.*, 2/1998.
IULIANI A., *La Cassazione riafferma la natura contrattuale della responsabilità precontrattuale*, in *Nuova giur. civ. comm.*, 11/2016.
IULIANI A., *La trasparenza consumeristica nell'interpretazione della Corte di giustizia e della dottrina*, in *Foro it.*, 1/2020.
IULIANI A., *Note minime in tema di garanzia per i vizi nella vendita*, in *Eur. dir. priv.*, 2/2020.

JANNARELLI A., *La disciplina dell'atto e dell'attività: i contratti tra imprese e tra imprese e consumatori*, in N. LIPARI (a cura di), *Trattato di diritto privato europeo*, Cedam, 2003, III.
VON JHERING R., *Della culpa in contrahendo ossia del risarcimento del danno nei contratti nulli o non giunti a perfezione*, trad. it., Jovene, 2005.

LABELLA E., *Pratiche commerciali scorrette e rimedi civilistici*, in *Contr. e Impr.*, 3/2013.
LABELLA E., *Pratiche commerciali scorrette e autonomia privata*, Giappichelli, 2018.
LAMICELA M., *Estensione della nullità della clausola abusiva all'intero contratto ed effetti restitutori: nuove ambiguità nelle valutazioni della Corte di Giustizia*, in *Pactum*, 3/2023.
LA TORRE M., *Un punto fermo sul problema dei "danni punitivi"*, in *Danno e resp.*, 4/2017.
LANZILLO R., *Regole di mercato e congruità dello scambio contrattuale*, in *Contr. e Impr.*, 1985.
LIBERTINI M., *La pubblicità commerciale*, in C. CASTRONOVO, S. MAZZAMUTO (a cura di), *Manuale di diritto privato europeo*, Giuffrè, 2007.
LIBERTINI M., *Clausola generale e disposizioni particolari nella disciplina delle pratiche commerciali scorrette*, in *Contr. e Impr.*, 1/2009.
LIBERTINI M., *La determinazione del danno risarcibile nella proposta di direttiva comunitaria sul risarcimento del danno antitrust. Alcune osservazioni preliminari*, in *Conc. e merc.*, 2014, II.
LIBERTINI M., *Ancora a proposito di principi e clausole generali a partire dall'esperienza del diritto commerciale*, in *Orizzonti dir. comm.*, 2/2018.
LIBERTINI M., *Le nuove declinazioni del principio di effettività*, in G. GRISI (a cura di), *Processo e tecniche di attuazione dei diritti*, Jovene, 2019.
LIBERTINI M., *Gli effetti delle intese restrittive della concorrenza sui c.d. contratti "a valle". Un commento sullo stato della giurisprudenza in Italia*, in *Nuova giur. civ. comm.*, 2/2020.

LUMINOSO A., *La lesione dell'interesse contrattuale negativo (e dell'interesse positivo) nella responsabilità civile*, in *Contr. e Impr.*, 1988.

LUMINOSO A., *Della risoluzione per inadempimento. Art. 1453 c.c.*, in *Comm. cod. civ. Scialoja-Branca*, Zanichelli 1990.

LUMINOSO A., *Il sistema dei rimedi: la riparazione e la sostituzione del bene difettoso e il diritto di regresso del venditore*, in *L'attuazione della direttiva 99/44/CE in Italia e in Europa* – Atti del convegno internazionale dedicato alla memoria di Trabucchi A., Cedam, 2002.

LUMINOSO A., *La compravendita*, Giappichelli, 2021.

LUMINOSO A., *La nuova disciplina delle garanzie nella vendita al consumatore. (Una prima lettura del d.lgs. n. 170/2021)*, in *Eur. dir. priv.*, 3/2022.

MAGER A., *In tema di buon costume e relazioni di «mercato»*, in *Nuova giur. civ. comm.*, 2/2021.

MAGGIOLO M., *Il risarcimento della pura perdita patrimoniale*, Giuffrè, 2003.

MANIACI A., *Rimedi e limiti di tutela dell'acquirente*, ETS, 2018.

MANIACI A., *I rapporti tra autonomia privata e disciplina italiana della vendita di beni di consumo dopo il recepimento della direttiva n. 2019/771*, in *Eur. dir. priv.*, 2/2022.

MANTOVANI M., *«Vizi incompleti» del contratto e rimedio risarcitorio*, Giappichelli, 1995.

MARELLA M.R., *Tutela risarcitoria nella risoluzione del contratto per inadempimento*, in *Giur. it.*, 1985, I.

MARELLA M.R., *Il risarcimento per equivalente e il principio della riparazione integrale*, in *Il risarcimento del danno contrattuale. La responsabilità per ritardo e per fatto degli ausiliari*, in *Tratt. della responsabilità contrattuale*, diretto da Visintini G., III, Cedam, 2009.

MARICONDA V., *L'insegnamento delle Sezioni Unite sulla rilevanza della distinzione tra norme di comportamento e norme di validità*, in *Corr. Giur.*, 2/2008.

MAUGERI M.R., *Pratiche commerciali scorrette e disciplina generale dei contratti*, in A. GENOVESE (a cura di), *I decreti legislativi sulle pratiche commerciali scorrette: attuazione e impatto sistematico della direttiva 2005/29/CE*, Cedam, 2008.

MAUGERI M.R., *Invalidità del contratto stipulato a seguito di pratica commerciale sleale?*, in *Jus civile*, 2/2022.

MAZZAMUTO S., *Equivoci e concettualismi nel diritto europeo dei contratti: Il dibattito sulla vendita dei beni di consumo*, in *Eur. dir. priv.*, 4/2004.

MAZZAMUTO S., *Spunti in tema di danno ingiusto e di danno meramente patrimoniale*, in *Eur. dir. priv.*, 2/2008.

MAZZAMUTO S., *Il rapporto tra gli artt. 2059 e 2043 c.c. e le ambiguità delle Sezioni unite a proposito della risarcibilità del danno non patrimoniale*, in *Contr. e Impr.*, 3/2009.

MAZZAMUTO S., *La responsabilità contrattuale in senso debole*, in *Eur. dir. priv.*, 1/2011.

MAZZAMUTO S., PLAIA A., *I rimedi nel diritto privato europeo*, Giappichelli, 2012.

MAZZAMUTO S., *Il contratto di diritto europeo*, Giappichelli, 2020.

MAZZAMUTO S., *La prospettiva dei rimedi in un sistema di civil law: il caso italiano*, in *Contr. e Impr.*, 3/2019.

MAZZAMUTO S., *Progetti di codificazione europea sul contratto*, in *Eur. dir. priv.*, 2020.

MELI M., *In tema di ricadute privatistiche della riforma degli artt. 9 e 41 Cost.*, in *Riv. crit. dir. priv.*, 4/2022.

MELI V., *"Diligenza professionale", "consumatore medio" e regole de minimis nella prassi dell'AGCM e nella giurisprudenza amministrativa*, in V. MELI, P. MARANO (a cura di), *La tutela del consumatore contro le pratiche commerciali scorrette nel mercato del credito e delle assicurazioni*, Giappichelli, 2011.

MENGONI L., (voce) *Responsabilità contrattuale*, in *Enc. dir.*, XXXIX, Giuffrè, 1988.

MENGONI L., *La natura della responsabilità precontrattuale,* in *Riv. dir. comm.*, 1956, ora in L. MENGONI, *Scritti. Obbligazioni e negozio*, II, Giuffrè, 2011.

MENGONI L., *Profili di una revisione della teoria sulla garanzia per i vizi nella vendita*, in *Riv. dir. comm.*, I, 1953, ora in L. MENGONI, *Scritti II – Obbligazioni e negozio*, Giuffrè, 2011.

MERUZZI G., *La trattativa maliziosa*, Cedam 2002.

MERUZZI G., *La quantificazione dell'interesse contrattuale negativo nella responsabilità* in contrahendo ex *art. 1338 c.c.*, in *Corr. Giur.*, 8/2005.

MEZZANOTTE F., PARISI G., *La prova presuntiva del danno (-conseguenza) non patrimoniale*, in *Nuova giur. civ. comm.*, 3/2023.

MICKLITZ H.W., *Le concept de règlementation européenne relative aux ventes en ligne b2c*, in *Revue des affaires européennes*, 3/2012.

MINERVINI E., *L'azione inibitoria nella direttiva 2020/1828/UE*, in *Nuove leggi civ. comm.*, 5/2022.

MONATERI P.G., *La responsabilità contrattuale e precontrattuale*, Utet, 1998.

MONATERI P.G., *Le Sezioni Unite e la funzione della responsabilità civile*; in *Giur. it.*, 9/2017.

MONTANARI A., *Il danno antitrust*, Wolters Kluwer, 2019.

MONTANARI A., *Sulla tutela privata antitrust dopo le Sezioni unite n. 41994/2021*, in *Nuova giur. civ. comm.*, 3/2022.

MORELLO F., *Le vie tortuose della nullità delle clausole di indicizzazione. I mutui in valuta estera ai consumatori al vaglio della Cassazione*, in *Pactum*, 2/2022.

NAVARRETTA E., *L'ingiustizia del danno e i problemi di confine tra responsabilità contrattuale e extracontrattuale*, in *Diritto Civile*, diretto da Lipari N., Rescigno P., IV, Giuffrè, 2009.

NAVARRETTA E., *L'evoluzione dell'autonomia contrattuale fra ideologie e principi*, in *Quaderni fiorentini*, 1/2014.

NAVARRETTA E., *Costituzione, Europa e diritto privato. Effettività e Drittwirkung ripensando la complessità giuridica*, Giappichelli, 2017.

NICOLUSSI A., *Lesione del potere di disposizione e arricchimento*, Giuffrè, 1998.

NICOLUSSI A., *Diritto europeo della vendita e categorie dogmatiche*, in *Eur. dir. priv.*, 3/2003.

NICOLUSSI A., *Le restituzioni*, in C. CASTRONOVO, S. MAZZAMUTO (a cura di), *Manuale di diritto privato europeo*, II, Giuffrè, 2007.

NICOLUSSI A., *Le restituzioni de iure condendo*, in *Eur. dir. priv.*, 3/2012.

NICOLUSSI A., *L'obbligazione oltre il principio del contratto. Comportamenti socialmente tipici e relazioni di affidamento*, in *Per i cento anni dalla nascita di Renato Scognamiglio*, Jovene, 2022.

NIVARRA L., *Diritto privato e capitalismo. Regole giuridiche e paradigmi di mercato*, Jovene, 2010.

NIVARRA L., *Brevi considerazioni a margine dell'ordinanza di rimessione alle sezioni unite sui «danni punitivi»*, in *Dir. civ. contemp.*, rivista *on line*, I/2017.

NIVARRA L., *"Dentro" e "fuori". Lo strano caso delle clausole e dei principi generali*, in *Eur. dir. priv.*, 1/2022.

NUZZO M., *Pratiche commerciali sleali ed effetti sul contratto: nullità di protezione o annullabilità per vizi del consenso?*, in E. MINERVINI, L. ROSSI CARLEO (a cura di), *Le pratiche commerciali sleali*, Giuffrè, 2007.

OLIVIERO F., *La riduzione del prezzo nel contratto di compravendita*, Jovene, 2015.

OLIVIERO F., *La nuova disciplina dei c.d. rimedi "secondari": riduzione del prezzo e risoluzione del contratto*, in G. DE CRISTOFARO (a cura di), *La nuova disciplina della vendita mobiliare nel codice del consumo*, Giappichelli, 2022.

ORLANDI M., (voce) *Responsabilità precontrattuale*, in *Contratto*, *Enc. dir.*, I tematici, Giuffrè, 2021.

PAGLIANTINI S., *Nullità formali bancarie e restituzioni secondo un recente arresto dell'ABF*, in M.R. MAUGERI, S. PAGLIANTINI, *Il credito ai consumatori*, Giuffrè, 2013.

PAGLIANTINI S., *Tutela per equivalente di un contratto annullabile e principio di effettività: appunti per uno studio*, in *Nuove leggi civ. comm.*, 3/2014.

PAGLIANTINI S., *L'equilibrio soggettivo dello scambio (e l'integrazione) tra Corte di Giustizia, Corte costituzionale ed ABF: "il mondo di ieri" o un* trompe l'oeil *concettuale?*, in *Contratti*, 10/2014.

PAGLIANTINI S., *L'ibridazione del nuovo recesso di pentimento*, in *Riv. dir. civ.*, 2/2015.

PAGLIANTINI S., *La non vincolatività (delle clausole abusive) e l'interpretazione autentica della Corte di Giustizia*, in *Contratti*, 1/2017.

PAGLIANTINI S., *Contratti di vendita di beni: armonizzazione massima, parziale e temperata della Direttiva 2019/771/UE*, in *Giur. it.*, 1/2020.

PAGLIANTINI S., *Tutela del consumatore e Direttiva n. 93/13 nelle sentenze di Santa Veronica*, in *Giur. it.*, 8-9/2020.

PAGLIANTINI S., (voce) *Contratti del consumatore*, in *Contratto*, *Enc. dir.*, I tematici, Giuffrè, 2021.

PAGLIANTINI S., *In memoriam del consumatore medio*, in *Eur. dir. priv.*, 1/2021.

PAGLIANTINI S., Lex perfecta, *trionfo dell'ordine pubblico e morte presunta del buon costume: appunti per una ristampa della Teoria del negozio illecito nel diritto civile italiano*, in *Persona e mercato*, 4/2021.

PAGLIANTINI S., *Il post-vessatorietà come una «Baustelle im Dunkeln»?*, in *Foro it.*, 5/2021.

PAGLIANTINI S., *L'effettività della tutela consumeristica in stile rococò: massimo e minimo di deterrenza rimediale tra una Corte di Giustizia epigona di Dedalo e delle sez. un. 19597/20 sotto scacco di un rinvio pregiudiziale*, in *Foro it.*, 10/2021.

PAGLIANTINI S., *I rimedi non risarcitori: esatto adempimento, riduzione del prezzo e risoluzione del contratto*, in *Jus civile*, 2/2022.

PALMIERI A., *Il ruolo trainante della Corte di giustizia nella messa in opera della disciplina sulle clausole abusive. Spunti dal caso Dziubak e dintorni*, in *Foro it.*, 1/2020.

PANCALLO A.M., *L'applicazione della Direttiva 93/13/CEE ai contratti di mutuo ipotecario a tasso variabile*, in *Nuova giur. civ. comm.*, 5/2020.

PANCALLO A.M., *La tutela del consumatore nei contratti di mutuo espressi in valuta estera*, in *Nuova giur. civ. comm.*, 6/2021.

PARDOLESI P., *Interesse negativo e responsabilità contrattuale: di paradossi e diacronie*, in *Foro it.*, 2004, I.

PASSAGNOLI G., *Nullità speciali*, Giuffrè, 1995.

PATTI G., PATTI S., *Responsabilità precontrattuale e contratti standard*, in *Comm. cod. civ. Schlesinger*, Giuffrè, 1993.

PENNASILICO M., *Metodo e valori nell'interpretazione dei contratti. Per un'ermeneutica contrattuale rinnovata*, ESI, 2011.

PENNASILICO M., «Ménage à trois*: la correzione giudiziale dei contratti*, in VOLPE F. (a cura di), *Correzione e integrazione del contratto*, Zanichelli, 2016.

PERFETTI G., *Il divieto di arrecare "notevoli inconvenienti" al consumatore in sede di ripristino della conformità al contratto del bene di consumo difettoso*, in *Studium Iuris*, 4/2020.

PERFETTI G., *Lo statuto degli obblighi informativi. Un altro contributo della Corte UE*, in *Nuova giur. civ. comm.*, 4/2022.

PERLINGIERI G., *Regole e comportamenti nella formazione del contratto. Una rilettura dell'art. 1337 codice civile*, ESI, 2003.

PERLINGIERI G., *L'inesistenza della distinzione tra regole di comportamento e di validità nel diritto italo-europeo*, ESI, 2013.

PERLINGIERI P., *Equilibrio normativo e principio di proporzionalità nei contratti*, in *Rass. dir. civ.*, 2/2001.

PERLINGIERI P., *La tutela del consumatore tra liberismo e solidarismo*, in Id., *Il diritto dei contratti tra persona e mercato*, ESI, 2003.

PILIA C., *Accordo debole e diritto di recesso*, Giuffrè, 2008.

PIRAINO F., *Diligenza, buona fede e ragionevolezza nelle pratiche commerciali scorrette. Ipotesi sulla ragionevolezza nel diritto privato*, in *Eur. dir. priv.*, 4/2010.

PIRAINO F., *Sulla natura non colposa della responsabilità contrattuale*, in *Eur. dir. priv.*, 4/2011.

PIRAINO F., *Le prassi* contra legem *e la conclusione del contratto: le «prestazioni non richieste»*, in *Eur. dir. priv.*, 1/2016.

PIRAINO F., *La natura contrattuale della responsabilità precontrattuale (ipotesi sull'immunità)*, in *Contratti*, 1/2017.

PIRAINO F., *La responsabilità precontrattuale e la struttura del rapporto prenegoziale*, in *Persona e mercato*, 2/2017.

PIRAINO F., *La garanzia nella vendita: durata e fatti costitutivi delle azioni edilizie*, in *Riv. trim. dir. proc. civ.*, 3/2020.

PIRAINO F., *La violazione della vendita di beni al consumatore per difetto di conformità: i presupposti della c.d. responsabilità del venditore e la distribuzione degli oneri probatori*, in G. DE CRISTOFARO (a cura di), *La nuova disciplina della vendita mobiliare nel codice del consumo*, Giappichelli, 2022.

PISTELLI F., *I prestiti in valuta fra contratto e concorrenza,* in *Nuova giur. civ. comm.*, 1/2022.

PLAIA A., *La garanzia convenzionale nella vendita al consumo*, in *Riv. dir. civ.*, 2/2005.

PLAIA A., *Profili evolutivi della tutela contrattuale*, in *Eur. dir. priv.*, 1/2018.

POLIDORI S., *Discipline della nullità e interessi protetti*, ESI, 2001.

PONZANELLI G., *Polifunzionalità tra diritto internazionale privato e diritto interno*, in *Danno e resp.*, 4/2017.

PONZANELLI G., *Il risarcimento punitivo: qualche riflessione introduttiva*, in *Giur it.*, 10/2018.

PROSPERI F., *Violazione degli obblighi di informazione nei servizi di investimento e rimedi contrattuali (a proposito di Cass. Sez. un. 19 dicembre 2007, nn. 26724 e 26725)*, in *Contr. e Impr.*, 2008.

PUCCI M., *Sviluppo sostenibile, greenwashing e tutela del consumatore*, in *Jus civile*, 2/2023.

PURPURA A., Private enforcement *delle pratiche commerciali scorrette: il nuovo comma 15-bis dell'art. 27 c. cons.*, in *Eur. Dir. Priv.*, 4/2023.

QUARTA A., *Per una teoria dei rimedi nel consumo etico. La non conformità sociale dei beni tra vendita e produzione*, in *Contr. e Impr.*, 2/2021.

RAJNERI E., *Illeciti lucrativi, efficacia dissuasiva dei rimedi e responsabilità sociale d'impresa. Riflessioni a margine del dieselgate*, in *Riv. crit. dir. priv.*, 3/2017.

RAVAZZONI A., *La formazione del contratto*, Giuffrè, 1974.

REGAZZONI L., *La garanzia nel diritto dei contratti*, Giuffrè, 2022.

RENDA A., *Obblighi informativi e responsabilità da contratto valido*, in *JUS*, 1/2020.

RESCIGNO U. (voce) *Condizione*, in *Enc. dir.*, VIII, Giuffrè, 1961.

RICCIO G.M., *Dati personali e rimedi: diritti degli interessati e profili risarcitori*, in *Nuova giur. civ. comm.,* 5/2023.

RIZZO N., *La causalità civile*, Giappichelli, 2022.

RODOTÀ S., *Il problema della responsabilità civile*, Giuffrè, 1967.

RODOTÀ S., *Le fonti di integrazione del contratto*, Giuffrè, 1969.

ROLLI R., *Le attuai prospettive di «oggettivazione dello scambio»: verso*

la rilevanza della «congruità dello scambio contrattuale»?, in *Contr. e Impr.*, 2001.
ROMANÒ S., *La riduzione del prezzo e la risoluzione del contratto nella Direttiva 2019/771/UE*, in T. DALLA MASSARA (a cura di), *La vendita di beni mobili*, Pacini Giuridica, 2020.
ROMEO C., *Inadempimento doloso e danno imprevedibile*, in *Resp. civ. prev.*, 4/5 2004.
ROMEO C., CRISTIANO F., *I rimedi della riduzione del prezzo e della risoluzione del contratto*, in T. DALLA MASSARA (a cura di), *La vendita di beni mobili*, Pacini Giuridica, 2020.
ROPPO V., *Il contratto*, Giuffrè, 2001.
ROPPO V., Behavioural Law and Economics*, regolazione del mercato e sistema dei contratti*, in *Riv. dir. priv.*, 2/2013.
ROPPO V., *Il contratto del 2000*, Giappichelli, 2020.
ROSSELLI F., VITUCCI P., *La prescrizione e la decadenza*, in *Tratt. Diritto Privato*, diretto da P. RESCIGNO, 20, t. II, Utet, 1998.
ROSSI CARLEO L., *Dalla comunicazione commerciale alle pratiche commerciali sleali*, in E. MINERVINI, L. ROSSI CARLEO (a cura di), *Le pratiche commerciali sleali*, Giuffrè, 2007.
ROSSI CARLEO L., *Consumatore, consumatore medio, investitore e cliente: frazionamento e sintesi, nella disciplina delle pratiche commerciali scorrette*, in *Eur. dir. priv.*, 3/2010.
ROVELLI L., *La responsabilità precontrattuale*, in *Tratt. Dir. Priv.*, diretto da Bessone M., XII, t. II, Utet, 2000.
RUBINO D., *La compravendita*, Giuffrè, 1962.
RUGGIERO F., *Class action, pratiche commerciali scorrette e danni non patrimoniali: la recente pronuncia del Tribunale di Venezia*, in *Nuova giur. civ. comm.*, 6/2021.
RUMI T., *La tutela del consumatore dalle asserzioni ambientali ingannevoli*, in *Jus civile*, 4/2022.

SACCO R., *L'arricchimento ottenuto mediante fatto ingiusto*, Utet, 1959.
SACCO R., DE NOVA G., *Il contratto*, in *Tratt. Dir. Civ.*, diretto da Sacco R., I, Utet, 2004.
SACCO R., *Trattativa*, in *Digesto*, *Banca Dati One Legale*, Wolters Kluwer, 2012.
SALANITRO U., *Violazione della disciplina dell'intermediazione e conseguenze civilistiche:* ratio decidendi *e* obiter dicta *delle sezioni unite*, in *Nuova giur. civ. comm.*, I, 2008.
SALANITRO U., *Gli obblighi precontrattuali di informazione: le regole e i rimedi nel progetto Acquis*, in *Eur. dir. priv.*, 1/2009.

SALANITRO U., (voce) *Rischio contrattuale*, in *Contratto, I tematici*, I, *Enc. dir.*, Giuffrè, 2021.

SALANITRO U., *Illecito trattamento dei dati personali e risarcimento del danno nel prisma della Corte di Giustizia*, in *Riv. dir. civ.*, 3/2023.

SALVI C., (voce) *Responsabilità extracontrattuale*, in *Enc. dir.*, Giuffrè, 1988.

SALVI C., *La responsabilità civile*, Giuffrè, 2005.

SALVI G., *I limiti al potere normativo nazionale in materia di abusività della clausola relativa al rischio di cambio*, in *Foro it.*, 1/2020.

SANGIOVANNI V., *Inosservanza delle norme di comportamento: la Cassazione esclude la nullità* in *Contratti*, 3/2008.

SANTORO P., *Dieselgate italiano: (e)mission impossible. Il Tribunale di Venezia accoglie la class action e, in sintonia con i Tribunali di Avellino e Genova, riconosce il risarcimento dei danni da illecito antitrust e da pratiche commerciali scorrette*, in *Danno e resp.*, 2/2022.

SARDINI A., *Danno e interesse negativo*, Giuffrè, 2023.

SCALISI V., *Nullità e inefficacia nel sistema europeo dei contratti*, in *Eur. dir. priv.*, 3/2001.

SCALISI V., *Invalidità e inefficacia. Modalità assiologiche della negozialità*, in *Riv. dir. civ.*, 2/2003.

SCALISI V., *Autonomia privata e regole di validità: le nullità conformative*, in V. SCALISI, *il contratto in trasformazione. Invalidità e inefficacia nella transizione al diritto europeo*, Giuffrè, 2011.

SCAGLIONE F., *Responsabilità precontrattuale e flessibilità del sistema rimediale* in *Nuova giur. civ. comm.*, 7-8/2016.

SCHEPISI C., Public e private enforcement *nel settore antitrust e degli aiuto di Stato: convergenze, divergenze e circolarità di principi nel dialogo tra i giudici e la Corte di Giustizia,* in https://rivista.eurojus.it/wp-content/uploads/pdf/Schepisi.pdf.

SCODITTI E., *La violazione delle regole di comportamento dell'intermediario finanziario e le sezioni unite*, in *Foro it.*, 3/2008.

SCODITTI E., *Responsabilità precontrattuale e conclusione di contratto valido: l'area degli obblighi di informazione* in *Foro it.*, 2/2009.

SCOGNAMIGLIO C., (voce) *Ingiustizia del danno*, in *Enc. Treccani*, XVIII, Roma, 1996.

SCOGNAMIGLIO C., *Il danno al patrimonio tra contratto e torto*, in *Resp. civ. prev.*, 6/2007.

SCOGNAMIGLIO C., *Tutela dell'affidamento, violazione dell'obbligo di buona fede e natura della responsabilità precontrattuale*, in *Resp. civ. prev.*, 6/2012.

SCOGNAMIGLIO C., *Danno antitrust, scopo della norma violata e funzioni della responsabilità civile*, in *Quest. giust.*, 2018 https://www.questionegiustizia.it.

SCOGNAMIGLIO C., (voce) *Vizi del consenso*, in *Contratto*, *Enc. dir.*, I tematici, Giuffrè, 2021.

SCOGNAMIGLIO C., *I contratti di fideiussione a valle di intese in violazione della disciplina antitrust: il problema dei rimedi*, in *Nuova giur. civ. comm.*, 3/2022.

SCOGNAMIGLIO C., *Il risarcimento del danno e la sua prova nell'azione di classe (a proposito del c.d.* Dieselgate*)*, in *Nuova giur. civ. comm.*, 1/2024.

SCOGNAMIGLIO R., *Responsabilità contrattuale ed extracontrattuale*, in *Noviss. Dig. it.*, XV, 1968.

SCOGNAMIGLIO R., *Dei contratti in generale*, in *Comm. cod. civ. Scialoja Branca*, *sub* art. 1337 c.c., Zanichelli, 1970.

SENIGAGLIA R., *Regolamento UE 2016/679 e diritto all'oblio nella comunicazione telematica. Identità, informazione e trasparenza nell'ordine della dignità personale*, in *Nuove leggi civ. comm.*, 5/2017.

SICCHIERO G., *La risoluzione per inadempimento*, in *Comm. cod. civ. Schlesinger*, Giuffrè, 2007.

SIMONINI G.F., *Verso una concezione oggettiva (e tecnica) del difetto di conformità dei beni di consumo*, in *Danno e resp.*, 1/2022.

SIRENA P., *La restituzione dell'arricchimento e il risarcimento del danno*, in *Riv. dir. civ.*, 1/2009.

SIRENA P., *Danno-evento, danno-conseguenza e relativi nessi causali. Una storia di superfetazioni interpretative e ipocrisie giurisprudenziali*, in *Resp. civ. prev.*, 1/2023.

SMORTO G., *Sul significato dei «rimedi»*, in *Eur. dir. priv.*, 1/2014.

SPEZIALE I., *La direttiva 2019/2161/UE tra protezione dei consumatori e promozione della competitività sul mercato unico*, in *Corr. Giur.*, 4/2020.

TADDEI ELMI G., *Il risarcimento dei danni antitrust tra compensazione e deterrenza. Il modello americano e la proposta di direttiva UE del 2013*, in *Conc. e merc.*, 2014, I.

TENELLA SILLANI C., *Pratiche commerciali sleali e tutela del consumatore*, in *Obbl. e contr.*, 10/2009.

TRABUCCHI A., (voce) *Dolo*, in *Noviss. Dig. it.*, VI, Utet, 1960.

TRIMARCHI P., *Rischio e responsabilità oggettiva*, Giuffrè, 1961.

TRIMARCHI P., *L'arricchimento derivante da atto illecito*, in P. CENDON (a cura di), *Scritti in onore di Rodolfo Sacco*, II, Giuffrè, 1994.

TRIMARCHI P., *Interesse positivo e interesse negativo nella risoluzione del contratto per inadempimento*, in *Riv. dir. civ.*, 2002.

TRIMARCHI P., *Il contratto: inadempimenti e rimedi*, Giuffrè, 2010.

TRIMARCHI P., *La responsabilità civile: atti illeciti rischio e danno*, Giuffrè, 2019.

TRIMARCHI P., *Responsabilità civile punitiva?*, in *Riv. dir. civ.*, 4/2020.

TUCCARI E., *La prevedibilità del danno come criterio di equilibrio contrattuale*, in *Nuova giur. civ. comm.*, 2012, II.

TUCCARI E., *La CGUE ritorna sul "Dieselgate" e disegna una disciplina sempre più "sostenibile" del settore* automotive, in *Giur. it.*, 5/2023.

TUCCI G., (voce) *Garanzia*, in *Dig. disc. priv. sez. civ.*, VIII, Utet, 1992.

TURCO C., *Interesse negativo e responsabilità precontrattuale*, Giuffrè, 1990.

TURCO C., *L'interesse negativo nella* culpa in contrahendo, in *Riv. dir. civ.*, 2/2007.

VALENTI F., *Il dolo omissivo incidente nel prisma della responsabilità precontrattuale* in *Contratti*, 11/2012.

VANINI S., *Violazione di norme pubblicistiche di tutela ambientale da parte del produttore e difetto di conformità al contratto del bene consegnato al consumatore: la corte di giustizia UE e il caso «dieselgate» (Corte Giust. ue 14 luglio 2022, in causa c-145/20, Porsche Inter auto e Volkswagen)*, in *Riv. dir. civ.*, 1/2023.

VETTORI G., *Regole di validità e di responsabilità di fronte alle sezioni unite*, in *Obbl. e contr.*, 2/2008.

VETTORI G., *Contratto giusto e rimedi effettivi*, in *Riv. trim. dir. e proc. civ.*, 3/2015.

VETTORI G., *Il diritto ad un rimedio effettivo nel diritto privato europeo*, in *Riv. dir. civ.* 3/2017.

VETTORI G., *L'attuazione del principio di effettività. Chi e come*, in *Riv. trim. dir. proc. civ.*, 4/2018.

VETTORI G., *Effettività tra legge e diritto*, Giuffrè, 2020.

VILLANACCI G., *Autonomia privata e buona fede nella complessa relazione evolutiva con la normativa consumeristica*, in *Contr. e Impr.*, 4-5/2013.

VILLANACCI G., *L'interpretazione adeguatrice nella dinamica contrattuale*, ESI, 2023.

VISINTINI G., *La reticenza nella formazione dei contratti*, Cedam, 1972.

VISINTINI G., *Responsabilità contrattuale ed extracontrattuale (Una distinzione in crisi?)*, in *Rass. dir. civ.*, 4/1983.

ZACCARIA A., *La "teoria" del "contatto sociale"*, in *Studium Iuris*, 5/2018.

ZOPPINI A., *Funzioni del diritto privato e tecniche di regolazione del mercato*, in M.R. MAUGERI, A. ZOPPINI (a cura di), *Funzioni del diritto privato e tecniche di regolazione del mercato*, Il Mulino, 2009.
ZORZI GALGANO N., *Sulla invalidità del contratto a valle di una pratica commerciale scorretta*, in *Contr. e Impr.*, 4-5/2011.

Finito di stampare nel mese di giugno 2024
nella Stampatre s.r.l. di Torino -Via Bologna, 220

Jus Civile
Studi

Volumi pubblicati

Monografie

1. NICOLA RIZZO, *La causalità civile*, 2022.
2. GIOVANNI FACCI, *Il fatto noto nella successione di polizze* claims made, 2023.
3. SILVIA MARTINELLI, *I contratti della Platform Economy. Ruoli e responsabilità delle piattaforme*, 2023.
4 LUCIANO OLIVERO, *La rappresentanza dei familiari: epifanie giuridiche e regole sociali*, 2023.
5. VALERIA CONFORTINI, *Persona e patrimonio nella successione digitale*, 2023.
6. ANTONIO DI BIASE, *Gli obblighi informativi dell'intermediario finanziario nella prestazione dei servizi di investimento*, 2023.
7. SALVATORE MONTICELLI, *Inerzia e attività nell'esercizio del diritto*, 2024.
8. MARIELLA LAMICELA, *Pratiche commerciali scorrette e rimedi. Nuove strategie di* private enforcement *tra restituzioni e risarcimento*, 2024.

Raccolte e Atti di convegno

1. CARLO GRANELLI-SALVATORE PATTI-PIETRO SIRENA (a cura di), *Il diritto privato tedesco vent'anni dopo la* Schuldrechtsmodernisierung*: un modello per i giuristi europei?*, 2023.
2 MARCELLO MAGGIOLO-MANLIO MIELE (a cura di), *Del permanente e del transeunte. Per gli ottant'anni del Codice civile*, 2024.